中国企业财务管理协会高校财税专业建设与发展委员会指定教材

新编精讲

28天速成主管会计

主编 刘毅 王管谈

（上）做会计12堂必修课

副主编：宋鲁伟 张菊 肖雯 张微 陈洪菊
王春玲 侯岚 郎毅 孙涵 万齐煜

中国商业出版社

图书在版编目（CIP）数据

28天速成主管会计．上，做会计12堂必修课 / 刘毅，王管谈主编． -- 北京：中国商业出版社，2019.10
ISBN 978-7-5208-0972-6

Ⅰ．①2… Ⅱ．①刘… ②王… Ⅲ．①会计学－基本知识 Ⅳ．①F230

中国版本图书馆CIP数据核字(2019)第258603号

责任编辑：巫皆富

中国商业出版社出版发行

010-63180647　www.c-cbook.com

（100053　北京广安门内报国寺1号）

新华书店经销

廊坊市旭日源印务有限公司印刷

*

787毫米×1092毫米　16开　34印张　236千字

2020 年 1 月第 1 版 2020 年 1 月第 1 次印刷

定价：150.00元

****

（如有印装质量问题可更换）

前言

"经济越发展，会计越重要"。随着我国社会主义市场经济体制的建立和完善，会计作为经济管理基础性工作，其地位和作用越来越多被人们所认识。强化会计管理、提高会计信息质量，已成为会计工作面临的一项十分紧迫的任务，会计工作者要有熟练高超的业务技能，还要熟悉相关的税收、票据等法律制度。

数字的积累从"零"开始，会计的技能学习从"基础"开始；面对财会知识的大量需求，"零基础"的你，也迎来了一个新的起点。百练教育科技集团为满足不同的群体对财会知识的需求，根据会计准则和相关税收政策，组织一批财会领域一线教学专家，根据市场需求以及教学对象的特点，编写推出《28天速成主管会计》系列丛书，本丛书结合百练独创的"OAO"教学方法，采用高效立体式"2+1"即"2篇理论指导+1本真账实操"的学习模式，以实际工作为导向，切实做到理论与实践相结合，本丛书会让会计学习过程更有趣，学习内容更实用，给会计从业者奉献一条绿色"跑道"。

本书具有以下特点：

● 全面、系统。本丛书全面结合会计实务的基础理论知识，总结专业技术资格的规律，科学谨慎地将每一部分内容通过图片、表格等多种形式，逻辑清晰地表现出来，不仅做到了内容上的完整性还实现了知识点的逻辑性和联系性。

● 注重实操、便于理解。无论你是零基础，还是从业人员，对业务的提升都有帮助。本丛书以会计实操技能训练为基础，以真实工作为场景，通过大量实例讲解会计知识的重点，结合企业真账实操进行演练，使会计学习内容更实用、更易于理解。

● 编排新颖。在具体的介绍过程中，尽可能化繁为简，易于理解、便于掌握。知识性和趣味性强，使整套书的风格生动、活泼。真账实操部分采用全真原始凭证，断点式印刷，学习者可直接撕取，装订账本，十分便捷。

本丛书由百练教育科技集团刘毅担任总编，对每本书的结构以及特点进行总纂，在百练多名一线白金级专家讲师、高校现任教师的协同努力下编写完成，向参与编辑的河南师范大学审计处宋鲁伟处长，安徽科技学院财务处张菊老师表示感谢，过程中参考并结合企业财务岗位的实际需求，借鉴了不少专著与教材，只为让您的会计学习更高效、简单、有趣，迅速成长为会计高手。

目 录

导 言 1
第一章 原始凭证 10
    第一节 会计凭证概述 10
    第二节 原始凭证的概念、种类和基本内容 13
    第三节 原始凭证的填制和审核 17
第二章 会计的对象、要素、等式、科目 21
    第一节 会计的对象 21
    第二节 会计要素 23
    第三节 会计等式 34
    第四节 会计科目与账户 39
第三章 会计记账方法 52
    第一节 会计记账方法的种类 52
    第二节 借贷记账法 54
第四章 借贷记账法下主要经济业务的账务处理 67
    第一节 企业的主要经济业务 67
    第二节 资金筹集业务的账务处理 69
    第三节 固定资产业务的账务处理 76
    第四节 材料采购业务的账务处理 85
    第五节 生产业务的账务处理 92
    第六节 销售业务的账务处理 98
    第七节 期间费用的账务处理 102
    第八节 利润形成与分配业务的账务处理 106
第五章 记账凭证 118
    第一节 记账凭证的种类和基本内容 118
    第二节 记账凭证的填制和审核 121
    第三节 会计凭证的传递和保管 124
第六章 会计账簿 126
    第一节 会计账簿的概述 126
    第二节 会计账簿的登记和启用要求 135
    第三节 会计账簿的格式与登记方法 138
    第四节 对账与结账 143
    第五节 错账查找与更正的方法 148
    第六节 会计账簿的更换与保管 153
第七章 财产清查 154
    第一节 财产清查概述 154

第二节 财产清查的方法...158
　　第三节 财产清查结果的处理..163
第八章 财务报表..170
　　第一节 财务报表概述...170
　　第二节 资产负债表...175
　　第三节 利润表...182
第九章 账务处理程序..186
　　第一节 账务处理程序概述...186
　　第二节 记账凭证账务处理程序...188
　　第三节 科目汇总表账务处理程序...190
　　第四节 汇总记账凭证账务处理程序...192
第十章 会计基本理论..195
　　第一节 会计的目标...195
　　第二节 会计职能与方法...196
　　第三节 会计基本假设与会计基础...199
　　第四节 会计信息的使用者及其质量要求.....................................202
　　第五节 会计准则体系...205
第十一章 结算法律制度..208
　　第一节 支付结算概述...208
　　第二节 银行结算账户...213
　　第三节 票据结算方式...230
第十二章 税收法律制度..256
　　第一节 税收概述...256
　　第二节 主要税种...263
　　第三节 税收征收管理...292

导　言
会计思维导入

会计是一门商业语言，是政府与企业、企业与企业、企业与个人交流的工具。会计工作，类似于"翻译"，也就是把日常的经济事项用会计的语言表达出来。但是会计具有自己的专业术语，具有自己独特的方法，很多初学者被这些抽象的、难以入门的知识挡在"会计"门外。笔者认为在系统学习会计之前，初学者要培养自己的会计思维，以"会计工作"为导向学习会计，因为对大部分学习者来说学习会计的主要目的是掌握会计的理论知识并将其应用于实际工作中，简言之就是学会做账，所以笔者认为初学者在学习会计知识之前，至少先学习以下两方面的知识。

一、会计的概念与特征

（一）会计的概念

《企业会计准则》给出的会计概念：会计是以货币为主要计量单位，运用专门的方法，核算和监督一个单位经济活动的一种经济管理工作。单位是国家机关、社会团体、公司、企业、事业单位和其他组织的统称。未特别说明时，本书主要以《企业会计准则》为依据介绍企业经济业务的会计处理。

会计已经成为现代企业一项重要的管理工作。企业的会计工作主要是通过一系列会计程序，对企业的经济活动和财务收支进行核算和监督，反映企业财务状况、经营成果和现金流量，反映企业管理层受托责任履行情况，为会计信息使用者提供决策有用的信息，并积极参与经营管理决策，提高企业经济效益，促进市场经济的健康有序发展。

（二）会计的基本特征

会计的基本特征有：

（1）会计是一种经济管理活动

会计是一种经济管理活动，为企业经济管理提供各种数据资料，而且通过各种方式直接参与经济管理，对企业的经济活动进行核算和监督。此外，会计又不仅仅是管理经济的工具，它本身就具有管理的职能，是人们从事管理的一种活动。

（2）会计是一个经济信息系统

会计是一个以提供财务信息为主的经济信息系统。会计作为一个经济信息系统，将企业经济活动的各种数据转化为货币化的会计信息，这些信息是企业内部管理者和外部利益相关者进行相关经济决策的重要依据。

（3）会计以货币作为主要计算单位

货币是商品的一般等价物，是衡量一般商品价值的共同尺度，具有价值尺度、流通手段、贮藏手段和支付手段等特点。

在会计的确认、计量和报告过程中选择货币为基础进行计量是由货币的本身属性决定的。经济活动中通常使用劳动计量单位、实物计量单位和货币计量单位三种计量单位。重量、长度、容积、台、件等计量单位只能从一个侧面反映企业的生产经营情况，无法在量上进行汇总和比较，不便于会计计量和经营管理。只有选择货币尺度进行计量才能充分反映企业的生产经营情况。所以，基本准则规定，会计确认、计量和报告应选择货币作为计量单位。

（4）会计具有核算和监督的基本职能

会计的职能是指会计在经济管理活动中所具有的功能。

会计的基本职能表现在两个方面：

进行会计核算。通过确认、计量、记录、报告，从数量上反映各单位已经发生或完成的经济活动，为经营管理提供会计信息。

实施会计监督。按照一定的目的和要求，利用提供的会计信息，对各单位的经济活动进行控制，使之达到预期目标。

（5）会计采用一系列专门的方法

会计方法是用来核算和监督会计对象，实现会计目标的手段。会计方法具体包括会计核算方法、会计分析方法和会计检查方法等。其中，会计核算方法是最基本的方法。会计分析方法和会计检查方法等主要是在会计核算方法的基础上，利用提供的会计资料进行分析和检查所使用的方法。这些方法相互依存、相辅相成，形成了一个完整的方法体系。

（三）会计的发展历程

会计是随着人类社会生产的发展和经济管理的需要而产生、发展并不断得到完善的。其中，会计的发展可划分为古代会计、近代会计和现代会计三个阶段。

现代会计按服务对象不同，主要分为财务会计和管理会计。

经济越发展，会计越重要。经济全球化促进了会计国际化。随着计算机、网络、通信等先进信息技术与传统会计工作的融合，会计信息化会不断发展，为企业经营管理、控制决策和经济运行提供了实时、全方位的信息。

（四）实际会计工作人员的理解

看完会计的概念及特征，初学者会觉得非常抽象，用时髦的话来说就是非常"高大上"，不能真正掌握会计概念的内涵。

在企业工作的财务经理和会计人员对会计的理解：

会计 = 会计工作 + 会计方法 + 管理思维

会计是一项工作，会计人员在工作时，在遵守会计准则的前提下，运用专业的会计方法，记录、监管好本企业资金的来龙去脉，即"钱从哪里来，用到哪里去"；为了使财务做得更好，还必须从财务管理的思维来开展工作。

二、会计的工作流程

简单地说，会计的工作流程就是三个字：证、账、表。

1.证

证是指会计凭证，包括原始凭证和记账凭证。

图 0-1　高铁车票　　　　　　　图 0-2　高铁车票

销售人员张红出差预借差旅费 3 000 元，期间取得高铁票属于原始凭证。

张红出差回来填写差旅费报销单，将本次出差的车票等原始凭证粘贴在差旅费报销单后面，经过相关负责人签字后到财务部门办理报销手续，并退回剩余现金，会计人员根据审核无误的原始票据填写记账凭证。

差旅费报销单

部门： 销售部　　　　2×××年 01 月 18 日

姓名		张红		出差事由		联系业务	
出发		到达		起止地点	交通费	住宿费	补助	其他
月	日	月	日					
1	15	1	15	天津——上海	520.00		20.00	
1	17	1	17	上海——天津	520.00			
合		计		大写金额：人民币壹仟零陆拾元整			￥1 060.00	
报销总额				人民币壹仟零陆拾元整	预借旅费　￥3 000.00		补领金额	
							退还金额　￥1 940.00	

（现金付讫）

总经理：赵志刚　　财务经理：张立新　　会计：　　出纳：韩雪　　部门经理：　　报销人：张红

图 0-3　差旅费报销单

记 账 凭 证

2×××年01月19日　　　　　　　　　　　　　　　　第 5 号

摘　　要	会计科目	明细科目	√	借方金额	贷方金额
报销差旅费	库存现金				1 940.00
	销售费用	差旅费		1 060.00	
	其他应收款	张红			3 000.00
合		计		￥3 000.00	￥3 000.00

附单据 3 张

会计主管：刘源　　审核：张燕　　记账：陈云　　制单：韩雪

图 0-4　记账凭证

2. 账

账即账簿，每个单位的账簿至少包括由会计登记的总分类账和明细分类账、由出纳登记的库存现金日记账和银行存款日记账，有的单位还要登记备查账。本例中，会计要登记"管理费用"的总分类账和"管理费用——差旅费"的明细分类账、"库存现金"的总分类账，出纳要登记库存现金的日记账。

总分类账

18

年		凭证号数	摘要	对方科目编号	借方								贷方								借或贷	余额							
月	日				十	万	千	百	十	元	角	分	十	万	千	百	十	元	角	分		十	万	千	百	十	元	角	分

图 0-5　总分类账页样式

现金日记账

28

年		凭证号数	摘要	对方科目	借方								贷方								借或贷	余额							
月	日				十	万	千	百	十	元	角	分	十	万	千	百	十	元	角	分		十	万	千	百	十	元	角	分

图 0-6　库存现金日记账账页样式

3. 表

表即会计报表，企业常用的报表有资产负债表、利润表、现金流量表和所有者权益变动表。资产负债表和利润表见表 0-1、表 0-2。

会计工作除了完成上述证、账、表外，还要在规定的时期内向税务局完成纳税申报。

表 0-1 资产负债表

资产负债表

会企 01 表

编制单位：　　　　　　　　　　　　年　月　日　　　　　　　　　　　　单位：元

资产	期初数	期末数	负债及所有者权益	期初数	期末数
流动资产：			**流动负债：**		
货币资金			短期借款		
库存现金			交易性金融负债		
银行存款			衍生金融负债		
其他货币资金			应付票据及应付账款		
交易性金融资产			预收款项		
衍生金融资产			合同负债		
应收票据及应收账款			应付职工薪酬		
预付账款			应交税费		
其他应收款			其他应付款		
存货			持有待售负债		
合同资产			一年内到期的非流动负债		
持有待售资产			其他流动负债		
一年内到期的非流动资产			**流动负债合计**		
其他流动资产			**非流动负债：**		
流动资产合计			长期借款		
非流动资产：			应付债券		
债权投资			长期应付款		
其他债权投资			专项应付款		
长期应收款			预计负债		
长期股权投资			递延收益		
其他权益工具投资			递延所得税负债		
投资性房地产			其他非流动负债		
其他非流动金融资产			**非流动负债合计**		
固定资产			**负债合计**		
减：累计折旧			**股东权益（所有者权益）**		
固定资产净值			股本（实收资本）		
在建工程			其他权益工具		

续表

资　产	期初数	期末数	负债及所有者权益	期初数	期末数
			资本公积		
生产性生物资产			减：库存股		
油气资产			其他综合收益		
无形资产			专项储备		
开发支出			盈余公积		
商誉			未分配利润		
长期待摊费用			其中：本年利润		
递延所得税资产			**股东权益合计**		
其他非流动资产					
非流动资产合计					
资产合计			**负债及所有者权益合计**		

单位负责人：　　　　　会计主管：　　　　　复核：　　　　　制表：

表 0-2 利润表

利 润 表

会企 02 表

编制单位：　　　　　　　　　　　年　月　　　　　　　　　单位：元

项　　目	本月数	本年累计数
一、营业收入		
减：营业成本		
税金及附加		
销售费用		
管理费用		
研发费用		
财务费用		
其中：利息费用		
利息收入		
资产减值损失		
信用减值损失		
加：　其他收益		
投资收益（损失以"-"号填列）		
其中：对联营企业和合营企业的投资收益		
净敞口套期收益（损失以"-"号填列）		
公允价值变动收益（损失以"-"号填列）		
资产处置收益（损失以"-"号填列）		
二、营业利润（亏损以"-"号填列）		
加：营业外收入		
减：营业外支出		
三、利润总额（亏损"-"号填列）		
减：所得税费用		
四、净利润（亏损以"-"号填列）		

单位负责人：　　　　会计主管：　　　　　　复核：　　　　　　制表：

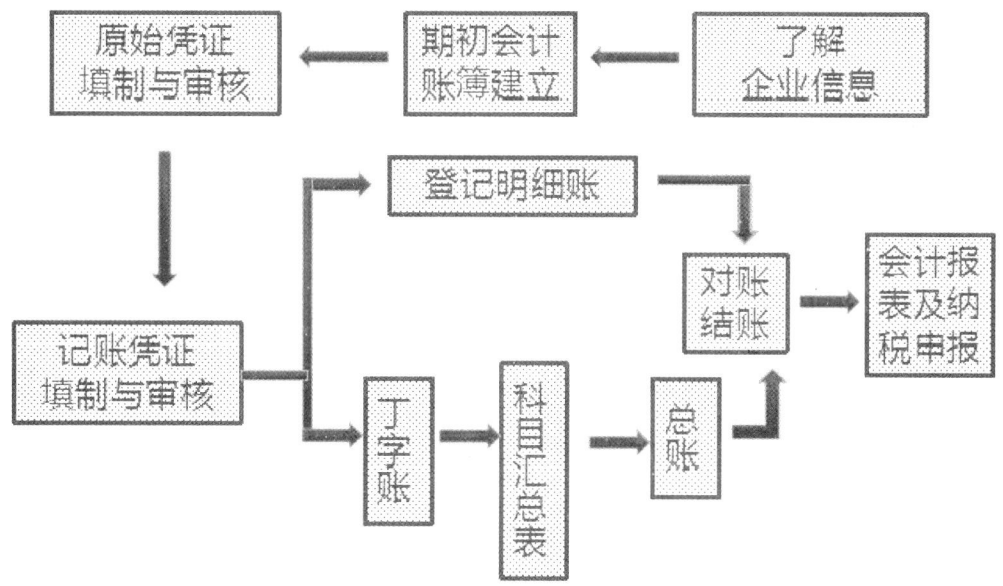

图 0-7 会计的工作流程（科目汇总表账务处理程序）

在学习会计的概念与特征以及详细了解会计工作流程之后，初学者一定会对会计及会计工作有了比较形象的认识，会计不再那么抽象和深奥，对大部分学习者来说会计会是一项工作，是前程似锦的工作，俗话说，"会计越老越吃香"，祝愿各位初学者在之后的会计学习中顺顺利利，不断提高，在会计的康庄大道上勇往直前。

第一章 原始凭证

本章基本要求

了解	会计凭证的概念与作用、会计凭证的传递
熟悉	原始凭证的种类
掌握	原始凭证的基本内容、原始凭证的填制要求、原始凭证的审核

第一节 会计凭证概述

一、会计凭证的概念与作用

（一）会计凭证的概念

会计凭证是指记录经济业务发生或者完成情况的书面证明，是登记账簿的依据。

填制和审核会计凭证是会计核算工作的基础。每个企业都必须按一定的程序填制和审核会计凭证，根据审核无误的会计凭证进行账簿登记，如实地反映企业的经济业务。由执行和完成该项经纪业务的人员和会计人员填制会计凭证，写明经济业务的内容和数量，并在凭证上签名盖章，明确经济责任。根据会计信息质量可靠性的要求，在会计核算中处理任何一项经济业务都必须以会计凭证作为依据。没有真凭实据就不能任意收付款项和运用财产物资，也不能进行账务处理。所有会计凭证都要由会计部门审核。只有经过审核无误的会计凭证才能作为经济业务的依据。因此，填制和审核会计凭证就成为会计核算的一种专门方法。它体现了会计信息质量可靠性的要求，是核算和监督经济活动与财务收支的基础。

（二）会计凭证的作用

合法地取得、正确地填制和审核会计凭证，是会计核算的基本方法之一，也是会计核算工作的起点，对于保证会计资料的真实性和完整性，有效进行会计监督，明确经济责任等都具有重要意义。

会计凭证的作用主要有：

（1）记录经济业务，提供记账依据

通过填制和审核会计凭证，可以正确、及时地反映各项经济业务的发生或完成情况，可以保证会计核算资料真实可靠。在会计核算中，对每笔经济业务，都要取得和填制会计凭证，并经审核无误后再分门别类地登记到账簿中去。通过会计凭证的填制和汇总，可以简化和方便登记账簿工作，减少和避免记账当中的技术错误，保证账簿记录的正确性。

（2）明确经济责任，强化内部控制

任何会计凭证除记录有关经济业务的基本内容外，还必须由有关部门和人员签章，对会计凭证所记录经济业务的真实性、完整性、合法性负责，以防止舞弊行为的发生，强化内部控制。

（3）监督经济活动，控制经济运行

通过对会计凭证的审核，可以查明每一项经济业务是否符合国家有关法律、法规制度的规定，是否符合计划、预算的进度，是否有违法乱纪、铺张浪费行为等。对于查出的问题，应积极采取措施予以纠正，实现对经济活动的始终控制，保证经济活动健康运行。

二、会计凭证的种类

会计凭证的形式多种多样，可以按照不同标准分类。会计凭证按照填制程序和用途可分为原始凭证和记账凭证两类。

（一）原始凭证

原始凭证，是指在经济业务发生或完成时取得或填制的，用以记录或证明经济业务的发生或完成情况的原始凭证。它是进行会计核算的原始资料和主要依据。经济业务的内容千变万化，原始凭证的种类也很复杂，但基本可以按两种方法进行分类：一是按原始凭证的取得来源分类，二是按原始凭证记录经济业务的次数和实现的不同分类。

原始凭证的作用主要是记载经济业务的发生过程和具体内容。原始凭证记载的信息是整个企业会计信息系统运行的起点，原始凭证的质量将影响会计信息的质量。常用的原始凭证有现金收据、发货票、银行进账单、差旅费报销单、产品入库单、领料单等。

（二）记账凭证

记账凭证，又称记账凭单，是指会计人员根据审核无误的原始凭证，按照经济业务的内容加以归类，并加以确定会计分录后所填制的会计凭证，作为登记账簿的直接依据。记账凭证可以按反映经济业务的内容以及填制及传递方法的不同进行分类。

记账凭证根据复式记账法的基本原理，确定了应借、应贷的会计科目及其金额，将原始凭证中的经济信息转化为会计语言,是介于原始凭证与账簿之间的中间环节。记账凭证的主要作用是确定会计分录,进行账簿登记。

第二节　原始凭证的概念、种类和基本内容

一、原始凭证的概念

原始凭证，是指在经济业务发生或完成时取得或填制的，用以记录、证明经济业务已经发生或完成情况的书面证明文件。原始凭证记载着大量的经济信息，又是证明经济业务发生的初始文件，与记账凭证相比较，具有较强的法律效力。需要注意的是，企业签订的经济合同、材料请购单、生产通知单等文件，不能证明经济业务的发生和完成，因此不能算作原始凭证，也不能作为会计核算的依据。此外，未经对方单位签章，不具备法律效力的凭证，或不具备凭证基本内容的白条，也同样不能算作原始凭证。

二、原始凭证的基本内容

原始凭证的格式和内容因经济业务和经营管理的要求不同而有所差异，但应当具备以下基本内容（也称为原始凭证要素）。

（1）凭证的名称。如购货发票、销货发票等。原始凭证的名称，能基本反映所载经济业务的类型。

（2）填制凭证的日期。通常为经济业务发生的日期。

（3）填制凭证单位名称或者填制人姓名。

（4）经办人员的签名或盖章。正式明确具体经济责任所必需的，也是便于日后核查的依据。

（5）接受凭证单位名称。它是证明此经济业务为本单位所发生的依据，是本单位交易活动的真实表现。

（6）经济业务内容（含数量、单价、金额等）。原始凭证对经济业务内容的反映，主要通过凭证的摘要栏、数量、单价和金额等进行，它是经济活动完整反映的表现，也是会计记录的要求所在。

（7）数量、单价和金额。

三、原始凭证的种类

原始凭证可以按照取得来源、格式、填制的手续和内容进行分类。

（一）按取得来源分类

原始凭证按照取得来源可分为自制原始凭证和外来原始凭证。

1. 自制原始凭证

自制原始凭证是指由本单位有关部门和人员，在执行或完成某项经济业务时填制

的，仅供本单位内部使用的原始凭证。如收料单、领料单、限额领料单、产品入库单、产品出库单、借款单、工资发放明细表、折旧计算表等。单位内部使用的入库单格式如图1-1所示。

入 库 单　　　　　NO.20125069

2×××年6月3日

交来单位及部门	行政科		验收仓库		仓库1	
编号	品名	规格	单位	数量	备注	
1	绿化剪刀		把	10		
2	灭火器		只	5		

第三联 记账联

仓库主管：陆远　　　经办人：章硕　　　制单：陆远

图1-1　入库单

2.外来原始凭证

外来原始凭证是指在经济业务发生或完成时，从其他单位或个人直接取得的原始凭证。如购买原材料取得的增值税专用发票、职工出差报销的飞机票、火车票和餐饮发票等。职工出差报销的火车票如图1-2所示。

图1-2　高铁车票

（二）按照格式分类

原始凭证按照格式的不同可分为通用凭证和专用凭证。

1.通用凭证

通用凭证是指由有关部门统一印制、在一定范围内使用的具有统一格式和使用方法的原始凭证。通用凭证的使用范围因制作部门的不同而有所差异，可以是分地区、分行业使用，也可以是全国通用，如某省（市）印制的在该省（市）通用的发票、收据等；由人民银行制作的在全国通用的银行转账结算凭证、由国家税务总局统一印制的全国通用的增值税专用发票等。中国工商银行系统通用的进账单格式如图1-3所示。

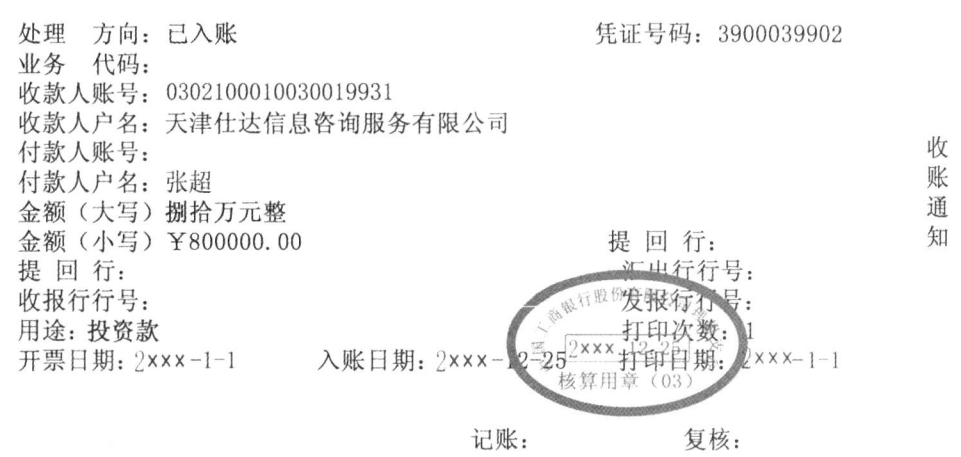

图1-3 进账单

2.专用凭证

专用凭证是指由单位自行印制、仅在本单位内部使用的原始凭证。如领料单、差旅费报销单、折旧计算表和工资费用分配表等。金陵钱多多家具有限公司专用的差旅费报销单格式如图1-4所示。

差旅费报销单

部门： 销售部　　　　2×××年6月6日

姓名			张杰	出差事由		参加展销会	
出发		到达		交通费	住宿费	伙食费	补贴
月	日	月	日	起止地点			
6	1			天津—郑州	21.00		
6	2	6	2	郑州—广州 往返	1 426.00		
6	1	6	6	天津	77.50		
6	1	6	2	郑州		350.00	
6	4			广州			1 100.00
合计				大写金额：人民币叁仟壹佰陆拾肆元整		￥3 164.00	
报销总额				人民币叁仟壹佰陆拾肆元整	预借旅费　￥4 000.00	补领金额	
						退还金额	￥836.00

现金付讫　附件7张

总经理：赵志刚　　财务经理：张立新　　会计：　　出纳：韩雪　　部门经理：　　报销人：张杰

图 1-4　差旅费报销单

（三）按填制的手续和内容分类

原始凭证按照填制的手续和内容可分为一次凭证、累计凭证和汇总凭证。

1. 一次凭证

一次凭证是指一次填制完成，只记录一笔经济业务且仅一次有效的原始凭证。如收据、借款单、收料单、发货票和银行结算凭证等。借款单格式如图1-5所示：

借 款 单

资金性质　　　　　　　　　　　　　　　2×××年6月1日

借款单位：张杰		
借款理由：参加郑州交流会		
借款金额：人民币（大写）肆仟元整　　　￥4 000.00		
部门负责人意见：崔红英		借款人（签章）：张杰
领导批示： 同意支付 赵志刚 6月1日	会计主管人员核批： 张立新 6月1日	付款记录： 年　月　日以第　号 现金支付凭单付给

现金付讫

图 1-5 借款单

2. 累计凭证

累计凭证是指在一定时间内多次记录发生的同类型经济业务且多次有效的原始凭证。累计凭证的特点是在一张凭证内可以连续登记相同性质的经济业务，随时结出累计数和结余数，并按照费用限额领料进行费用控制，期末按实际发生额记账。

3.汇总凭证

汇总凭证是指对一定时期内反映经济业务内容相同的若干张原始凭证，按照一定标准综合填制的原始凭证。汇总原始凭证合并了同类型经济业务，简化了记账工作。发料凭证汇总表是一种常见的汇总凭证，其格式如表 1-1 所示

表 1-1 发料凭证汇总表

发出材料汇总表

年　　月　　日

会计科目		领料部门	原材料	燃料	合计
生产成本	基本生产车间	一车间			
		二车间			
		小计			
	辅助生产车间	供电车间			
		供气车间			
		小计			
制造费用		一车间			
		二车间			
		小计			
管理费用		行政部门			
合计					

财务负责人：　　　　　　　复核：　　　　　　　制表：

第三节　原始凭证的填制和审核

实操：原始凭证填制与审核

背景资料：2×××年1月22日，公司出纳人员开出现金支票，提取备用金，请填制现金支票。（开户银行：中国工商银行；账号：0302100010030019931 密码：2812-8001 9791-5698）

准备：现金支票一张

要求：填制现金支票

一、原始凭证填制的要求

（一）原始凭证填制的基本要求

原始凭证的填写，必须符合下列要求：

（1）记录要真实

原始凭证所填列的经济业务内容必须真实可靠，符合实际情况，不得弄虚作假，不得随意填写。所反映的经济业务合法、合理、合规。经办人员应对所取得或填制的原始凭证的真实性负责。

（2）内容要完整

原始凭证上的日期、经济业务内容、所有数据、凭证的号码等各项内容都必须填列齐全，不得随意省略或遗漏。

（3）手续要完备

经办人和有关部门的负责人必须在凭证上签字或盖章，以示对凭证真实性和正确性负责。

例如，对外开出的原始凭证，应加盖有关单位的公章或加盖有关部门专用章；从外部取得的原始凭证，应该有填制单位（或个人）的公章或专用章（签名或盖章）；自制原始凭证，应有经办单位负责人或指定人员的签名或盖章等。

（4）书写要清楚、规范

原始凭证只能用蓝（黑）色墨水填写，不得使用铅笔或圆珠笔填写；字迹应工整、清晰，易于辨认；不得使用未经国务院颁布的简化字；阿拉伯数字要逐个填写，不得连写；文字数字书写应紧靠行格底线，上方应留有适当空距，以防写错字时有更改的空间，不得满格（顶格）书写；金额数字的填写要符合规范性的要求。

（5）编号要连续

各种凭证都必须连续编号，以备查找；已经事先印好编号的凭证作废时，应在作废的凭证上加盖"作废"戳记，连同存根一起保存，不得随意撕毁。

（6）不得涂改、刮擦、挖补

原始凭证记载的各项内容均不得涂改、刮擦、挖补。原始凭证有错误的，应当由出具单位重开或更正，更正时应当加盖出具单位印章。原始凭证金额有误的，应当由出具单位重开，不得在原始凭证上更正。

（7）填制要及时。

有关经办人员必须在经济业务发生或完成时及时填制，并尽快按规定的程序传递给会计部门。

（二）自制原始凭证的填制要求

不同的自制原始凭证，填制要求也有所不同。

1. 一次凭证的填制

一次凭证应在经济业务发生或完成时，由相关业务人员一次填制完成。该凭证往往只能反映一次经济业务，或者反映若干项同一性质的经济业务。一次凭证是一次有效的凭证，例如，领料单、发货票、支票等都属于一次凭证。

2. 累计凭证的填制

累计凭证应在每次经济业务完成时，由相关人员在同一张凭证上重复填制完成。该凭证能在一段时间内不断重复地反映同类经济业务的完成情况。

累计凭证是多次有效的原始凭证。其特点是在一张凭证内可以连续登记相同性质的经济业务，随时结出累计数及结余数，并按照费用限额进行费用控制，期末按实际发生额记账。他们的填制手续不是一次完成的，而是在规定时间内把同类经济业务在一张凭证中连续按行记载，直到期末求出总数以后，才作为记账的原始依据。例如，限额领料单就是一种累计凭证。

3. 汇总凭证的填制

汇总凭证应由相关人员在汇总一定时期内反映同类经济业务的原始凭证后填制完成。该凭证只能将类型相同的经济业务进行汇总，不能汇总两类或两类以上经济业务。例如，月末根据月份内所有领料单编制的发料凭证汇总表就是一种汇总凭证。

（三）外来原始凭证的填制要求

外来原始凭证应在企业同外单位发生经济业务时，由外单位的相关人员填制完成。外来原始凭证一般由税务局等部门统一印制，或经税务部门批准由经营单位印制，在填制时加盖出具凭证单位公章方为有效。对于一式多联的原始凭证必须用复写纸套写或打印机套打。

二、原始凭证审核的基本要求

为了如实反映经济业务的发生和完成情况，充分发挥会计的监督职能，保证会计信息的真实、合法、完整和准确，会计人员必须对原始凭证进行严格审核。审核的内容主要包括：

（一）审核原始凭证的真实性

审核原始凭证所记载的经济业务是否与实际业务情况相符合，包括经济业务有关的当事单位和当事人是否真实，经济业务发生的时间、地点和填制凭证的日期是否准确，经济业务的内容及数量方面（包括实物数量、计量单位、单价、金额）是否与实际业务情况相符等。

（二）审核原始凭证的合法性

审核原始凭证所反映的经济业务是否符合国家法律法规，是否履行了规定的凭证传递和审核程序，是否有贪污腐化现象等行为。

（三）审核原始凭证的合理性

审核原始凭证所反映的经济业务是否符合企业活动的需要，是否符合有关计划和预算等。

（四）审核原始凭证的完整性

审核原始凭证的填制是否完整，有关手续是否齐全，有无遗漏的项目，文字和数字是否书写清楚，有关人员签章是否齐全，凭证联次是否正确等。

（五）审核原始凭证的正确性

审核原始凭证记载的各项内容是否正确，包括：

1. 接受原始凭证单位的名称是否正确。

2. 金额的填写和计算是否正确。阿拉伯数字分位填写，不得连写。小写金额前要标明"￥"字样，中间不能留有空位。大写金额前要加"人民币"字样，大写金额和小写金额要相符。

3. 更正是否正确。原始凭证记载的各项内容均不得涂改。原始凭证金额有错误的应当由出具单位重开，不得在原始凭证上更正。原始凭证有其他错误的，应当由出具单位重开或者更正，更正处应当加盖出具单位印章。

（六）审核原始凭证的及时性

原始凭证的及时性是保证会计信及时性的基础。原始凭证应在经济业务发生或完成时及时填制并及时传递。审核时应注意审查凭证的填制日期，尤其是支票、银行汇票、银行本票等时效性较强的原始凭证，更应仔细验证其签发日期。 原始凭证的审核是一项十分重要的工作，经审核的原始凭证应根据不同情况处理：

1. 对于完全符合要求的原始凭证，应及时据以填制记账凭证入账；

2. 对于真实、合法、合理，但内容不够完整、填写有错误的原始凭证，应退回给有关经办人员，由其负责将有关凭证补充完整、更正错误或重开后，再办理正式会计手续；

3. 对于不真实、不合法的原始凭证，会计人员有权不予接受，并向单位负责人报告。

第二章 会计的对象、要素、等式、科目

本章基本要求

了解	会计科目与账户的概念、会计科目与账户的分类
熟悉	会计要素的含义与特征、会计科目设置的原则、常用的会计科目
掌握	会计要素的确认条件与构成、常用的会计计量属性、会计等式的表现形式、基本经济业务的类型及其对会计等式的影响、账户的结构、账户与会计科目的关系

第一节 会计的对象

会计对象是指会计核算和监督的内容，具体是指社会再生产过程中能以货币表现的经济活动，即资金运动或价值运动。企业资金的运动表现为资金投入、资金运用（即资金的循环与周转）和资金退出三个过程。（如图2-1所示）

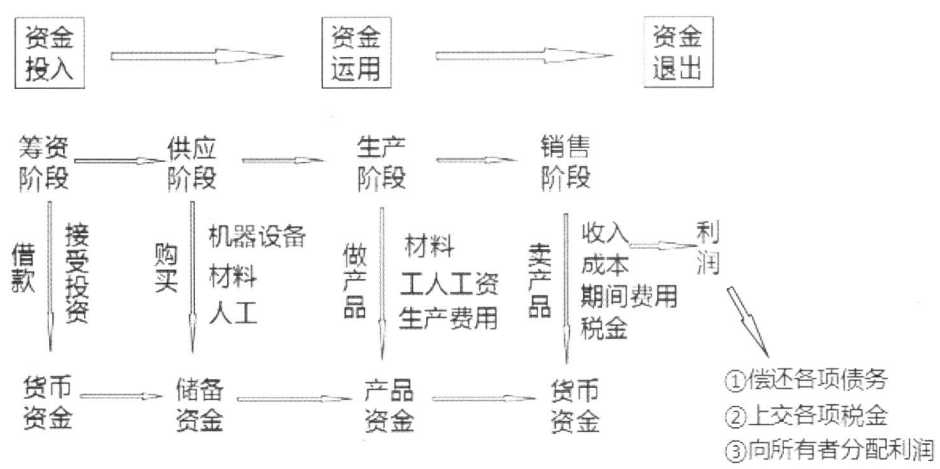

图2-1 制造业的资金运动过程

1. 资金的投入

企业的资金投入包括企业所有者投入的资金和债权人投入的资金，前者形成企业的所有者权益，后者形成企业的负债。投入企业的资金一部分形成流动资产，另一部分形成企业固定资产等非流动资产。

2. 资金的运用（循环与周转）

企业的资金运用是指资金投入企业后，在供应、生产和销售等环节不断循环与周转。

（1）供应阶段。企业根据制订的生产经营计划，购买生产所需的各种原材料，支付材料的买价、运输费和装卸费等采购费用，与供货方结算货款。

（2）生产阶段。领用原材料进行产品生产，支付职工薪酬和计提固定资产折旧，劳动者借助劳动手段将劳动对象加工成特定的产品，这些产品成为使用价值和价值的统一体。

（3）销售阶段。将生产的产品对外销售，收回货款和支付销售费用等。

综上所述，资金的循环与周转就是从货币资金开始依次转化为储备资金、生产资金、产品资金，最后又回到货币资金的过程。

3. 资金的退出

企业资金的退出包括偿还各项债务、缴纳各项税费和向所有者分配利润等，这部分资金将离开企业，退出企业的资金循环与周转。

上述资金运用的三个阶段是相互支持、相互制约的统一体，没有资金的投入，就没有资金的循环与周转，更不会有资金的退出；没有资金的退出，就不会有新一轮的资金投入，更不会有企业的进步发展。

考点提要

会计的对象		是指会计核算和监督的内容；特定主体能以货币表现的经济活动；资金运动
资金运动	资金投入	包括企业所有者投入的资金和债权人投入的资金；资金投入是资金运动的起点
	资金运用（资金的循环与周转）	钱→物→钱；完成一次；循环；完成多次；周转
	资金退出	包括偿还各项债务（还债）、缴纳各项税费和向所有者分配利润（分红）等

第二节 会计要素

一、会计要素的含义与分类

（一）会计要素的含义

会计要素是指根据交易或者事项的经济特征所确定的财务会计对象的基本分类。它是会计对象按经济特征所作的最基本的分类，也是会计核算对象的具体化；是用于反映特定会计主体财务状况和经营成果的基本单位，也是构成会计报表的基本组件。

（二）会计要素的分类

我国《企业会计准则》将会计要素划分为资产、负债和所有者权益、收入、费用和利润六类。其中，资产、负债和所有者权益属于反映财务状况的会计要素，在资产负债表中列示（资产负债表要素）；收入、费用和利润属于反映经营成果的会计要素，在利润表中列示（利润表要素）。

资金运动有显著的运动和静止状态，在相对静止状态，企业的资金表现为资金占用和资金的来源两方面，其中资金占用的具体形式就是企业的资产，资产的来源又可以分为所有者投入和债权人投入两类。债权人对资产的求偿权称为债权人权益，表现为企业负债；企业所有者对净资产（资产和负债的差额）的所有权称为所有者权益。从一定日期这个相对静止状态来看，资产总额与负债和所有者权益总额之和必然相等，由此分离出资产、负债及所有者权益三类表现资金相对静止状态的会计要素。另一方面，企业各项资产经过一定时期的运营，必然发生一定耗费，生产出相应种类和数量的产品，产品销售后获得收入，收支相抵后确认出当期损益，由此分离出收入、费用及利润三类表现资金运动显著变动状态的会计要素。资产、负债及所有者权益构成资产负债表基本框架，收入、费用及利润构成利润表基本框架，因而这六项会计要素又称为会计报表要素。

二、会计要素的确认

（一）资产

1. 资产的含义与特征

资产是指企业过去的交易或者事项形成的、由企业拥有或控制的、预期会给企业带来经济利益的资源。企业从事生产经营活动必须具备一定的物质资源，如货币资金、厂房场地和机器设备等，是企业从事生产经营的物质基础。

资产具有以下特征：

（1）资产是由企业过去的交易或者事项形成的。资产是过去已经发生的交易或事项（包括购买、生产、建造行为或其他交易或者事项）所产生的结果。资产必须是现实的资产，而不能是预期的资产。未来交易或事项可能产生的结果不能确认为资产。

（2）资产是企业拥有或者控制的资源。资产是为企业所拥有的，或者即使不为企业所拥有，也是企业所控制的。一项资源作为企业资产予以确认，企业应该拥有此项资源的所有权，或者可以按照自己的意愿使用或处置该项资产。

（3）资产预期会给企业带来经济利益。所谓经济利益，是指直接或间接地流入企业的现金或现金等价物。资产都应能够为企业带来经济利益，也可通过对外投资而获得股利或以参与分配利润的方式间接获得经济利益。按照这一特征，那些已经没有经济价值、不能给企业带来经济利益的项目，就不能继续确认为企业的资产，如已经发生霉烂变质或毁损的原材料。

2. 资产的确认条件

将一项资源确认为资产，不但需要符合资产的定义，还应同时满足以下两个条件。

（1）与该资源有关的经济利益很可能流入企业。从资产的定义可以看到，能带来经济利益是资产的一个本质特征，但在现实生活中，由于经济环境瞬息万变，与资源有关的经济利益能否流入企业或者能够流入多少实际上带有不确定性。因此，资产的确认还应与对经济利益流入的不确定性程度的判断结合起来。如果根据编制财务会计报表时所取得的证据，判断与资源有关的经济利益很可能流入企业，那么就应当将其作为资产予以确认；反之，不能确认为资产。

（2）该资源的成本或者价值能够可靠地计量。可计量性是所有会计要素确认的重要前提，资产的确认也是如此。只有当有关资源的成本或者价值能够可靠地计量时，资产才能予以确认。在实务中，企业取得的许多资产都需要付出成本。例如，企业购买或者生产的存货、企业购置的厂房或者设备等，对于这些资产，只有当其实际发生的成本或者生产成本能够可靠计量，才能视为符合资产确认的可计量条件。在某些情况下，企业取得的资产没有发生实际成本或者发生的实际成本很小，例如，企业持有的某些衍生金融工具形成的资产，对于这些资产，尽管它们没有实际成本或者发生的实际成本很小，但是如果其公允价值能够可靠计量的话，也被认为符合资产可计量性的确认条件。

3. 资产的分类

资产按流动性进行分类，可以分为流动资产和非流动资产。

流动资产是指预计在一个正常营业周期中变现、出售或耗用，或者主要为交易目的而持有，或者预计在资产负债表日起一年内（含一年）变现的资产，以及自资产负债表日起一年内交换其他资产或清偿负债的能力不受限制的现金或现金等价物。

一个正常营业周期是指企业从购买用于加工的资产起至实现现金或现金等价物的期间。正常营业周期通常短于一年，在一年内有几个营业周期。但是，也存在正常营业周期长于一年的情况,在这种情况下,与生产循环相关的产成品、应收账款和原材料尽管是超过一年才出售、变现或耗用,仍应作为流动资产。当正常营业周期不能确定时,应当以一年(12个月)作为正常营业周期。

非流动资产是指流动资产以外的资产,主要包括长期股权投资、固定资产、在建工程、无形资产和长期待摊费用等。

长期股权投资是指企业持有的对其子公司、合营企业及联营企业的权益性投资以及企业持有的对被投资单位不具有控制、共同控制或重大影响,并且在活跃市场没有报价,公允价值不能可靠计量的权益性投资。

固定资产是指同时具有以下特征的有形资产:一是为生产商品、提供劳务、出租或经营管理而持有的,二是使用寿命超过一个会计年度的。

无形资产是指企业拥有或者控制的没有实物形态的可辨认非货币性资产,例如专利权、非专利技术、商标权、著作权、土地使用权和特许权使用费等。

长期待摊费用,是指企业已经发生但由本期和以后各期负担的、分摊期限在1年以上(不含1年)的各项费用,包括以经营租赁方式租入固定资产发生的改良支出等。

(二)负债

1. 负债的含义与特征

负债是指企业过去的交易或者事项形成的,预期会导致经济利益流出企业的现时义务。负债具有以下特征。

(1)负债是由企业过去的交易或者事项形成的

负债是由企业过去的交易或者事项形成的,换言之,导致负债的交易或者事项已经发生,而只有源于已经发生的交易或事项,会计上才能确认为负债。

(2)负债是企业承担的现时义务

所谓现时义务是指企业在现行条件下已承担的义务。未来发生的交易或者事项形成的义务,不属于现时义务,不应当确认为负债,如企业的业务计划等并不构成企业的负债。

(3)负债预期会导致经济利益流出企业

负债通常是在未来某一时日通过交付资产(包括现金和其他资产)或提供劳务来清偿。有时,企业可以通过承诺新的负债或转化为所有者权益来了结一项现有的负债,但最终一般都会导致企业经济利益的流出。

2. 负债的确认条件

将一项现时义务确认为负债,需要符合负债的定义,还应当同时满足以下两个条件:

(1)与该义务有关的经济利益很可能流出企业;

（2）未来流出的经济利益的金额能够可靠地计量。

3．负债的分类

按偿还期限的长短，一般将负债分为流动负债和非流动负债。

流动负债是指预计在一个正常营业周期中偿还，或者主要为交易目的而持有，或者自资产负债表日起一年内（含一年）到期应予以清偿，或者企业无权自主地将清偿推迟至资产负债表日以后一年以上的负债。

非流动负债是指流动负债以外的负债，主要包括长期借款、应付债券和长期应付款等。

（三）所有者权益

1．所有者权益的含义及特征

所有者权益是指企业资产扣除负债后由所有者享有的剩余权益。公司的所有者权益又称为股东权益。

企业最初的资金来源不外乎两个：一是债权人资金，二是所有者投入。债权人对企业资产的要求权形成企业负债，所有者对企业资产的要求权形成企业的所有者权益。所有者权益的来源包括所有者投入的资本、直接计入所有者权益的利得和损失、留存收益等。

所有者权益具有以下特征：

（1）除非发生减资、清算或分派现金股利，企业不需要偿还所有者权益；

（2）企业清算时，只有在清偿所有的负债后，所有者权益才返还给所有者；

（3）所有者凭借所有者权益能够参与企业利润的分配。

2．所有者权益的确认条件

所有者权益的确认、计量主要取决于资产、负债、收入和费用等其他会计要素的确认和计量。所有者权益在数量上等于企业资产总额扣除债权人权益后的净额（即企业的净资产），反映所有者（股东）在企业资产中享有的经济利益。

3．所有者权益的分类

所有者权益的来源包括所有者投入的资本、直接计入所有者权益的利得和损失、留存收益等，具体表现为实收资本（或股本）、资本公积（含资本溢价或股本溢价、其他资本公积）、盈余公积和未分配利润。

（1）所有者投入的资本是指所有者投入企业的资本部分，它既包括构成企业注册资本（实收资本）或者股本部分的金额，也包括投入资本超过注册资本或者股本部分的金额，即资本溢价或者股本溢价，这部分投入资本在我国企业会计准则体系中被计入了资本公积，并在资产负债表中的资本公积项目加以反映。

（2）直接计入所有者权益的利得和损失，是指不应计入当期损益、会导致所有者权益发生增减变动的、与所有者投入资本或者向所有者分配利润无关的利得或者损失。

（3）留存收益是指企业实现的净利润留存于企业的部分，包括盈余公积和未分配利润。

知识提要

会计要素	含义	会计要素是指根据交易或者事项的经济特征所确定的财务会计对象的基本分类	
	分类	企业的六大会计要素为资产、负债和所有者权益（资产=负债+所有者权益），收入、费用和利润（收入-费用=利润）	
		1.资产=负债+所有者权益：①是某一日（时点）的要素；②表现资金运动的相对静止状态，称为静态会计要素；③反映企业的财务状况；④是编制资产负债表的依据；⑤是会计上的第一等式；⑥是复式记账法的理论基础	
		2.收入-费用=利润：①是某一时期的要素；②表现资金运动的显著变动状态，称为动态会计要素；③反映企业的经营成果；④是编制利润表的依据；⑤是会计上的第二等式	
资产	含义	资产是指企业过去的交易或者事项形成的、由企业拥有或控制的、预期会给企业带来经济利益的资源	
	特征	1.资产是由企业过去的交易或者事项形成的。作为企业的资产，资产必须是现实的资产，而不能是预期的资产。未来交易或事项可能产生的结果不能确认为资产	
		2.资产是企业拥有或者控制的资源 （控制：如融资租入固定资产）	
		3.资产预期会给企业带来经济利益	
	分类	资产按流动性进行分类，可以分为流动资产和非流动资产	
		流动资产	流动资产是指一个会计年度内变现、出售或耗用的资产，主要包括库存现金、银行存款、交易性金融资金、应收及预付款项和存货等
		非流动资产	非流动资产是指流动资产以外的资产，主要包括长期股权投资、固定资产、在建工程、无形资产和长期待摊费用等

续表

负债	含义	负债是指企业过去的交易或者事项形成的，预期会导致经济利益流出企业的现时义务。未来发生的交易或者事项形成的义务不属于现时义务，不应当确认负债
	分类	按偿还期限的长短，一般将负债分为流动负债和非流动负债
		流动负债：流动负债是指1年内到期应予以清偿的债务，包括短期借款、应付及预收款项、应交税费、应付职工薪酬等
		非流动负债：非流动负债是指流动负债以外的负债，主要包括长期借款、应付债券和长期应付款等
		【注意】区别流动负债和非流动负债的具体内容，流动负债一般包括短期、应付、应交和预收等词组，非流动负债一般包括长期等词组，特别注意"应付债券"（3年期、5年期的债券大于1年）属于非流动负债。
所有者权益	分类	所有者权益的资本：包括构成企业注册资本（实收资本）或者股本部分的金额，也包括投入资本超过注册资本或者股本部分的金额，即资本溢价或者股本溢价
		直接计入所有者权益的利得和损失：由企业非日常活动发生或形成的，计入其他综合收益科目
		留存收益：包括盈余公积和未分配利润

（四）收入

1. 收入的含义与特征

收入是指企业在日常活动中形成的、会导致所有者权益增加的、与所有者投入资本无关的经济利益的总流入。

收入具有以下特征：

（1）收入是企业在日常活动中形成的。日常活动是指企业为完成其经营目标所从事的经常性活动以及与之相关的活动。例如，工业企业制造并销售产品、商业企业销售商品、咨询公司提供咨询服务、安装公司提供安装服务等，均属于企业的日常活动。明确界定日常活动是为了将收入与利得相区分。日常活动是确认收入的重要判断标准，凡是日常活动所形成的经济利益的流入均应当确认为收入；反之，非日常活动所形成的经济利益的流入不能确认为收入，而应当计入利得。比如，处置固定资产属于非日常活动，所形成的净利益就不应确认为收入，而应当确认为利得。再如，无形资产出租所取得的租金收入属于日常活动所形成的,应当确认为收入,但是处置无形资产属于非日常活动,所形成的净利益,不应当确认为收入,而应当确认为利得。

(2) 收入会导致所有者权益的增加。与收入相关的经济利益的流入应当会导致所有者权益的增加;不会导致所有者权益增加的经济利益的流入不符合收入的定义,不应确认为收入。例如,企业向银行借入款项,尽管也导致了企业经济利益的流入,但该流入并不导致所有者权益的增加,而使企业承担了一项现时义务;不应将其确认为收入,而应当确认为一项负债。

(3) 收入是与所有者投入资本无关的经济利益的总流入。收入应当会导致经济利益的流入,从而导致资产的增加。例如,企业销售商品,应当收到现金或者在未来有权收到现金,这样才表明该交易符合收入的定义。但是,经济利益的流入有时是所有者投入资本的增加所致,所有者投入资本的增加不应当确认为收入,而应当将其直接确认为所有者权益。

2. **收入的确认条件**

收入的确认除了应当符合收入的定义外,至少应当符合以下条件:(1) 与收入相关的经济利益应当很可能流入企业;(2) 经济利益流入企业的结果会导致资产的增加或者负债的减少;(3) 经济利益的流入额能够可靠计量。

3. **收入的分类**

收入包括主营业务收入和其他业务收入。主营业务收入是由企业的主营业务所带来的收入,如前已述及的工业企业制造并销售产品、商业企业销售商品、咨询公司提供咨询服务和安装公司提供安装服务等;其他业务收入是除主营业务活动以外的其他经营活动实现的收入。

收入按性质不同,可分为销售商品收入、提供劳务收入和让渡资产使用权收入等。

(五) 费用

1. **费用的含义与特征**

费用是指企业在日常活动中发生的、会导致所有者权益减少的、与向所有者分配利润无关的经济利益的总流出。

费用具有以下特征:

(1) 费用是企业在日常活动中发生的。费用必须是企业在其日常活动中所形成的,这些日常活动的界定与收入定义中涉及的日常活动的界定相一致。日常活动所产生的费用通常包括销售成本(营业成本)和管理费用等。将费用界定为日常活动所形成的,目的是将其与损失相区分。企业非日常活动所形成的经济利益的流出不能确认为费用,而应当计入损失。

（2）费用会导致所有者权益的减少。与费用相关的经济利益的流出应当会导致所有者权益的减少；不会导致所有者权益减少的经济利益的流出不符合费用的定义，不应确认为费用。

（3）费用是与向所有者分配利润无关的经济利益的总流出。费用的发生应当会导致经济利益的流出，从而导致资产的减少或者负债的增加（最终也会导致资产的减少）。其表现形式包括现金或者现金等价物的流出，存货、固定资产和无形资产等的流出或者消耗等。企业向所有者分配利润也会导致经济利益的流出，而该经济利益的流出属于投资者投资回报的分配，是所有者权益的直接抵减项目，不应确认为费用，应当将其排除在费用的定义之外。

2．费用的确认条件

费用的确认除了应当符合费用的定义外，至少应当符合以下条件：

（1）与费用相关的经济利益应当很可能流出企业；

（2）经济利益流出企业的结果会导致资产的减少或者负债的增加；

（3）经济利益的流出额能够可靠计量。

3．费用的分类

费用包括生产费用与期间费用。

生产费用是指与企业日常生产经营活动有关的费用，按其经济用途可分为直接材料、直接人工和制造费用。生产费用应按其实际发生情况计入产品的生产成本；对于生产几种产品共同发生的生产费用，应当按照受益原则，采用适当的方法和程序分别计入相关产品的生产成本。

期间费用是指企业本期发生的、不能直接或间接归入产品生产成本，而应直接计入当期损益的各项费用，包括管理费用、销售费用和财务费用。

（六）利润

1．利润的含义与特征

利润是指企业在一定会计期间的经营成果。通常情况下，如果企业实现了利润，表明企业的所有者权益将增加，业绩得到了提升；反之，如果企业发生了亏损（即利润为负数），表明企业的所有者权益将减少，业绩会下降。利润是评价企业管理层业绩的指标之一，也是投资者等财务会计报告使用者进行决策时的重要参考依据。

2．利润的确认条件

利润反映收入减去费用、直接计入当期利润的利得减去损失后的净额。利润的确认主要依赖于收入和费用，以及直接计入当期利润的利得和损失的确认，其金额的确定也主要取决于收入、费用、利得和损失金额的计量。

3．利润的构成

利润包括收入减去费用后的净额、直接计入当期损益的利得和损失等。其中，收入减去费用后的净额反映企业日常活动的经营业绩；直接计入当期损益的利得和损失反映企业非日常活动的业绩。

直接计入当期损益的利得和损失，是指应当计入当期损益、最终会引起所有者权益发生增减变动的、与所有者投入资本或者向所有者分配利润无关的利得或者损失。企业应当严格区分收入和利得、费用和损失，以便全面反映企业的经营业绩。

知识提要

收入	含义	收入是指企业在日常活动中形成的、会导致所有者权益增加的、与所有者投入资本无关的经济利益的总流入		
	分类	按性质	销售商品收入、提供劳务收入和让渡资产使用权收入	
		按经营业务的主次	主营业务收入	由企业的主营业务所带来的收入，包括销售商品、提供劳务收入等
			其他业务收入	除主营业务活动以外的其他经营活动实现的收入，如工业企业出租固定资产、出租无形资产、出租包装物和商品、销售材料等实现的收入 【速记】出租材料，联想谐音拓展"猪吃资料"
费用	含义	费用是指企业在日常活动中发生的、会导致所有者权益减少的、与向所有者分配利润无关的经济利益的总流出		
		费用只有在经济利益很可能流出从而导致企业资产的减少或者负债的增加，且经济利益的流出额能够可靠计量时才能予以确认		
	分类	生产费用	生产费用是指与企业日常生产经营活动有关的费用，按其经济用途可分为直接材料、直接人工和制造费用	
		期间费用	期间费用包括管理费用、销售费用和财务费用	
利润	含义	利润是指企业在一定会计期间的经营成果		
	分类	日常活动	收入（主营业务收入、其他业务收入）-费用	
		非日常活动	利得（营业外收入）-损失（营业外支出）	
		【注意】营业外收入不属于"收入"，营业外支出不属于"费用"		

三、会计要素的计量

会计要素的计量是为了将符合确认条件的会计要素登记入账并列报于财务报表而确定其金额的过程。企业应当按照规定的会计计量属性进行计量,确定相关金额。

(一)会计计量属性及其构成

会计计量属性是指会计要素的数量特征或外在表现形式,反映了会计要素金额的确定基础,主要包括历史成本、重置成本、可变现净值、现值和公允价值等。

1. 历史成本

历史成本,又称为实际成本,是指为取得或制造某项财产物资实际支付的现金或其他等价物。

在历史成本计量下,资产按照购置时支付的现金或者现金等价物的金额或者按照购置资产时所付出的对价的公允价值计量;负债按照因承担现时义务而实际收到的款项或者资产的金额或者按照承担现时义务的合同金额(或者按照日常活动中为偿还负债)预期需要支付的现金或者现金等价物的金额计量。

历史成本计量,要求对企业资产、负债和所有者权益等项目的计量,应当基于经济业务的实际交易成本,而不考虑随后市场价格变动的影响。例如,在企业外购固定资产的计量中,外购固定资产的成本包括购买价款、进口关税等相关税费以及使固定资产达到预定可使用状态前发生的可归属于该项资产的包装费、运输费、装卸费和安装费等。

2. 重置成本

重置成本,又称现行成本,是指按照当前市场条件,重新取得同样一项资产所需要支付的现金或者现金等价物的金额。

在重置成本计量下,资产按照现在购买相同或者相似资产所需支付的现金或者现金等价物的金额计量。负债按照现在偿付该项债务所需支付的现金或者现金等价物的金额计量。在实务中,重置成本多用于盘盈固定资产的计量。

3. 可变现净值

可变现净值是指在正常的生产经营过程中,以预计售价减去进一步加工成本和预计销售费用以及相关税费后的净值。在可变现净值计量下,资产按照其正常对外销售所能收到现金或者现金等价物的金额扣减该资产至完工时估计将要发生的成本、估计的销售费用以及相关税费后的金额计量。

4. 现值

现值是指对未来现金流量以恰当的折现率进行折现后的价值,是考虑货币时间价值的一种计量属性。在现值计量属性下,资产按照预计其未来给企业带来的现金流入量,按照适当的折现率折现之后作为计量依据。现值通常用于非流动资产和非流动负债的计量。

5. 公允价值

公允价值是指市场参与者在计量日发生的有序交易中，出售一项资产所能收到或者转移一项负债所需支付的价格。公允价值计量属性体现在对会计要素进行计量时，在公平交易中，熟悉情况的交易双方自愿进行资产交换或者债务清偿的金额计量。公允价值计量属性主要用于交易性金融资产、可供出售金融资产以及投资性房地产的计量。

（二）计量属性的运用原则

企业在对会计要素进行计量时，一般应当采用历史成本。采用重置成本、可变现净值、现值和公允价值计量的，应当保证所确定的会计要素金额能够持续取得并可靠计量。

知识提要

可变现净值	可变现净值→预计售价→进一步加工成本→预计销售费用→相关税费
公允价值	公允价值是指市场参与者在计量日发生的有序交易中，出售一项资产所能收到或者转移一项负债所需支付的价格

第三节 会计等式

会计等式，又称会计恒等式、会计方程式或会计平衡公式，它是表明各会计要素之间基本关系的等式。

会计对象是社会再生产工程中的资金运动，具体表现为会计要素的增减变化。企业发生每一项交易或者事项，都是资金运动的一个具体过程；资金运动过程必然涉及相应的会计要素。在资金运动过程中，会计要素之间存在一定的相互联系，会计要素之间的这种内在关系，可以通过会计平衡公式表现出来。从形式上看，会计等式反映了各项会计要素之间的内在联系；从本质上看，会计等式揭示了会计主体的产权关系和基本财务状况。会计等式是设置账户、复式记账和编制财务报表的理论依据。

一、会计等式的表现形式

（一）财务状况等式

财务状况等式，亦称基本会计等式和静态会计等式，运用了六大会计要素中的反映企业静态财务状况的三个基本要素——资产、负债和所有者权益来反映企业某一特定时点企业的资金占用和资金来源的恒等关系。其中，资产要素表明了企业的资金占用，负债和所有者权益要素表明了企业的资金来源。一个正常持续经营的企业，不论在任何一个时点上，有多少资金来源，必然形成多少资金占用。

企业资产最初来源于两个方面：一是由企业所有者投入；二是由企业债权人借入。所有者和债权人将其拥有的资产提供给企业使用，就应该相应地对企业的资产享有一种要求权，这种对资产的要求权在会计上称为"权益"。资产和权益是同一事物的两个不同方面，两者相互依存，不可分割，没有无资产的权益，也没有无权益的资产，即：

$$资产 = 权益$$

企业的资产来源于企业的债权人和所有者，所以，权益又分为债权人权益和所有者权益，在会计上称债权人权益为负债，于是，上述等式可写成：

$$资产 = 负债 + 所有者权益$$

财务状况等式，亦称基本会计等式和静态会计等式，这一等式反映了企业某一特定时点资产、负债和所有者权益三者之间的平衡关系，因此，它是复式记账法的理论基础，也是编制资产负债表的依据。

（二）经营成果等式

经营成果等式，亦称动态会计等式，是运用六大会计要素中的反映企业动态经营成果的三个要素——收入、费用和利润来反映企业一定时期收入、费用和利润之间恒等关系的会计等式。企业在取得收入的同时，也必然发生相应的费用，企业一定时期所获得的收入扣除所发生的各项费用后的余额，表现为利润。即：

$$收入 - 费用 = 利润$$

这一等式反映了利润的实现过程，称为经营成果等式或者动态会计等式。用以反映企业一定时期的收入、费用和利润之间的恒等关系的会计等式，是编制利润表的依据。

需要注意的是，在实际工作中，由于营业外收入不属于狭义的收入范畴，而营业外支出也不属于狭义的费用范畴，所以，通常收入减去费用后，经过调整，再加上营业外收支的净额才等于利润。

（三）财务状况等式与经营成果等式的结合

收入可导致企业资产增加或负债减少，最终会导致所有者权益增加；费用可导致企业资产减少或负债增加，最终会导致所有者权益减少。所以，一定时期的经营成果必然会影响一定时点的财务状况。在一定会计期间内，将六大会计要素联系起来看，就有如下关系：

期末结账前：

$$资产 = 负债 + 所有者权益 + （收入 - 费用）$$

或者：

$$资产 = 负债 + 所有者权益 + 利润$$

期末结账后：

$$资产 = 负债 + 所有者权益$$

结账后等式中的所有者权益包括了"当期实现的利润"。

二、经济业务对会计等式的影响

经济业务，又称会计事项，是指在经济活动中使会计要素发生增减变动的交易或者事项。企业经济业务按其对财务状况等式影响的不同可以分为以下九种基本类型：

（1）一项资产增加、另一项资产等额减少的经济业务；
（2）一项资产增加、一项负债等额增加的经济业务；
（3）一项资产增加、一项所有者权益等额增加的经济业务；
（4）一项资产减少、一项负债等额减少的经济业务；
（5）一项资产减少、一项所有者权益等额减少的经济业务；
（6）一项负债增加、另一项负债等额减少的经济业务；
（7）一项负债增加、一项所有者权益等额减少的经济业务；
（8）一项所有者权益增加、一项负债等额减少的经济业务；
（9）一项所有者权益增加、另一项所有者权益等额减少的经济业务。

上述九类基本经济业务的发生均不影响财务状况等式的平衡关系，具体分为三种情形：基本经济业务（1）、（6）、（7）、（8）、（9）使财务状况等式左右两边的金额保持不变；基本经济业务（2）、（3）使财务状况等式左右两边的金额等额增加；基本经济业务（4）、（5）使财务状况等式左右两边的金额等额减少。

上述九种类型如表2-1所示。

表2-1 企业经济业务九种基本类型

经济业务类型	资产	=	负债	+	所有者权益	资产总额影响
（1）	增加、减少					不变
（2）	增加		增加			增加
（3）	增加				增加	增加
（4）	减少		减少			减少
（5）	减少				减少	减少
（6）			增加、减少			不变
（7）			增加		减少	不变
（8）			减少		增加	不变
（9）					增加、减少	不变

【例2-1】 2×××年12月1日，某公司的资产总额为500万元，负债总额为150万元，所有者权益为350万元，当月发生如下经济业务。

（1）从A公司购入不需要安装的固定资产一台，货款总计100万元（不考虑增值税），款项以银行存款支付。

（2）从甲银行借入为期6个月的借款20万元，款项已存入银行。

（3）收到股东王某的投资款90万元，款项已存入银行。

（4）用银行存款偿还乙银行短期借款30万元。

（5）按照相关法律制度，准予股东李某撤回投资款70万元，以银行存款支付。

（6）为B公司开出金额为17万元的汇票一张，用以支付前欠货款。

（7）计算得出应付给投资者的利润为78万元。

（8）通过与C公司协商，由C公司代为偿还所欠货款10万元，作为C公司对该公司的投资款。

（9）召开公司董事会，决定从盈余公积中拿出 35 万元转增资本。

账务处理：

12 月 1 日，某公司资产与权益的平衡关系为 :500 ＝ 150 ＋ 350

（1）一方面公司资产要素中的"固定资产"增加了 100 万元，另一方面公司资产要素中的"银行存款"减少了 100 万元。即公司资产内部项目有增有减，负债和所有者权益要素不变，所以等式两边平衡。

（2）一方面公司资产要素中的"银行存款"增加了 20 万元，另一方面公司负债要素中的"短期借款"增加了 20 万元。即公司资产和负债要素同时等额增加，等式两边平衡。

（3）一方面公司资产要素中的"银行存款"增加了 90 万元，另一方面公司所有者权益要素中的"实收资本"增加了 90 万元。即公司资产和所有者权益要素同时等额增加，等式两边平衡。

（4）一方面公司资产要素中"银行存款"减少了 30 万元，另一方面公司负债要素中的"短期借款"减少了 30 万元。即公司资产和负债要素同时等额减少，等式两边平衡。

（5）一方面公司资产要素中的"银行存款"减少了 70 万元，另一方面公司所有者权益要素中的"实收资本"减少了 70 万元。即公司资产和所有者权益要素同时等额减少，等式两边平衡。

（6）一方面公司负债要素中"应付票据"增加了 17 万元，另一方面负债要素中的"应付账款"减少 17 万元。即公司负债内部要素同时等额减少，等式两边平衡。

（7）一方面公司负债要素中"应付股利"增加了 78 万元，另一方面通过分配利润使企业所有者权益要素中的"利润分配——未分配利润"减少了 78 万元。即企业负债要素增加，所有者权益要素等额减少，资产要素不变，等式两边依然平衡。

（8）一方面公司负债要素中"应付账款"减少了 10 万元，另一方面公司所有者权益要素中的"实收资本"增加了 10 万元。即企业负债要素减少，所有者权益要素增加，资产要素不变，等式两边平衡。

（9）一方面公司所有者权益要素中的"实收资本"增加了 35 万元，另一方面公司所有者权益要素中的"盈余公积"减少了 35 万元。即企业所有者权益要素内部有增有减，资产和负债要素不变，等式两边平衡。

12 月 31 日，综合全月业务：

资产总额 ＝ 500（月初）＋ 100 － 100 ＋ 20 ＋ 90 － 30 － 70 ＝ 510（万元）

负债总额 = 150（月初）+ 20 - 30 + 17 - 17 + 78 - 10 = 208（万元）
所有者权益总额 = 350（月初）+ 90 - 70 - 78 + 10 + 35 - 35 = 302（万元）
资产 510 万元 = 负债 208 万元 + 所有者权益 302 万元。等式平衡关系不变。

综上所述，企业每天发生的经济业务复杂得很，但无论其引起会计要素如何变动，都不会破坏资产和权益的恒等关系（即会计等式的平衡）。经济业务的发生引起等式两边会计要素变动的方式可以总结为下列四种类型：

（1）经济业务的发生引起等式两边金额同时增加；

（2）经济业务的发生引起等式两边金额同时减少；

（3）经济业务的发生引起等式左边（即资产内部）的项目此增彼减；

（4）经济业务的发生引起等式右边（负债或所有者权益内部）的项目此增彼减。

资产与权益的恒等关系，是复式记账法的理论基础，也是企业编制资产负债表的依据。

第四节　会计科目与账户

一、会计科目的概念

会计科目，简称科目，是对会计要素的具体内容进行分类核算的项目，是进行会计核算和提供会计信息的基础。

二、会计科目的分类

（一）会计科目的分类

会计科目可按其反映的经济内容（即所属会计要素）、所提供信息的详细程度及其统驭关系分类。

1. 按反映的经济内容分类

会计科目按其反映的经济内容不同，可分为资产类科目、负债类科目、共同类科目、所有者权益类科目、成本类科目和损益类科目。会计对象、会计要素的分类与会计科目的分类之间对应关系如表 2-2 所示。

表 2-2　会计对象、会计要素与会计科目的对应关系

会计对象	会计要素分类	会计科目分类	
会计对象是指会计核算和监督的内容，即以货币变现的经济活动	资产	资产类	库存现金、银行存款类
	负债	负债类	短期借款、应付账款等
	所有者权益	所有者权益类	实收资本、资本公积等
	利润		
	收入	损益类　收入（益）	主营业务收入、其他业务收入、营业外收入等
		损益类　费用（损）	主营业务成本、其他业务成本、管理费用等
	费用	成本类	生产成本、制造费用等

（1）资产类科目，是对资产要素的具体内容进行分类核算的项目，其按资产的流动性分为反映流动资产的科目和反映非流动资产的科目。如库存现金、银行存款和原材料等是反映流动资产的科目，固定资产、无形资产和长期股权投资等是反映非流动资产的科目。

（2）负债类科目，是对负债要素的具体内容进行分类核算的项目，其按负债的偿还期限分为反映流动负债的科目和反映非流动负债的科目。如短期借款、应交税费、预收账款和应付账款是反映流动负债的科目，长期借款和应付债券等是反映非流动负债的科目。

（3）共同类科目，是既有资产性质又有负债性质的科目，其主要有"清算资金往来""外汇买卖""衍生工具""套期工具"和"被套期项目"等科目。

（4）所有者权益类科目，是对所有者权益要素的具体内容进行分类核算的项目，其按所有者权益的形成和性质可分为反映资本的科目和反映留存收益的科目。如实收资本和资本公积等是反映资本的科目，盈余公积、本年利润和利润分配等是反映留存收益的科目。

（5）成本类科目，是对可归属于产品生产成本、劳务成本等的具体内容进行分类核算的项目，其按成本的内容和性质的不同可分为反映制造成本的科目、反映劳务成本的科目等。如生产成本和制造费用是反映制造成本的科目，劳务成本是反映劳务成本的科目。

（6）损益类科目，是对收入、费用等的具体内容进行分类核算的项目，其按照损益与企业日常生产经营活动是否相关，可分为反映营业损益的科目和反映非营业损益的科目。如主营业务收入、主营业务成本、营业税金及附加和管理费用等是反映营业损益的科目，营业外收入、营业外支出等是反映非营业损益的科目。

2. 按提供信息的详细程度及其统驭关系分类

会计科目按其提供信息的详细程度及其统驭关系，可以分为总分类科目和明细分类科目。

（1）总分类科目，又称总账科目或一级科目，是对会计要素的具体内容进行总括分类，提供总括信息的会计科目。按我国会计准则的规定，总分类科目一般由财政部统一制定。

（2）明细分类科目，又称明细科目，是对总分类科目作进一步分类，提供更为详细和具体的会计信息的科目。如果某一总分类科目所属的明细分类科目较多，可在总分类科目下设置二级明细科目，在二级明细科目下设置三级明细科目（如表2-3所示）。明细分类科目除去会计准则有明确设置规定的外，会计主体可以根据自身经济管理的需要和经济业务的具体内容自行设置。同时应当注意的是，并不是所有总分类科目都需要设置明细科目。

3. 总分类科目和明细分类科目的关系

总分类科目对所辖的明细分类科目具有统驭和控制作用，而明细分类科目实际对其所归属的总分类科目进行补充和说明,且总分类账户与其所属明细分类账户在总金额上应当相等,如表2-3所示。

表2-3 生产成本总分类科目与所属明细分类科目之间的关系

总分类科目 (一级科目)	明细分类科目	
	二级科目	三级科目
生产成本	基本生产成本	甲产品
		乙产品
	辅助生产成本	供电供水
		机修劳务

知识提要

分类	按反映的经济内容(其归属会计要素)分类	资产类科目	按流动性	流动资产
				非流动资产
		负债类科目	按偿还期限	流动负债
				非流动负债
		共同类科目	——	
		所有者权益类科目	反映资本的科目	
			反映留存收益的科目	
		成本类科目	反映制造成本的科目	
			反映劳务成本的科目	
		损益类科目	是对收入、费用等的具体内容进行核算	

按提供信息的详细程度及其统驭程度关系分类	总分类科目,又称总账科目或一级科目,是对会计要素的具体内容进行总括分类,提供总括信息的会计科目。总分类账户是根据总分类科目设置的账户,如"应收账款""应付账款""原材料"等
	明细分类科目,又称明细科目,是对总分类科目作进一步分类,提供更为详细和具体的会计信息的科目。明细分类账户是根据明细分类科目设置的账户
	总分类账户和明细分类科目的核算内容相同,总分类科目对所辖的明细分类科目具有统驭和控制作用,而明细分类科目实际是对其所归属的总分类科目的补充和说明。

三、会计科目的设置

(一)会计科目设置的原则

各单位由于经济业务活动的具体内容、规模大小与业务繁简程度等情况不尽相同,在具体设置会计科目时,应考虑其自身特点和具体情况,但设置会计科目时都应遵循以下原则。

1. 合法性原则

设置会计科目要符合国家统一会计制度的规定。遵循这一原则的目的是保证会计核算指标口径的一致,保证不同企业的会计指标的可比性和逐级汇总。

2. 相关性原则

应向有关各方提供所需要的会计信息服务,满足对外报告与对内管理的要求。应充分考虑会计信息的使用者对本企业会计信息的需要设置会计科目,以提高会计核算所提供的会计信息的相关性,满足相关各方对信息的需求。

3. 实用性原则

企业可根据自身的生产经营特点,在不影响会计核算要求以及对外提供统一财务会计报告的前提下,自行增设、减少或合并某些会计科目,满足单位实际需要。

另外,会计科目要简明、适用,并合理分类、科学编号。

（二）常用会计科目

表 2-4　企业常用的会计科目

编号	会计科目名称	编号	会计科目名称
	一、资产类	2203	预收账款
1001	库存现金	2211	应付职工薪酬
1002	银行存款	2221	应交税费
1012	其他货币资金	2231	应付利息
1101	交易性金融资产	2232	应付股利
1121	应收票据	2241	其他应付款
1122	应收账款	2501	长期借款
1123	预付账款	2502	应付债券
1131	应收股利	2701	长期应付款
1132	应收利息	2711	专项应付款
1221	其他应收款	2801	预计负债
1231	坏账准备	2901	递延所得税负债
1401	材料采购		**三、共同类（略）**
1402	在途物资		**四、所有者权益类**
1403	原材料	4001	实收资本
1404	材料成本差异	4002	资本公积
1405	库存商品	4101	盈余公积
1406	发出商品	4102	其他综合收益
1407	商品进销差价	4103	本年利润
1408	委托加工物资	4104	利润分配
1471	存货跌价准备		**五、成本类**
1511	长期股权投资	5001	生产成本
1512	长期股权投资减值准备	5101	制造费用
1521	投资性房地产	5201	劳务成本
1531	长期应收款	5301	研发支出
1601	固定资产		**六、损益类**
1602	累计折旧	6001	主营业务收入
1603	固定资产减值准备	6051	其他业务收入
1604	在建工程	6101	公允价值变动损益
1605	工程物资	6111	投资损益
1606	固定资产清理	6117	其他收益
1701	无形资产	6301	营业外收入

续表

编号	会计科目名称	编号	会计科目名称
1702	累计摊销	6401	主营业务成本
1703	无形资产减值准备	6402	其他业务成本
1711	商誉	6403	税金及附加
1801	长期待摊费用	6601	销售费用
1811	递延所得税资产	6602	管理费用
1901	待处理财产损溢	6603	财务费用
	二、负债类	6701	资产减值损失
2001	短期借款	6711	营业外支出
2201	应付票据	6801	所得税费用
2202	应付账款	6901	以前年度损益调整

注：共同类项目的特点是既可能是资产也可能是负债。在某些条件下是一项权益，形成经济利益的流入，就是资产；在某些条件下是一项义务，将导致经济利益流出企业，这时就是负债。

（三）会计科目的定义及分类（举例说明）

1. 资产类

（1）**库存现金**

（2）**银行存款**：企业银行账户里的钱

（3）**其他货币资金**：银行汇票存款、银行本票存款、信用卡存款、信用证保证金存款、外埠存款

在资产负债表中统称为"货币资金"

（4）**应收票据**：商业汇票

商业汇票根据承兑人不同分为商业承兑汇票和银行承兑汇票。

企业申请使用银行承兑汇票时，应向其承兑银行按票面金额的万分之五交纳手续费。

（5）**应收账款**：和主营业务范围有联系

企业因销售商品、提供劳务等经营活动应收取的款项

（6）**预付账款**

企业按照购货合同规定预付给供应单位的款项

（7）**其他应收款**

其他应收款是指企业除应收票据、应收账款、预付账款等经营活动以外的其他各种应收、暂付款项。其主要内容包括：

①应收的各种赔款、罚款，如企业财产遭受意外损失而应向有关保险公司收取的赔款等；

②应收的出租包装物租金；

③应向职工收取的各种垫付款项，如为职工垫付的水电费、应由职工负担的医药费、房租费等；

④存出保证金，如租入包装物支付的押金；

⑤其他各种应收、暂付款项。

（8）交易性金融资产

交易性金融资产主要是指企业为了近期内出售而持有的金融资产，如企业以赚取差价为目的从二级市场购入的股票、债券、基金等。

（9）存货：不是一个科目

存货是指企业在日常生产经营过程中持有以备出售的产成品或商品，或者为了出售仍然处于生产过程的在产品，或者将在生产过程或提供劳务过程中耗用的材料、物料等。

存货包括：原材料、在产品、半成品、产成品、库存商品、包装物、低值易耗品、委托代销商品等。

原材料：未经过加工的材料，还需进一步处理。

库存商品：已经可以随时出售的商品。

周转材料——包装物

　　　　　——低值易耗品

其特点是单位价值较低，使用期限相对于固定资产较短，在使用过程中基本保持其原有实物形态不变。

账务处理

低值易耗品可采用一次摊销法或分次摊销法。摊销时，计入"制造费用"等科目。

（10）固定资产

固定资是指同时具有以下特征的有形资产：

①为生产商品、提供劳务、出租或经营管理而持有；

②使用寿命超过一个会计年度。

（11）无形资产

无形资产是指企业拥有或控制的没有实物形态的可辨认非货币性资产。

包括：①专利权，②商标权，③土地使用权，④非专利技术，⑤著作权，⑥特许权。

无形资产的调整科目——累计摊销

2.负债类

（1）**短期借款**：企业从银行或者其他金融机构等借入的期限在 1 年以下（含 1 年）的各种借款。

（2）**应付账款**：应付账款是指企业因购买材料、商品或接受劳务供应等经营活动应支付的款项。

（3）**预收账款**：预收账款核算企业按照合同规定向购货单位预收的款项。与应付账款不同，预收账款所形成的负债不是以货币偿还，而是以货物偿付。

（4）**应付利息**：应付利息核算企业按照合同约定应支付的利息，包括短期借款、分期付息到期还本的长期借款、企业债券等应支付的利息。

（5）**应付职工薪酬**：应付职工薪酬核算的内容包括：职工工资、奖金、津贴和补贴、职工福利费，医疗、养老、失业、工伤、生育等社会保险费，住房公积金，工会经费，职工教育经费，非货币性福利等。

（6）**应交税费**：资产负债表中为"应交税费"。增值税、消费税、城市维护建设税、资源税、所得税、土地增值税、房产税、车船税、土地使用税、教育费附加、矿产资源补偿费、耕地占用税等。

（7）**其他应付款**：其他应付款是指除应付账款、应付票据、预收账款、应付职工薪酬、应交税费、应付股利等经营活动以外的其他应付、暂收款项，如应付租入包装物租金、存入保证金等。

（8）**长期借款**：长期借款是指企业向银行或其他金融机构借入的期限在 1 年以上（不含 1 年）的各种借款。

3.所有者权益类

（1）**实收资本**：实收资本是指企业按照章程规定或合同、协议约定，接受投资者投入企业的资本。

（2）**资本公积**：资本公积的来源包括：资本溢价（或股本溢价）以及直接计入所有者权益的利得和损失。

（3）**盈余公积**：企业从净利润中提取的盈余公积。

（4）**本年利润**。

（5）**利润分配**：指企业税后净利润的分配（或亏损的弥补）和历年分配（或弥补）后的余额。

4.收入类

（1）**主营业务收入**：与主营业务有关。

（2）**其他业务收入**：与主营业务无关，但与生产经营有关。

（3）**营业外收入**：与生产经营无关。营业外收入包括非流动资产处置利得、政府补助、盘盈利得（除固定资产盘盈外）、捐赠利得、非货币性资产交换利得、债务重组利得等。

5.费用类

（1）**主营业务成本**：与主营业务收入相对应。

（2）**其他业务成本**：与其他业务收入相对应。

（3）**税金及附加**：核算税金，但是增值税、企业所得税不在之内。

（4）**期间费用**：

销售费用：与销售有关，如销售人员工资、差旅费、广告费等。

管理费用：办公费、管理人员工资、折旧费等。

财务费用：和银行有关发生费用：如利息、汇款手续费等。

（5）**营业外支出**：与生产经营无关，如罚款、滞纳金等。

6.成本类

（1）**生产成本**：企业进行工业性生产所发生的各项生产费用（直接费用）。

（2）**制造费用**：企业为生产产品和提供劳务而发生的各项间接费用。

四、会计账户的概念与分类

我们知道，会计科目只是对会计对象的具体内容（会计要素）进行分类的项目的名称，不具有一定的格式和结构，难以连续、系统、综合地反映和记录会计要素的增减变化，不便于计算各具体项目变化的结果，无法据以编制会计报表，输出会计信息。为了解决这一问题，必须设置一种方法或手段，即必须根据会计科目建立相应的账户。

（一）账户的概念

账户是根据会计科目设置的，具有一定格式和结构，用于分类反映会计要素增减变动情况及其结果的载体。

（二）账户的分类

账户可根据其核算的经济内容、所提供信息的详细程度及其统驭关系进行分类。

1. 根据核算的经济内容分类

根据核算的经济内容，账户分为资产类账户、负债类账户、共同类账户、所有者权益类账户、成本类账户和损益类账户六类。其中，有些资产类账户、负债类账户和所有者权益类账户存在备抵账户。备抵账户，又称抵减账户，是指用来抵减被调整账户余额，以确定被调整账户实有数额而设置的独立账户。

2. 根据所提供信息的详细程度及其统驭关系分类

根据所提供信息的详细程度及其统驭关系，账户分为总分类账户和明细分类账户。

（1）总分类账户。总账科目即总账账户、一级账户，是根据总分类科目设置的账户。在总分类账户中，一般只使用货币计量单位，它可以提供总括的核算资料和指标，是对其所属的明细分类账户资料的综合，总分类账户以下统称为明细分类账户。总分类账户的名称、核算内容和使用方法通常是国家《企业会计准则》统一制定的。

（2）明细分类账户。明细分类账户是根据明细分类科目设置的账户，它根据总分类账户的核算内容，按照实际需要和更详细的分类要求设置。明细分类账户的核算，除了用货币计量以外，必要时还需要使用实物量、劳动量单位等来计量。明细账是提供明细核算资料的指标，它是对总分类账户的具体化和补充说明。实际工作中，并不是所有的总分类账户都需要设置明细分类账户。

总分类账户和所属明细分类账户核算的内容相同，只是反映内容的详细程度有所不同，两者相互补充，相互制约，相互核对。总分类账户统驭和控制所属明细分类账户，明细分类账户从属于总分类账户。总分类账户的金额应等于其所属明细分类账户的金额总和。

有些资产类账户、负债类账户和所有者权益类账户存在备抵账户（抵减账户）：如"坏账准备"是"应收账款"的备抵账户，"累计折旧"是"固定资产"的备抵账户，"累计摊销"是"无形资产"的备抵账户。

五、账户的功能与结构

（一）账户的功能

账户的功能在于连续、系统、完整地提供企业经济活动中各会计要素增减变动及其结果的具体信息。会计要素在特定会计期间增加和减少的金额，分别称为账户的"本期增加发生额"和"本期减少发生额"，二者统称为账户的"本期发生额"；本期增加发生额和本期减少发生额相抵后的差额，就是本期期末余额，具体表现为期初余额和期末余额。账户上期的期末余额转入本期，即为本期的期初余额；账户本期的期末余额转入下期，即为下期的期初余额。它们之间的关系为：

期末余额 = 期初余额 + 本期增加发生额 − 本期减少发生额

（二）账户的结构

为了正确地记录和反映各项经济业务引起的资产、负债、所有者权益、收入、费用和利润的增减变动及其结果，账户不但要有明确的核算内容，而且要有一定的结构。

账户的结构是指账户的组成部分及其相互关系。账户通常由以下内容组成，如图2-2所示。

（1）账户名称，即会计科目；
（2）日期，即所依据记账凭证中注明的日期；
（3）凭证字号，即所依据记账凭证的编号；

(4) 摘要，即经济业务的简要说明；

(5) 金额，即增加额、减少额和余额。

现金日记账

年		凭证号数	摘要	对方科目	借方									贷方									借或贷	余额								
月	日				十	万	千	百	十	元	角	分	十	万	千	百	十	元	角	分		十	万	千	百	十	元	角	分

图 2-2 现金日记账

从账户名称、记录增加额和减少额的左右两方来看，账户结构在整体上类似于汉字"丁"和大写的英文字母"T"，因此，账户的基本结构在实务中被形象地称为"丁"字账户或者"T"形账户，如图 2-3 所示。

"T"形账户划分为左右两方，由于账户所记录的经济内容不同，其左右两方记录的内容也不同。左右两方都是按照相反方向来记录增加额和减少额，即如果规定在左方记录增加额就应该在右方记录减少额。反之，规定右方记录增加额，则左方记录减少额。究竟账户的哪一方用来登记增加额，哪一方用来登记减少额，取决于账户反映的经济内容和账户的性质。账户的左右两方增减相抵后的差额，称为账户的余额，账户余额一般与增加额在同一方向。

图 2-3 账户的基本结构

知识提要

功能	账户的功能在于连续、系统、完整地提供企业经济活动中各会计要素增减变动及其结果的具体信息
	账户的四个金额要素之间的基本关系： 期末余额 = 期初余额 + 本期增加发生额 - 本期减少发生额

结构	内容	（1）具体账户名称；（2）日期；（3）凭证字号；（4）摘要；（5）金额
	账户的左右两方，分别记录增加额或者减少额，至于哪一方登记增加，哪一方登记减少，取决于账户记录的经济内容和账户的性质	

六、账户与会计科目的关系

从理论上讲，会计科目与账户是两个不同的概念，二者既有联系又有区别。

二者的联系：会计科目与账户都是对会计对象具体内容的分类，两者核算内容一致，性质相同。会计科目是账户的名称，也是设置账户的依据；账户是会计科目的具体运用，是根据会计科目开设的，具有一定的结构和格式。没有会计科目，账户便失去了设置的依据；没有账户，就无法发挥会计科目的作用。

二者的区别：会计科目仅仅是账户的名称，不存在结构；而账户具有一定的结构和格式，并通过其结构反映某项经济内容的增减变动及其余额。

知识提要

联系	会计科目与账户都是对会计对象具体内容的分类，两者核算内容一致，性质相同
	会计科目是账户的名称，也是设置账户的依据
	账户是会计科目的具体运用，具有一定的结构和格式
区别	会计科目仅仅是账户的名称，不存在结构；而账户具有一定的结构和格式

第三章　会计记账方法

本章基本要求

了解	复式记账法的概念与种类、会计分录的分类
熟悉	借贷记账法的原理
掌握	借贷记账法的账户结构、借贷记账法下的试算平衡

第一节　会计记账方法的种类

这里所说的记账方法是指记录经济业务的方式，即根据一定的记账原则、记账符号和记账规则，采用一定的计量单位，利用文字和数字把经济业务记到账簿中去的一种专门方法。我国的会计记账方法有两种：一种是单式记账法，另一种是复式记账法。目前我国以及世界各国的营利组织和非营利组织都普遍采用复式记账法来记录经济业务。

一、单式记账法

单式记账法是指对发生的每一项经济业务，只在一个账户中加以登记的记账方法。单式记账法是一种比较简单、不完整的记账方法。采用这种方法记账，一般只是单方面反映现金、银行存款和债权债务方面发生的经济业务，而与相联系的另一方面却不予反映。因此，在账户设置上比较简单，只设置"库存现金""银行存款""应收账款"和"应付账款"等账户，没有一套完整的账户体系，账户之间也未形成相互对应的关系，不能全面、系统地反映经济业务的来龙去脉，也不便于检查账户记录的正确性。

二、复式记账法

随着社会生产的进步扩大，经济活动日益频繁，经济业务更加复杂，记账的对象扩大，单式记账法已不能满足管理的要求。因此，产生了科学的复式记账法。

（一）复式记账法的概念

复式记账法是以资产与权益平衡关系为记账基础，对于每一笔经济业务，都必须用相等的金额在两个或两个以上相互联系的账户中进行登记，全面系统地反映会计要素增减变化的一种记账方法。现代会计运用复式记账法。

（二）复式记账法的优点

复式记账法是世界各国公认的一种科学的记账方法。与单式记账法相比，复式记账法的优点主要有：

（1）能够全面反映经济业务内容和资金运动的来龙去脉；

（2）能够进行试算平衡，便于查账和对账。

正是因为这些优点，加之现代企业的经济业务日益复杂化、多样化以及企业管理和核算的需要，复式记账法得以广泛应用。

（三）复式记账法的种类

复式记账法根据记账符号的不同,可分为借贷记账法、增减记账法和收付记账法等。借贷记账法是目前国际上通用的记账方法，我国《企业会计准则》中明确规定企业应当采用借贷记账法记账。

知识提要

复式记账法	概念	是指对于每一笔经济业务，都必须用相等的金额在两个或两个以上相互联系的账户中进行登记，全面系统地反映会计要素增减变化的一种记账方法
	优点	能够全面反映经济业务内容和资金运动的来龙去脉
		能够进行试算平衡，便于查账和对账
	种类	复式记账法根据记账符号的不同，可分为借贷记账法、增减记账法和收付记账法等
		我国《企业会计准则》中明确规定企业应当采用借贷记账法记账

第二节 借贷记账法

一、借贷记账法的概念

借贷记账法是以"借"和"贷"作为记账符号的一种复式记账法。具体来说，就是以"资产=负债+所有者权益"这一会计等式为记账原理，以"借"和"贷"两字为记账符号，对每一项经济业务以借贷相等的金额，在两个或两个以上相互联系的账户中加以全面反映的一种复式记账方法。

借贷记账法是以"借"和"贷"两字为记账符号，分别作为账户的左方和右方，这里的"借""贷"已失去原有的含义，变成了纯粹的记账符号。

二、借贷记账法下账户的结构

（一）借贷记账法下账户的基本结构

借贷记账法下，账户的左方称为借方，右方称为贷方，如图 3-1 所示。

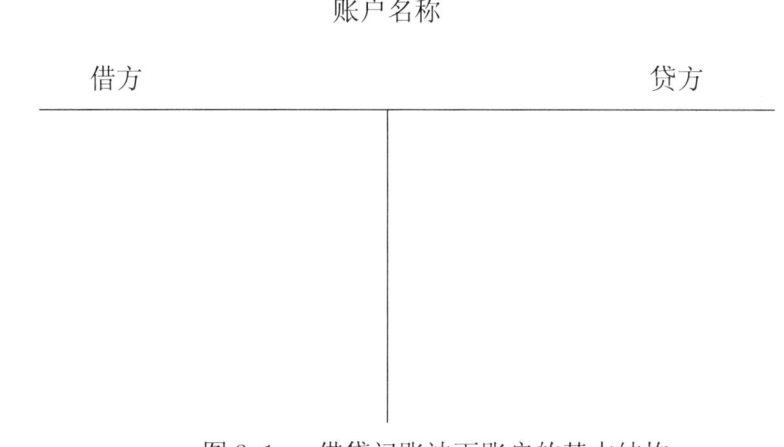

图 3-1 借贷记账法下账户的基本结构

所有账户的借方和贷方按相反方向记录增加数和减少数，即一方登记增加额，另一方就登记减少额。至于"借"表示增加，还是"贷"表示增加，则取决于账户的性质与所记录经济内容的性质。

通常而言，资产、成本和费用类账户的增加用"借"表示，减少用"贷"表示；负债、所有者权益和收入类账户的增加用"贷"表示，减少用"借"表示。备抵类账户的结构与所调整账户的结构正好相反。

（二）资产和成本类账户的结构

借贷记账法下，资产类、成本类账户的借方登记增加额，贷方登记减少额；期末余额一般在借方，有些账户可能无余额。其余额计算公式为：

期末借方余额 = 期初借方余额 + 本期借方发生额 − 本期贷方发生额

其结构如图 3-2 所示。

借方	资产和成本类账户		贷方
期初余额	×××		
本期增加发生额	×××	本期减少发生额	×××
本期借方发生额合计	×××	本期贷方发生额合计	×××
期末余额	×××		

图 3-2 资产和成本类账户结构

（三）负债和所有者权益类账户的结构

在借贷记账法下，负债类、所有者权益类账户的借方登记减少额；贷方登记增加额；期末余额一般在贷方，有些账户可能无余额，其余额计算公式为：

期末贷方余额 = 期初贷方余额 + 本期贷方发生额 - 本期借方发生额

其结构如图 3-3 所示。

借方	负债类和所有者权益类账户		贷方
		期初余额	×××
本期减少发生额	×××	本期增加发生额	×××
本期借方发生额合计	×××	本期贷方发生额合计	×××
		期末余额	×××

图 3-3 负债类和所有者权益类账户的结构

（四）损益类账户的结构

损益类账户是记录各项收入和各项费用的账户，主要包括收入类账户和费用类账户。

1. 收入类账户的结构

在借贷记账法下，收入类账户的贷方登记收入的增加额，借方登记收入的减少额和转出数。本期收入净额在期末转入"本年利润"账户，用以计算当期损益，结转后无余额。其结构如图 3-4 所示。

借方	收入类账户		贷方
收入减少或结转额	×××	收入增加额	×××
本期借方发生额合计	×××	本期贷方发生额合计	×××
		（期末无余额）	

图 3-4　收入类账户的结构

2. 费用类账户的结构

在借贷记账法下，费用类账户的借方登记费用的增加额，贷方登记费用的减少额和转出数。本期费用净额在期末转入"本年利润"账户，用以计算当期损益，结转后无余额。其结构如图 3-5 所示。

借方	费用类账户		贷方
费用增加额	×××	费用减少或结转额	×××
本期借方发生额合计	×××	本期贷方发生额合计	×××
（期末无余额）			

图 3-5　费用类账户的结构

综上，"借"和"贷"所表示增减的含义如表 3-1 所示。

表 3-1 不同类型账户借贷方增减含义

账户类型	借方	贷方	余额	计算公式
资产类账户	+	-	借方	期末借方余额 = 期初借方余额 + 本期借方发生额 - 本期贷方发生额
成本类账户	+	-	借方	
费用类账户	+	-	一般无余额	期末结转本年利润，结转后无余额
负债类账户	-	+	贷方	期末贷方余额 = 期初贷方余额 + 本期贷方发生额 - 本期借方发生额
所有者权益类账户	-	+	贷方	
收入类账户	-	+	一般无余额	期末结转本年利润，结转后无余额

备注：备抵账户的结构与所调整账户的结构正好相反

三、借贷记账法的记账规则

记账规则是指采用某种记账方法登记具体经济业务时应当遵循的规律。借贷记账法的记账规则是"有借必有贷，借贷必相等"。按照这一记账规则，任何经济业务的发生，都必须同时登记在两个或两个以上相互联系的账户中：记录一个账户的借方，同时必须记录另一个或几个账户的贷方；记录一个账户的贷方，同时必须记录另一个或几个账户的借方。记入借方的金额与记入贷方的金额必须相等。

运用借贷记账法的记账规则登记经济业务时，一般按以下步骤进行：

首先，分析经济业务中所涉及的账户名称，并判断账户的性质；

其次，判断账户中所涉及的资金数量是增加还是减少；

最后，根据账号的结构确定计入账户的方向。

【例 3-1】 2×××年 1 月 2 日，仕达家具公司接受某外商投资 300 000 元人民币存入银行存款账户。

这一经济事项是企业资产类账户"银行存款"和所有者权益类账户"实收资本"同时增加 300 000 元。该项经济业务在"T"形账户中的登记如下所示。

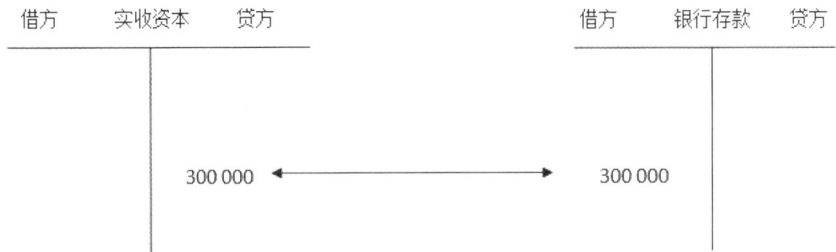

【例3-2】 2×××年1月2日,仕达家具公司以银行存款偿还所欠天华公司货款6 000元。

这一项经济事项使企业资产类账户"银行存款"和负债类账户"应付账款"同时减少6 000元。该项经济业务在T形账户中登记如下所示。

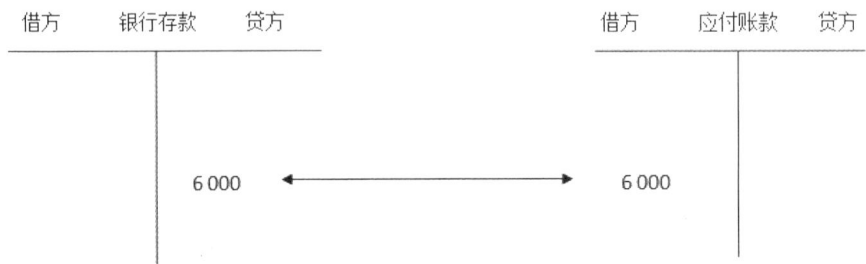

【例3-3】 2×××年1月2日,仕达家具公司向银行借入三个月期限的短期借款20 000元存入银行存款户。

这一经济事项使企业资产类账户"银行存款"和负债类账户"短期借款"同时增加20 000元,该项经济业务在T形账户中的登记如下所示。

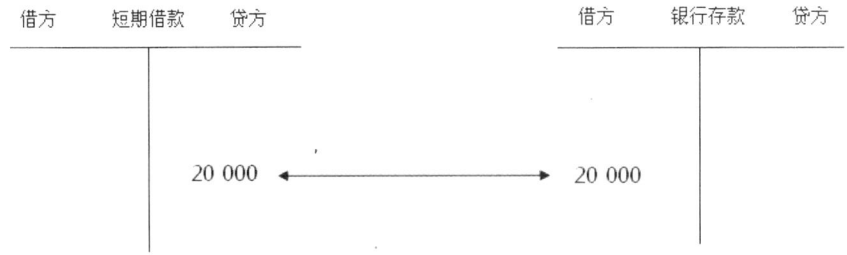

【例3-4】 2×××年1月2日,仕达家具公司与债权人(供应单位)协商并经有关部门批准,将欠债权人的100 000元债务转为资本(债权人对企业的投资)。

这一经济事项使得企业所有者权益类账户"实收资本(或股本)"增加100 000元,负债类账户"应付账款"减少100 000元。该项经济业务在"T"形账户中登记如下所示。

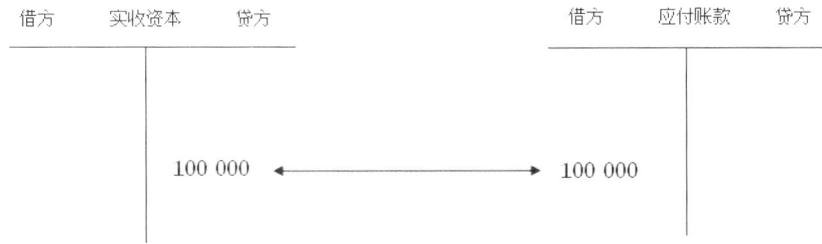

四、借贷记账法下账户的对应关系与会计分录

（一）账户的对应关系

账户的对应关系是指采用借贷记账法对每笔交易或事项进行记录时，相关账户之间形成的应借、应贷的相互关系。

存在对应关系的账户称为对应账户，通过账户的对应关系，可以了解经济业务的内容，反映经济业务的来龙去脉。

（二）会计分录

1. 会计分录的含义

会计分录，简称分录，是对每项经济业务列示出应借、应贷的账户名称及其金额的一种记录。会计分录由应借应贷方向、相互对应的科目及其金额三个要素构成。在我国，会计分录记载于记账凭证中。

2. 会计分录的分类

按照所涉及账户的多少，会计分录分为简单会计分录和复合会计分录。简单会计分录指只涉及一个账户借方和另一个账户贷方的会计分录，即一借一贷的会计分录。复合会计分录指由两个以上（不含两个）对应账户组成的会计分录，即一借多贷、多借一贷或多借多贷的会计分录。复合会计分录编制如例 3-5 所示。

【例 3-5】 仕达公司购入材料一批，价款 50 000 元，其中 30 000 元以银行存款支付，剩余 20 000 元尚未支付，假定不考虑增值税因素。会计分录编制如下：

借：原材料　　　　　　　　　　　　　　　　　　　　　　50 000
　　贷：银行存款　　　　　　　　　　　　　　　　　　　　30 000
　　　　应付账款　　　　　　　　　　　　　　　　　　　　20 000

3. 会计分录的书写格式

（1）先写借方科目，后写贷方科目，借贷要分行书写，借贷方合计金额要相等；

（2）贷方的文字和数字都要比借方后退两格书写；

(3)在一借多贷、一贷多借或多借多贷的情况下,借方或贷方的文字、金额要对齐。

如图 3-6 所示。

图 3-6　会计分录书写格式解释

4. 会计分录的编制方法

运用借贷记账法编制会计分录,可按下列步骤进行:

(1)分析经济业务事项涉及的是资产(费用、成本)还是权益(收入)。

(2)根据经济业务引起的会计要素的增减变化,确定涉及哪些账户,是增加还是减少。

(3)根据账户性质和账户结构,确定应记入哪个(或哪些)账户的借方,哪个(或哪些)账户的贷方。

(4)根据借贷记账法的记账规则,确定应借应贷账户是否正确,借贷方金额是否相等。如果有误,需要进一步更正。

会计分录的编制对于初学会计者而言是一个重点、难点问题,为了更好地帮助初学会计者理解、掌握会计分录的编制方法,可以对会计分录编制方法进行提炼,按"五步法"来分析经济业务、编制会计分录。

第一步:定科目,确定经济业务事项涉及哪些科目;

第二步:找类别,分析所涉及的科目属于哪类账户结构;

第三步:定方向,确定所涉及的科目增加、减少情况和应记的借贷方向;

第四步:定金额,确定借贷方金额;

第五步:作分录,检查会计科目、金额是否正确,并作出会计分录。

【例 3-6】 以银行存款购买 10 000 元原材料。

第一步:定科目,银行存款、原材料;

第二步:找类别,资产类、资产类;

第三步:定方向,↑借,↓贷;

第四步:定金额,10 000;

第五步：做分录

借：原材料 10 000
   贷：银行存款 10 000

五、借贷记账法下的试算平衡

（一）试算平衡的含义

试算平衡，是指根据借贷记账法的记账规则和资产与权益的恒等关系，通过对所有账户的发生额和余额的汇总计算和比较，检查记录是否正确的一种方法。

经济业务发生后，按照借贷记账法记账，借、贷双方的发生额必然相等。不仅每一笔会计分录借贷发生额相等，而且当一定会计期间（年、季、月）的全部经济业务的会计分录都记入相关账户后，所有账户的借方发生额与贷方发生额合计数也必然相等。用借贷记账法记账，就要根据借贷必相等的规则进行试算平衡，检查每笔经济业务和会计分录是否正确，以及全部账户的本期发生额和期末余额是否正确。

（二）试算平衡的分类

采用借贷记账法进行试算平衡，有发生额试算平衡和余额试算平衡两种方法。

1. 发生额试算平衡

发生额试算平衡是指全部账户本期借方发生额合计与全部账户本期贷方发生额合计保持平衡，即：

全部账户本期借方发生额合计 = 全部账户本期贷方发生额合计

发生额试算平衡的直接依据是借贷记账法的记账规则。

在实际工作中，发生额试算平衡是通过编制账户发生额试算平衡表进行的，其格式如表3-2所示。

表3-2 账户本期发生额试算平衡表

账户名称	借方发生额	贷方发生额
合计		

2. 余额试算平衡

余额试算平衡是指全部账户借方期末（初）余额合计与全部账户贷方期末（初）余额合计保持平衡，即：

全部账户借方期末（初）余额合计 = 全部账户贷方期末（初）余额合计

余额试算平衡的直接依据是财务状况等式。

在实际工作中，余额试算平衡是通过编制账户余额试算平衡表进行的，其格式如表3-3所示。

表3-3　账户余额试算平衡表

账户名称	借方余额	贷方余额
合计		

（三）试算平衡表的编制

试算平衡表通常是在期末结出各账户的本期发生额合计和期末余额后编制的。试算平衡表中一般应设置"期初余额""本期发生额"和"期末余额"三大栏目，其下各分设"借方"和"贷方"两个小栏目。各大栏中的借方合计与贷方合计应该平衡相等，否则便存在记账错误。为了简化表格，试算平衡表也可只根据各个账户的本期发生额编制，不填列各账户的期初余额和期末余额。

试算平衡表的一般格式如表3-4所示。

表3-4　试算平衡表

填制单位：　　　　　　　　　年　月　　　　　　　　单位：元

会计科目	期初余额		本期发生额		期末余额	
	借方	贷方	借方	贷方	借方	贷方
合计						

在编制试算平衡表时，应注意以下几点：

（1）必须保证所有账户的余额均已计入试算表。因为会计等式是对六项会计要素整体而言的，缺少任何一个账户的余额，都会造成期初或者期末借方余额合计与贷方余额合计不相等；

（2）如果试算表借贷不相等，肯定账户记录有错误，应认真查找，直到实现平衡为止；

（3）即便实现了有关三栏的平衡关系，并不能说明账户的记录绝对正确，因为有些错误并不会影响借贷双方的平衡关系。

①漏记某项经济业务，使本期借贷双方的发生额等额减少，借贷仍然平衡；

②重记某项经济业务，使本期借贷双方的发生额等额虚增，借贷仍然平衡；

③某项经济业务记录的应借应贷科目正确，但借贷双方金额同时多记或少记，且金额一致，借贷仍然平衡；

④某项经济业务记错有关账户，借贷仍然平衡；

⑤某项经济业务在账户记录中颠倒了记账方向，借贷仍然平衡；

⑥某借方或贷方发生额中，偶然发生多记或少记并相互抵销，借贷仍然平衡；

因为存在上述这些不能由试算平衡表来发现的错误，所以需要对一切会计记录进行日常或定期的复核，以保证账面记录的正确性。

【例3-7】 2×××年1月初，仕达家具有限公司各账户的余额如表3-5所示。

表3-5 期初余额表

2××× 年1月1日

账户名称	期初借方余额	账户名称	期初贷方余额
库存现金	7 000	短期借款	53 000
银行存款	20 000	应付账款	25 000
原材料	81 000	实收资本	100 000
固定资产	70 000		
合计	178 000	合计	178 000

2×××年1月，仕达家具有限公司发生的部分经济业务如下：

（1）购买材料6 000元（假定不考虑增值税因素），已验收入库，款未付。

（2）收到投资者按照投资合同交来的资本金30 000元，已存入银行。

（3）从银行提取现金2 000元作为备用。

（4）向银行借入6个月期限的短期借款40 000元。

（5）用银行存款 10 000 元购买无须安装的机器设备一台（假定不考虑增值税因素），设备已交付使用。

第一步：根据以上业务，编制相关会计分录（实际工作编制记账凭证）。

（1）借：原材料　　　　　　　　　　　　　　　　　　　　6 000
　　　　贷：应付账款　　　　　　　　　　　　　　　　　　　　6 000
（2）借：银行存款　　　　　　　　　　　　　　　　　　　　30 000
　　　　贷：实收资本　　　　　　　　　　　　　　　　　　　　30 000
（3）借：库存现金　　　　　　　　　　　　　　　　　　　　2 000
　　　　贷：银行存款　　　　　　　　　　　　　　　　　　　　2 000
（4）借：银行存款　　　　　　　　　　　　　　　　　　　　40 000
　　　　贷：短期借款　　　　　　　　　　　　　　　　　　　　40 000
（5）借：固定资产　　　　　　　　　　　　　　　　　　　　10 000
　　　　贷：银行存款　　　　　　　　　　　　　　　　　　　　10 000

第二步：首先根据期初余额登记总分类账（"T"形账）的期初余额，然后根据上述会计分录（记账凭证）登记总分类账（"T"形账）的本期发生额，最后在期末结算出各总分类账（"T"形账）的期末余额，如图 3-7 至图 3-13 所示：

借方	库存现金		贷方
期初余额　　　　　　7 000			
（3）　　　　　　　2 000			
本期借方发生额合计　2 000		本期贷方发生额合计　　　0	
期末余额　　　　　　9 000			

图 3-7　库存现金账户

借方	银行存款		贷方
期初余额　　　　　20 000			
（2）　　　　　　30 000		（3）　　　　　　　2 000	
(4)　　　　　　40 000		（5）　　　　　　10 000	
本期借方发生额合计　70 000		本期贷方发生额合计　12 000	
期末余额　　　　　78 000			

图 3-8　银行存款账户

借方	原材料		贷方
期初余额	81 000		
（1）	6 000		
本期借方发生额合计	6 000	本期贷方发生额合计	0
期末余额	87 000		

图 3-9　原材料账户

借方	固定资产		贷方
期初余额	70 000		
（5）	10 000		
本期借方发生额合计	10 000	本期贷方发生额合计	0
期末余额	80 000		

图 3-10　固定资产账户

借方	短期借款		贷方
		期初余额	53 000
		（4）	40 000
本期借方发生额合计	0	本期贷方发生额合计	40 000
		期末余额	93 000

图 3-11　短期借款账户

借方	应付账款		贷方
		期初余额	25 000
		（1）	6 000
本期借方发生额合计	0	本期贷方发生额合计	6 000
		期末余额	31 000

图 3-12　应付账款账户

借方	实收资本		贷方
	期初余额		100 000
	（2）		30 000
本期借方发生额合计 0	本期贷方发生额合计		30 000
	期末余额		130 000

图 3-13 实收资本账户

第三步：根据各总分类账（"T"形账）的期初余额、本期发生额和期末余额编制总分类账试算平衡表进行试算平衡，如表 3-6 所示。

表 3-6 总分类账户试算平衡表

账户名称	期初余额		本期发生额		期末余额	
	借方	贷方	借方	贷方	借方	贷方
库存现金	7 000		2 000		9 000	
银行存款	20 000		70 000	12 000	78 000	
原材料	81 000		6 000		87 000	
固定资产	70 000		10 000		80 000	
短期借款		53 000		40 000		93 000
应付账款		25 000		6 000		31 000
实收资本		100 000		30 000		130 000
合计	178 000	178 000	88 000	88 000	254 000	254 000

根据表 3-6 可知，借贷双方的本期发生额和期末余额相等，表明账户记录基本正确。

第四章 借贷记账法下主要经济业务的账务处理

本章基本要求

掌握	1. 企业资金的循环与周转过程 2. 核算企业主要经济业务的会计科目 3. 企业主要经济业务的账务处理 4. 企业净利润的计算 5. 企业净利润的分配

第一节 企业的主要经济业务

企业是一种从事生产、运输、贸易等经济活动,以营利为目的,进行自主经营、独立核算的经济组织。

不同企业的经济业务各有特点,其生产经营业务流程也不尽相同。本章主要介绍企业的资金筹集、设备购置、材料采购、产品生产、商品销售和利润分配等经济业务。

企业从各种渠道筹集生产经营所需资金进入生产经营准备过程,主要使用货币资金购置机器设备等固定资产,购买原材料等为生产产品做好物资准备,随后进入生产过程。

产品的生产过程也是成本和费用的发生过程,从其变化过程看,原材料等劳动对象通过加工转化为产成品;从价值形态看,生产过程中发生的各种耗费形成企业的生产费用。使用厂房、机器设备等劳动资料形成折旧费用等,这些耗费的总和形成了产品的生产成本。

销售过程是产品价值的实现过程,在销售过程中,企业通过销售产品并办理结算等,收回货款或者形成债权。各项收入抵偿各项成本、费用之后的差额,形成企业的利润,完成一次资金循环。

利润分配后,一部分资金退出企业,一部分资金以留存收益等形式继续参与企业的资金周转。

对企业生产经营过程中发生的上述经济业务,账务处理的主要内容有:

(1) 资金筹集业务的账务处理;

(2) 固定资产业务的账务处理;

（3）材料采购业务的账务处理；

（4）生产业务的账务处理；

（5）销售业务的账务处理；

（6）期间费用的账务处理；

（7）利润形成与分配业务的账务处理。

第二节 资金筹集业务的账务处理

一个企业的生存和发展，离不开资产要素，资产是企业进行生产经营活动的物质基础。对于任何一个企业而言，形成其资产的资金来源主要有两条渠道：一是投资者的投资，即所有者权益筹资；二是向债权人借入的资金，即负债筹资。所有者权益筹资形成所有者的权益（通常称为权益资本），包括投资者的投资及其增值。这部分资金的所有者既享有企业的经营收益，也承担企业的经营风险。负债筹资形成债权人的权益（通常称为债务资本），主要包括企业向债权人借入的资金和结算形成的负债资金等，这部分资金的所有者享有按合同或协议收回本金和利息的权利。在会计上，我们虽然将债权人的要求权和投资者的要求权统称为权益，但由于二者存在着本质上的区别，所以这两种权益的会计处理也必然有着显著的差异。

一、所有者权益筹资业务

（一）所有者投入资本的构成

所有者向企业投入资本，即形成企业的资本金。企业的资本金按照投资主体的不同可以分为：国家资本金——企业接受国家投资而形成的资本金；法人资本金——企业接受其他企业或单位的投资而形成的资本金；个人资本金——企业接受个人包括企业内部职工的投资而形成的资本金；外商资本金——企业接受外国投资者以及中国香港、中国澳门和中国台湾地区投资者投资而形成的资本金。在股份有限公司也分为国家股、法人股、个人股和外商股。企业的资本金按照投资者投入资本的不同物质形态又分为货币资金出资，以及实物、知识产权、土地使用权等可以用货币估价并可以依法转让的非货币财产作价出资等。

所有者投入的资本主要包括实收资本（或股本）和资本公积两项内容。

1. 实收资本概述

实收资本（或股本）是指企业的投资者按照企业章程、合同或协议的约定，实际投入企业的资本金以及按照有关规定由资本公积、盈余公积等转增资本的资金。

2. 资本公积概述

资本公积是企业收到投资者投入的超出其在企业注册资本（或股本）中所占份额的投资，以及直接计入所有者权益的利得和损失等。

资本公积作为企业所有者权益的重要组成部分，主要用途就在于转增资本，即在办理增资手续后用资本公积转增实收资本，按所有者原有投资比例增加投资者的实收资本。

（二）账户设置

企业通常设置以下账户对所有者权益筹资业务进行核算。

1. "实收资本（或股本）"账户

账户名称	实收资本（股份有限公司一般设置"股本"账户）
性质	所有者权益类账户
核算内容	企业接受投资者投入的实收资本
账户结构	借方：登记投入资本的减少额 贷方：登记所有者投入企业资本金的增加额 期末余额：在贷方，反映企业期末实收资本（或股本）的结余数额
明细分类核算	按投资者的不同设置明细账户，进行明细核算

2. "资本公积"账户

账户名称	资本公积
性质	所有者权益类账户
核算内容	核算企业收到投资者出资额超出其在注册资本或股本中所占份额的部分，以及直接计入所有者权益的利得和损失等
账户结构	借方：登记资本公积的减少额 贷方：登记资本公积的增加额 期末余额：在贷方，反映企业期末资本公积的结余数额
明细分类核算	按资本公积的来源不同，分别设置"资本溢价（或股本溢价）""其他资本公积"进行明细核算

3. "银行存款"账户

账户名称	银行存款
性质	资产类账户
核算内容	核算企业存入银行或其他金融机构的各种款项
账户结构	借方：登记存入的款项 贷方：登记提取或支出的存款 期末余额：在借方，反映企业存在银行或其他金融机构的各种款项
明细分类核算	按照开户银行、存款种类等分别进行明细核算

银行汇票存款、银行本票存款、信用卡存款、信用证保证金存款、存出投资款、外埠存款等不通过"银行存款"账户核算,通过"其他货币资金"账户核算。

(三)账务处理

企业接受投资者投入的资本,借记"银行存款""固定资产""无形资产""长期股权投资"等科目,按其在注册资本或股本中所占份额,贷记"实收资本(或股本)"科目,按其差额,贷记"资本公积——资本溢价(或股本溢价)"科目。

【例4-1】2×××年1月1日仕达咨询公司收到股东张越投资款200 000元存入银行(附件:银行收款回单、出资证明单)。

业务分析:

定科目	银行存款	实收资本
找类别	资产类	所有者权益类
定方向	借↑	贷↑
定金额	200 000	200 000

会计分录:

借:银行存款　　　　　　　　　　　　　　　　　　　　　　200 000
　　贷:实收资本——张越　　　　　　　　　　　　　　　　　　200 000

【例4-2】2×××年1月1日仕达咨询公司收到百业公司投入资本350 000元存入银行,按照双方的约定,本次增资的注册资本为300 000元,另50 000元作为资本公积(附件:银行收款回单、出资证明单)。

业务分析:

定科目	银行存款	实收资本	资本公积
找类别	资产类	所有者权益类	所有者权益类
定方向	借↑	贷↑	贷↑
定金额	350 000	300 000	50 000

会计分录:

借:银行存款　　　　　　　　　　　　　　　　　　　　　　350 000
　　贷:实收资本——百业公司　　　　　　　　　　　　　　　　300 000
　　　　资本公积——资本溢价　　　　　　　　　　　　　　　　 50 000

二、负债筹资业务

（一）负债筹资的构成

负债筹资主要包括短期借款、长期借款以及结算形成的负债等。

1. 短期借款

短期借款是指企业为了满足其生产经营对资金的临时性需要而向银行或其他金融机构等借入的偿还期限在1年以内（含1年）的各种借款。

短期借款必须按期归还本金并按时支付利息。短期借款利息的计算公式为：

$$短期借款利息=借款本金\times 利率\times 时间$$

2. 长期借款

长期借款是指企业向银行或其他金融机构等借入的偿还期限在1年以上（不含1年）的各种借款。

结算形成的负债主要有应付账款、应付职工薪酬、应交税费等。

（二）账户设置

企业通常设置以下账户对负债筹资业务进行会计核算：

1. "短期借款"账户

账户名称	短期借款
性质	负债类账户
核算内容	企业的短期借款
账户结构	借方：登记短期借款本金的减少额 贷方：登记短期借款本金的增加额 期末余额：在贷方，反映企业期末尚未归还的短期借款
明细分类核算	按借款种类、贷款人和币种进行明细核算

2. "长期借款"账户

账户名称	长期借款
性质	负债类账户
核算内容	企业的长期借款
账户结构	借方：登记归还的本金等 贷方：登记企业借入的长期借款本金等 期末余额：在贷方，反映企业期末尚未偿还的长期借款
明细分类核算	按贷款单位和贷款种类等进行明细核算

3. "应付利息"账户

账户名称	应付利息
性质	负债类账户
核算内容	核算企业按照合同约定应支付的利息，包括按月计提的短期借款利息、吸收存款、分期付息到期还本的长期借款、企业债券等应支付的利息
账户结构	借方：登记归还的利息 贷方：登记企业按合同利率计算确定的应付未付利息 期末余额：在贷方，反映企业应付未付的利息
明细分类核算	按存款人或债权人进行明细核算

4. "财务费用"账户

账户名称	财务费用
性质	损益类账户
核算内容	企业为筹集生产经营所需资金等而发生的筹资费用，包括利息支出（减利息收入）、汇兑损益以及相关的手续费、企业发生的现金折扣或收到的现金折扣等。为购建或生产满足资本化条件的资产发生的应予资本化的借款费用，通过"在建工程"和"制造费用"等账户核算
账户结构	借方：登记手续费、利息费用等的增加额 贷方：登记应冲减财务费用的利息收入、期末转入"本年利润"账户的财务费用净额等 期末余额：期末结转后，该账户无余额
明细分类核算	按费用项目进行明细核算

（三）账务处理

1.短期借款的账务处理

企业借入的各种短期借款，借记"银行存款"科目，贷记"短期借款"科目；归还借款时做相反的会计分录。资产负债表日，应按计算确定的短期借款利息费用，借记"财务费用"科目，贷记"银行存款""应付利息"等科目。

【例4-3】 2××8年10月1日仕达咨询公司向银行借入一笔生产经营用短期借款，共计600 000元，期限为9个月，年利率为5%。会计分录：

借：银行存款　　　　　　　　　　　　　　　　　　　　　600 000
　　贷：短期借款　　　　　　　　　　　　　　　　　　　　　600 000

【例4-4】 续例4-3，2××8年10月31日仕达咨询公司按月计提利息，则每月应付利息为：

借：财务费用　　　　　　　　　　　　　　　　　　　　　　2 500
　　贷：应付利息　　　　　　　　　　　　　　　　　　　　　2 500

【例4-5】 续例4-4，2××8年12月31日仕达咨询公司支付10月和11月已经计提借款利息5 000元（2 500 + 2 500）和12月份的利息2 500元。会计分录：

借：财务费用　　　　　　　　　　　　　　　　　　　　　　2 500
　　应付利息　　　　　　　　　　　　　　　　　　　　　　5 000
　　贷：银行存款　　　　　　　　　　　　　　　　　　　　　7 500

【例4-6】 2××9年6月30日，仕达咨询公司以银行存款归还短期借款600 000元。会计分录：

借：短期借款　　　　　　　　　　　　　　　　　　　　　600 000
　　贷：银行存款　　　　　　　　　　　　　　　　　　　　　600 000

2.长期借款的账务处理

企业借入长期借款，应按实际收到的金额借记"银行存款"科目，按借款本金贷记"长期借款——本金"科目；如存在差额，还应借记"长期借款——利息调整"科目。

资产负债表日，应按确定的长期借款的利息费用，借记"在建工程""制造费用""财务费用""研发支出"等科目，按确定的应付未付利息，贷记"应付利息"科目，按其差额，贷记"长期借款——利息调整"等科目。

【例4-7】 2××8年1月1日，仕达咨询公司向银行借入资金2 700 000元，借款期限为2年，年利率为7%（每年末付息一次，不计复利，到期还本），所借款项已存入银行，会计分录：

借：银行存款　　　　　　　　　　　　　　　　　　　　　2 700 000

  贷：长期借款——本金   2 700 000

【例 4-8】 2××8 年 12 月 31 日，仕达咨询公司计提长期借款利息 189 000 元（2 700 000×7%），借款金额 2 700 000 元，借款年利率为 7%，按年计提利息。会计分录：

  借：财务费用   189 000
   贷：应付利息   189 000

【例 4-9】 2××9 年 1 月 10 日仕达咨询公司以银行存款支付利息 189 000 元。会计分录：

  借：应付利息   189 000
   贷：银行存款   189 000

【例 4-10】 2××9 年 12 月 31 日仕达咨询公司以银行存款归还长期借款 2 700 000 元。会计分录：

  借：长期借款——本金   2 700 000
   贷：银行存款   2 700 000

第三节　固定资产业务的账务处理

一、固定资产的概念与特征

固定资产是指为生产商品、提供劳务、出租或者经营管理而持有、使用寿命超过一个会计年度的有形资产。

固定资产同时具有以下特征：

（1）固定资产属于一种有形资产

固定资产具有实物特征，这一特征将固定资产与无形资产区别开来。有些无形资产可能同时符合固定资产的其他特征，如为生产商品、提供劳务而持有，使用寿命超过一个会计年度，但是由于其没有实物形态，所以不属于固定资产。

（2）固定资产为生产商品、提供劳务、出租或者经营管理而持有

企业持有固定资产的目的是生产商品、提供劳务、出租或者经营管理，而不是直接用于出售。

（3）固定资产使用寿命超过一个会计年度

固定资产的使用寿命，是指企业使用固定资产的预计期间，或者是固定资产所能生产产品、提供劳务的数量。固定资产使用寿命超过一个会计年度，表明固定资产属于长期资产，随着使用、磨损和损耗，通过计提折旧方式逐渐减少账面价值。

固定资产按经济用途分为：

（1）生产经营用固定资产，是指直接参加或者直接服务于企业的生产、经营过程的各种固定资产，如房屋、建筑物、运输设备、管理用具等；

（2）非生产经营用固定资产，是指不直接服务于生产、经营过程的各种固定资产。例如，企业食堂、浴室等后勤部门使用的房屋、设备和其他固定资产。

二、固定资产的成本

固定资产的成本是指企业所购建某项固定资产达到预定可使用状态前所发生的一切合理、必要的支出。

企业可以通过外购、自行建造、投资者投入、非货币性资产交换、债务重组、企业合并和融资租赁等方式取得固定资产。取得的方式不同，固定资产成本的具体构成内容及其确定方法也不尽相同。

外购固定资产的成本，包括购买价款、相关税费以及使固定资产达到预定可使用状态前所发生的可归属于该项资产的运输费、装卸费、安装费和专业人员工资等（价+税+费）。

2009年1月1日增值税转型改革后，企业购建（包括购进、接受捐赠、实物投资、自制、改扩建和安装）生产用固定资产发生的增值税进项税额可以从销项税额中抵扣。

三、固定资产的折旧

固定资产折旧是指在固定资产使用寿命期限内，按照确定的方法对应计折旧额进行的系统分摊。其中，应计折旧额是指应当计提折旧的固定资产的原价扣除其预计净残值后的金额。已计提减值准备的固定资产，还应当扣除已计提的固定资产减值准备累计金额。

（一）固定资产折旧的影响因素

影响固定资产折旧的因素主要有原始价值、预计净残值、预计使用年限和固定资产减值准备。

预计净残值是指假定固定资产的预计使用寿命已满并处于使用寿命终了时的预期状态，企业目前从该项资产的处置中获得的扣除预计处置费用后的金额。预计净残值率是指固定资产预计净残值额占其原价的比率。企业应当根据固定资产的性质和使用情况，合理确定固定资产的预计净残值。预计净残值一经确定，不得随意变更。

（二）固定资产折旧范围

企业可选用的折旧方法有年限平均法、工作量法、双倍余额递减法和年数总和法等。本部分重点介绍年限平均法和工作量法。

1.年限平均法

年限平均法，又称直线法，是指将固定资产的应计折旧额均匀地分摊到固定资产预计使用寿命内的一种方法。

年限平均法下，各月应计提折旧额的计算公式如下：

年折旧率=（1 – 预计净残值率）÷ 预计使用年限 × 100%

其中：预计净残值率=预计净残值额 ÷ 固定资产原值 × 100%

年折旧额=固定资产原价 × 年折旧率

月折旧额=年折旧额 ÷ 12

或：月折旧额=（固定资产原价 – 预计净残值）× 月折旧率

月折旧率=年折旧率 ÷ 12

或：月折旧额=固定资产原价 × （1-预计净残值）÷ 预计使用寿命（月）

事实上，固定资产在不同使用年限提供的经济效益是不同的。一般而言，固定资产在其使用前期工作效率相对较高，所带来的经济利益也相对较多；而在其使用后期，工作效率较低，所带来的经济利益也相应较少。因此，采用年限平均法计算固定资产折旧存在着明显的局限性。

【例 4-11】 仕达塑料制品公司一台用于生产的固定资产，原价为 240 000 元，预计使用年限为 10 年，预计净残值率为 4%，则月应计提的折旧额计算如下：

预计净残值=240 000 × 4%=9 600（元）

应计提折旧额=240 000 − 9 600 = 23 0400（元）

年折旧率=（1 − 4%）÷ 10 × 100% = 9.6%

月折旧率=9.6% ÷ 12 = 0.8%

月折旧额=240 000 × 0.8% = 1 920（元）

2.工作量法

工作量法，是根据实际工作量计算每期应提折旧额的一种方法。

工作量法下折旧额的计算公式如下：

单位工作量折旧额=[固定资产原价×（1-预计净残值率）]÷预计总工作量

年折旧额=该项固定资产当年实际完成的工作量×单位工作量折旧额

月折旧额=该项固定资产当月实际完成的工作量×单位工作量折旧额

【例 4-12】 仕达塑料制品公司一台用于产品生产的精密机床，原价为 1 200 000 元，预计可以生产 10 000 件甲产品，预计净残值率为 3%，12 月生产甲产品 300 件，则 12 月应计提的折旧额计算如下：

预计净残值=1 200 000 × 3% = 36 000（元）

应计提折旧额=1 200 000 − 36 000 = 1 164 000（元）

单位产品折旧额=1 164 000 ÷ 10 000 = 116.4（元）

12 月折旧额=300 × 116.4 = 34 920（元）

或：12 月折旧额=300 × 1 200 000 ×（1-3%）÷ 10 000 = 34 920（元）

不同的固定资产折旧方法，将影响固定资产使用寿命期间内不同时期的折旧费用。企业应当根据与固定资产有关的经济利益的预期实现方式合理选择折旧方法，固定资产的折旧方法一经确定，不得随意变更。

固定资产在其使用过程中，因所处经济环境、技术环境以及其他环境均有可能发生很大变化，企业至少应当于每年年度终了，对固定资产的使用寿命、预计净残值和折旧方法进行复核。固定资产使用寿命、预计净残值和折旧方法的改变，应当作为会计估计变更。

四、账户设置

企业通常设置以下账户对固定资产业务进行会计核算。

1. "工程物资"账户

账户名称	工程物资
性质	资产类账户
核算内容	企业为在建工程准备的各种物资的成本，包括工程用材料、尚未安装的设备以及为生产准备的工器具等。例如公司建造自用办公楼购买的水泥、砖块、黄沙和钢材等
账户结构	借方：登记企业购入工程物资的成本 贷方：登记领用工程物资的成本 期末余额：在借方，反映企业期末为在建工程准备的各种物资的成本
明细分类核算	按"专用材料""专用设备""工器具"等进行明细核算

2. "在建工程"账户

账户名称	在建工程
性质	资产类账户
核算内容	企业基建、更新改造等在建工程发生的支出。例如公司开始建造自用办公楼，但办公楼还未达到预定可使用状态
账户结构	借方：登记企业各项在建工程的实际支出 贷方：登记工程达到预定可使用状态时转出的成本等 期末余额：在借方，反映企业期末余额尚未达到预定可使用状态的在建工程的成本
明细分类核算	按"建筑工程""安装工程""在安装设备""待摊支出"以及单项工程等进行明细核算

3. "固定资产"账户

账户名称	固定资产
性质	资产类账户
核算内容	企业持有的固定资产原价

续表

账户结构	借方：登记固定资产原价的增加 贷方：登记固定资产原价的减少 期末余额：在借方，反映企业期末固定资产的原价
明细分类核算	按固定资产类别和项目进行明细核算

4."累计折旧"账户

账户名称	累计折旧
性质	资产类备抵账户
核算内容	企业固定资产计提的累计折旧
账户结构	借方：登记因减少固定资产而转出的累计折旧 贷方：登记按月提取的折旧额，即累计折旧的增加额 期末余额：在贷方，反映期末固定资产的累计折旧额
明细分类核算	按固定资产类别或项目进行明细核算

5."固定资产清理"账户

账户名称	固定资产清理
性质	资产类账户
核算内容	企业因出售、报废、损毁、对外投资、非货币性资产交换、债务重组等原因转出的固定资产以及在清理过程中发生的费用等
账户结构	借方：登记转出的固定资产价值、清理过程中应支付的相关税费及其他费用 贷方：登记清理完成固定资产实际发生的净损失 期末余额：在借方，反映企业尚未清理完毕的固定资产清理及损失
明细分类核算	按清理固定资产项目设置明细账

6."应交税费"账户

账户名称	应交税费
性质	负债类账户
核算内容	企业按照税法等规定计算应缴纳的各种税费，包括增值税、消费税、所得税、资源税、土地增值税、城市维护建设税、房产税、印花税、土地使用税、车船税、教育费附加、矿产资源补偿费等，企业代扣代缴的个人所得税等，也通过本账户核算

续表

账户结构	借方：登记实际缴纳的各种税费 贷方：登记各种应缴未交税费的增加额 期末余额：在贷方，反映企业尚未交纳的税费；在借方，反映企业多交或尚未抵扣的税费
明细分类核算	按应交的税费项目进行明细核算

五、账务处理

（一）固定资产的购入

企业购入不需要安装的固定资产，企业可以立即投入使用，因此，会计处理比较简单，只需按确认的入账价值直接增加企业的固定资产。按应计入固定资产成本的金额，借记"固定资产""应交税费——应交增值税（进项税额）"科目，贷记"银行存款"等科目。

【例4-13】 仕达家具公司购入一台不需要安装的设备10 000元，增值税1 300元，用银行存款支付。会计分录：

借：固定资产　　　　　　　　　　　　　　　　　　10 000
　　应交税费——应交增值税（进项税额）　　　　　1 300
　　贷：银行存款　　　　　　　　　　　　　　　　　　11 300

企业购入需要安装的固定资产，按应计入固定资产成本的金额，借记"在建工程""应交税费——应交增值税（进项税额）"科目，贷记"银行存款"等科目。支付的安装费用等固定资产成本也通过"在建工程"核算，安装完毕后再把在建工程转入固定资产。

【例4-14】 仕达家具公司购入一台需要安装的设备10 000元，增值税1 300元。用银行存款支付。会计分录：

借：在建工程　　　　　　　　　　　　　　　　　　10 000
　　应交税费——应交增值税（进项税额）　　　　　1 300
　　贷：银行存款　　　　　　　　　　　　　　　　　　11 300

上述设备领用材料2 000元，用银行存款支付人工工资1 300元。会计分录：

借：在建工程　　　　　　　　　　　　　　　　　　3 300
　　贷：原材料　　　　　　　　　　　　　　　　　　2 000
　　　　银行存款　　　　　　　　　　　　　　　　　1 300

上述设备达到预定可使用状态。会计分录：

借：固定资产 13 300
　　贷：在建工程 13 300

（二）固定资产的折旧

企业按月计提的固定资产折旧，根据固定资产的用途计入相关资产的成本或者当期损益，行政管理部门和财务部门使用的固定资产计提的折旧费用，应计入管理费用；生产部门使用的固定资产计提的折旧费用，应计入制造费用；专设销售机构使用的固定资产计提的折旧费用，应计入销售费用；研发部门使用的固定资产计提的折旧费用，应计入研发支出；经营性出租的固定资产计提的折旧费用，应计入其他业务成本等。即分别借记"制造费用""销售费用""管理费用""研发支出""其他业务成本"等科目，贷记"累计折旧"科目。

【例 4-15】 仕达家具公司本月固定资产计提折旧情况如下：生产车间计提折旧 7 600 元，机器设备计提折旧 90 000 元。管理部门房屋建筑计提折旧 130 000 元，运输工具计提折旧 48 000 元。销售部门房屋建筑计提折旧 64 000 元，运输工具计提折旧 52 600 元。

该公司计提折旧时，会计分录：

借：制造费用 166 000
　　管理费用 178 000
　　销售费用 116 600
　　贷：累计折旧 460 600

（三）固定资产的处置

企业因出售、报废、毁损、对外投资、非货币性资产交换、债务重组等原因转出的固定资产以及在清理过程中发生的费用，一般通过"固定资产清理"科目核算。

固定资产转入清理时，按清理固定资产账面价值，借记"固定资产清理"科目，按已提的折旧，借记"累计折旧"科目，按已计提的减值准备，借记"固定资产减值准备"科目，按固定资产原价，贷记"固定资产"科目。

发生清理费用，借记"固定资产清理"科目，贷记"银行存款"等科目；出售收入和收回残料，按实际收到价款及残料价等，借记"银行存款""原材料"等科目，贷记"固定资产清理"科目，按照税法规定销售固定资产应交的增值税，贷记"应交税费——应交增值税（销项税额）"科目。

固定资产清理完成后，对清理净损益，应区分不同情况进行账务处理：属于生产经营期间正常的处置损失，借记"资产处置损益"科目，贷记"固定资产清理"科目；属于自然灾害等非正常原因造成的损失，借记"营业外支出——非常损失"科目，贷记"固定资产清理"科目。如为贷方余额,借记"固定资产清理"科目,贷记"资产处置损益"或"营业外收入——非流动资产处置利得"科目。

【例 4-16】 仕达家具公司出售一台已过时的机器设备,原值 82 000 元,已提折旧 43 000 元,已提减值准备 9 000 元,支付清理费用 1 000 元,出售收入 25 000 元,增值税税率 13%。

(1) 固定资产转入清理,会计分录:

借:固定资产清理　　　　　　　　　　　　　　　30 000
　　累计折旧　　　　　　　　　　　　　　　　　43 000
　　固定资产减值准备　　　　　　　　　　　　　 9 000
　　贷:固定资产　　　　　　　　　　　　　　　　　　　82 000

(2) 支付清理费用,会计分录:

借:固定资产清理　　　　　　　　　　　　　　　 1 000
　　贷:银行存款　　　　　　　　　　　　　　　　　　　 1 000

(3) 收到价款时,会计分录:

借:银行存款　　　　　　　　　　　　　　　　　28 250
　　贷:固定资产清理　　　　　　　　　　　　　　　　　25 000
　　　　应交税费——应交增值税(销项税款)　　　　　 3 250

(4) 结转固定资产清理后的净损益,会计分录:

借:资产处置损益　　　　　　　　　　　　　　　 6 000
　　贷:固定资产清理　　　　　　　　　　　　　　　　　 6 000

知识提要

业务类型			会计分录
固定资产购入	不需安装		借:固定资产 　　应交税费——应交增值税(进项税额) 贷:银行存款
	需要安装	支付价税费	借:在建工程 　　应交税费——应交增值税(进项税额) 贷:银行存款
		支付安装费、安装领用原材料	借:在建工程 贷:银行存款 　　原材料

续表

业务类型		会计分录
	达到可使用状态	借：固定资产 　　贷：在建工程
固定资产折旧		借：制造费用（生产部门） 　　销售费用（销售部门） 　　管理费用（行政管理部门，包括财务部门） 　　研发支出（研发部门） 　　其他业务成本（出租） 　　贷：累计折旧
固定资产处置	固定资产转入清理	借：固定资产清理 　　累计折旧 　　固定资产减值准备 　　贷：固定资产
	支付清理费用	借：固定资产清理 　　贷：银行存款
	收到价款时	借：银行存款 　　贷：固定资产清理 　　　　应交税费——应交增值税（销项税额）
	结转固定资产清理后的净损益 净损失	借：营业外支出（报废、毁损） 　　资产处置损益（出售） 　　贷：固定资产清理
	结转固定资产清理后的净损益 净收益	借：固定资产清理 　　贷：营业外收入（报废、毁损） 　　　　资产处置损益（出售）

第四节　材料采购业务的账务处理

企业要进行正常的产品生产经营活动，就必须购买和储备一定品种和数量的原材料。原材料是产品制造企业生产产品不可缺少的物质要素，在生产过程中，材料经过加工而改变其原来的实物形态，构成产品实体的一部分，或者实物消失而有助于产品的生产。

一、材料的采购成本

材料的采购成本是指企业物资从采购到入库前所发生的全部合理的、必要的支出，包括购买价款、相关税费（运输费、装卸费、保险费以及其他可归属于采购成本的费用。在实务中，企业也可以将发生的运输费、装卸费、保险费以及其他可归属于采购成本的费用等先进行归集，期末按照所购材料的存销情况进行分摊。

二、账户设置

企业通常按照实际成本或按照计划成本组织材料的收发，核算通常需要设置以下账户对材料采购业务进行会计核算。

1. "原材料"账户

账户名称	原材料
性质	资产类账户
核算内容	企业库存的各种材料，包括原料及主要材料、辅助材料、外购半成品（外购件）、修理用备件（备品备件）、包装材料、燃料等的实际成本或计划成本。企业收到来料加工装配业务的原料、零件等，应当设置备查簿进行登记
账户结构	借方：登记已验收入库材料的实际（或计划）成本 贷方：登记发出材料的实际（或计划）成本 期末余额：在借方，反映企业库存材料的计划成本或实际成本
明细分类核算	按材料的保管地点（仓库）、材料的类别、品种和规格等进行明细核算

2. "材料采购"账户

账户名称	材料采购
性质	资产类账户

续表

核算内容	企业采用计划成本进行材料日常核算而购入材料的采购成本
账户结构	借方：登记企业采用计划成本进行核算时，采购材料的实际成本以及材料入库时结转的节约差异 贷方：登记入库材料的计划成本以及入库时结转的超支差异 期末余额：在借方，反映企业在途材料的采购成本
明细分类核算	供应单位和材料品种进行明细核算

3."材料成本差异"账户

账户名称	材料成本差异
性质	资产类账户
核算内容	企业采用计划成本进行日常核算的材料计划成本与实际成本的差额
账户结构	借方：登记入库材料形成的超支差异以及转出的发出材料应负担的节约差异 贷方：登记入库材料形成的节约差异以及转出的发出材料应负担的超支差异 期末余额：在借方，反映企业库存材料等的实际成本大于计划成本的差异；在贷方，反映企业库存材料等的实际成本小于计划成本的差异
明细分类核算	该账户可以分别设置"原材料""周转材料"等，按照类别或品种进行明细核算

4."在途物资"账户

账户名称	在途物资
性质	资产类账户
核算内容	企业采用实际成本（或进价）进行材料、商品等物资的日常核算、货款已付尚未验收入库的在途物资的采购成本
账户结构	借方：登记购入材料、商品等物资的买价和采购费用（采购实际成本） 贷方：登记已验收入库材料、商品等物资应结转的实际采购成本 期末余额：在借方，反映企业期末在途材料、商品等物资的采购成本
明细分类核算	按供应单位和物资品种进行明细核算

5. "应付账款"账户

账户名称	应付账款
性质	负债类账户
核算内容	企业因购买材料、商品和接受劳务等经营活动应支付的款项
账户结构	借方：登记偿还的应付账款 贷方：登记企业因购入材料、商品和接受劳务等尚未支付的款项 期末余额：一般在贷方，反映企业期末尚未支付的应付账款余额；如果在借方，反映企业期末预付账款余额。
明细分类核算	按债权人进行明细核算

6. "应付票据"账户

账户名称	应付票据
性质	负债类账户
核算内容	企业购买材料、商品和接受劳务等开出、承兑的商业汇票，包括银行承兑汇票和商业承兑汇票
账户结构	借方：登记企业已经支付或者到期无力支付的商业汇票的票面金额 贷方：登记企业开出、承兑的商业汇票的票面金额 期末余额：在贷方，反映企业尚未到期的商业汇票的票面金额
明细分类核算	按债权人进行明细核算

7. "预付账款"账户

账户名称	预付账款
性质	资产类账户
核算内容	企业按照合同规定预付的款项。预付款项情况不多的，也可以不设置该账户，将预付的款项直接记入"应付账款"账户
账户结构	借方：登记企业因购货等业务预付的款项 贷方：登记企业收到货物后应支付的款项等 期末余额：在借方，反映企业预付的款项；在贷方，反映企业尚需补付的款项
明细分类核算	按供货单位进行明细核算

三、账务处理

材料的日常收发结存可以采用实际成本核算,也可以采用计划成本核算。

(一)实际成本法核算的账务处理

实际成本法下,一般通过"原材料"和"在途物资"等科目进行核算。企业外购材料时,按材料是否验收入库分为以下两种情况。

1. 材料已验收入库

(1)如果货款已经支付,材料已验收入库,发票账单已到,按支付的实际金额,借记"原材料""应交税费——应交增值税(进项税额)"等科目,贷记"银行存款""预付账款"等科目。

(2)如果货款尚未支付,材料已经验收入库,按相关发票凭证上应付的金额,借记"原材料""应交税费——应交增值税(进项税额)"等科目,贷记"应付账款""应付票据"等科目。

(3)如果货款尚未支付,材料已经验收入库,但月末仍未收到相关发票凭证,按照暂估价入账,即借记"原材料"科目,贷记"应付账款"等科目。下月初进行相反的会计分录予以冲回,收到相关发票账单后再编制会计分录。

2. 材料尚未验收入库

如果货款已经支付,发票账单已到,但材料尚未验收入库,按支付的金额,借记"在途物资"和"应交税费——应交增值税(进项税额)"等科目,贷记"银行存款"等科目;待验收入库时再作后续分录。

【例4-17】 2×××年12月8日,仕达家具公司购买密度板一批,取得增值税专用发票(已经认证),发票注明密度板价款10 000元,增值税进项税额1 300元,材料已经验收入库,款项尚未支付。会计分录:

借:原材料——密度板 10 000
　　应交税费——应交增值税(进项税额) 1 300
　贷:应付账款 11 300

【例4-18】 仕达家具公司外购一批原材料,材料已验收入库,但月末仍未收到相关发票凭证,该材料的估计成本为800 000元。该公司采用实际成本法核算原材料。会计分录:

借:原材料 800 000
　贷:应付账款 800 000

【例4-19】 2×××年12月8日,仕达家具公司购买密度板一批,取得增值税专用发票(已经认证),发票注明密度板价款10 000元,增值税进项税额1 300元,材料尚

未经验收入库,款项尚未支付。会计分录:

  借:在途物资   10 000
    应交税费——应交增值税(进项税额)   1 300
    贷:应付账款   11 300

【例4-20】 2×××年12月15日,本月8日购入的密度板达到企业,办理验收入库手续。会计分录:

  借:原材料   10 000
    贷:在途物资   10 000

(二)计划成本法核算的账务处理

计划成本法下,一般通过"材料采购""原材料""材料成本差异"等科目进项核算。企业外购材料时,按材料是否验收入库分为以下两种情况。

1. 材料已验收入库

(1)如果货款已经支付,发票账单已到,材料已验收入库,按支付的实际金额,借记"材料采购"科目,贷记"银行存款"科目;按计划成本金额,借记"原材料"科目,贷记"材料采购"科目;按计划成本与实际成本之间的差额,借记(或贷记)"材料采购"科目,贷记(或借记)"材料成本差异"科目。

(2)如果货款尚未支付,材料已经验收入库,按相关发票凭证上应付的金额,借记"材料采购"科目,贷记"应付账款""应付票据"等科目;按计划成本金额,借记"原材料"科目,贷记"材料采购"科目;按计划成本与实际成本之间的差额,借记(或贷记)"材料采购"科目,贷记(或借记)"材料成本差异"科目。

(3)如果材料已经验收入库,货款尚未支付,月末仍未收到相关发票凭证,按照计划成本暂估入账,即借记"原材料"科目,贷记"应付账款"等科目。下月初作反向分录予以冲回,收到账单后再编制会计分录。

2. 材料尚未验收入库

如果相关发票凭证已到,但材料尚未验收入库,按支付或应付的实际金额,借记"材料采购"科目,贷记"银行存款""应付账款"等科目;待验收入库时再进行后续会计分录。

对于可以抵扣的增值税进项税额,一般纳税人企业应根据收到的增值税专用发票上注明的增值税额,借记"应交税费——应交增值税(进项税额)"科目。

【例4-21】 仕达家具公司外购一批原材料,货款10 000元,增值税1 300元,发票账单已收到,计划成本为11 000元,材料未验收入库,款项已用银行存款支付。会计分录:

（1）该公司采用计划成本法核算原材料，会计分录：

借：材料采购　　　　　　　　　　　　　　　　　　　　　　10 000
　　应交税费——应交增值税（进项税额）　　　　　　　　　 1 300
　　贷：银行存款　　　　　　　　　　　　　　　　　　　　　11 300

（2）材料验收入库时，会计分录：

借：原材料　　　　　　　　　　　　　　　　　　　　　　　11 000
　　贷：材料采购　　　　　　　　　　　　　　　　　　　　　11 000
借：材料采购　　　　　　　　　　　　　　　　　　　　　　 1 000
　　贷：材料成本差异　　　　　　　　　　　　　　　　　　　 1 000

例 4-22　仕达家具公司外购一批原材料，材料已验收入库，但月末仍未收到相关发票凭证。该材料的计划成本为 800 000 元。该公司采用计划成本法核算原材料。

月末暂估入账时，会计分录：

借：原材料　　　　　　　　　　　　　　　　　　　　　　　800 000
　　贷：应付账款　　　　　　　　　　　　　　　　　　　　　800 000

下月初作相反的会计分录予以冲回，收到发票账单后再编制会计分录。

知识提要

实际成本法核算的账务处理	材料已验收入库	发票已到，材料入库		借：原材料 　　应交税费——应交增值税（进项税额） 　贷：银行存款 　　　预付账款 　　　应付账款 　　　应付票据
		发票未到，材料入库	月末	借：原材料（暂估价） 　贷：应付账款（暂估价）
			下月初	借：应付账款（暂估价） 　贷：原材料（暂估价）
	材料未验收入库	购入时： 借：在途物资 　　应交税费——应交增值税（进项税额） 　贷：银行存款 　　　应付账款等		
		入库时： 借：原材料 　贷：在途物资		

续表

计划成本法核算的账务处理	材料已验收入库	发票已到，材料入库	借：材料采购 　　　应交税费——应交增值税（进项税额） 贷：银行存款 　　应付账款
			借：原材料 　　材料成本差异（超支） 贷：材料采购 　　材料成本差异（节约）
		发票未到，材料入库	月末：借：原材料（暂估价） 　　　　贷：应付账款（暂估价）
			下月初：借：应付账款（暂估价） 　　　　　贷：原材料（暂估价）
	材料未验收入库		借：材料采购 　　　应交税费——应交增值税（进项税额） 贷：银行存款 　　应付账款等

第五节　生产业务的账务处理

企业产品的生产过程同时也是生产资料的耗费过程。企业在生产过程中发生的各项生产费用，是企业为获得收入而预先垫支并需要得到补偿的资金耗费。这些费用最终都要归集、分配给特定的产品，形成产品的成本。

产品成本的核算是指对一定时期内企业生产过程中所发生的费用，按其性质和发生地点，分类归集、汇总、核算，计算出该时期内生产费用发生总额，并按适当方法分别计算出各种产品的实际成本和单位成本等。

一、生产费用的构成

生产费用是指与企业日常生产经营活动有关的费用，生产费用按其经济用途分为直接材料、直接人工和制造费用。

（一）直接材料

直接材料是指企业在生产产品和提供劳务的过程中所消耗的、直接用于产品生产，构成产品实体的各种原材料、主要材料、外购半成品以及有助于产品形成的辅助材料等。

（二）直接人工

直接人工是指企业在生产产品和提供劳务过程中，直接从事产品生产的人员的薪酬。

（三）制造费用

制造费用是指企业为生产产品和提供劳务而发生的各项间接费用，其构成内容比较复杂，包括间接的职工薪酬、折旧费、修理费、办公费、水电费、机物料消耗、季节性停工损失等。

二、账户设置

为了反映和监督产品在生产过程中各项材料费用的发生、归集和分配情况，正确地计算产品成本中的材料费用，企业通常设置以下账户对生产费用业务进行会计核算。

1."生产成本"账户

账户名称	生产成本
性质	成本类账户
核算内容	企业生产各种产品（产成本、自制半成品等）、自制材料、自制工具、自制设备等发生的各项生产成本

续表

账户结构	借方：登记应计入产品生产成本的各项费用，包括直接计入产品生产成本的直接材料费、直接人工费和其他直接支出，以及期末按照一定的方法分配计入产品生产成本的制造费用 贷方：登记完工入库产成品应结转的生产成本 期末余额：在借方，反映企业期末尚未加工完成的产品成本
明细分类核算	按基本生产成本和辅助生产成本进行明细分类核算。基本生产成本应当分别按照基本生产车间和成本核算对象（如产品的品种、类别、订单、批别和生产阶段等）设置明细账（或成本计算单），并按照规定的成本项目设置专栏

2."制造费用"账户

账户名称	制造费用
性质	成本类账户
核算内容	企业生产车间（部门）为生产产品和提供劳务而发生的各项间接费用
账户结构	借方：登记实际发生的各项制造费用 贷方：登记期末按照一定标准分配转入"生产成本"账户借方的应计入产品成本的制造费用
明细分类核算	按不同的生产车间、部门和费用项目进行明细核算

3."库存商品"账户

账户名称	库存商品
性质	资产类账户
核算内容	企业库存的各种商品的实际成本（或进价）或计划成本（或售价），包括库存产成品、外购商品、存放在门市部准备出售的商品、发出展览的商品以及寄存在外的商品等

续表

账户结构	借方：登记验收入库的库存商品成本 贷方：登记发出的库存商品成本 期末余额：在借方，反映企业期末库存商品的实际成本（或进价）或计划成本（或售价）
明细分类核算	按库存商品的种类、品种和规格等进行明细核算

4."应付职工薪酬"账户

账户名称	应付职工薪酬
性质	负债类账户
核算内容	企业根据有关规定应付给职工的各种薪酬
账户结构	借方：登记本月实际支付的职工薪酬 贷方：登记本月计算的应付职工薪酬，包括短期薪酬、离职后福利、辞退福利、其他长期职工薪酬 期末余额：在贷方，反映企业应付未付的职工薪酬
明细分类核算	按"短期薪酬""离职后福利""辞退福利""其他长期职工薪酬"等进行明细核算

三、账务处理

（一）材料费用的归集与分配

产品制造企业在确定材料费用时，应根据领料凭证区分车间、部门和不同用途后，按照确定的结果将发出材料的成本借记"生产成本""制造费用""管理费用"等科目，贷记"原材料"科目。

对于直接用于某种产品生产的材料费用，应直接计入该产品生产成本明细账中的直接材料费用项目；对于由多种产品共同耗用、应由这些产品共同负担的材料费用，应选择适当的标准在这些产品之间进行分配，按分担的金额计入相应的成本计算对象（生产产品的品种、类别等）；对于为提供生产条件等间接消耗的各种材料费用，应先通过"制造费用"科目进行归集，期末再按照一定的标准分配计入有关产品成本；对于行政管理部门领用的材料费用，应记入"管理费用"科目。

（二）职工薪酬的归集与分配

职工为企业劳动，理应从企业获得一定的报酬，也就是企业应向职工支付一定的薪酬。职工薪酬是指企业为获得职工提供的服务或解除劳动关系而给予的各种形式的报酬或补偿，具体包括短期薪酬、离职后福利、辞退福利和其他长期职工福利。企业提供给职工配偶、子女、受赡养人、已故员工遗属及其他受益人等的福利，也属于职工薪酬。

短期薪酬包括：工资、奖金、津贴和补贴；职工福利费、社会保险费、住房公积金、工会经费和职工教育经费；短期带薪缺勤；利润分享计划；非货币性福利。

对于短期职工薪酬，企业应当在职工为其提供服务的会计期间，按实际发生额将其确认为负债，并计入当期损益或相关资产成本。企业应当根据职工提供服务的受益对象，分别按照下列情况进行处理。

1.应由生产产品、提供劳务负担的短期职工薪酬，计入产品成本或劳务成本。其中，生产工人的短期职工薪酬属于生产成本，应借记"生产成本"科目，贷记"应付职工薪酬"科目；生产车间管理人员的短期职工薪酬属于间接费用，应借记"制造费用"科目，贷记"应付职工薪酬"科目。

当企业采用计件工资制时，生产工人的短期职工薪酬属于直接费用，应直接计入有关产品的成本。当企业采用计时工资制时，对于只生产一种产品的生产工人的短期职工薪酬也属于直接费用，应直接计入产品成本；对于同时生产多种产品的生产工人的短期职工薪酬，则需采用一定的分配标准（实际生产工时或定额生产工时等）分配计入产品成本。

2.应由在建工程、无形资产负担的短期职工薪酬，计入建造固定资产或无形资产成本。

3.除上述两种情况之外的其他短期职工薪酬应计入当期损益。如企业行政管理部门人员和专设销售机构销售人员的短期职工薪酬均属于期间费用，确认时应分别借记"管理费用"和"销售费用"等科目，贷记"应付职工薪酬"科目。

（三）制造费用的归集与分配

制造费用是产品制造企业为了生产产品和提供劳务而发生的各种间接费用。如车间管理人员的工资及福利费，车间生产使用的照明费、取暖费、运输费、劳动保护费等。

企业发生的制造费用，应当按照合理的分配标准按月分配计入各成本核算对象的生产成本。企业可以采取的分配标准包括机器工时、人工工时、计划分配率等，以便于准确地确定各种产品应负担的制造费用额。

企业发生制造费用时，借记"制造费用"科目，贷记"累计折旧""银行存款""应付职工薪酬"等科目；结转或分摊时，借记"生产成本"等科目，贷记"制造费用"科目。

（四）完工产品生产成本的计算与结转

产品生产成本计算是指将企业生产过程中为制造产品所发生的各种费用按照成本计算对象进行归集和分配，以便计算各种产品的总成本和单位成本。有关产品成本信息是进行库存商品计价和确定销售成本的依据。

企业应设置产品生产成本明细账，用来归集应计入各种产品的生产费用。通过对材料费用、职工薪酬和制造费用的归集和分配，企业各月生产产品所发生的生产费用记入"生产成本"科目中。

如果月末某种产品全部完工，该种产品生产成本明细账所归集的费用总额，就是该种完工产品的总成本，用完工产品总成本除以该种产品的完工总产量即可计算该种产品的单位成本。如果月末某种产品全部未完工，该种产品生产成本明细账所归集的费用总额就是该种产品在产品的总成本。

如果月末某种产品一部分完工，一部分未完工，此时归集在产品成本明细账中的费用总额还需采取适当的分配方法在完工产品和在产品之间进行分配，然后才能计算出完工产品的总成本和单位成本。

完工产品成本的基本计算公式为：

完工产品生产成本 = 初期在产品成本 + 本期发生的生产费用 − 期末在产品成本

当产品生产完成并验收入库时，借记"库存商品"科目，贷记"生产成本"科目。

【例4-23】 仓库发出材料391 000元，其中甲材料176 000元，乙材料215 000元，A产品直接耗用甲、乙材料150 000元，B产品耗用甲、乙材料210 000元，车间一般消耗31 000元，会计分录：

借：生产成本——A产品　　　　　　　　　　　　　　150 000
　　　　　　——B产品　　　　　　　　　　　　　　210 000
　　制造费用　　　　　　　　　　　　　　　　　　　 31 000
　贷：原材料——甲材料　　　　　　　　　　　　　　176 000
　　　　　　——乙材料　　　　　　　　　　　　　　215 000

【例4-24】 续【例4-23】，该公司根据当月考勤记录和生产记录等，计算确定的本月职工工资如下：A产品的生产工人工资一共640 000元，B产品的生产工人工资一共660 000元，车间管理人员工资一共37 000元，厂部管理人员工资一共35 000元。月末，以银行存款支付。会计分录：

借：生产成本——A产品　　　　　　　　　　　　　　640 000
　　　　　　——B产品　　　　　　　　　　　　　　660 000
　　制造费用　　　　　　　　　　　　　　　　　　　 37 000
　　管理费用　　　　　　　　　　　　　　　　　　　 35 000
　贷：应付职工薪酬　　　　　　　　　　　　　　　1 372 000

支付时，会计分录如下：

借：应付职工薪酬　　　　　　　　　　　　　　　　　　1 372 000
　　贷：银行存款　　　　　　　　　　　　　　　　　　　　　　1 372 000

【例 4-25】 续【例 4-24】，该公司按照生产工时比例分配制造费用，其中 A 产品生产工时为 4 500 小时，B 产品生产工时为 4 000 小时。根据【例 4-23】、【例 4-24】可知，本月发生的制造费用为 68 000 元（31 000 + 37 000），按照生产工时比例进行分配，计算如下：

制造费用分配率 = 68 000 ÷ （4 500 + 4 000） = 8（元/工时）
A 产品负担的制造费用额 = 4 500 × 8 = 36 000（元）
B 产品负担的制造费用额 = 4 000 × 8 = 32 000（元）

分配时，会计分录：

借：生产成本——A 产品　　　　　　　　　　　　　　　　36 000
　　　　　——B 产品　　　　　　　　　　　　　　　　32 000
　　贷：制造费用　　　　　　　　　　　　　　　　　　　　　68 000

例 4-26　续【例 4-25】，该公司月末恰无在产品，生产的 A、B 产品全部完工，其中 A 产品总成本为 826 000，B 产品总成本为 902 000 元。A、B 产品已验收入库，结转成本。会计分录：

借：库存商品——A 产品　　　　　　　　　　　　　　　826 000
　　　　　——B 产品　　　　　　　　　　　　　　　902 000
　　贷：生产成本——A 产品　　　　　　　　　　　　　　　826 000
　　　　　　　——B 产品　　　　　　　　　　　　　　　902 000

第六节　销售业务的账务处理

通过销售过程，将生产出来的产品销售出去实现它们的价值。销售过程是企业经营过程的最后一个阶段。销售业务的账务处理涉及商品销售、其他销售等业务收入、成本、费用和相关税费的确认与计量等内容。

一、商品销售收入的确认与计量

1. 商品销售收入的确认

按照《企业会计准则第 14 号——收入》的要求，企业销售商品收入的确认，必须同时符合以下条件：

（1）企业已将商品所有权上的主要风险和报酬转移给购货方；

（2）企业既没有保留通常与商品所有权相联系的继续管理权，也没有对已售出的商品实施控制；

（3）收入的金额能够可靠地计量；

（4）相关的经济利益很可能流入企业；

（5）相关的已发生或将发生的成本能够可靠地计量。

2. 商品销售收入的计量

在计量销售商品的收入时，要注意在销售过程中发生的销售退回、销售折让、商业折扣和现金折扣等内容。在计量销售商品收入的金额时，应将销售退回、销售折让、商业折扣等作为销售收入的抵减项目记账，即：

商品销售收入 = 不含税单价 ×销售数量 - 销售退回 - 销售折让 -商业折扣

二、账户设置

企业通常设置以下账户对销售业务进行会计核算。

1. "主营业务收入"账户

账户名称	主营业务收入
性质	损益类账户
核算内容	企业确认的销售商品、提供工业性劳务等主营业务的收入
账户结构	借方：登记期末转入"本年利润"账户的主营业务收入（按净额结转），以及发生销售退回和销售折让时应冲减本期的主营业务收入 贷方：登记企业实现的主营业务收入，即主营业务收入的增加额 期末余额：期末结转后，该账户无余额

续表

| 明细分类核算 | 按照主营业务的种类设置明细账户，进行明细分类核算 |

2."其他业务收入"账户

账户名称	其他业务收入
性质	损益类账户
核算内容	企业确认的除主营业务活动以外的其他经营活动实现的收入，包括出租固定资产、出租无形资产、出租包装物和商品、销售材料等
账户结构	借方：登记期末转入"本年利润"账户的其他业务收入 贷方：登记企业实现的其他业务收入，即其他业务收入的增加额 期末余额：期末结转后，该账户无余额
明细分类核算	按其他业务的种类设置明细账户，进行明细分类核算

3."应收账款"账户

账户名称	应收账款
性质	资产类账户
核算内容	企业因销售商品、提供劳务等经营活动应收取的款项
账户结构	借方：登记由于销售商品以及提供劳务等发生的应收账款，包括应收取的价款、税款和代垫款等 贷方：登记已经收回的应收账款 期末余额：通常在借方，反映企业尚未收回的应收账款；如果在贷方，反映企业预收的账款
明细分类核算	按不同的债务人进行明细分类核算

4."应收票据"账户

账户名称	应收票据
性质	资产类账户
核算内容	企业因销售商品、提供劳务等收到的商业汇票
账户结构	借方：登记企业收到的应收票据的票面金额 贷方：登记票据到期收回的应收票据的票面金额 期末余额：在借方，反映企业持有的商业汇票的票面金额
明细分类核算	按开出、承兑商业汇票的单位进行明细核算

5."预收账款"账户

账户名称	预收账款
性质	负债类账户
核算内容	企业按照合同规定预收的款项。预收账款情况不多的，也可以不设置本账户，将预收的款项直接记入"应收账款"账户
账户结构	借方：登记销售实现时按实现的收入转销的预收款项等 贷方：登记企业向购货单位预收的款项等 期末余额：在贷方，反映企业预收的款项；期末余额在借方，反映企业已转销但尚未收取的款项
明细分类核算	按购货单位进行明细核算

6."主营业务成本"账户

账户名称	主营业务成本
性质	损益类账户
核算内容	企业确认销售商品、提供劳务等主营业务收入时应结转的相关成本
账户结构	借方：登记主营业务发生的实际成本 贷方：登记期末转入"本年利润"账户的主营业务成本 期末余额：期末结转后，该账户无余额
明细分类核算	按主营业务的种类设置明细账户，进行明细分类核算

7."其他业务成本"账户

账户名称	其他业务成本
性质	损益类账户
核算内容	企业确认的除主营业务活动以外的其他经营活动所发生的成本，包括销售材料的成本、出租固定资产的折旧额、出租无形资产的摊销额、出租包装物的成本或摊销额等
账户结构	借方：登记其他业务的支出额 贷方：登记期末转入"本年利润"账户的其他业务支出额 期末余额：期末结转后，该账户无余额
明细分类核算	按其他业务的种类设置明细账户，进行明细分类核算

8."税金及附加"账户

账户名称	税金及附加
性质	损益类账户
核算内容	企业经营活动发生的消费税、城市维护建设税、资源税和教育费附加、房产税、车船税、印花税、土地使用税等相关税费通过该账户核算
账户结构	借方：登记企业应按规定计算确定的与经营活动相关的税费 贷方：登记期末转入"本年利润"账户的与经营活动相关的税费 期末余额：期末结转后，该账户无余额

三、账务处理

（一）主营业务收入的账务处理

企业销售商品或提供劳务实现的收入，应按实际收到、应收或者预收的金额，借记"银行存款""应收账款""应收票据""预收账款"等科目，按确认的营业收入，贷记"主营业务收入"科目。

对于增值税销项税额，一般纳税人应贷记"应交税费——应交增值税（销项税额）"科目；小规模纳税人应贷记"应交税费——应交增值税"科目。

（二）主营业务成本的账务处理

主营业务成本的计算确定公式如下：

本期应结转的主营业务成本=本期销售商品的数量×单位商品的成产成本

期（月）末，企业应根据本期（月）销售各种商品、提供各种劳务等实际成本，计算应结转的主营业务成本，借记"主营业务成本"科目，贷记"库存商品""劳务成本"等科目。

采用计划成本或售价核算库存商品的，平时的营业成本按计划成本或售价结转，月末，还应结转本月销售商品应分摊的产品成本差异或商品进销差价。

（三）其他业务收入与成本的账务处理

当企业发生其他业务收入时，按已收取或应收的款项借记"银行存款""应收款账款""应收票据"等科目，按确定的收入金额，贷记"其他业务收入"科目，同事确认有关税金。在结转其他业务收入的同一会计期间，企业应根据本期应结转的其他业务成本金额，借记"其他业务成本"科目，贷记"原材料""累计折旧""应付职工薪酬"等科目。

第七节　期间费用的账务处理

一、期间费用的构成

期间费用是指企业日常活动中不能直接归属于某个特定成本核算对象的，在发生时应直接计入当期损益的各种费用。期间费用包括管理费用、销售费用和财务费用。这些费用的发生对企业取得收入有很大的作用，但很难与各类收入直接配比，所以将其视为与某一期间的营业收入相关的期间费用按其实际发生额予以确认。期间费用不计入产品制造成本，而是从当期损益中予以扣除。

1. 管理费用

管理费用是指企业为组织和管理企业生产经营活动所发生的各种费用。包括企业在筹建期间发生的办公费、董事会和行政管理部门在企业的经营管理中发生的或者应由企业统一负担的公司经费（包如行政管理部门职工工资及福利费、物料消耗、低值易耗品摊销、办公费和差旅费等）、工会费、董事会费（如董事会成员的津贴、会议费和差旅费等）、聘请中介机构费、咨询费（含顾问费）、诉讼费、业务招待费、技术转让费、研究费用、排污费等。

2. 销售费用

销售费用是指企业销售商品和材料、提供劳务的过程中发生的各种费用。包括保险费、包装费、展览费和广告费、商品的维修费、预计产品质量保证损失、运输费、装卸费以及为销售本企业的商品而专设的销售机构（含销售网点、售后服务网点等）的职工薪酬、业务费、折旧费等经营费用。

3. 财务费用

财务费用是指企业为筹集生产经营所需资金等而发生的各种筹资费用，包括利息支出（减利息收入）、汇兑损失（减汇兑收益）以及相关的手续费、企业发生的现金折扣或收到的现金折扣等。

二、账户设置

为了核算期间费用的发生及结转情况，企业通常设置以下账户对期间费用业务进行会计核算

1. "管理费用"账户

账户名称	管理费用
性质	损益类账户
核算内容	企业为组织和管理企业生产经营所发生的各种费用

续表

账户结构	借方：登记发生的各项管理费用 贷方：登记期末转入"本年利润"账户的管理费用额 期末余额：期末结转后，该账户无余额
明细分类核算	按费用项目设置明细账户，进行明细分类核算

2."销售费用"账户

账户名称	销售费用
性质	损益类账户
核算内容	企业发生的各项销售费用
账户结构	借方：登记发生的各项销售费用 贷方：登记期末转入"本年利润"账户的销售费用额 期末余额：期末结转后，该账户无余额
明细分类核算	按费用项目设置明细账户，进行明细分类核算

3."财务费用"账户

账户名称	财务费用
性质	损益类账户
核算内容	企业为筹集生产经营所需资金等而发生的筹资费用，包括利息支出（减利息收入）、汇兑损益（减汇兑收益）以及相关的手续费、企业发生的现金折扣或收到的现金折扣等。为购建或生产满足资本化条件的资产发生的应予资本化的借款费用，通过"在建工程"和"制造费用"等账户核算
账户结构	借方：登记手续费、利息费用等财务费用的增加额 贷方：登记应冲减财务费用的利息收入、期末转入"本年利润"账户的财务费用净额等 期末余额：期末结转后，该账户无余额
明细分类核算	按费用项目进行明细核算

三、账务处理

（一）管理费用的账务处理

企业在筹建期间内发生的开办费，包括人员工资、办公费、培训费、差旅费、印刷费、注册登记费以及不计入固定资产成本的借款费用等在实际发生时，借记"管理费用"科目，贷记"应付利息"和"银行存款"等科目。

确认行政管理部门人员的职工薪酬，借记"管理费用"科目，贷记"应付职工薪酬"科目。

计提行政管理部门的固定资产折旧，借记"管理费用"科目，贷记"累计折旧"科目。

行政管理部门发生的办公费、水电费、业务招待费、聘请中介机构费、咨询费、诉讼费、技术转让费、企业研究费用，借记"管理费用"科目，贷记"银行存款"等科目。

（二）销售费用的账务处理

企业在销售商品过程中发生的包装费、保险费、展览费和广告费、运输费、装卸费等费用，借记"销售费用"科目，贷记"库存现金""银行存款"等科目。

企业发生的为销售本企业商品而专设的销售机构的职工薪酬、业务费等费用，借记"销售费用"科目，贷记"应付职工薪酬""银行存款""累计折旧"等科目。

（三）财务费用的账务处理

企业发生的财务费用，借记"财务费用"科目，贷记"银行存款""应付利息"等科目。发生的应冲减财务费用的利息收入、汇兑损益、现金折扣，借记"银行存款""应付账款"等科目，贷记"财务费用"科目。

【例4-27】 仕达咨询公司本月管理用设备应计提折旧费30 000元，应付管理部门员工工资40 000元。会计分录：

借：管理费用　　　　　　　　　　　　　　　　　　　70 000
　　贷：累计折旧　　　　　　　　　　　　　　　　　30 000
　　　　应付职工薪酬　　　　　　　　　　　　　　　40 000

【例4-28】 仕达咨询公司本月用银行存款支付广告费10 000元，应付销售人员工资20 000元。会计分录：

借：销售费用　　　　　　　　　　　　　　　　　　　30 000
　　贷：银行存款　　　　　　　　　　　　　　　　　10 000
　　　　应付职工薪酬　　　　　　　　　　　　　　　20 000

【例4-29】 仕达咨询公司本月计提银行短期借款利息5 000元。会计分录：

借：财务费用　　　　　　　　　　　　　　　　　　　5 000

  贷：应付利息   5 000

【例 4-30】 仕达咨询公司本月收到银行存款利息 3 000 元。会计分录：

借：银行存款   3 000

  贷：财务费用   3 000

知识提要

业务类型		会计分录

管理费用		借：管理费用
		  贷：应付利息
		    银行存款
		    应付职工薪酬
		    累计折旧
		    研发支出——费用化支出

销售费用		借：销售费用
		  贷：库存现金
		    银行存款
		    应付职工薪酬
		    累计折旧

财务费用	发生利息支出、汇兑损失、现金折扣	借：财务费用
		  贷：银行存款
		    应付利息

	利息收入、汇兑收益、收到现金折扣	借：银行存款
		    应付账款
		  贷：财务费用

第八节 利润形成与分配业务的账务处理

一、利润形成的账务处理

（一）利润的形成

利润是指企业在一定会计期间的经营成果，是评价企业经营管理业绩的重要指标。包括收入减去费用后的净额、直接计入当期损益的利得和损失等。利润由营业利润、利润总额和净利润三个层次构成。

1. 营业利润

营业利润是反映企业管理者经营业绩的指标，其计算公式如下：

营业利润 = 营业收入 - 营业成本 - 税金及附加 - 销售费用 - 管理费用 - 财务费用 - 资产减值损失 + 公允价值变动收益（- 公允价值变动损失）+ 投资收益（-投资损失）

2. 利润总额

利润总额，又称税前利润，其计算公式如下：

利润总额 = 营业利润 + 营业外收入 - 营业外支出

3. 净利润

净利润，又称税后利润，其计算公式如下：

净利润 = 利润总额 - 所得税费用

（二）账户设置

1. "本年利润"账户

账户名称	本年利润
性质	所有者权益类账户
核算内容	企业当期实现的净利润（或发生的净亏损）。企业期（月）末结转利润时，应将各损益类账户的金额转入本账户，结平各损益类账户

续表

账户结构	借方：登记企业期（月）末转入的主营业务成本、税金及附加、其他业务成本、管理费用、财务费用、销售费用、营业外支出、投资损失和所得税费用等 贷方：登记企业期（月）末转入的主营业务收入、其他业务收入、营业外收入和投资收益等 期末余额：在贷方，即为当期实现的净利润；在借方，即为当期发生的净亏损。年度终了，应将本年实现的净利润（或发生的净亏损）转入"利润分配——未分配利润"账户贷方（或借方），结转后本账户无余额

2. "投资收益"账户

账户名称	投资收益
性质	损益类账户
核算内容	企业确认的投资收益或投资损失
账户结构	借方：登记发生的投资损失和期末转入"本年利润"账户的投资净收益 贷方：登记实现的投资收益和期末转入"本年利润"账户的投资净损失 期末余额：期末结转后，该账户无余额
明细分类核算	按投资项目设置明细账户，进行明细分类核算

3. "营业外收入"账户

账户名称	营业外收入
性质	损益类账户
核算内容	企业发生的各项营业外收入，主要包括非流动资产处置利得、非货币性资产交换利得、债务重组利得、政府补助、盘盈利得和捐赠利得等
账户结构	借方：登记会计期末转入"本年利润"账户的营业外收入额 贷方：登记营业外收入的实现，即营业外收入的增加额 期末余额：期末结转后，该账户无余额
明细分类核算	按营业外收入项目设置明细账户，进行明细分类核算

4. "营业外支出"账户

账户名称	营业外支出
性质	损益类账户

续表

核算内容	企业发生的各项营业外支出,包括非流动资产处置损失、非货币性资产交换损失、债务重组损失、公益性捐赠支出、非常损失和盘亏损失等
账户结构	借方:登记营业外支出的发生,即营业外支出的增加额 贷方:登记期末转入"本年利润"账户的营业外支出额 期末余额:期末结转后,该账户无余额
明细分类核算	按支出项目设置明细账户,进行明细分类核算

5."所得税费用"账户

账户名称	所得税费用
性质	损益类账户
核算内容	企业确认的应从当期利润总额中扣除的所得税费用
账户结构	借方:登记企业应计入当期损益的所得税 贷方:登记企业期末转入"本年利润"账户的所得税 期末余额:期末结转后,该账户无余额

二、账务处理

会计期末(月末或年末)结转各项收入时,借记"主营业务收入""其他业务收入""营业外收入"等科目,贷记"本年利润"科目;结转各项支出时,借记"本年利润"科目,贷记"主营业务成本""税金及附加""其他业务成本""管理费用""财务费用""销售费用""资产减值损失""营业外支出""所得税费用"等科目。

1.营业外收入和营业外支出的账务处理

【例4-31】 2×××年12月,仕达咨询公司用银行存款支付税收滞纳金1 000元。会计分录:

借:营业外支出　　　　　　　　　　　　　　　　　　1 000
　　贷:银行存款　　　　　　　　　　　　　　　　　　　1 000

【例4-32】 2×××年12月,仕达咨询公司出售固定资产净收益3 000元转入营业外收入。会计分录:

借:固定资产清理　　　　　　　　　　　　　　　　　　3 000
　　贷:营业外收入　　　　　　　　　　　　　　　　　　3 000

2.期末结转各项收入和费用的账务处理

会计期末(月末或年末)结转各项收入时,借记"主营业务收入""其他业务收入"

"营业外收入"等科目,贷记"本年利润"科目;结转各项支出时,借记"本年利润"科目,贷记"主营业务成本""税金及附加""其他业务成本""管理费用""财务费用""销售费用""资产减值损失""营业外支出""所得税费用"等科目。

【例4-33】 2×××年,仕达咨询公司有关损益类账户发生额如表4-1所示。

表4-1 2×××年有关损益类账户的发生额

单位:元

账户名称	结账前余额	
	借方	贷方
主营业务收入		6 000 000
其他业务收入		700 000
公允价值变动损益		150 000
投资收益		600 000
营业外收入		50 000
主营业务成本	4 000 000	
其他业务成本	400 000	
税金及附加	80 000	
销售费用	500 000	
管理费用	770 000	
财务费用	200 000	
财产减值损失	100 000	
营业外支出	250 000	

假定没有纳税调整事项,该公司所得税税率为25%。

结转收入(益)类账户余额时,会计分录:

借:主营业务收入　　　　　　　　　　　　　6 000 000
　　其他业务收入　　　　　　　　　　　　　　700 000
　　公允价值变动损益　　　　　　　　　　　　150 000
　　投资收益　　　　　　　　　　　　　　　　600 000
　　营业外收入　　　　　　　　　　　　　　　 50 000
　　贷:本年利润　　　　　　　　　　　　　7 500 000

结转各费用(损)类账户余额时,会计分录:

借:本年利润　　　　　　　　　　　　　　6 300 000
　　贷:主营业务成本　　　　　　　　　　　4 000 000

其他业务成本	400 000
税金及附加	80 000
销售费用	500 000
管理费用	770 000
财务费用	200 000
资产减值损失	100 000
营业外支出	250 000

【例4-34】 该公司2×××年的利润总额为：

利润总额 = 7 500 000 − 6 300 000 = 1 200 000（元）

确认的所得税费用为：

所得税费用 = 1 200 000 × 25% = 300 000（元）

（1）确认所得税费用时，会计分录：

借：所得税费用	300 000
贷：应交税费——应交所得税	300 000

（2）结转所得税费用时，会计分录：

借：本年利润	300 000
贷：所得税费用	300 000

该公司2×××年的净利润：

净利润 = 1 200 000 − 300 000 = 900 000（元）

三、利润分配的账务处理

利润分配是指企业根据国家有关规定和企业章程、投资者协议等，对企业当年可供分配利润指定其特定用途和分配给投资者的行为。利润分配的过程和结果不仅关系到每个股东的合法权益是否能够得到保障，而且还关系到企业的未来发展。

（一）利润分配的顺序

企业向投资者分配利润，应按一定的顺序进行。按照我国《公司法》的有关规定，利润分配应按下列顺序进行：

1. 计算可供分配的利润

企业在利润分配前，应根据本年净利润（或亏损）与年初未分配利润（或亏损）、其他转入的金额（如盈余公积弥补的亏损）等项目，计算可供分配的利润，即：

可供分配的利润 = 净利润（或亏损）+ 年初未分配利润 −（弥补以前年度的亏损）+ 其他转入的金额

如果可供分配的利润为负数（即累计亏损），则不能进行后续分配；如果可供分配的利润为正数（即累计盈利），则可进行后续分配。

2. 提取法定盈余公积

按照《公司法》的有关规定，公司应当按照当年净利润（抵减年初累计亏损后）的10%提取法定盈余公积，提取的法定盈余公积累计额超过注册资本50%以上的，可以不再提取。

3. 提取任意盈余公积

公司提取法定盈余公积后，经股东会或者股东大会决议，还可以从净利润中提取任意盈余公积。

4. 向投资者分配利润（或股利）

企业可供分配的利润扣除提取的盈余公积后，形成可供投资者分配的利润，即：

可供投资者分配的利润 = 可供分配的利润 - 提取的盈余公积

企业可采用现金股利、股票股利和财产股利等形式向投资者分配利润（或股利）。

可供投资者分配的利润扣除向投资者分配利润的余额形成企业的未分配利润。它是所有者权益的重要组成部分，是企业留待以后年度进行分配的利润或等待分配的利润，相对于所有者权益的其他部分而言，企业对于未分配利润的使用有较大的自主权。

（二）账户设置

企业通常设置以下账户对利润分配业务进行会计核算。

1. "利润分配"账户

账户名称	利润分配
性质	所有者权益类账户
核算内容	企业利润的分配（或亏损的弥补）和历年分配（或弥补）后的余额
账户结构	借方：登记实际分配的利润额，包括提取的盈余公积和分配给投资者的利润，以及年末从"本年利润"账户转入的全年发生的净亏损 贷方：登记用盈余公积弥补的亏损额等其他转入数，以及年末从"本年利润"账户转入的全年实现的净利润 期末余额：年末应将"利润分配"账户下的其他明细账户的余额转入"未分配利润"明细账户，结转后，除"未分配利润"明细账户可能有余额外，其他各个明细账户均无余额。"未分配利润"明细账户的贷方余额为历年累积的未分配利润（即可供以后年度分配的利润），借方余额为历年累积的未弥补亏损（即留待以后年度弥补的亏损）

续表

明细分类核算	应当分别按"提取法定盈余公积""提取任意盈余公积""应付现金股利或利润""转作股本的股利""盈余公积补亏"和"未分配利润"等进行明细核算

2. "盈余公积"账户

账户名称	盈余公积
性质	所有者权益类账户
核算内容	企业从净利润中提取的盈余公积
账户结构	借方：登记实际使用的盈余公积，即盈余公积的减少额 贷方：登记提取的盈余公积，即盈余公积的增加额 期末余额：在贷方，反映企业结余的盈余公积
明细分类核算	应当分别按"法定盈余公积""任意盈余公积"进行明细核算

3. "应付股利"账户

账户名称	应付股利
性质	负债类账户
核算内容	企业分配的现金股利或利润
账户结构	借方：登记实际支付给投资者的股利或利润，即应付股利的减少额 贷方：登记应付给投资者股利或利润的增加额 期末余额：在贷方，反映企业应付未付的现金股利或利润
明细分类核算	按投资者进行明细核算

（三）账务处理

利润分配业务的账务处理主要包括净利润转入利润分配的账务处理、提取盈余公积的账务处理、向投资者分配利润或股利的账务处理、盈余公积补亏的账务处理、企业未分配利润的形成的账务处理。

1. 净利润转入利润分配的账务处理

会计期末，企业应将当年实现的净利润转入"利润分配——未分配利润"科目，即借记"本年利润"科目，贷记"利润分配——未分配利润"科目，如为净亏损，则作相反会计分录。

结转前，如果"利润分配——未分配利润"明细科目的余额在借方，上述结转当年所实现净利润的分录同时反映了当年实现的净利润自动弥补以前年度亏损的情况。

因此，在用当年实现的净利润弥补以前年度亏损时，不许另行编制会计分录。

2. 提取盈余公积的账务处理

企业提取的法定盈余公积，借记"利润分配——提取法定盈余公积"科目，贷记"盈余公积——法定盈余公积"科目；提取的任意盈余公积，借记"利润分配——提取任意盈余公积"科目，贷记"盈余公积——任意盈余公积"科目。

3. 向投资者分配利润或股利的账务处理

企业根据股东大会或类似机构审议批准的利润分配方案，按应支付的现金股利或利润，借记"利润分配——应付现金股利"科目，贷记"应付股利"等科目；对于股票股利，应在办妥增资手续后，按转作股本的金额，借记"利润分配——转作股本股利"科目，贷记"股本"等科目。

董事会或类似机构通过的利润分配方案中拟分配的现金股利或利润，不作账务处理，但应在附注中披露。

4. 盈余公积补亏的账务处理

企业发生的亏损，除用当年实现的净利润弥补外，还可使用累积的盈余公积弥补。以盈余公积弥补亏损时，借记"盈余公积"科目，贷记"利润分配——盈余公积补亏"科目。

5. 企业未分配利润的形成的账务处理

年度终了，企业应将"利润分配"科目所属其他明细科目的余额转入该科目"未分配利润"明细科目。结转盈余公积补亏，借记"利润分配——盈余公积补亏"科目，贷记"利润分配——未分配利润"科目；结转已分配的利润，借记"利润分配——未分配利润"科目，贷记"利润分配——提取法定盈余公积""利润分配——提取任意盈余公积""利润分配——应付现金股利""利润分配——转作股本股利"等科目。

结转后，"利润分配"科目中除"未分配利润"明细科目外，所属其他明细科目无余额。"未分配利润"明细科目的贷方余额表示累积未分配的利润，该科目如果出现借方余额，则表示累积未弥补的亏损。

【例4-35】 将本年利润900 000元转入利润分配，会计分录：

借：本年利润　　　　　　　　　　　　　　　　　　　　　900 000
　　贷：利润分配——未分配利润　　　　　　　　　　　　　　　900 000

【例4-36】 该公司2×××年实现净利润900 000元，公司股东大会决定按10%提取法定盈余公积，按20%提取任意盈余公积。会计分录：

借：利润分配——提取法定盈余公积　　　　　　　　　　　　90 000
　　　　　　——提取任意盈余公积　　　　　　　　　　　　180 000

贷：盈余公积——法定盈余公积　　　　　　　　　　　　　　　90 000
　　　　　　——任意盈余公积　　　　　　　　　　　　　　　　180 000

【例4-37】　该公司宣告发放现金股利100 000元，会计分录：

　　借：利润分配——应付现金股利　　　　　　　　　　　　　　100 000
　　　贷：应付股利　　　　　　　　　　　　　　　　　　　　　100 000

支付现金股利时，会计分录如下：

　　借：应付股利　　　　　　　　　　　　　　　　　　　　　　100 000
　　　贷：银行存款　　　　　　　　　　　　　　　　　　　　　100 000

【例4-38】　根据【例4-36】【4-37】中会计分录，该公司形成未分配利润的会计分录：

　　借：利润分配——未分配利润　　　　　　　　　　　　　　　370 000
　　　贷：利润分配——提取法定盈余公积　　　　　　　　　　　 90 000
　　　　　　　　——提取任意盈余公积　　　　　　　　　　　　180 000
　　　　　　　　——应付现金股利　　　　　　　　　　　　　　100 000

至此，"利润分配——未分配利润"账户贷方余额为530 000元（900 000-370 000），表示该企业累计未分配利润。

知识提要 1
利润形成的账务处理

账户设置	本年利润	该账户贷方登记企业期（月）末转入的收入和利得；借方登记企业期（月）末转入的费用和损失
		年度终了，应将本年实现的净利润（或发生的净亏损），转入"利润分配——未分配利润"账户贷方（或借方），结转后本账户无余额
	营业外收入	损益类账户，主要包括非流动资产处置利得、非货币性资产交换利得、债务重组利得、政府补助、盘盈利得、捐赠利得、罚款收入等。期末结转后，该账户无余额 速记：双非负债，盘补捐罚
	营业外支出	损益类账户，主要包括非流动资产处置损失、非货币性资产交换损失、债务重组损失、公益性捐赠支出、非常损失、盘亏损失、罚款支出等

知识提要 2

业务类型	会计分录
期末结转各项收入	借：主营业务收入 　　其他业务收入 　　营业外收入 　　投资收益 　　公允价值变动损益 贷：本年利润
期末结转各项支出	借：本年利润 　贷：主营业务成本 　　　税金及附加 　　　其他业务成本 　　　管理费用 　　　财务费用 　　　销售费用 　　　资产减值损失 　　　营业外支出

续表

业务类型	会计分录
计算所得税费用	借：所得税费用 　　贷：应交税费——应交所得税
结转所得税费用	借：本年利润 　　贷：所得税费用

知识提要 3

利润分配的账务处理

利润分配的顺序	计算可供分配的利润	可供分配的利润=净利润（或亏损）- 年初未分配利润 -（弥补以前年度的亏损）+ 其他转入的金额
	提取法定盈余公积	公司应当按照当年净利润（抵减年初累计亏损后）的10%提取法定盈余公积，提取的法定盈余公积累计超过注册资本50%以上的，可以不再提取
账户设置	利润分配	年末应将"利润分配"账户下的"提取法定盈余公积""提取任意盈余公积""应付现金股利或利润"等明细账户的余额转入"未分配利润"明细账户，结转后，除"未分配利润"明细账户可能有余额外，其他各个明细账户均无余额

知识提要 4

业务类型		会计分录
净利润转入利润分配	会计期末	借：本年利润 　　贷：利润分配——未分配利润 如为净亏损，则作相反会计分录
	在用当年实现的净利润弥补以前年度亏损时，不许另行编制会计分录。	
提取盈余公积	提取的法定盈余公积	借：利润分配——提取法定盈余公积 　　贷：盈余公积——法定盈余公积
	提取的任意盈余公积	借：利润分配——提取任意盈余公积 　　贷：盈余公积——任意盈余公积

续表

业务类型		会计分录
向投资者分配利润或股利	宣告现金股利	借：利润分配——应付现金股利 　贷：应付股利
	宣告股票股利	借：利润分配——转作股本股利 　贷：股本
盈余公积补亏		借：盈余公积 　贷：利润分配——盈余公积补亏
企业未分配利润的形成	年度终了，企业应将"利润分配"科目所属其他明细科目的余额转入该科目"未分类利润"明细科目	借：利润分配——未分配利润 　　　　　　——盈余公积补亏 　贷：利润分配——未分配利润 　　　　　　——提取法定盈余公积 　　　　　　——提取任意盈余公积 　　　　　　——应付现金股利 　　　　　　——转作股本股利
		未弥补亏损可以用以后年度实现的税前利润进行弥补，但弥补期限不得超过五年，超过五年以后可以用税后利润弥补，也可以用盈余公积补亏

第五章 记账凭证

本章基本要求

熟悉	记账凭证的种类、会计凭证的保管
掌握	记账凭证的基本内容、记账凭证的填制要求、记账凭证的审核

第一节 记账凭证的种类和基本内容

记账凭证又称记账凭单,也称传票,是登记账簿的直接依据。由于原始凭证只表明经济业务的内容,而且种类繁多、数量庞大、格式不一,因而不能直接记账。为了做到分类反映经济业务的内容,必须按会计核算方法的要求,将其归类、整理,编制记账凭证,标明经济业务应记入的账户名称及应借应贷的金额,作为记账的直接依据。

一、记账凭证的种类

记账凭证可按不同的标准进行分类,按照用途可分为专用记账凭证和通用记账凭证;按照填列方式可分为单式记账凭证和复式记账凭证。

(一)按其用途分类

按用途不同可分为专用记账凭证和通用记账凭证。

1.专用记账凭证

专用记账凭证是指分类反映经济业务的记账凭证,按其反映的经济业务内容,可分为收款凭证、付款凭证和转账凭证。

(1)收款凭证

收款凭证是指用于记录现金和银行存款收款业务的记账凭证。收款凭证根据有关库存现金和银行存款收入业务的原始凭证编制,是登记库存现金、银行存款日记账及有关明细账和总账等账簿的依据,也是出纳人员收讫款项的依据。

(2)付款凭证

付款凭证是指专门用于记录现金和银行存款付款业务的记账凭证。付款凭证根据有关库存现金和银行存款支付业务的原始凭证编制,是登记库存现金、银行存款日记账及有关明细账和总账等账簿的依据,也是出纳人员支付款项的依据。

（3）转账凭证

转账凭证是指用于记录不涉及现金和银行存款收付款业务的记账凭证,转账凭证是根据有关转账业务的原始凭证填制,是登记总账和有关明细账的账簿依据。

2.通用记账凭证

通用记账凭证是指用来反映所有经济业务的记账凭证,为各类经济业务所共同使用,其格式与转账凭证基本相同,适用于规模小、业务量不多的单位。

（二）按其填列方式分类

记账凭证按其填列方式不同可以分为单式记账凭证和复式记账凭证。

1.单式记账凭证

单式记账凭证是指只填列经济业务所涉及的一个会计科目及其金额的记账凭证。填列借方科目的称为借项记账凭证,填列贷方科目的称为贷项记账凭证。某项经济业务涉及几个会计科目,就填制几张单式记账凭证。单式记账凭证的优点是:内容单一,便于记账工作的分工,也便于按会计科目汇总,并可加速凭证的传递。但一张凭证不能反映每一笔经济业务的全貌,不便于检验会计分录的正确性。

2.复式记账凭证

复式记账凭证是指将每一笔经济业务事项所涉及的全部会计科目及其发生额均在同一张凭证中反映的一种记账凭证。它是实际工作中应用最普遍的记账凭证。上述收款凭证、付款凭证、转账凭证和通用记账凭证均为复式记账凭证。复式记账凭证全面反映了经济业务的账户对应关系,有利于检查会计分录的正确性,但不便于会计岗位上的分工记账。

二、记账凭证的基本内容

记账凭证是登记账簿的依据,因其所反映经济业务的内容不同、各单位规模大小及其对会计核算繁简程度要求的不同,其内容有所差异,但均应具备以下基本内容：

（1）填制凭证的日期；

（2）凭证编号；

（3）经济业务摘要；

（4）会计科目；

（5）金额；

（6）所附原始凭证张数；

（7）填制凭证人员、稽核人员、记账人员、会计机构负责人、会计主管人员签名或者盖章。收款和付款记账凭证还应当由出纳人员签名或者盖章。以自制的原始凭证或者原始凭证汇总表代替记账凭证的，也必须具备记账凭证应有的项目。

知识提要

<table>
<tr><td rowspan="11">记账凭证的种类</td><td rowspan="6">按用途分</td><td rowspan="4">专用记账凭证</td><td colspan="2">专用记账凭证是指分类反映经济业务的记账凭证，按其反映的经济业务内容是否与现金、银行存款收付有关，可分为收款凭证、付款凭证和转账凭证</td></tr>
<tr><td>收款凭证</td><td>是指用于记录现金和银行存款收款业务的会计凭证</td></tr>
<tr><td>付款凭证</td><td>是指专门用于记录现金和银行存款付款业务的会计凭证。分为现金付款凭证和银行付款凭证，由出纳人员填制</td></tr>
<tr><td>转账凭证</td><td>是指用于记录不涉及现金和银行存款收付款业务的会计凭证，由出纳人员填制</td></tr>
<tr><td colspan="3">这种划分方式优点是便于分工；缺点是工作量较大；适用于规模较大、收付业务较多的单位</td></tr>
<tr><td rowspan="2">通用记账凭证</td><td colspan="2">是指用来反映所有经济业务的记账凭证，为各类经济业务所共同使用</td></tr>
<tr><td colspan="2">适用于规模不大、款项收付业务不多的中小型企业</td></tr>
<tr><td rowspan="4">按填列方式分</td><td>单式记账凭证</td><td colspan="2">单式记账凭证是在每张凭证上只填列经济业务事项所涉及的一个会计科目及其金额的记账凭证</td></tr>
<tr><td rowspan="3">复式记账凭证</td><td colspan="2">复式记账凭证是指将每一笔经济业务事项所涉及的全部会计科目及其发生额均在同一张凭证中反映的一种记账凭证。上述收款凭证、付款凭证、转账凭证和通用记账凭证均为复式记账凭证</td></tr>
<tr><td>优点</td><td>反映经济业务的账户对应关系，减少凭证的数量，减轻编制记账凭证的工作量，便于检验会计分录的正确性</td></tr>
<tr><td>缺点</td><td>不便于传递、汇总、分工记账</td></tr>
<tr><td rowspan="5">记账凭证的基本内容</td><td colspan="2">（1）填制凭证的日期</td><td></td></tr>
<tr><td colspan="2">（2）凭证编号</td><td>按月编号，可以按收款、付款和转账三类业务分为收、付、转三类编号，也可以分为现收、现付、银收、银付和转账五类</td></tr>
<tr><td colspan="3">（3）经济业务摘要；（4）会计科目；（5）金额；（6）所附原始凭证张数</td></tr>
<tr><td colspan="2">（7）相关人员签名或盖章</td><td>填制凭证人员、稽核人员、记账人员、会计机构负责人、会计主管人员签名或者盖章。收款和付款记账凭证还应当由出纳人员签名或者盖章</td></tr>
</table>

第二节 记账凭证的填制和审核

背景资料：2×××年1月22日，会计张文根据实训一差旅费报销单以及实训二现金支票存根，填制记账凭证。

准备：通用记账凭证一张

要求：填写通用记账凭证

一、记账凭证的填制要求

记账凭证根据审核无误的原始凭证或原始凭证汇总表填制。记账凭证填制正确与否，直接影响整个会计系统最终提供信息的质量。与原始凭证的填制相同，记账凭证也有记录真实、内容完整、手续齐全、填制及时等要求。

（一）记账凭证填制的基本要求

1. 记账凭证各项内容必须完整。

2. 记账凭证的书写应当清楚、规范。

3. 除结账和更正错误外，记账凭证应根据审核无误的原始凭证及有关资料填制，且必须附有原始凭证并如实填写所附原始凭证的张数。

4. 记账凭证可以根据每一张原始凭证填制，或根据若干张同类原始凭证汇总填制，也可以根据原始凭证汇总表填制；但不得将不同内容和类别的原始凭证汇总填制在一张记账凭证上。

5. 记账凭证应连续编号。凭证应由主管该项业务的会计人员，按业务发生的顺序和不同种类的记账凭证采用"字号编号法"连续编号。如果一笔经济业务需要填制两张以上（含两张）记账凭证的，可以采用"分数编号法"编号。例如有一笔经济业务需要填制三张记账凭证，凭证顺序号为6，就可以编成6 1/3、6 2/3和6 3/3。

6. 填制记账凭证时若发生错误，应当重新填制。已经登记入账的记账凭证在当年内发生错误的，如果是使用的会计科目或记账凭证方向有错误，可以用红笔书写红字金额填制一张与原始凭证内容相同的记账凭证，在摘要栏注明"注销某月某日某号凭证"字样；同时再用蓝笔书写蓝字重新填制一张正确的记账凭证，在摘要栏注明"订正某月某日某号凭证"字样。如果会计科目和记账方向都没有错误，只是金额错误，可以按正确数字和错误数字之间的差额，另编一张调整的记账凭证，调增金额用蓝色数字表示，调减金额用红色数字表示；发现以前年度的金额有错误时，应当用蓝笔书写蓝字填制一张更正的记账凭证。

7. 记账凭证填制完成后，如有空行，应当自金额栏最后一笔金额数字下的空行处至合计数上一行空行处画线注销。

（二）收款凭证的填制要求

收款凭证是根据审核无误的现金和银行存款收款业务的原始凭证编制的。收款凭证左上角的"借方科目"，按收款的性质填写"库存现金"或者"银行存款"；日期处填写的是填制本凭证的日期；右上角填写编制收款凭证顺序号；"摘要栏"简明扼要地填写经济业务的内容梗概；"贷方科目"栏内填写与收入"库存现金"或"银行存款"科目相对应的总账科目及所属明细科目；"金额栏"内填写实际收到的现金或银行存款的数额，各总账科目与所属明细科目的应贷金额，应分别填写在与总账科目或明细科目同一行的"总账科目"或"明细科目"金额栏内；"记账栏"供记账人员在根据收款凭证登记有关账簿后做记号用，表示已经记账，防止经济业务事项的重记或漏记；该凭证右边"附件　张"根据所附原始凭证的张数填写；凭证最下方有关人员签章处供有关人员在履行责任后签名或盖章，以明确经济责任。

（三）付款凭证的填制要求

付款凭证是根据审核无误的有关库存现金和银行存款的付款业务的原始凭证填制的。付款凭证的填制方法与收款凭证的填制方法基本相同，所不同的是在付款凭证的左上角应填列贷方科目，即"库存现金"或"银行存款"科目，"借方科目"相应填写与"库存现金"或"银行存款"相应的一级科目和明细科目。

对于涉及"库存现金"和"银行存款"之间相互划转业务的，为了避免重复记账，一般只填制付款凭证，不再填制收款凭证。

出纳人员在办理收款或付款业务后，应在原始凭证上加盖"收讫"或"付讫"的戳记，以免重收重付。

（四）转账凭证的填制要求

转账凭证通常是根据有关转账业务的原始凭证填制的。转账凭证中"总账科目"和"明细科目"栏应填写应借、应贷的总账科目和明细科目，借方科目应记金额应在同一行的"借方金额"栏填列，贷方科目应记金额应在同一行的"贷方金额"栏填列，"借方金额"栏合计数与"贷方金额"栏合计数应相等。

此外，某些既涉及收款业务又涉及转账业务的综合性业务，可分开填制不同类型的记账凭证。

二、记账凭证的审核

记账凭证编制以后，必须由专人进行审核，借以监督经济业务的真实性、合法性和合理性，并检查记账凭证的编制是否符合要求。特别要审核最初证明经济业务实际发生、完成的原始凭证。因此，对记账凭证的审核是一项严肃细致、政策性很强的工作。只有做好这项工作才能正确地发挥会计反馈和监督的作用。

为了保证会计信息质量，在记账之前由有关稽核人员对记账凭证进行严格的审核，审核的内容主要包括：

（1）内容是否真实

应审核记账凭证是否有原始凭证作为依据，所附原始凭证的内容是否与记账凭证的内容一致，记账凭证上填制的附件张数与实际原始凭证张数是否相符等。

（2）项目是否齐全

应审核记账凭证各项目（如日期、凭证编号、摘要、金额、所附原始凭证张数及有关人员签章等）。

（3）科目是否准确

应审核记账凭证的应借、应贷科目是否准确，应用的二级科目和明细科目是否齐全；是否有明确的账户对应关系，所使用的会计科目是否符合会计准则的要求等。

（4）金额是否正确

应审核记账凭证所记录的金额与原始凭证的有关金额是否一致、计算是否正确，记账凭证汇总表的金额与各记账凭证金额的合计是否相符等。

（5）书写是否规范

应审核记账凭证中的记录是否文字工整、数字清晰，是否正确地对经济业务进行了归纳等。

（6）手续是否完备

另外，出纳人员在办理收款或付款凭证业务后，应在凭证上加盖"收讫"或"付讫"戳记，以避免重收重付。

在审核过程中，如果发现不符合要求的地方，应及时要求有关人员采取正确的方法进行更正。只有经过审核确认无误的记账凭证，才能作为登记账簿的依据。

第三节 会计凭证的传递和保管

一、会计凭证的传递

会计凭证的传递是指从会计凭证的取得或填制时起至归档保管过程中,在单位内部有关部门和人员之间的传送程序。会计凭证的传递应当满足内部控制制度的要求,使传递程序合理有效,同时尽量节约传递时间,减少传递的工作量。各单位应根据具体情况确定每一种会计凭证的传递程序和方法。

会计凭证的传递具体包括传递程序和传递时间。各单位应根据经济业务特点、内部机构设置、人员分工和管理要求,具体规定各种会计凭证的传递程序;根据有关部门和经办人员办理业务的情况,确定凭证的传递时间。明确规定凭证传递的时间和路线,不但可以及时地反映和监督经济业务的发生和完成情况,而且可以促使经办业务的部门和人员及时、准确地完成经济业务和办理凭证手续,从而加强经营管理岗位责任制。

科学而又合理的凭证传递程序应能适应经济业务的特点,结合本单位各部门和人员分工的具体情况,满足各个工作环节加强经营管理需要。这就要求会计凭证沿着最迅速、最合理的轨道传递,使会计凭证在传递过程中只经过必要的部门和人员,而且明确规定凭证在每个部门和业务环节停留的最长时间,并指定专人负责按照规定的顺序和时间监督凭证传递,做到凭证传递满足需要、手续完备、层次清楚、责任明确、传递及时。

二、会计凭证的保管

会计凭证的保管是指会计凭证记账后的整理、装订、归档和存查工作。会计凭证作为记账的依据,是重要的会计档案和经济资料。任何单位在完成经济业务手续和记账后,必须将会计凭证按照规定的立卷归档制度形成会计档案资料,妥善保管,以便日后随时查阅。

会计凭证的保管要求做到以下内容:

1. 会计凭证应定期装订成册,防止散失。会计部门在依据会计凭证记账以后,应定期(每天、每旬或每月)对各种会计凭证进行分类整理,将各种记账凭证按照编号顺序,连同所附的原始凭证一起,加具封面和封底,装订成册,并在装订线上加贴封签,由装订人员在装订线封签处签名或盖章。

从外单位取得的原始凭证遗失时,应取得原始凭证签发单位盖有公章的证明,证明中应注明原始凭证的号码、金额与内容等,由经办单位会计机构负责人(会计主管人员)和单位负责人批准后,才能代替作为原始凭证。若确实无法取得证明,如车票丢失,则应由当事人写明详细情况,由经办单位会计机构负责人(会计主管人员)和单位负责人批准后,代替作为原始凭证。

2.会计凭证封面应注明单位名称、凭证种类、凭证张数、起止号数以及年度、月份、会计主管人员和装订人员等有关内容,会计主管人员和保管人员应在封面上签章。

3.会计凭证应加贴封条,防止抽换凭证。原始凭证不得外借,其他单位如有特殊原因确实需要使用时,经本单位会计机构负责人(会计主管人员)批准,可以复制。向外单位提供的原始凭证复制件,应在专设的登记簿上登记,并由提供人员和收取人员共同签名、盖章。

4.原始凭证较多时,可单独装订,但应在凭证封面注明所属记账凭证的日期、编号和种类,同时在相应记账凭证上应注明"附件另订"及原始凭证的名称和编号,以便查阅。对各种重要的原始凭证,如押金收据和提货单等以及各种需要随时查阅和退回的单据,应另编目录,单独保管,并在有关的记账凭证和原始凭证上分别注明日期和编号。

5.每年装订成册的会计凭证,在年度终了时可暂由本单位会计机构保管一年,期满后应当移交本单位档案机构统一保管;未设立档案机构的单位,应当在会计机构内部指定专人保管。出纳人员不得兼管会计档案。

6.严格遵守会计凭证的保管期限要求,期满前不得任意销毁。《会计档案管理办法》规定原始凭证、记账凭证和汇总凭证的保管期限为30年。保管期满需要销毁时,必须开列清单,按照规定手续报经批准,批准后方可销毁。各种经济合同、存出保证金收据等重要的原始凭证,应当另编目录单独保管,并在有关记账凭证和原始凭证上相互注明日期和编号。会计凭证的归档如图5-1所示。

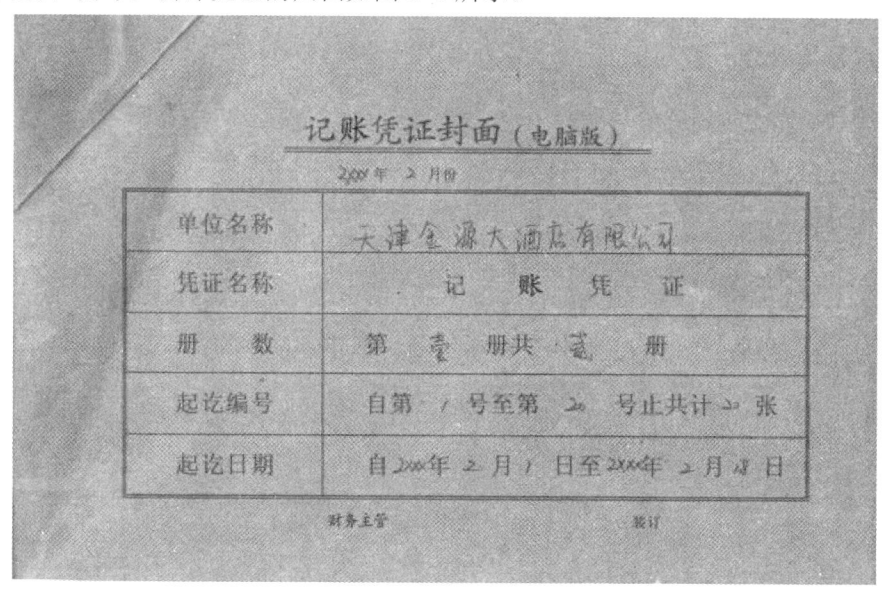

图 5-1 会计凭证装订归档

第六章　会计账簿

本章基本要求

了解	会计账簿的概念和作用、会计账簿的更换和保管
熟悉	会计账簿的登记要求、总分类账户与明细分类账户的平行登记要点
掌握	日记账的格式与登记方法、总分类账的格式与登记方法、明细分类账的格式与登记方法、错账的查找方法与更正方法

第一节　会计账簿的概述

一、会计账簿的概念与作用

会计账簿是指由一定格式的账页组成的，以经过审核的会计凭证为依据，全面、系统、连续地记录各项经济业务的簿籍。对于账簿的概念，可以从两方面理解：一是从外表形式上看，账簿是由具有一定格式的账页联结而成的簿籍；二是从记录的内容看，账簿是对各项经济业务进行分类和序时记录的簿籍。

会计账簿和会计凭证都是记录经济业务的会计资料，但是两者记录的方式不同。会计凭证对经济业务的记录是零散的，不能全面、连续、系统地反映和监督经济业务内容；而会计账簿对经济业务的记录是分类、序时、全面、连续的，能够把分散在会计凭证中的大量核算资料加以集中，为经营管理提供系统、完整的核算资料。各单位应当按照国家统一规定的会计制度的规定和会计业务的需要设置会计账簿。

设置和登记账簿，即是填制和审核会计凭证的延伸，也是编制财务报表的基础，是连接会计凭证和财务报表的中间环节。账簿的设置和登记在会计核算中具有重要的作用。

设置和登记会计账簿的作用主要有：

（1）记载和储存会计信息；

（2）分类和汇总会计信息；

（3）检查和校正会计信息；

（4）编报和输出会计信息。

二、会计账簿的基本内容

在实际工作中，由于各种会计账簿所记录的经济业务不同，会计账簿的格式也多种多样，但各种会计账簿都应具备封面、扉页和账页。

（1）封面

封面主要标明账簿名称，如总分类账、各种明细分类账、库存现金日记账和银行存款日记账等，如图6-1所示。

图6-1 库存现金日记账、总分类账封面

（2）扉页

扉页主要用来标明会计账簿的使用信息，如科目索引表、账簿启用和经营管理人员一览表等。

（3）账页

账页是账簿的核心，账页是账簿用来记录经济业务事项的载体，其格式因反映的经济业务内容的不同而有所不同，但都包括账户名称、记账日期栏、记账凭证的种类和号数栏、经济业务摘要栏、金额栏、总页次和分户页次栏等基本内容，如图6-2所示。

图 6-2　三栏式明细账账页

三、会计账簿与账户的关系

会计账簿与账户的关系是形式和内容的关系。会计账簿是由若干账页组成的一个整体，会计账簿中的每一账页就是账户的具体存在形式和载体，没有账簿，账户就无法存在；会计账簿序时、分类地记录经济业务，是在各个具体的账户中完成的。因此，会计账簿只是一个外在形式，账户才是它的实质内容。

四、会计账簿的种类

会计账簿的种类很多，不同类别的会计账簿可以提供不同的信息，满足不同的需要。会计账簿可以按用途、账页格式和外形特征进行分类，如图 6-3 所示。

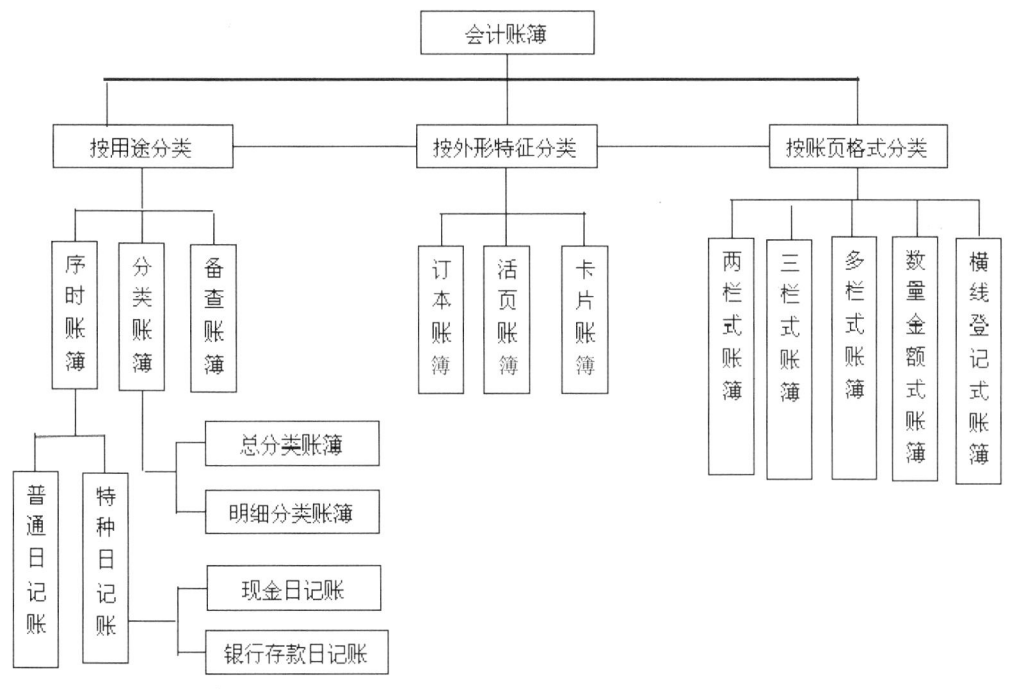

图 6-3 会计账簿的分类

（一）按用途分类

账簿按用途可以分为序时账簿、分类账簿和备查账簿。

1. 序时账簿

序时账簿，又称日记账，是按照经济业务发生时间的先后顺序逐日、逐笔登记的账簿。序时账簿按其记录的内容，可分为普通日记账和特种日记账。

普通日记账是对全部经济业务按其发生时间的先后顺序逐日、逐笔登记的账簿，登记普通日记账只能由一个人负责，并且每笔会计分录都需要逐笔转记到分类账户中，工作量很大。特别是随着企业规模的扩大、经济业务的增多及记账凭证的出现，普通日记账不便于登记分类账和登账工作量较大的缺陷逐渐显露。而且由于普通日记账不是分类记录经济业务，不便于日后的查阅、不利于对重要经济业务的严格管理。因此，目前已较少使用普通日记账。

特种日记账是对某一特定种类的经济业务按其发生时间的先后顺序逐日、逐笔登记的账簿。我国会计制度规定，那些发生频繁、要求严格管理和控制的业务，应设置特种日记账。企业一般都必须设置库存现金日记账和银行存款日记账，对库存现金和银行存款的收付及结存情况进行序时登记。当然，各单位还可根据自身的业务特点和管理需要来确定是否需要设置其他特种日记账,如为登记采购业务而设置的采购日记账,为登记产品销售而设置的销售日记账等。

2. 分类账簿

分类账簿是对按照会计要素的具体类别而设置的分类账户进行登记的账簿。分类账簿按其反映经济业务的详略程度,可分为总分类账簿和明细分类账簿。

总分类账簿,又称总账,是根据总分类账户开设的,能够全面地反映企业的经济活动,总分类账簿主要为编制财务报表提供直接数据资料。

明细分类账簿,又称明细账,是根据明细分类账户开设的,用来提供明细的核算资料,例如原材料总账所属的甲材料和乙材料明细账。总账对所属的明细账起统驭作用,明细账对总账进行补充和说明。明细分类账可采用的格式主要有三栏式明细账、数量金额式明细账和多栏式明细账。

3. 备查账簿

备查账簿,又称辅助登记簿或补充登记簿,是指对某些在序时账簿和分类账簿中未能记载或记载不全的经济业务进行补充登记的账簿。如租入固定资产登记簿。(6-4)、委托加工物资登记簿、商业承兑汇票贴现情况登记表等。

年		凭证	摘要	类别	规格	名称	单位	数量	租入期限	租金	修理费用
月	日										

图 6-4 租入固定资产登记簿

备查账簿只是对其他账簿记录的一种补充,与其他账簿之间不存在严密的依存和勾稽关系,登记方式多以文字说明为主。

(二)按账页格式分类

会计账簿按照账页格式不同,可以分为两栏式账簿、三栏式账簿、多栏式账簿、数量金额式账簿和横线登记式账簿。

1. 两栏式账簿

两栏式账簿是指只有借方和贷方两个金额栏目的账簿。普通日记账和转账日记账一般采用两栏式账簿。

2. 三栏式账簿

三栏式账簿是指设有借方、贷方和余额三个金额栏目的账簿,如图 6-2 所示。三栏式账簿的账页采用的是最简单的一种格式,几乎适用于所有的账簿,金额栏最少应当分别设"借方""贷方"和"余额"三个栏次。不同的账簿,记账要求即使不同,其格式也不外乎三栏式的变形。

现金日记账、银行存款日记账、资本类与债权债务类明细账和总分类账等，都可以采用三栏式账簿。根据账簿摘要栏和借方金额栏之间是否设"对方科目"栏，三栏式账簿又分为设对方科目和不设对方科目两种，前者称为设对方科目栏的三栏式账簿，后者称为不设对方科目栏的三栏式账簿（也称一般三栏式账簿）。其格式与总账的格式基本相同。

3. 多栏式账簿

多栏式账簿是指在账簿的两个金额栏目（借方和贷方）按需要分设若干专栏的账簿。按照专栏设置的具体位置，多栏式账簿又可以细分为借方多栏式账簿、贷方多栏式账簿和借贷方多栏式账簿三种形式。

借方多栏式账簿是指账簿的借方金额栏分设若干专栏的多栏式账簿，一般适用于成本、费用明细账，如生产成本明细账、管理费用明细账等。

贷方多栏式账簿是指账簿的贷方金额栏分设若干专栏的多栏式账簿，一般适用于收入明细账，如主营业务收入明细账等。

借贷方多栏式账簿是指账簿的借方金额栏和贷方金额栏分别设置若干专栏的多栏式账簿，最典型的适用对象是一般纳税人使用的应缴增值税明细账。

收入、成本、费用明细账一般采用这种格式的账簿（如图6-5所示）。

生产成本 明细账

户名：A产品

2007年		凭证字号	摘要	成本项目			合计
月	日			直接材料	直接人工	制造费用	
9	01		期初余额	24000.00	10000.00	6000.00	40000.00
	01	记06	领用材料	20000.00			20000.00
	30	记16	分配工资		19000.00		19000.00
	30	记17	结转制造费用			12900.00	12900.00
	30	记18	结转完工产品成本	36280.00	16000.00	10000.00	62280.00
9	30		月末余额	7720.00	13000.00	8900.00	29620.00

图6-5 多栏式明细账

4. 数量金额式账簿

数量金额式账簿是指在账簿的借方、贷方和余额三个栏目内，每个栏目再分设数量、单价和金额三小栏，借以反映财产物资的实物数量和价值量的账簿。数量金额式账簿一般适用于原材料、库存商品和产成品等明细账，其格式如图6-6所示。

图 6-6　数量金额式明细账

5.横线登记式账簿

横线登记式账簿，又称平行式账簿，是指将前后密切相关的经济业务登记在同一行上，以便检查每笔业务的发生和完成情况的账簿。横线登记式账簿最典型的适用对象是材料采购明细账。

（三）按外形特征分类

会计账簿按照外形特征，可分为订本式账簿、活页式账簿和卡片式账簿。

1.订本式账簿

订本式账簿，简称订本账，是在启用前将编有顺序页码的一定数量账页装订成册的账簿。订本账的优点是账页固定，既可以防止散失，又可以防止抽换账页，较为安全；其缺点是不能准确为各账户预留账页；而且这种账簿在同一时间内只能由一人登记，不便于记账人员分工协作记账，使用起来不够灵活。因此，订本式账簿一般适用于具有统驭性、重要性而且只应该或只需要一个人登记的账簿，例如库存现金日记账、银行存款日记账以及总分类账（图6-7）都必须使用订本式账簿。

图 6-7　总分类账、库存现金日记账（订本式账簿）

2. 活页式账簿

活页式账簿，简称活页账，是将一定数量的账页置于活页夹内，可根据记账内容的变化而随时增加或减少部分账页的账簿。活页账在启用前没有编写账页顺序号，在使用过程中将各张账页置放在活页账夹内，或者临时拴扎成册。

活页式账簿可以根据实际情况增添账页，不会造成浪费，使用比较灵活，便于分工记账。但是，这种账簿的账页容易散失和被抽换。因此，在采用这种账簿时，空白账页在使用时必须连续编号，并且有关人员需在账页上盖章，并应定期装订成册，以防止上述弊端的产生。活页式账簿一般适用于明细分类账。

3. 卡片式账簿

卡片式账簿，简称卡片账，是将一定数量的卡片式账页存放于专设的卡片箱中，可以根据需要随时增添账页的账簿。卡片式账簿使用时应将卡片连续编号，使用完毕不再登记账簿时，应将卡片穿孔固定保管。采用这种账簿，灵活方便，可以使记录的内容既详细又具体，并且可以跨年度使用而无须更换账页，也便于分类汇总和根据管理的需要转移卡片。但这种账簿的账页容易散失和被抽换。因此，使用时应在卡片上连续编号，以保证安全。卡片式账簿一般适应于账页需要随着物资使用或存放地点的转移而重新排列的明细账，如固定资产明细分类账一般采用卡片式账簿（图 6-8 所示）。严格来说，卡片账也是一种活页账，不过它不是装在活页夹中，而是保存在卡片箱内，也有少数企业在材料核算中使用材料卡片。

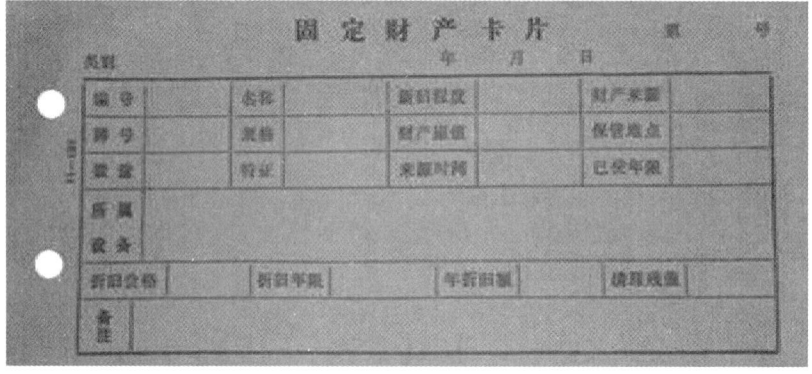

图 6-8 固定资产卡片(卡片式账簿)

第二节 会计账簿的登记和启用要求

实训：账簿的启用和登记

准备：账簿启用登记表、总分类账账页、银行存款日记账账页、三栏式明细分类账账页、多栏式明细分类账账页各一张。

其他资料：单位名称（××有限公司）、账簿名称（总分类账）、启用日期（2×××年1月1日）、单位负责人（张××）、财务经理（李××）、银行存款期初借方余额为11 700元。

要求：根据上述资料开启账簿启用一览表和登记相关账页。

一、会计账簿的启用

大部分会计账簿一年更换一次，因此，在年初应启用新的会计账簿。

启用会计账簿时，应在账簿封面上写明单位名称和账簿名称，并在账簿扉页上附启用表。启用订本式账簿应从第一页到最后一页顺序编定页数，不得跳页、缺号。使用活页式账簿应当按账户顺序编号，并需定期装订成册，装订后再按实际使用的账页顺序编定页码；还要另加目录以便于记明每个账户的名称和页次。记账人员或者会计机构负责人、会计主管人员调动工作时，应在账簿扉页的经管人员一览表中注明交接日期、接办人员或者监交人员姓名，并由交接双方人员签名或者盖章，以明确有关人员的责任，加强有关人员的责任感，维护会计记录的严肃性。

二、会计账簿的登记要求

为了保证账簿记录的正确性，必须根据审核无误的会计凭证登记会计账簿，并符合有关法律、行政法规和国家统一的会计准则制度的规定，主要有以下要求：

1. 准确完整

登记会计账簿时，应将会计凭证日期、编号、业务内容摘要、金额和其他有关资料逐项记入账内，做到数字准确、摘要清楚、登记及时、字迹工整。

2. 注明记账符号

登记完毕后，要在记账凭证上签名或者盖章，并注明已经登账的符号表示已经登账。

3. 书写留空

账簿中书写的文字和数字上面要留有适当空白，不要写满格，一般应占格距的1/2。这样，一旦发生登记错误时，能比较容易进行更正，同时也方便查账工作。

4. 正常记账使用蓝黑墨水

登记账簿必须使用蓝黑墨水或碳素墨水书写，而不得使用圆珠笔（银行的复写账簿除外）或铅笔书写。

5.特殊记账使用红墨水。

下列情况可以使用红墨水记账：

（1）按照红字冲账的记账凭证冲销错误记录；

（2）在不设借贷等栏的多栏式账页中登记减少数；

（3）在三栏式账户的"余额"栏前如未印明余额方向的，在"余额"栏内登记负数余额；

（4）根据国家统一的会计准则的规定可以用红字登记的其他会计记录。

6.顺序连续登记

各种账簿应按页次顺序连续登记，不得跳行、隔页。如发生跳行、隔页，应当将空行、空页用红墨水画对角线注销，或者注明"此行空白""此页空白"字样，并由记账人员签名或者盖章。

7.结出余额

凡需要结出余额的账户，结出余额后，应在"借或贷"栏中注明"借"或"贷"字样；没有余额的账户，在"借"或"贷"栏内注明"平"字，并在"余额"栏中的元位用"θ"表示。现金日记账和银行存款日记账必须逐日结出余额。一般来说，"θ"应当放在"元"位，如图6-9所示。

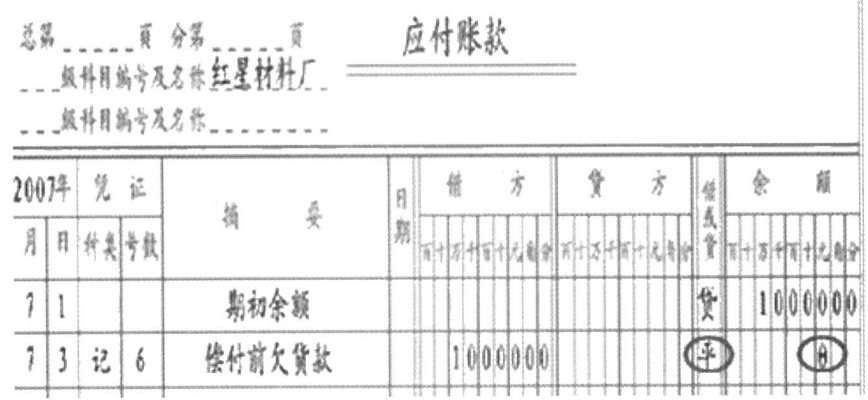

图6-9　应付账款账户结出余额举例

8.过次承前

每一账页登记完毕结转下页时，应当结出该页合计数及余额，写在该页最后一行和下页第一行有关栏内，并在该页最后一行摘要栏内注明"过次页"字样，下页第一行摘要栏内注明"承前页"字样；也可以将该页合计数及金额只写在下页第一行有关栏内，并在摘要栏内注明"承前页"字样，以保证账簿的连续性，便于对账和结账。如图6-10

所示。

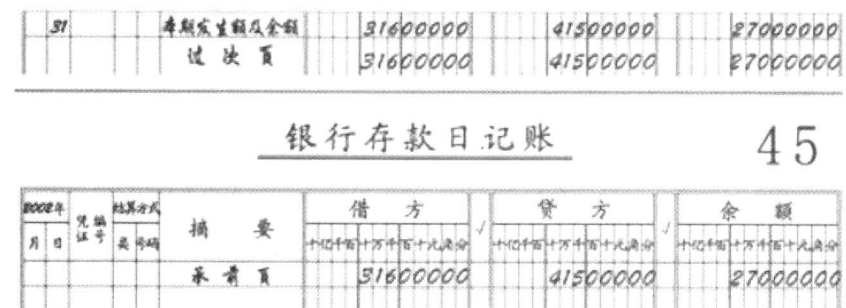

图 6-10　银行存款日记账过次承前页举例

对需要结计本月发生额的账户，结计"过次页"的本页合计数应当为自本月初起至本月末止的发生额合计数；对需要结计本年累计发生额的账户，结计"过次页"的本页合计数应当为自年初起至本页末时的累计数；对既不需要结计本月发生额，也不需要结计本年累计发生额的账户，可以只将每页末的余额结转次页。

9. 不得涂改、刮擦和挖补

如发生账簿记录错误，不得刮擦、挖补或用褪色药水更改字迹，而应采用规定的方法予以更正。

第三节　会计账簿的格式与登记方法

一、日记账的格式与登记方法

日记账是按照经济业务发生或完成的时间先后顺序逐日逐笔进行登记的账簿。设置日记账是为了使经济业务的时间顺序清晰地反映在账簿记录中。日记账按其所核算和监督经济业务的范围，可分为特种日记账和普通日记账。

在我国，大多数企业一般只设库存现金日记账和银行存款日记账。

（一）库存现金日记账的格式与登记方法

库存现金日记账是用来核算和监督库存现金日常收付和结存情况的序时账簿。库存现金日记账由出纳人员根据同库存现金收付有关的记账凭证，按时间顺序逐日逐笔进行登记，并根据"上日余额 + 本日收入 − 本日支出 = 本日余额"的公式，逐日结出现金余额，与库存现金实存数核对，以检查每日现金收付是否有误。

库存现金日记账的格式主要有三栏式和多栏式两种，库存现金日记账必须使用订本账。

1. 三栏式库存现金日记账

三栏式库存现金日记账是用来登记库存现金的增减变动及其结果的日记账。设借方、贷方和余额三个金额栏目，一般将其分别称为收入、支出和结余三个栏目。

三栏式库存现金日记账由出纳人员根据库存现金收款凭证、库存现金付款凭证以及银行存款的付款凭证，按照库存现金收、付款业务和银行存款付款业务发生时间的先后顺序逐日逐笔登记。

三栏式库存现金日记账的登记方法如下：

（1）日期栏，指记账凭证的日期，应与库存现金的实际收付日期一致。

（2）凭证栏，指登记入账的收、付款凭证的种类和编号，如"库存现金收（付）款凭证"简写为"现收（付）"，"银行存款收（付）款凭证"简写为"银收（付）"。凭证栏还应登记凭证的编号数，其作用在于便于查账和核对。

（3）摘要栏，摘要说明登记入账的交易或者事项的内容。

（4）对方科目栏，指库存现金收入的来源科目或支出的用途科目。如小王预借差旅费，其支出的用途科目（即对方科目）为"其他应收款"，其作用在于了解交易或事项的来龙去脉。

（5）借方、贷方（或收入、支出）栏，指库存现金实际收付的金额。如现金支付办公费500元，应在"贷方"或"支出"金额栏登记"500"。

（6）日清月结，每日终了，应分别计算库存现金收入和支出的合计数，结出余额，做到"日清",以便将账面余额与实存库存现金核对。月终,应计算出全月库存现金收入、支出合计数和余额,并在该行的上下各画一条通栏红线,做到"月结"。

2. 多栏式库存现金日记账

多栏式库存现金日记账是在三栏式库存现金日记账基础上发展起来的。这种日记账的借方(收入)和贷方(支出)金额栏都按对方科目设专栏,也就是按收入的来源和支出的用途设专栏。这种格式在月末结账时,可以结出各收入来源专栏和支出用途专栏的合计数,便于对现金收支的合理性与合法性进行审核分析,也便于检查财务收支计划的执行情况,其全月发生额还可以作为登记总账的依据。

多栏式库存现金日记账的登记方法是:先根据有关现金收入业务的记账凭证登记现金收入日记账;根据有关现金支出业务的记账凭证登记现金支出日记账;每日营业终了,根据现金支出日记账结计的支出合计数,一笔转入现金收入日记账的"支出合计"栏中,并结出当日余额,填入"余额栏",然后与库存现金实有数进行核对。

(二)银行存款日记账的格式与登记方法

银行存款日记账是用来核算和监督银行存款每日的收入、支出和结余情况的账簿。银行存款日记账应按企业在银行开立的账户和币种分别设置,每个银行账户设置一本日记账,由出纳员根据与银行存款收付业务有关的记账凭证按时间先后顺序逐日逐笔进行登记。银行存款日记账由出纳人员根据银收凭证、银付凭证和现付凭证等业务发生时间的先后顺序逐日逐笔登记。

银行存款日记账的格式和登记方法与库存现金日记账大致相同,既可以采用三栏式,也可以采用多栏式。银行存款日记账采用三栏式时,其记账方法如下:

(1)日期栏,根据涉及银行存款收付的记账凭证的日期登记。

(2)凭证号码栏,登记入账的收付的记账凭证的种类和编号,与库存现金日记账的登记方法相同。

(3)对方科目栏,登记银行存款收入、支出所对应的科目,如开出支票一张支付购料款,其对方科目即为"原材料"或"在途物资"。

(4)摘要栏,用以说明登记入账的经济业务的内容,文字要简练、概括。

(5)收入、支出栏,登记银行存款实际收、付的金额。每日终了,应分别计算银行存款收入和支出的合计数,并结出余额;月终应结算出银行存款全月收入、支出的合计数,并结出月末余额,然后与开户行对账。

与库存现金日记账相似,如果一个单位的银行收付款凭证数量较多,为简化登账的工作量,银行存款日记账可以采用多栏式日记账的格式,若银行存款的对应科目过多,可分设多栏式银行存款收入日记账和多栏式银行存款支出日记账,具体可以参照库存现金日记账。

二、总分类账的格式与登记方法

（一）总分类账的格式

总分类账是指按照总分类账户分类登记以提供总括会计信息的账簿。总分类账最常用的格式为三栏式，设有借方、贷方和余额三个金额栏目。

（二）总分类账的登记方法

总分类账的登记方法因登记的依据不同而有所不同，具体登记方法取决于企业所采用的账务处理程序。经济业务少的小型单位的总分类账可以根据记账凭证逐笔登记；经济业务多的大中型单位的总分类账可以根据记账凭证汇总表（又称科目汇总表）或汇总记账凭证等定期登记。月终，全部经济业务登记入账后，结出各账户的本期发生额和期末余额，如图 6-11 所示。库存现金总分类账根据汇总记账凭证登记。

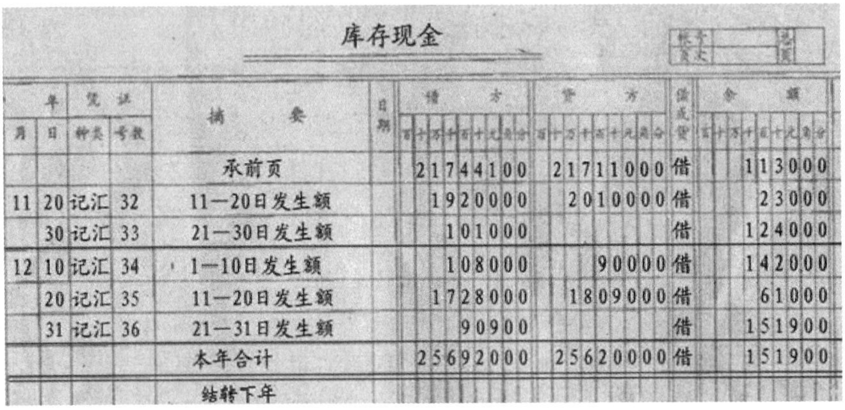
库存现金

年		凭证		摘要	日期	借方	贷方	借或贷	余额
月	日	种类	号数						
				承前页		21744100	21711000	借	113000
11	20	记汇	32	11—20日发生额		1920000	2010000	借	23000
	30	记汇	33	21—30日发生额		101000		借	124000
12	10	记汇	34	1—10日发生额		108000	90000	借	142000
	20	记汇	35	11—20日发生额		1728000	1809000	借	61000
	31	记汇	36	21—31日发生额		90900		借	151900
				本年合计		25692000	25620000	借	151900
				结转下年					

图 6-11　库存现金总分类账举例

三、明细分类账的格式与登记方法

明细分类账是指根据有关明细分类账户设置并登记的账簿。它能提供交易或事项比较详细具体的核算资料，以补充总账所提供核算资料的不足。因此，各企业单位在设置总账的同时，还应设置必要的明细分类账。明细分类账一般采用活页式账簿或卡片式账簿。明细分类账一般根据记账凭证和相应的原始凭证来登记。

（一）明细分类账的格式

根据各种明细分类账所记录经济业务的特点，明细分类账的常用格式主要有以下四种：

1. 三栏式

三栏式账页是设有借方、贷方和余额三个栏目，用以分类核算各项经济业务，提供详细核算资料的账簿，其格式与三栏式总账格式相同。这种格式适用于只需要进行金额核算的债权债务类账户的明细核算。

2. 多栏式

多栏式账页是将属于同一个总账科目的各个明细科目合并在一张账页上进行登记，即在这种格式账页的借方或贷方金额栏内按照明细项目设若干专栏。这种格式适用于收入、成本和费用类账户的明细核算。

3. 数量金额式

数量金额式账页适用于既要进行金额核算又要进行数量核算的账户，如原材料、库存商品等的存货账户，其借方（收入）、贷方（发出）和余额（结存）都分别设有数量、单价和金额三个专栏。

数量金额式账页提供企业有关财产物资数量和金额收、发、存的详细资料，从而能加强财产物资的实物管理和使用监督，保证这些财产物资的安全完整。

4. 横线登记式

横线登记式账页是采用横线登记，即将每一相关的业务登记在一行，从而可依据每一行各个栏目的登记是否齐全来判断相关业务的进展情况。这种格式适用于登记材料采购、在途物资、应收票据和一次性备用金业务。

（二）明细分类账的登记方法

不同类型经济业务的明细账可依据管理需要，依据记账凭证、原始凭证或汇总原始凭证，逐日逐笔或定期汇总登记。固定资产、债权和债务等明细账应逐日逐笔登记；库存商品、原材料、产成品收发明细账及收入、费用等明细账既可以逐笔登记，也可以定期汇总登记。

四、总分类账户与明细分类账户的平行登记

（一）总分类账户与明细分类账户的关系

总分类账户是所属明细分类账户的统驭账户，对所属明细分类账户起着控制作用；明细分类账户则是总分类账户的从属账户，对其所隶属的总分类账户起着辅助作用。总分类账户及其所属明细分类账户的核算对象是相同的，它们所提供的核算资料互相补充，只有把二者结合起来，才能既总括又详细地反映同一核算内容。因此，总分类账户和明细分类账户必须平行登记。

（二）总分类账户与明细分类账户平行登记的要点

平行登记是指对所发生的每项经济业务都要以会计凭证为依据，一方面记入有关总分类账户，另一方面记入所属明细分类账户的方法。

总分类账户与明细分类账户平行登记的要点有以下几点。

1. 方向相同

对于每一项经济业务，总分类账户及其所属的明细分类账户的登记方向应当相同。如果总分类账户记入借方，所属明细分类账户也应记入借方；如果总分类账户记入贷方，所属明细分类账户也应记入贷方。

2. 期间一致

对于每一项经济业务，在记入总分类账户和明细分类账户过程中，可以有先有后，但必须在同一会计期间（一般在同一月内）全部登记入账。

3. 金额相等

记入总分类账户的金额与记入其所属明细分类账户的金额合计相等。

对于每一项经济业务，记入总分类账户的金额与记入其所属的各明细分类账户的合计金额应该相等。用公式表示如下：

总分类账户的本期发生额=所属明细账户本期发生额合计

总分类账户的期初余额=所属明细账户期初余额合计

总分类账户的期末余额=所属明细账户期末余额合计

总之，总分类账户与明细分类账户平行登记要求做到：所依据会计凭证相同、借贷方向相同、所属会计期间相同、记入总分类账户的金额与记入其所属明细分类账户的金额合计相等。

第四节 对账与结账

一、对账

在账簿记录中，由于主客观的原因，常常会出现账实不符的情况。为了使账簿记录如实地反映经济活动的情况，在结转会计期间的账簿记录之前，必须对账簿记录进行核对。因此，对账是日常会计工作的一个必要的环节。

（一）对账的概念

对账就是核对账目，是对账簿记录所进行的核对工作。

在会计工作中，由于种种原因，难免发生记账、计算等差错，也难免出现账实不符的现象。为了确保账簿记录的正确、完整、真实，在有关经济业务入账之后，必须进行账簿记录的核对。对账工作的目的就是保障账证相符、账账相符和账实相符。

对账工作一般发生在月末进行，即在记账之后、结账之前进行对账。遇特殊情况，如有人员办理调动手续前或发生事件后，应随时进行对账。

（二）对账的内容

对账工作一般可以分为账证核对、账账核对和账实核对三部分内容。

1. 账证核对

账簿是根据经过审核之后的会计凭证登记的，但实际工作中仍有可能发生账证不符的情况。记账后，应将账簿记录与会计凭证进行核对，核对账簿记录与原始凭证、记账凭证的时间、凭证字号、内容以及金额等是否一致，记账方向是否相符，做到账证相符。

会计期末，如果发现账账不符，也可以再将账簿记录与有关会计凭证进行核对，以保证账证相符。将账簿记录与会计凭证相核对，这是保证账账相符、账实相符的基础。

2. 账账核对

各个账簿是一个有机的整体，既有分工，又有衔接。各种账簿之间的这种衔接依存关系就是账簿的勾稽关系。利用这种关系，可以通过账簿的相互核对发现记账工作是否有误。一旦发现错误，就应立即更正。账账核对的具体内容主要包括以下四个方面的核对工作：

（1）总分类账簿之间的核对

这主要是指利用借贷记账法的记账规则，核对在期末时各总账科目借方余额合计是否等于各总账科目贷方余额合计。

（2）总分类账簿与所辖明细分类账簿之间的核对

这主要是指核对各总分类账期末余额是否等于所属明细分类账期末余额之和，各总分类账本期借方发生额是否等于所属明细分类账本期借方发生额之和,以及各总分类账本期贷方发生额是否等于所属明细分类账本期贷方发生额之和。

(3) 总分类账簿与序时账簿之间的核对

我国各单位对库存现金和银行存款两个科目设置特种日记账,在总账中也有相应的记录,只是二者的记账人员和记账方法要求不同,但记录的内容都是货币资金的增减变化及其结果。这就要求我们对总账与这两本日记账进行核对,核对内容和方法与上述总分类账与所属明细分类账的核对内容与方法相同。

(4) 明细分类账簿之间的核对

例如,会计部门有关的实物资产的明细账与财产物资保管或使用部门的有关物资明细账定期核对,以检查其余额是否相符。核对的方法一般是由财产物资保管或使用部门定期编制收发结存汇总表报会计部门审核。

3. 账实核对

账实核对是指各项财产物资、债权债务等账面余额与实有数额之间的核对。

账实核对的具体内容主要包括以下四个方面:

(1) 库存现金日记账账面余额与库存现金实际库存数逐日核对是否相符。

现金日记账必须做到日清月结,每日由出纳人员自行核对,单位需另派人对现金的管理进行定期检查。

(2) 银行存款日记账账面余额与银行对账单的余额定期核对是否相符

对银行存款的核对一般通过编制银行存款余额调节表进行,一般至少每个月核对一次。

(3) 各项财产物资明细账账面余额与财产物资的实有数额定期核对是否相符

通过实地盘点,核查固定资产、材料和产成品的实存数量,并与相应的明细分类账的余额进行核对。

(4) 有关债权债务明细账账面余额与对方单位的账面记录核对是否相符

单位应定期寄送对账单同有关单位进行核对。

造成账实不符的原因有很多,如财产物资保管过程中发生的自然损耗;财产收发过程中由于计量或者检验不准,造成多收或者少收的差错;由于管理不善、制度不严造成的财产损坏、丢失或被盗等;在账簿记录中发生的重记、漏记和错记等;由于有关凭证未到,形成未达账项,造成结算双方账实不符;发生意外灾害等。因此,需要通过定期的财产清查来弥补漏洞,保证会计信息的真实可靠,提高企业管理水平。

二、结账

（一）结账的概念

结账是一项将账簿记录定期结算清楚的账务工作。在一定时期结束时（如月末、季末或年末），为了编制财务报表，需要进行结账，具体包括月结、季结和年结。结账的内容通常包括两个方面：一是结清各种损益类账户，并据以计算确定本期利润；二是结出各资产、负债和所有者权益账户的本期发生额合计和期末余额。

（二）结账的程序

1.结账前，将本期发生的经济业务全部登记入账，并保证其正确性。对于发现的错误，应采用适当的方法进行更正。

2.在本期经济业务全面入账的基础上，根据权责发生制的要求，调整有关账项，合理确定应计入本期的收入和费用。

（1）应记收入和应记费用的调整

应记收入是指已在本期实现、因款项未收而未登记入账的收入。企业发生的应记收入主要是本期已经发生且符合收入确认的标准，但尚未收到相应款项的销售商品或提供劳务的收入。

应记费用是指已经发生但尚未支付的费用。企业发生的应记费用，本期已经收益，如应付未付的借款利息等。

（2）收入分摊或者成本分摊的调整

收入分摊是指企业应收取有关款项，但未完成或未全部完成销售商品或提供劳务的，需在期末按照本期已完成的比例，分摊确认本期已实现收入的金额，并调整以前预收款项时形成的负债。

成本分摊是指为了正确计算各个会计期间的盈亏，将已经发生且能使若干个会计期间收益的支出在其收益的会计期间进行合理分配。

3.将各损益类账户余额全部转入"本年利润"账户，结平所有损益类账户。

4.结出资产、负债和所有者权益账户的本期发生额和余额，并转入下期。

上述工作完成后，就可以根据总分类账和明细分类账的本期发生额和期末余额，分别进行试算平衡。

（三）结账的方法

根据结账的时期不同，结账可以分为月结、季结和年结。

结账方法的要点主要有：

（1）对不需按月结计本期发生额的账户，每次记账以后，都要随时结出余额，每月最后一笔余额是月末余额，即月末余额就是本月最后一笔经济业务记录的同一行内余额。月末结账时，只需要在最后一笔经济业务记录之下通栏画单红线，而不需要再次结计余额。如图 6-12 所示。

应收账款—— 红星公司

年		凭证		摘要	日期	借方	贷方	借或贷	余额
月	日	种类	号数						
				承前页				借	400000
11	07	记	15	收到货款，存入银行			400000	平	θ
	08	记	23	销售产品，款未收		930150		借	930150
	14	记	43	收到货款，存入银行			930150	平	θ
	20	记	55	销售产品，款未收		2825550		借	2825550
	25	记	63	收到货款，存入银行			2825550	平	θ
12	08	记	21	销售产品，款未收		1053000		借	1053000
	26	记	65	销售产品，款未收		1942200		借	1942200

图 6-12　应收账款明细账

（2）库存现金、银行存款日记账和需要按月结计发生额的收入、费用等明细账，每月结账时，要在最后一笔经济业务记录下面通栏画单红线，结出本月发生额和余额，在摘要栏内注明“本月合计”字样，并在下面通栏画单红线。如图 6-13 所示：

银行存款日记账

年		凭证		对方科目	摘要	总页	收入金额	付出金额	结存金额
月	日	种类	号数						
					承前页		35425330	25107760	29662570
11	24	记	61	库存现金	提现备用			100000	29562570
	25	记	62	营业外支出	对外捐款			200000	29362570
	25	记	63	应收账款	收到货款，存入银行		2825550		32188120
	26	记	64	应付账款	偿付前欠货款			2567200	29620920
	26	记	66	管理费用	支付水电费			290000	29330920
	27	记	67	原材料等	购进材料，验收入库，款已付			186520	29144400
	29	记	69	主营业务收入等	销售产品，货款收存银行		7651800		36796200
	31				本月合计		45902680	28451480	36796200

图 6-13　银行存款日记账

（3）对于需要结计本年累计发生额的明细账户，每月结账时，应在“本月合计”行下结出自年初起至本月末止的累计发生额，登记在月份发生额下面，在摘要栏内注明“本年累计”字样，并在下面通栏画单红线。12 月末的“本年累计”就是全年累计发生额，全年累计发生额下通栏画双红线。如图 6-14 所示。

主营业务收入——甲产品

年 月	日	凭证 种类	号数	摘要	日期	借方	贷方	借或贷	余额
				承前页		35721000	37491000	贷	1770000
11	24	记	60	销售产品，收到部分货款			375000	贷	2145000
	26	记	65	销售产品，款未收			300000	贷	2445000
	29	记	69	销售产品，货款收存银行			1200000	贷	3645000
	30	记	81	结转本月收入		3645000		平	0
	30			本月合计		3645000	3645000	平	0
	30			本年累计		39366000	39366000	平	0
12	13	记	39	销售产品，货款收存银行			1584000	贷	1584000
	16	记	46	销售产品，款未收			540000	贷	2124000
	20	记	51	销售产品，款未收			540000	贷	2664000
	22	记	59	销售产品，收到部分货款			396000	贷	3060000
	26	记	65	销售产品，款未收			300000	贷	2445000
	28	记	72	销售产品，货款收存银行			1440000	贷	4860000
	31	记	81	结转本月收入		4860000		平	0
	31			本月合计		4860000	4860000	平	0
	31			本年累计		44226000	44226000	平	0

图 6-14　主营业务收入明细账

（4）总账账户平时只需结出月末余额。年终结账时，为了总括地反映全年各项资金运动情况的全貌并核对账目，要将所有总账账户结出全年发生额和年末余额，在摘要栏内注明“本年合计”字样，并在合计数下通栏画双红线，如图 6-15 所示。

库存现金

年 月	日	凭证 种类	号数	摘要	日期	借方	贷方	借或贷	余额
				承前页		21744100	21711000	借	113000
11	20	记汇	32	11—20日发生额		1920000	2010000	借	23000
	30	记汇	33	21—30日发生额		101000		借	124000
12	10	记汇	34	1—10日发生额		108000	90000	借	142000
	20	记汇	35	11—20日发生额		1728000	1809000	借	61000
	31	记汇	36	21—31日发生额		90900		借	151900
				本年合计		25692000	25620000	借	151900
				结转下年					

图 6-15　库存现金总账

（5）年度终了结账时，有余额的账户，应将其余额结转下年，并在摘要栏内注明“结转下年”字样；在下一会计年度新建有关账户的第一行余额栏内填写上年结转的余额，并在摘要栏内注明“上年结转”字样，使年末有余额账户的余额如实地在账户中加以反映，以免混淆有余额的账户和无余额的账户。

第五节　错账查找与更正的方法

一、错账查找方法

在记账过程中，可能发生各种各样的差错，产生错账，如重记、漏记、数字颠倒、数字错位、数字记错、科目记错以及借贷方向记反等，从而影响会计信息的准确性，所以应及时找出差错并予以更正。错账查找的方法主要有以下几种。

1. 差数法

差数法是指按照错账的差数查找错账的方法。主要适用于以下两种错账。

第一种是漏记或重记。因记账疏忽而漏记或重记一笔账，只要直接查找到差数的账就查到了，这类错账最容易发生的情况是本期内同样数字的账发生了若干笔，从而容易发生漏记或重记。

第二种是串户。串户可分为记账串户和科目汇总串户。首先说记账串户，如某公司在本单位有应收款和应付款两个账户，如记账凭证是借应收账款某公司500元，而记账时误记入借应付账款某公司500元，这就造成资产负债表双方是平衡的，但在总分类账与明细分类账核对时应收账款与应付账款各发生差数500元，这时就可以运用差数法到应收账款或应付款账户中直接查找500元的账是否串户；再来说科目汇总串户，如某公司在进行科目汇总（合并）时将借应收账款500元误作为借应付账款500元汇总了，同样在总分类账与明细分类账核对时这两个科目同时发生差数500元；经过查对，如记账没有发生串户，那么必定是在科目汇总（合并）时发生差错。

2. 尾数法

尾数法是指对于发生的差错只查找末位数，以提高查错效率的方法。这种方法适合于借贷方金额其他位数都一致而只有末位数出现差错的情况。

3. 除2法

除2法是指以差数除以2来查找错账的方法。当某个借方金额错记入贷方（或相反）时，出现错账的差数表现为错误的2倍，将此差数用2去除，得出的商即是反向的金额。

4. 除9法

除9法是指以差数除以9来查找错账的方法，适用于以下三种情况：

（1）将数字写小；（2）将数字写大；（3）邻数颠倒。

查账方法：将差数除以9，得出的商连续加11，直到找到颠倒的数字为止。

二、错账更正方法

(一)画线更正法

会计人员结账前发现账簿记录有误(包括文字错误和数字错误),而记账凭证并无错误,可以采用画线更正法。更正时,先在错误的文字或数字上画一条红色横线,表示注销,然后将正确的文字或数字用蓝笔或黑笔写在被注销的文字或数字上方,并由会计人员和会计机构负责人(会计主管人员)在更正处盖章,以明确责任。错误数字应全部划销,不能只划销写错的个别数字;错误文字,可只画去错误部分。画线注销的文字或数字应保持其原有字迹仍可辨认,用以备查。如记账凭证中的文字或数字金额发生错误,在尚未过账之前,也可以用画线更正方法更正。如图6-16所示,结账前数字登记错误更正例图。

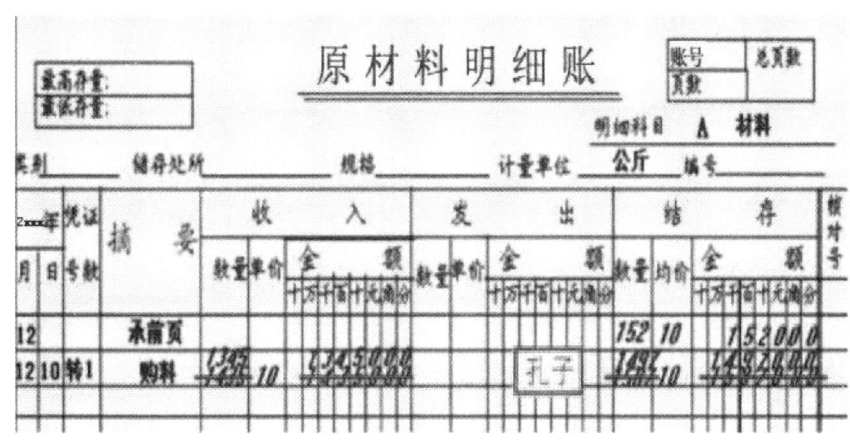

图6-16 更正例图

(二)红字更正法

红字更正法,是指用红字冲销原有错误的凭证记录及账户记录,以更正或调整账簿记录的一种方法。红字更正法适用于以下两种情形。

1. 记账后发现记账凭证中的应借、应贷会计科目有错误所引起的记账错误

若在当年发现,应当采用红字更正法。更正方法:用红笔填制一张与原错误记账内容完全相同的记账凭证,在摘要栏内注明"冲销第×号凭证",并据以红字登记入账;然后用蓝笔填制一张正确的记账凭证,在摘要栏内注明"更正第×号凭证",并据以登记相关账簿。

【例6-1】 仕达咨询公司2×××年12月26日,以银行存款缴纳公司电话费500元。

(1)填制记账凭证时,误将贷方科目写成"库存现金",并已登记入账。原错误记账凭证为：

借：管理费用——电话费　　　　　　　　　　　　　　　　　　　500
　　贷：库存现金　　　　　　　　　　　　　　　　　　　　　　　　　500

（2）发现错误后，采用红字更正法更正。先用红字填制一张与原错误记账凭证内容完全相同的记账凭证，据以登记入账，冲销原错账。

借：管理费用——电话费　　　　　　　　　　　　　　　　　　　500
　　贷：库存现金　　　　　　　　　　　　　　　　　　　　　　　　　500

（3）用蓝字再编制一张完全正确的记账凭证，并据以登记入账。

借：管理费用——电话费　　　　　　　　　　　　　　　　　　　500
　　贷：银行存款　　　　　　　　　　　　　　　　　　　　　　　　　500

（4）更正之后的账簿记录如图6-17所示。

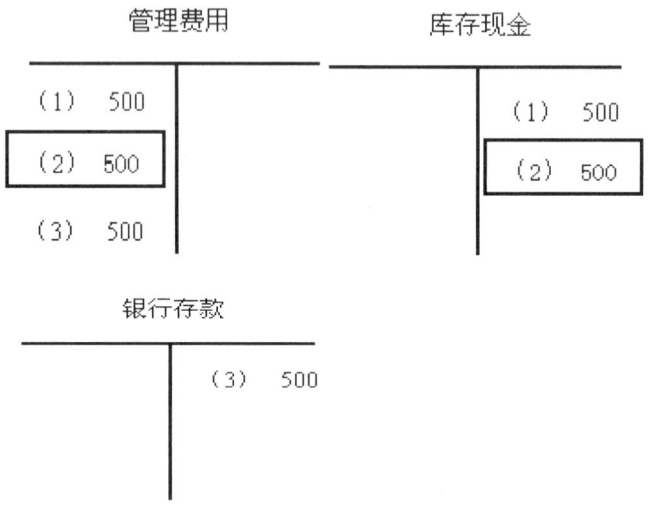

图6-17　红字更正法（1）

2.记账后发现记账凭证和账簿记录中应借、应贷会计科目无误，只是所记金额大于应记金额

更正方法是：用红字填制一张与原记账凭证应借、应贷科目完全相同，金额为多记部分的记账凭证，在摘要栏内注明"冲销第×号记账凭证多记金额"，并据以登记入账。

【例6-2】仕达咨询公司2×××年12月26日，以银行存款缴纳公司电话费500元。

（1）填制记账凭证时，误将金额500元写成5 000元，并已登记入账。原错误记账凭证为：

借：管理费用——电话费　　　　　　　　　　　　　　　　　　5 000
　　贷：银行存款　　　　　　　　　　　　　　　　　　　　　　　　5 000

（2）发现错误后，采用红字更正法更正，编制一张与原错误记账内容完全相同的多记部分金额以红字表示的记账凭证，并据以登记入账，冲销原错账。

  借：管理费用——电话费　　　　　　　　　　　　　　　　　4 500
    贷：银行存款　　　　　　　　　　　　　　　　　　　　　　　4 500

（3）更正之后的账簿记录如图6-18所示

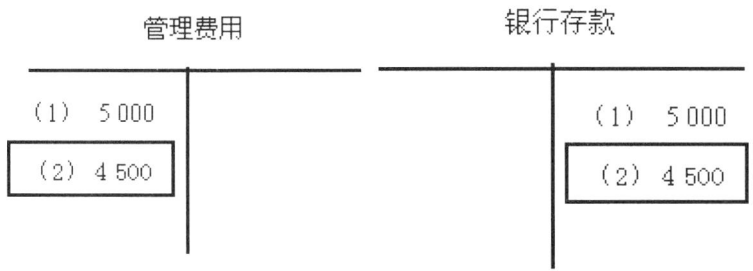

图6-18　红字更正法（2）

（三）补充登记法

补充登记法，是指用蓝字补记金额，以更正原账簿错误记录的一种方法。

补充登记法适用的错账情况：在记账后，发现记账凭证与账簿中所记金额小于应记金额，而科目对应关系无误。具体更正方法：用蓝笔编制一张与原记账凭证应借、应贷科目完全相同，金额为少记部分的记账凭证，在摘要栏内注明"补记第×号凭证少记金额"，并据以登记入账，以补充登记少记的金额。

【**例6-3**】　仕达咨询公司2×××年12月26日，以银行存款缴纳公司电话费500元。

（1）填制记账凭证时，误将金额500元写成50元，并已登记入账。原错误记账凭证为：

  借：管理费用——电话费　　　　　　　　　　　　　　　　　50
    贷：银行存款　　　　　　　　　　　　　　　　　　　　　　　50

（2）发现错误后，采用补充登记法更正，编制一张与原错误记账内容完全相同的少记部分金额以蓝字表示的记账凭证，并据以登记入账，补充原错账。

  借：管理费用——电话费　　　　　　　　　　　　　　　　　450
    贷：银行存款　　　　　　　　　　　　　　　　　　　　　　　450

（3）更正之后的账簿记录如图6-19所示。

管理费用		银行存款	
(1) 50		(1) 50	
(2) 450		(2) 450	

图 6-19 补充登记法

错账更正的三种方法中,红字更正法和补充登记法都是用来更正因记账凭证错误而产生的记账错误,如果非因记账凭证的差错而产生的记账错误,只能用画线更正法进行更正。

以上三种方法是对当年内发现填写记账凭证或者登记账簿错误采用的更正方法,如果发现以前年度记账凭证中有错误(指会计科目和金额)并导致账簿登记出现差错,应当用蓝字或者黑字填制一张更正的记账凭证。因错误的账簿记录已经在以前会计年度终了进行结账或决算,不可能将已经决算的数字进行红字冲销,只能用蓝字或黑字凭证对除文字以外的一切错误进行更正,并在更正的凭证上特别注明"更正××年度错账"的字样。

第六节 会计账簿的更换与保管

按照《会计法》的规定，会计凭证、会计账簿和会计报表等属于单位重要的经济档案，必须定期对账簿进行更换，并妥善保管，否则要承担相应的法律责任。

一、会计账簿的更换

为保证会计资料的连贯性，在每一个年度结束和新的会计年度开始时，应按会计制度规定进行账簿的更换工作。

会计账簿的更换通常在新会计年度建账时进行。一般来说，现金日记账、银行存款日记账、总分类账以及大多数明细分类账应每年更换一次。但是有些财产物资明细账和债权债务明细账，由于材料品种规格和往来单位较多，更换新账重抄一遍的工作量较大，因此，原账簿可以跨年度使用，而不必每年更换一次；第二年使用时，可直接在上年终了的双线下面记账。此外，各种备查簿也可以连续使用。

二、会计账簿的保管

对会计账簿的保管既是会计人员应尽的责任，也是会计工作的重要组成部分。

年度终了，各种账户在结转下年、建立新账后，一般应将旧账集中统一管理。会计账簿暂由本单位财务会计部门保管一年，期满后，由本单位财务会计部门编制移交清册移交本单位档案部门保管。

各种账簿应当按年度分类归档，编造目录，妥善保管。这样既保证在需要时可以迅速查阅，又能保证各种账簿的安全和完整。保管期满后，还要按照规定的审批程序经批准后才能销毁相应账簿。

账簿日常的管理要分工明确，指定专人管理，会计账簿未经领导和会计负责人或者有关人员批准，非经管人员不能随意翻阅、查看、摘抄和复制。会计账簿除非特殊需要或者司法介入要求，一般不允许携带外出。

年度终了更换并启用新账后，对更换下来的旧账要整理装订，造册归档。归档前旧账的整理工作包括：检查和补齐应办的手续，如改错盖章、注销空行及空页和结转余额等。活页账应撤出未使用的空白账页，再装订成册，并注明各账页号数。

保管期满后，应按照规定的审批程序报经批准后才能销毁相应账簿。根据《会计档案管理办法》的规定，总分类账、明细分类账、辅助账和日记账均应保存15年，而现金日记账和银行存款日记账要保存25年，涉外和对私改造账簿应永久保存。

第七章 财产清查

本章基本要求

了解	财产清查的概念与意义、财产清查的种类
熟悉	财产清查的一般程序，货币资金、实物资产、往来款项的清查方法
掌握	银行存款余额调节表的编制、财产清查结果的账务处理

第一节 财产清查概述

一、财产清查的概念与意义

（一）财产清查的概念

财产清查是指通过对货币资金、实物资产和往来款项等财产物资进行盘点或核对，确定其实存数，并查明账存数与实存数是否相符的一种专门方法。

在实际工作中，由于种种原因，账簿记录会发生差错，各项财产的实际结存数也会发生差错，造成账存数与实存数发生差异。对于企业来说，造成这一差异的原因是多方面的，一般有一下几种情况：

（1）在收发物资过程中，由于计量、检验不准确而造成品种、数量或质量上的差错；

（2）财产物资在运输、保管与收发过程中，在数量上发生自然增减变化；

（3）在财产增减变动中，手续不齐或在计算、登记上发生错误；

（4）由于管理不善或工作人员失职，造成财产损失、变质或短缺等；

（5）贪污盗窃、营私舞弊造成的损失；

（6）自然灾害造成的非正常损失；

（7）未达账项引起的账账不符和账实不符等。

（二）财产清查的意义

企业应当建立健全财产物资清查制度，加强管理，以保证财产物资核算的真实性和完整性。具体而言，财产清查的意义主要有：

1. 保证账实相符，提高会计资料的准确性

通过财产清查可以确定各项财产物资的实际结存数，将账面结存数和实际结存数进行核对，可以揭示各项财产物资的溢缺情况，从而及时地调整账面结存数，保证账簿记录真实、可靠，提高会计资料的准确性。

2. 切实保障各项财产物资的安全完整

通过财产清查，可以查明企业单位的财产、商品和物资是否完整，有无因管理不善造成的缺损、霉变和浪费等现象，或是被非法挪用、贪污盗窃等情况，以便堵塞漏洞，改进和健全各种责任制，切实保证财产物资的安全和完整。

3. 加速资金周转，提高资金使用效益

通过财产清查可以及时查明各种财产物资的结存和利用情况。如发现企业有闲置不用的财产物资应及时加以处理，以充分发挥其效能；如发现企业有呆滞积压的财产物资，也应及时加以处理，并分析原因，采取措施，改善经营管理。这样，可以使财产物资得到充分而合理的利用，从而加速资金周转，提高企业的经济效益。

二、财产清查的种类

财产清查可以根据清查的范围、时间的不同进行分类，也可以按照清查的执行系统进行分类。

（一）按照清查的范围分类

1. 全面清查

全面清查是指对所有的财产进行全面盘点和核对。其清查对象主要包括固定资产、原材料、在产品、自制半成品、库存商品、库存现金、银行存款、短期存（借）款、有价证券及外币、在途物资、委托加工物资、往来款项和缴拨款等。

全面清查由于有内容多、范围广和工作量大等特点，不宜经常进行。需要进行全面清查的情况通常是：年终决算之前；单位撤销、合并或改变隶属关系前；中外合资、国内合

资前;企业股份制改制前;开展全面的资产评估、清产核资前;单位主要负责人调离工作岗位前等。

2.局部清查

局部清查是指根据需要只对部分财产进行盘点和核对。

局部清查的特点是清查范围小、内容少、涉及的人员较少,但专业性较强。其清查对象主要是流动性较强的财产,一般包括:

（1）库存现金。应由出纳员在每日业务终了时清点,做到日清月结。

（2）银行存款。应由出纳员每月至少同银行核对一次。

（3）原材料、在产品和库存商品。除年度清查外,每月应有计划地重点抽查;对于贵重的财产物资,应每月清查盘点一次。

（4）债权和债务。应在年度内至少同对方核对一至两次。

（二）按照清查的时间分类

按清查的时间,可以分为定期清查和不定期清查。

1.定期清查

定期清查是指按照预先计划安排的时间对财产进行的盘点和核对。定期清查一般在年末、季末和月末进行。通过定期清查,可以在编制财务报表前发现账实不符的情况,据以调整有关账簿的记录,使账实相符,从而可以保证会计资料的真实性。定期清查可以是全面清查,也可以是局部清查。

2.不定期清查

不定期清查也称临时清查,是指事前不规定清查日期,而是根据特殊需要临时进行的盘点和核对。不定期清查,可以是全面清查,也可以是局部清查,应根据实际需要来确定清查的对象和范围。

不定期清查主要在以下几种情况下进行:

（1）为了明确经济责任,在财产物资或现金的保管人员发生变动时,对其经管的财产进行清查;

（2）上级或国家有关部门决定对本单位会计或业务进行审查时,应按照检查的要求和范围对财产进行清查,以验证会计资料的可靠性;

（3）单位发生撤销、合并或重组等事项时,要对本单位的财产进行清查,以便摸清家底;

（4）发生自然灾害或贪污盗窃、营私舞弊等事件时,要进行财产清查。

（三）按照清查的执行系统分类

按照清查的执行系统,可以分为内部清查和外部清查。

1. 内部清查

内部清查是指由本单位内部自行组织清查工作小组所进行的财产清查工作。大多数财产清查都是内部清查。

2. 外部清查

外部清查是指由上级主管部门、审计机关、司法部门以及注册会计师根据国家有关规定或情况需要对本单位所进行的财产清查。一般来讲,进行外部清查时应有本单位相关人员参加。

三、财产清查的一般程序

财产清查既是会计核算的一种专门方法,又是财产物资管理的一项重要制度。企业必须有计划、有组织地进行财产清查。

财产清查一般包括以下程序:

(1)建立财产清查组织:财产清查组织一般由会计部门、财产保管部门及使用部门等组成,由单位管理层研究制订财产清查计划,确定工作进度和方式方法。

(2)组织清查人员学习有关政策规定,掌握有关法律法规和相关业务知识,以提高财产清查工作的质量。

(3)确定清查对象和范围,明确清查职责和任务。

(4)制订清查方案,具体安排清查内容、时间、步骤和方法,以及做好必要的清查前准备工作。

(5)清查应本着"先清查数量、核对有关账簿记录等,后认定质量"的原则进行。

(6)填制盘存清单:清查人员要做好盘点记录,填制盘存清单,列明所清查财产物资的实存数量和款项及债权债务的实有数额。

(7)根据盘存清单,填制实物、往来账项清查结果报告表。

第二节　财产清查的方法

由于货币资金、实物和往来款项的特点各有不同,在进行财产清查时,应采用与其各自特点和管理要求相适应的方法。

一、货币资金的清查方法

(一)库存现金的清查

库存现金的清查应采用实地盘点法,确定库存现金的实存数,并与库存现金日记账的账面余额相核对,确定账实是否相符。库存现金清查一般由主管会计或财务负责人和出纳人员共同清点出各种面值钞票的张数和硬币的个数,并填制库存现金盘点报告表。

对库存现金进行盘点时,出纳人员必须在场,有关业务必须在库存现金日记账中全部登记完毕。盘点时,一方面要注意账实是否相符,另一方面还要检查现金管理制度的遵守情况,如库存现金有无超过其限额,有无白条抵库、挪用舞弊等情况。盘点结束后,应填制"库存现金盘点报告表",作为重要原始凭证,它也具有实存账存对比表的作用。

(二)银行存款的清查

银行存款的清查是采用与开户银行核对账目的方法进行的,即将本单位银行存款日记账的账簿记录与开户银行转来的对账单逐笔进行核对,查明银行存款的实有数额。银行存款的清查一般在月末进行。

1. 银行存款日记账与银行对账单不一致的原因

将截至清查日的所有银行存款的收付业务都登记入账后,对发生的错账、漏账应及时查清更正,再与银行的对账单逐笔核对。如果二者余额相符,通常说明没有错误;如果二者余额不相符,则可能是企业或银行任一方或双方记账过程有错误或者存在未达账项。

未达账项,是指企业和银行之间由于记账时间不一致而发生的一方已经入账而另一方尚未入账的事项。未达账项一般分为以下四种情况:

(1)企业已收款记账,银行未收款未记账;

(2)企业已付款记账,银行未付款未记账;

(3)银行已收款记账,企业未收款未记账;

(4)银行已付款记账,企业未付款未记账。

上述任何一种未达账项的存在,都会使企业银行存款日记账的余额与银行发出的对账单余额不符。所以,在与银行对账时首先应查明是否存在未达账项,如果存在未达账项,就应该编制"银行存款余额调节表",据以调节双方的账面余额,确定企业银行存款实有数。

2. 银行存款清查的步骤

银行存款的清查按以下四个步骤进行。

（1）将本单位银行存款日记账与银行对账单以结算凭证的种类、号码和金额为依据逐日逐笔核对。凡双方都有记录的，用铅笔在金额旁打上记号"√"。

（2）找出未达账项（即银行存款日记账和银行对账单中没有打"√"的款项）。

（3）将银行存款日记账和银行对账单的月末余额及找出的未达账项填入"银行存款余额调节表"，并计算出调整后的余额。

（4）将调整平衡的"银行存款余额调节表"，经主管会计签章后，呈报开户银行。

银行存款余额调节表的编制，是以双方账面余额为基础，各自分别加上对方已收款入账而己方尚未入账的数额，减去对方已付款入账而己方尚未入账的数额。其计算公式如下：

企业银行存款日记账余额 + 银行已收企业未收款 − 银行已付企业未付款
= 银行对账单存款余额 + 企业已收银行未收款 − 企业已付银行未付款

【例7-1】 2×××年11月30日，某企业银行存款日记账的账面余额为31 000元，银行对账单上的余额为36 000元，经逐笔核对，发现有下列未达账项。

（1）29日，企业销售产品收到转账支票一张（计2 000元），将该支票存入银行，银行尚未办理入账手续。

（2）29日，企业采购原材料开出转账支票一张（计1 000元），企业已做银行存款付出，银行尚未收到支票而未入账。

（3）30日，企业开出现金支票一张（计250元），银行尚未入账。

（4）30日，银行代企业收回货款8 000元，收款通知尚未到达企业，企业尚未入账。

（5）30日，银行代付电费1 750元，付款通知尚未到达企业，企业尚未入账。

（6）30日，银行代付水费500元，付款通知尚未到达企业，企业尚未入账。

根据以上资料编制银行存款余额调节表，如表7-1所示。

表 7-1　银行存款余额调节表

2××× 年 11 月 30 日

单位：元

项目	金额	项目	金额
企业银行存款账面余额	31 000	银行对账单账面余额	36 000
加：银行已记增加，企业未记增加的账项 银行代收货款	8 000	加：企业已记增加，银行未记增加的账项 存入的转账支票	2 000
减：银行已记减少，企业未记减少的账项 银行代付电费 银行代付水费	1 750 500	减：企业已记减少，银行未记减少的账项 开出转账支票 开出现金支票	1 000 250
调节后存款余额	36 750	调节后存款余额	36 750

3. 银行存款余额调节表的作用

（1）银行存款余额调节表是一种对账记录或对账工具，不能作为调整账面记录的依据，即不能根据银行存款余额调节表中的未达账项来调整银行存款账面记录，未达账项只有在收到有关凭证后才能进行有关的账务处理。

（2）调节后的余额如果相等，通常说明企业和银行的账面记录一般没有错误，该余额通常为企业可以动用的银行存款实有数。

（3）调节后的余额如果不相等，通常说明一方或双方记账有误，需进一步追查，查明原因后予以更正和处理。

二、实物资产的清查方法

实物资产主要包括固定资产和存货等。实物资产的清查就是对实物资产在数量和质量上所进行的清查。常用的清查方法主要有实地盘点法和技术推算法。

1. 实地盘点法

实地盘点法即通过点数、过磅、量尺等方法来确定实物资产实存数量。其适用的范围较广，且清查结果准确可靠，但工作量较大。

2. 技术推算法

技术推算法即通过丈量、计算等技术方法对实物资产的结存数量进行推算，故又称估推法。这种方法只适用于成堆量大而价值又不高难以逐一清点的实物资产的清查，例如露天堆放的煤炭等。

对于实物资产的数量进行清查的同时，还要对实物资产的质量进行鉴定。不同的实物采用不同的检查方法，有的采用物理方法，有的采用化学方法，根据实际情况选取。

实物资产清查过程中,实物资产保管人员和盘点人员必须同时在场。对于盘点结果,应如实登记"盘存单",并由盘点人员和实物保管人员签字或盖章,以明确经济责任。盘存单既是记录盘点结果的书面证明,也是反映财产物资实存数的原始凭证。盘存单的一般格式如表7-2所示。

表7-2　盘存单

单位名称：　　　　　　盘点时间：　　　　　　编号：
财产类别：　　　　　　存放地点：　　　　　　金额单位：

编号	名称	计量单位	数量	单价	金额	备注

盘点人（签章）：　　　　　　　　　　保管人（签章）：

为了查明实存数与账存数是否一致,确定盘盈或盘亏情况,应根据盘存单和有关账簿的记录,编制"实存账存对比表"。实存账存对比表是用以调整账簿记录的重要原始凭证,也是分析产生差异原因和明确经济责任的依据。实存账存对比表的一般格式如表7-3所示。

表7-3　实存账存对比表

编号	类别及名称	计量单位	单价	实存		账存		差异				备注
								盘盈		盘亏		
				数量	金额	数量	金额	数量	金额	数量	金额	

主管人员：　　　　　　会计：　　　　　　制表：

三、往来款项的清查方法

往来款项主要包括应收应付款项和预收预付款项等。往来款项的清查一般采用发函证询的方法进行核对。清查单位应在其各种往来款项记录准确的基础上,按每一个经济往来单位填写"往来款项对账单"。其格式一般为一式两联,其中一联作为回单联。对方单位如核对相符,应在回单联上盖章后退回；如核对不符,则应将不符的情况在回单联上注明,或另抄对账单退回,以便进一步清查。

往来款项清查以后,应将清查结果编制成"往来款项清查报告单",填列各项债权债务的余额。对于有争议的款项以及无法收回的款项,应在报告单上详细列明情况,以便及时采取措施进行处理，避免或减少坏账损失。

第三节 财产清查结果的处理

一、财产清查结果处理的要求

对于财产清查中发现的问题，如财产物资的盘盈、盘亏、毁损或其他各种损失，应核实情况，调查分析产生的原因，按照国家有关法律法规的规定进行相应处理。

财产清查结果处理的具体要求有：

（1）分析产生差异的原因和性质，提出处理建议

对于财产清查所发现的盘盈、盘亏，应及时查明原因，明确经济责任，并依据有关规定进行处理。对于一些合理的物资损耗等，只要在规定的损耗标准和范围内，会计人员可按照规定及时作出处理。对于超出职权范围，会计人员无权自行处理，应及时报请单位负责人做出处理。一般而言，个人造成的损失，应由个人赔偿；因管理不善原因造成的损失，应作为企业管理费用入账；因自然灾害造成的非常损失，列入企业的营业外支出。

（2）积极处理多余积压财产，清理往来款项

对于财产清查中发现多余、积压物资，应分不同情况来处理。属于盲目采购或者盲目生产等原因造成的积压，一方面积极利用或者改造出售，另一方面要停止采购或生产。

（3）总结经验教训，建立和健全各项管理制度

财产清查后，要针对存在的问题和不足，总结经验教训，采取必要的措施，建立健全财产管理制度，进一步提高财产管理水平。

（4）及时调整账簿记录，保证账实相符

对于财产清查中发现的盘盈或盘亏，应根据清查中取得的原始凭证填制记账凭证，登记有关账簿，及时调整账面记录，使各种财产物资的账存数与实存数相一致，同时反映待处理财产损溢的发生。

二、财产清查结果处理的步骤与方法

对于财产清查结果的处理可分为以下两种情况。

1. 审批之前的处理

根据"清查结果报告表"和"盘点报告表"等已经查实的数据资料填制记账凭证，记入有关账簿，使账簿记录与实际盘存数相符，同时根据企业的管理权限，将处理建议报股东大会或董事会或经理（厂长）会议或类似机构批准。

2. 审批之后的处理

企业清查的各种财产的损溢，应于期末前查明原因，并根据企业的管理权限，经股

东大会或董事会或经理（厂长）会议或类似机构）批准后，在期末结账前处理完毕。企业应严格按照有关部门对财产清查结果提出的处理意见进行账务处理，填制有关记账凭证，登记有关账簿，并追回由于相关责任者原因造成的财产损失。

期末结账前，如企业清查的各种财产的损溢未获批准，在对外提供财务报表时，先按上述规定进行处理，并在附注中予以说明；其后批准处理的金额与已处理金额不一致的，调整财务报表相关项目的年初数。

三、财产清查结果的账务处理

（一）设置"待处理财产损溢"账户

为了反映和监督企业在财产清查过程中查明的各种财产物资的盘盈、盘亏、毁损及其处理情况，应设置"待处理财产损溢"账户（但固定资产盘盈和毁损应分别通过"以前年度损益调整"和"固定资产清理"账户核算）。"待处理财产损溢"账户属于双重性质的资产类账户，下设"待处理流动资产损溢"和"待处理非流动资产损溢"两个明细分类账户进行明细分类核算。"待处理财产损溢"账户结构如表7-4所示。

表7-4 待处理财产损溢

借方	贷方
①清查时发现的盘亏数	①清查时发现的盘盈数
②经批准后盘盈的转销数	②经批准后盘亏的转销数

期末无余额

"待处理财产损溢"账户的借方登记财产物资的盘亏数、毁损数和批准转销的财产物资盘盈数；贷方登记财产物资的盘盈数和批准转销的财产物资盘亏及毁损数。企业清查的各种财产的盘盈、盘亏和毁损应在期末结账前处理完毕，所以"待处理财产损溢"账户在期末结账后没有余额。

（二）库存现金清查结果的账务处理

1.库存现金盘盈的账务处理

库存现金盘盈时，应及时办理库存现金的入账手续，调整库存现金账簿记录，即按盘盈的金额借记"库存现金"科目，贷记"待处理财产损溢"科目。即：

借：库存现金
　　贷：待处理财产损溢——待处理流动资产损溢

对于盘盈的库存现金，应及时查明原因，并按管理权限报经批准后做如下账务处理：

借：待处理财产损溢——待处理流动资产损溢
　　贷：其他应付款（应补付）
　　　　营业外收入（无法查明原因）

【例 7-2】 康盛塑料公司在现金清查中发现现金溢余 150 元，后查明其中的 50 元应付给职工钱小小的报销款，100 元无法查明原因。

（1）盘盈时，康盛塑料公司根据"库存现金盘点报告表"，编制会计分录如下：

借：库存现金　　　　　　　　　　　　　　　　　　150
　　贷：待处理财产损溢　　　　　　　　　　　　　　　150

（2）批准后，根据批准处理意见，康盛塑料公司应编制企业会计分录为：

借：待处理财产损溢　　　　　　　　　　　　　　　150
　　贷：其他应付款——钱小小　　　　　　　　　　　　50
　　　　营业外收入　　　　　　　　　　　　　　　　100

2. 库存现金盘亏的账务处理

库存现金盘亏时，应及时办理盘亏的确认手续，调整库存现金账簿记录，即按盘亏的金额，借记"待处理财产损溢——待处理流动资产损溢"科目，贷记"库存现金"科目，即：

借：待处理财产损溢——待处理流动资产损溢
　　贷：库存现金

对于盘亏的库存现金，应及时查明原因，按管理权限报经批准后，按可收回的保险赔偿和过失人赔偿的金额以及无法查明等原因造成净损失的金额和自然灾害等原因造成净损失的金额等做如下账务处理：

借：其他应收款（可收回的赔偿金额）
　　管理费用（管理不善造成的或无法查明原因造成的）
　　营业外支出（自然灾害等原因）
　　贷：待处理财产损溢——待处理流动资产损溢

【例 7-3】 康盛塑料公司在现金清查中发现现金短缺 150 元，后查明由于管理不善原因造成的。

（1）盘亏时，康盛塑料公司根据"库存现金盘点报告表"，编制会计分录如下：

借：待处理财产损溢——待处理流动资产损溢　　　　150
　　贷：库存现金　　　　　　　　　　　　　　　　　150

（2）批准后，根据批准处理意见，康盛塑料公司应编制企业会计分录为：

借：管理费用　　　　　　　　　　　　　　　　　　150

贷：待处理财产损溢——待处理流动资产损溢　　　　　　　　　　　　150

（三）存货清查结果的账务处理

1.存货盘盈的账务处理

存货盘盈时，应及时办理存货入账手续，调整存货账簿的实存数。盘盈的存货应按其重置成本作为入账价值，做如下账务处理：

　　借：原材料（库存商品）
　　　　贷：待处理财产损溢——待处理流动资产损溢

对于盘盈的存货，应及时查明原因，按管理权限报经批准后，冲减管理费用，即按其入账价值，做如下账务处理：

　　借：待处理财产损溢——待处理流动资产损溢
　　　　贷：管理费用

【例7-4】　康盛塑料公司在财产清查中，盘盈甲材料一批，价值5 000元，后查明由于管理材料收发计量错误造成的。

（1）报经批准前，康盛公司根据"实存账存对比表"确定的材料盘盈数，编制会计分录如下：

　　借：原材料　　　　　　　　　　　　　　　　　　　　　　　　　5 000
　　　　贷：待处理财产损溢——待处理流动资产损溢　　　　　　　　　　 5 000

（2）批准后，根据批准处理意见，注销材料盘盈，编制会计分录为：

　　借：待处理财产损溢——待处理流动资产损溢　　　　　　　　　　　5 000
　　　　贷：管理费用　　　　　　　　　　　　　　　　　　　　　　　　 5 000

2.存货盘亏的账务处理

存货盘亏时，应按盘亏的金额，做如下账务处理：

　　借：待处理财产损溢——待处理流动资产损溢
　　　　贷：原材料（库存商品）

【注意】材料、产成品和商品采用计划成本（或售价）核算的，还应同时结转成本差异（或商品进销差价）；涉及增值税的，还应进行相应处理。

对于盘亏的存货，应及时查明原因，按管理权限报经批准后，按可收回的保险赔偿和过失人赔偿的金额、管理不善等原因造成净损失的金额以及自然灾害等原因造成净损失的金额和材料的残料价值等，做如下账务处理：

　　借：原材料（残料）
　　　　其他应收款（赔偿）
　　　　管理费用（定额自然损耗）

营业外支出（自然灾害或意外造成的）

贷：待处理财产损溢——待处理流动资产损溢

【例 7-5】 康盛塑料公司在财产清查过程中发现盘亏乙产品 40 件，单价成本 200 元。经查 40 件乙产品全部在一次火灾中烧毁，根据保险合同规定，保险公司赔偿 6 000 元，假定不考虑税费，康盛塑料公司账务处理如下：

（1）报经批准前，康盛公司根据"实存账存对比表"确定的产品盘亏数，编制会计分录如下：

借：待处理财产损溢——待处理流动资产损溢   8 000
  贷：库存商品   8 000

（2）批准后，根据批准处理意见，编制会计分录为：

借：其他应收款——保险公司   6 000
  营业外支出   2 000
  贷：待处理财产损溢——待处理流动资产损溢   8 000

（四）固定资产清查结果的账务处理

1. 固定资产盘盈的账务处理

企业在财产清查过程中盘盈的固定资产，经查明确属企业所有，按管理权限报经批准后，应根据盘存凭证填制固定资产交接凭证，并经有关人员签字后送交企业会计部门，填写固定资产卡片账，作为前期差错处理，通过"以前年度损益调整"科目核算。盘盈的固定资产通常按其重置成本及其所涉及增值税、所得税和盈余公积的数额等，做如下账务处理：

借：固定资产（重置成本）
  贷：以前年度损益调整

【例 7-6】 2×××年 1 月 10 号，康盛塑料公司在财产清查过程中发现账外设备一台，该设备是 2××6 年 12 月购入，重置成本为 100 万元（假定与其计税基础不存在差异），假定康盛塑料公司按净利润的 10% 提取盈余公积，不考虑相关税费及其他有关因素的影响，账务处理如下：

（1）盘盈时，康盛塑料公司根据"固定资产盘盈盘亏报告表"，编制会计分录如下：

借：固定资产   1 000 000
  贷：以前年度损益调整   1 000 000

（1）结转为留存收益时，编制会计分录如下：

借：以前年度损益调整   1 000 000

贷：盈余公积——法定盈余公积　　　　　　　　　　　　　　　　　　　100 000
　　　　利润分配——未分配利润　　　　　　　　　　　　　　　　　　　　900 000

2. 固定资产盘亏的账务处理

固定资产盘亏时，应及时办理固定资产注销手续，按盘亏固定资产的账面价值和已提的折旧额做如下账务处理（涉及增值税和递延所得税的，还应按相关规定处理）：

　　借：待处理财产损溢——待处理非流动资产损溢
　　　　累计折旧
　　贷：固定资产

对于盘亏的固定资产，应及时查明原因，按管理权限报经批准后，按过失人及保险公司应赔偿额、盘亏固定资产的原价扣除累计折旧和过失人及保险公司赔偿后的差额及盘亏固定资产的账面价值，做如下账务处理：

　　借：其他应收款（赔偿）
　　　　营业外支出（差额）
　　贷：待处理财产损溢——待处理非流动资产损溢

【例7-7】 康盛塑料公司在财产清查过程中发现短缺设备一台，该设备账面价值为20万元，已计提折旧140 000元。账务处理如下：

（1）盘亏时，根据"固定资产盘盈盘亏报告表"确定的固定资产盘亏数，编制会计分录如下：

　　借：待处理财产损溢——待处理非流动资产损溢　　　　　　　　　　　60 000
　　　　累计折旧　　　　　　　　　　　　　　　　　　　　　　　　　140 000
　　贷：固定资产　　　　　　　　　　　　　　　　　　　　　　　　1 000 000

（2）在批准后，根据批准意见，转销固定资产盘亏的会计分录如下：

　　借：营业外支出　　　　　　　　　　　　　　　　　　　　　　　　60 000
　　贷：待处理财产损溢——待处理非流动资产损溢　　　　　　　　　　60 000

（五）结算往来款项盘存的账务处理

在财产清查过程中发现的长期未结算的往来款项应及时清查。对于经查明确实无法支付的应付款项可按规定程序报经批准后转作营业外收入。

对于无法收回的应收款项则作为坏账损失冲减坏账准备。坏账是指企业无法收回或收回的可能性极小的应收款项。由于发生坏账而产生的损失，称为坏账损失。

企业通常应将符合下列条件之一的应收款项确认为坏账：

（1）债务人死亡，以其遗产清偿后仍然无法收回；

（2）债务人破产，以其破产财产清偿后仍然无法收回；

（3）债务人较长时间内未履行其偿债义务，并有足够的证据表明其所欠款项无法收回或者收回的可能性极小。

企业对有确凿证据表明确实无法收回的应收款项，经批准后将其作为坏账损失。借记"坏账准备"科目，账务处理如下：

借：坏账准备
　　贷：应收账款等

有证据表明企业确实无法支付的应付款项，经批准后，贷记"营业外收入"科目。

借：应付账款等
　　贷：营业外收入

对于已确认为坏账的应收款项，并不意味着企业放弃了追索权；一旦重新收回，应及时入账。

【例7-8】 康盛塑料公司确定一笔应付账款为3 600元的款项为无法支付的款项，应予转销。编制会计分录如下：

借：应付账款　　　　　　　　　　　　　　　　3 600
　　贷：营业外收入　　　　　　　　　　　　　　　　3 600

第八章 财务报表

本章基本要求

了解	财务报表的概念与分类、财务报表编制前的准备工作
熟悉	财务报表编制的基本要求、资产负债表的列示要求与编制方法、利润表的列示要求与编制方法
掌握	资产负债表的概念与作用、利润表的概念与作用

第一节 财务报表概述

财务报表是企业、单位会计部门在日常会计核算的基础上定期编制的、综合反映财务状况和经营成果的书面文件。一个企业日常发生的会计事项，基本上反映了该企业在一定日期的财务状况和经营成果。但这些会计记录比较分散，不能集中概括地说明企业经济活动总的面貌。会计报表可以为企业的管理者、决策者、股东以及财政、银行、信贷等机构提供必要的财务资料，为现在和潜在的投资者、债权人提供有用的信息，帮助他们做出合理的投资和信贷决策。

一、财务报表的概念与分类

财务报表是企业财务会计确认与计量结果的最终体现，它把分散在各账簿上的资料进行分类、计算和汇总，形成一套全面、综合反映企业财务状况和经营成果的文件。

企业与行政事业单位等的经济活动和财务收支，经过日常的会计核算，已在账簿中序时、连续、系统地做了归集和记录。但这些核算资料是分散地反映在各个账户之中的，不能集中地、总括地、一目了然地反映企业与行政、事业单位等的经济活动和财务收支全貌；另外，会计部门的账簿资料作为重要的会计档案，也并不便于提供给其他职能部门使用，更不能为企业外部的人随便使用，所以，要最终定期根据账簿资料编制财务报表对外输出财务信息。

（一）财务报表的概念

财务报表是对企业财务状况、经营成果和现金流量的结构性表述。

财务报表至少应当包括下列组成部分：

(1) 资产负债表

资产负债表是反映企业在某一特定日期的财务状况的财务报表。

(2) 利润表

利润表是反映企业在一定会计期间的经营成果的财务报表。

(3) 现金流量表

现金流量表是反映企业在一定会计期间的现金和现金等价物流入和流出的财务报表。

(4) 所有者权益变动表

所有者权益变动表是反映构成所有者权益的各组成部分当期的增减变动的财务报表。

(5) 附注，即"四表一注"

附注是对在资产负债表、利润表、现金流量表和所有者权益变动表等报表中所列示的文字描述或明细资料，以及对未来能在这些报表中列示项目的说明等。

财务报表上述组成部分具有同等的重要程度。

（二）财务报表的分类

财务报表可以按其编报期间不同分为中期财务报表和年度财务报表；按其编报主体不同分为个别财务报表和合并财务报表。

1. 按编报期间不同分类

(1) 中期财务报表，是以短于一个完整会计年度的报告期间为基础编制的财务报表，包括月报、季报和半年报等。中期财务报表至少包括资产负债表、利润表、现金流量表和附注，其中，中期资产负债表、利润表、现金流量表应当是完整报表，其格式与内容应当与年度财务报表一致。与年度财务报表相比，中期财务报表中的附注披露可适当简略。

(2) 年度财务报表，是指以一个完整的会计年度（自公历1月1日起至12月31日止）为基础编制的财务报表。年度财务报表一般包括资产负债表、利润表、现金流量表和附注等内容。年报要求揭示完整，反映全面；月报要求简明扼要，及时反映；季报和半年报在会计信息的详细程度方面介于前两者之间。

2. 按编报主体不同分类

(1) 个别财务报表，是由企业在自身会计核算基础上对账簿记录进行加工而编制的财务报表，它主要用以反映企业自身的财务状况、经营成果和现金流量情况。

(2) 合并财务报表，是以母公司和子公司组成的企业集团为会计主体，根据母公司和所属子公司的财务报表，由母公司编制的组合反映企业集团财务状况、经营成果及现金流量的财务报表。

二、财务报表编制的基本要求

财务报表是按照一定的格式和一定的指标体系，对日常会计核算资料进行加工整理而编制出来的，它对国家宏观经济管理、企业内部管理决策以及投资人、债权人对企业经营管理进行考察都有重要意义，因此企业在编制财务报表时一定要做到以下几点：

（一）以持续经营为基础编制

应当以持续经营为基础，根据实际发生的交易和事项，按照《企业会计准则——基本准则》和其他各项会计准则的规定进行确认和计量，在此基础上编制财务报表。以持续经营为基础编制财务报表不再合理，企业应当采用其他基础编制财务报表，并在附注中声明财务报表未以持续经营为基础编制的事实、披露未以持续经营为基础编制财务报表的原因和财务报表的编制基础。

（二）按正确的会计基础编制

除现金流量表按照收付实现制原则编制外，企业应当按照权责发生制原则编制财务报表。

（三）至少按年编制财务报表

企业至少应当按年编制财务报表。年度财务报表涵盖的期间短于一年的，应当披露年度财务报表的涵盖期间、短于一年的原因以及报表数据不具可比性的事实。

（四）项目列报遵守重要性原则

重要性，是指在合理预期下，财务报表某项目的省略或错报会影响使用者据以作出经济决策，则该项目具有重要性。

重要性应当根据企业所处的具体环境，从项目的性质和金额两方面予以判断，且对各项目重要性的判断标准一经确定，不得随意变更。判断项目的重要性，应当考虑该项目在性质上是否属于企业日常活动以及是否显著影响企业的财务状况、经营成果和现金流量等因素；判断项目金额大小的重要性，应当考虑该项目金额占资产总额、负债总额、所有者权益总额、营业收入总额、营业成本总额、净利润总额和综合收益总额等直接相关项目金额的比重或所属报表单列项目金额的比重。

（1）性质或功能不同的项目，应当在财务报表中单独列报，但不具有重要性的项目除外。

（2）性质或功能类似的项目，其所属类别具有重要性的，应当按其类别在财务报表中单独列报。

（3）某些项目的重要性程度不足以在资产负债表、利润表、现金流量表或所有者权益变动表中单独列示，但对附注却具有重要性，则应当在附注中单独披露。

《企业会计准则第 30 号——财务报表列报》规定在财务报表中单独列报的项目，应当单独列报；其他会计准则规定单独列报的项目，应当相应增加单独列报项目。

（五）保持各个会计期间财务报表项目列报的一致性

财务报表项目的列报应当在各个会计期间保持一致，除会计准则要求改变财务报表项目的列报或企业经营业务的性质发生重大变化后变更财务报表项目的列报能够提供更可靠、更相关的会计信息外，不得随意变更。除此之外，财务报表项目的分类和排列顺序等方面也不得随意变更。

（六）各项目之间的金额不得相互抵销

财务报表中的资产项目和负债项目的金额、收入项目和费用项目的金额、直接计入当期利润的利得项目和损失项目的金额不得相互抵销，即财务报表项目应当以总额列报，不得以净额列报。但其他会计准则另有规定的除外。

【注意】①资产或负债项目按扣除备抵项目后的净额列示，不属于抵销。例如，资产负债表中"固定资产"一项要求填列"固定资产"扣除"累计折旧"后的"净额"，以反映"固定资产"当时的真实价值。②非日常活动产生的利得和损失，以同一交易形成的收益扣减相关费用后的净额列示更能反映交易实质的，不属于抵销。这是因为无论利得还是损失都具有偶然性。

（七）至少应当提供所有列报项目上一个可比会计期间的比较数据

当期财务报表的列报，至少应当提供所有列报项目上一个可比会计期间的比较数据，以及与理解当期财务报表相关的说明。但其他会计准则另有规定的除外。

财务报表的列报项目发生变更的，应当至少对可比期间的数据按照当期的列报要求进行调整，并在附注中披露调整的原因和性质，以及调整的各项目金额。对可比数据进行调整不切实可行的，应当在附注中披露不能调整的原因。

（八）应当在财务报表的显著位置披露编报企业的名称等重要信息

企业应当在财务报表的显著位置（如表首）至少披露下列各项内容：

（1）编报企业的名称；

（2）资产负债表日或财务报表涵盖的会计期间；

（3）人民币金额单位；

（4）财务报表是合并财务报表的，应当予以标明。

企业应当按照有关法律、行政法规规定的结账日进行结账。年度结账日为公历年度每年的 12 月 31 日；半年度、季度、月度分别为公历年度每半年度、每季、每月的最后一天。并且要求：月度财务报表应当于月度终了后 6 天内（节假日顺延，下同）对外提供，季度财务报表应当于季度终了后 15 天内对外提供，半年度财务报表应当于年度中期结束后 60 天内（相当于两个连续的月份）对外提供，年度财务报表应当于年度终了后 4 个月内对外提供。

伪造、变造财务报表都是违反《会计法》的，最终将受到惩罚，因此，每一位会计人员在编制财务报表时必须实事求是，认真负责。

三、财务报表编制前的准备工作

在编制财务报表前需要完成下列工作：

1. 严格审核会计账簿的记录和有关资料；
2. 进行全面的财产清查，核实债务，并按规定程序报批，进行相应的会计处理；
3. 按规定的结账日进行结账，结出有关会计账簿的余额和发生额，并核对各会计账簿之间的余额；
4. 检查相关的会计核算是否按照国家统一的会计制度的规定进行；
5. 检查是否存在因会计差错、会计政策变更等原因需要调整前期或本期相关项目的情况等。

第二节　资产负债表

一、概念

资产负债表是反映企业在某一特定日期的财务状况的报表,是企业经营活动的静态体现。

依据：资产＝负债＋所有者权益

二、内容

（一）资产

按照流动资产和非流动资产两大类别列示。

- 流动资产以外的资产
- 预计在一个正常营业周期中变现、出售或耗用，或者主要为交易目的而持有，或者预计在资产负债表日起一年内（含一年）变现的资产，或者自资产负债表日起一年内交换其他资产或清偿负债的能力不受限制的现金或现金等价物

（二）负债

按照流动负债和非流动负债列示。

- 流动负债以外的负债
- 预计在一个正常营业周期中清偿，或者主要为交易目的而持有，或者自资产负债表日起一年内（含一年）到期应予以清偿，或者企业无权自主地将清偿推迟至资产负债表日后一年以上的负债

（三）所有者权益

所有者权益包括实收资本、其他权益工具、资本公积、其他综合收益、盈余公积和未分配利润等。

三、结构

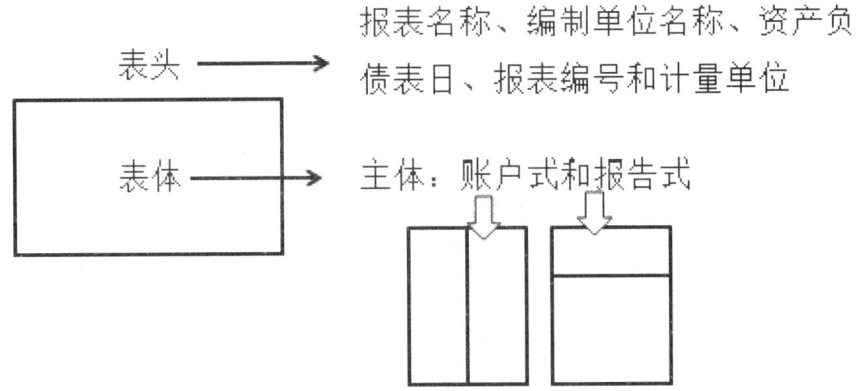

我国企业的资产负债表采用账户式结构。

提示：账户式结构简单理解就是左右结构；报告式结构简单理解就是上下结构。

资产负债表简表（表体部分）：

资产	期末余额	年初余额	负债和所有者权益	期末余额	年初余额
流动资产：			流动负债：		
货币资金			短期借款		
存货			流动负债合计		
流动资产合计			非流动负债合计		
			负债合计		
固定资产			所有者权益：		
非流动资产合计			实收资本		
			未分配利润		
			所有者权益合计		
资产合计			负债和所有者权益合计		

提示：高危行业企业如有按国家规定提取安全生产费的，应当在资产负债表所有者权益项下的"其他综合收益"项目和"盈余公积"项目之间增设"专项储备"项目，反映企业提取的安全生产费期末余额。

企业衍生金融工具业务具有重要性的，应当在资产负债表资产项下"交易性金融资产"和"应收票据及应收账款"项目之间增设"衍生金融资产"项目，在资产负债表负债项下"交易性金融负债"和"应付票据及应付账款"项目之间增设"衍生金融负债"项目，分别反映企业衍生工具形成资产和负债的期末余额。

四、资产负债表的编制
（一）填列方法

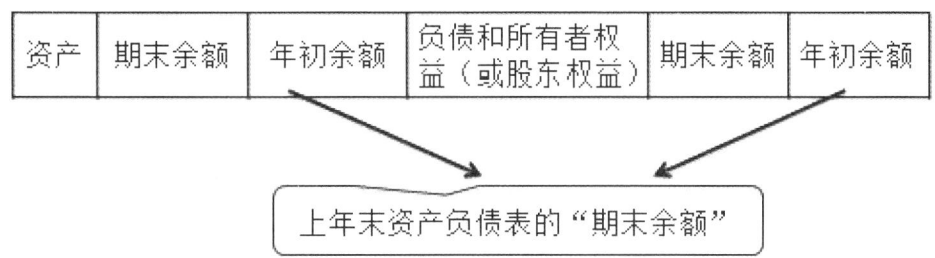

如果上年度资产负债表规定的各个项目的名称和内容与本年度不相一致，应按照本年度的规定对上年末资产负债表各项目的名称和数字进行调整，填入本表"年初余额"栏内。

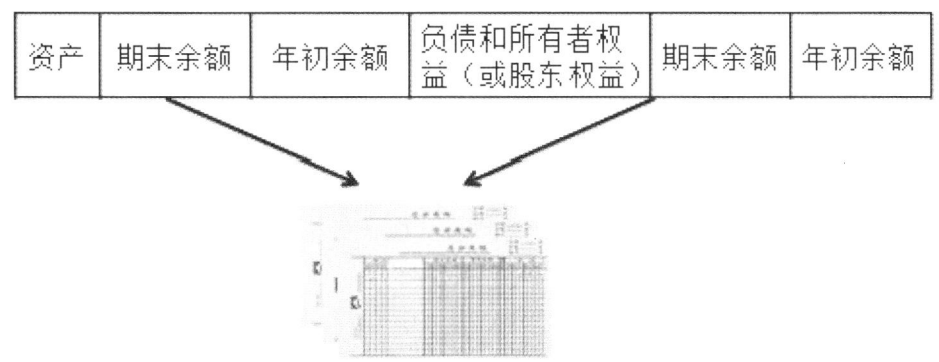

报表项目≠会计科目，报表项目与会计科目不是一一对应关系。

1.根据总账科目的余额填列

方法	项目
根据总账科目余额直接填列	递延所得税资产、短期借款、持有待售负债、预计负债、递延收益、递延所得税负债等、实收资本、资本公积、其他综合收益、盈余公积等
根据几个总账科目余额计算填列	货币资金＝库存现金＋银行存款＋其他货币资金 其他应付款＝应付利息＋应付股利＋其他应付款 未分配利润＝本年利润＋利润分配

提示：未弥补的亏损，应以"－"号填列。

2.根据有关科目余额减去其备抵科目余额后的净额填列

备抵科目：坏账准备，累计折旧，固定资产减值准备，累计摊销，无形资产减值准备，存货跌价准备，在建工程减值准备等

①其他应收款＝应收利息＋应收股利＋其他应收款－坏账准备
②固定资产＝固定资产－累计折旧－固定资产减值准备＋固定资产清理
③无形资产＝无形资产－累计摊销－无形资产减值准备

④在建工程＝在建工程－在建工程减值准备＋工程物资－工程物资减值准备

3．根据明细科目余额计算填列

①应收票据及应收账款，应付票据及应付账款，预收款项，预付款项

②开发支出：资本化支出明细科目期末余额计算填列

③应付职工薪酬：明细科目期末余额计算填列

④一年内到期的非流动资产/负债：有关非流动资产和非流动负债项目的明细科目余额计算填列

"应收票据及应收账款"项目填列：

应收账款－A	应收账款－B	预收账款－C	预收账款－D
200 | 100	100 | 150	100 | 50	| 100
100 |	| 50	50 |	| 100

"应收账款——A"明细科目借方余额反映应收A公司的款项

"应收账款——B"明细科目贷方余额反映多收（预收）B公司的款项

"预收账款——C"明细科目借方余额反映应收C公司的款项

"预收账款——D"明细科目贷方余额反映预收D公司的款项

预收款项＝"预收账款"所属明细科目贷方余额＋"应收账款"所属明细科目贷方余额

应收票据及应收账款＝"应收票据"科目的期末余额＋"应收账款"所属明细科目借方余额＋"预收账款"所属明细科目借方余额－相应"坏账准备"期末余额

应付账款－A	应付账款－B	预付账款－C	预付账款－D
100 | 50	| 100	50 |	100 | 200
50 |	| 100	50 |	| 100

"应付账款——A"明细科目借方余额反映多付（预付）A公司的款项

"应付账款——B"明细科目贷方余额反映应付B公司的款项

"预付账款——C"明细科目借方余额反映预付C公司的款项

"预付账款——D"明细科目贷方余额反映应付D公司的款项

预付款项＝"预付账款"所属明细科目借方余额＋"应付账款"所属明细科目借方余额－相应"坏账准备"期末余额

应付票据及应付账款＝"应付票据"科目的期末余额＋"应付账款"所属明细科目贷方余额＋"预付账款"所属明细科目贷方余额

总结：

应收票据及应收账款＝应收票据＋应收账款明细科目借方余额＋预收账款明细科目借方余额－坏账准备

预收款项＝预收账款明细科目贷方余额＋应收账款明细科目贷方余额

应付票据及应付账款＝应付票据＋应付账款明细科目贷方余额＋预付账款明细科目贷方余额

预付款项＝预付账款明细科目借方余额＋应付账款明细科目借方余额－坏账准备

记忆口诀：收＋收、付＋付、资产借借加、负债贷贷加

4.根据总账科目和明细科目余额分析计算填列

> 长期借款＝总账科目余额－所属的明细科目中将于一年内到期且不能将清偿义务展期的长期借款余额
>
> ↓ 一年内到期的非流动负债
>
> 长期待摊费用＝总账科目余额－将于一年内（含一年）摊销的金额
>
> ↓ 一年内到期的非流动资产

5.综合运用上述填列方法分析填列

存货＝原材料＋库存商品＋委托加工物资＋周转材料＋材料采购＋在途物资＋发出商品＋委托代销商品＋生产成本＋材料成本差异（借加，贷减）＋受托代销商品等－存货跌价准备－受托代销商品款－商品进销差价

提示：工程物资不属于企业的存货。

（二）重要资产项目说明

1."其他应收款"项目＝应收股利＋应收利息＋其他应收款－坏账准备

2."持有待售资产"项目＝持有待售资产－持有待售资产减值准备

（三）重要负债项目说明

1."应交税费"项目根据应交税费科目的期末贷方余额填列。

如"应交税费"科目期末为借方余额，应以"-"号填列；需要说明的是，"应交税费"科目下的"应交增值税""未交增值税""待抵扣进项税额""待认证进项税额""增值税留抵税额"等明细科目期末借方余额应根据情况，在"其他流动资产"或"其他非流动资产"项目列示；"应交税费——待转销项税额"等科目期末贷方余额应根据情况，在"其他流动负债"或"其他非流动负债"项目列示；"应交税费"科目下的"未交增值税""简易计税""转让金融商品应交增值税""代扣代交增值税"等科目期末贷方余额应在"应交税费"项目列示。

2."持有待售负债"项目根据持有待售负债科目的期末余额填列。

3.其他负债项目

项目	填列方法
合同负债	根据合同负债相关明细科目期末余额分析填列
长期应付款	长期应付款－未确认融资费用＋专项应付款－所属相关明细科目中将于一年内到期的部分
递延收益	根据递延收益科目的期末余额填列

（四）主要所有者权益项目说明

项目	填列方法
实收资本	实收资本
资本公积	资本公积
其他综合收益	其他综合收益
盈余公积	盈余公积

我国企业资产负债表的格式一般如表 8-1 所示。

表 8-1 资产负债表

编制单位：　　　　　　　　　　　　　年　月　日　　　　　　　　　　　　单位：元

资　产	年初数	期末数	负债及所有者权益	年初数	期末数
流动资产：			**流动负债：**		
货币资金			短期借款		
库存现金			交易性金融负债		
银行存款			衍生金融负债		
其他货币资金			应付票据及应付账款		
交易性金融资产			预收款项		
衍生金融资产			合同负债		
应收票据及应收账款			应付职工薪酬		
预付账款			应交税费		
其他应收款			其他应付款		
存货			持有待售负债		
合同资产			一年内到期的非流动负债		
持有待售资产			其他流动负债		
一年内到期的非流动资产			**流动负债合计**		
其他流动资产			**非流动负债：**		
流动资产合计			长期借款		

续表

资　产	年初数	期末数	负债及所有者权益	年初数	期末数
非流动资产：			应付债券		
债权投资			长期应付款		
其他债权投资			专项应付款		
长期应收款			预计负债		
长期股权投资			递延收益		
其他权益工具投资			递延所得税负债		
投资性房地产			其他非流动负债		
其他非流动金融资产			**非流动负债合计**		
固定资产			**负债合计**		
减：累计折旧			**股东权益（所有者权益）**		
固定资产净值			股本（实收资本）		
在建工程			其他权益工具		
生产性生物资产			资本公积		
油气资产			减：库存股		
无形资产			其他综合收益		
开发支出			专项储备		
商誉			盈余公积		
长期待摊费用			未分配利润		
递延所得税资产			其中：本年利润		
其他非流动资产			**股东权益合计**		
**　非流动资产合计**					
**　资产合计**			**负债及所有者权益合计**		

单位负责人：　　　　　会计主管：　　　　　复核：　　　　　制表：

第三节 利润表

一、利润表的概念与作用

利润表是反映企业在一定会计期间的经营成果的财务报表。利润表是动态报表。

企业编制利润报表的目的是如实反映企业实现的收入、发生的费用以及应当计入当期利润的利得和损失等金额及其结构情况，帮助使用者分析评价企业的盈利能力、利润构成及其质量，利润表包括的项目有营业收入、营业成本、营业利润、利润总额、净利润等。

利润表的作用主要有：

（1）反映一定会计期间收入的实现情况；

（2）反映一定会计期间的费用耗费情况；

（3）反映企业经济活动成果的实现情况，据以判断资本保值增值等情况。

二、利润表的结构

利润表的结构有单步式和多步式两种。

我国企业的利润表采用多步式格式。

我国企业利润表的格式一般如表8-2所示。

表8-2 利润表

编制单位：　　　　　　　　　　　　年　月　　　　　　　　　　　单位：元

项目	本期金额	上期金额
一、营业收入		
减：营业成本		
税金及附加		
销售费用		
管理费用		
研发费用		
财务费用		
其中：利息费用		
利息收入		
资产减值损失		
信用减值损失		
加：其他收益		
公允价值变动收益（损失"－"号）		
投资收益（损失以"－"号填列）		
资产处置收益		

续表

项目	本期金额	上期金额
二、营业利润（亏损以"－"号填列）		
加：营业外收入		
减：营业外支出		
三、利润总额（亏损总额以"－"号填列）		
减：所得税费用		
四、净利润（净亏损以"－"号填列）		
五、其他综合收益的税后净额		
六、综合收益总额		
七、每股收益		

单位负责人：　　　　会计主管：　　　　复核：　　　　制表：

三、利润表编制的基本方法

为了使报表使用者通过不同期间利润的实现情况判断企业经营成果的未来发展趋势，企业需要提供比较利润表。所以，利润表各项目需要分为"本期金额"和"上期金额"两栏分别填列。

（一）"本期金额"栏的填列方法

利润表中"本期金额"栏反映各项目的本期实际发生数，主要应依据损益类各科目的本期实际发生额列报。

利润表的主要项目的填列方法如下：

1. "营业收入"项目

"营业收入"项目，反映企业日常经营活动所确认的收入总额，应根据"主营业务收入"和"其他业务收入"科目的本期发生额计算填列。

2. "营业成本"项目

"营业成本"项目，反映企业日常经营活动发生的与营业收入直接配比的实际成本总额，应根据"主营业务成本"和"其他业务成本"科目的本期发生额计算填列。

3. "税金及附加"项目

"税金及附加"项目，反映企业日常经营活动应负担的消费税、城市维护建设税和教育费附加等，应根据"税金及附加"科目的本期发生额分析填列。

4. "期间费用"项目

"销售费用""管理费用"和"财务费用"项目，反映企业发生的各项期间费用，应分别根据"销售费用""管理费用"和"财务费用"科目的本期发生额分析填列。"研发费用"应根据管理费用下"研发费用"明细科目的发生额分析填列。

5."资产减值损失"项目

"资产减值损失"项目，反映企业各项资产发生的减值损失，应根据"资产减值损失"科目的本期发生额分析填列。

6."信用减值损失"项目

"信用减值损失"项目，反映企业按照新金融工具准则的要求计提的各项金融工具减值准备所形成的预期信用损失。该项目应根据"信用减值损失"科目的发生额分析填列。

7."其他收益"项目

"其他收益"项目，反映计入其他收益的政府补助等。该项目应根据"其他收益"科目的发生额分析填列。

8."公允价值变动收益"项目

"公允价值变动收益"项目，反映企业发生的应计入当期损益的资产或负债公允价值变动收益，应根据"公允价值变动损益"科目的本期发生额分析填列，如为净损失，则应以"－"号填列。

9."投资收益"项目

"投资收益"项目，反映企业以各种方式对外投资所取得的收益，应根据"投资收益"科目的本期发生额分析填列；如为投资损失，则应以"－"号填列。

10."资产处置收益"项目

"资产处置收益"项目，反映企业出售划分为持有待售的非流动资产（金融工具、长期股权投资和投资性房地产除外）或处置组（子公司和业务除外）时确认的处置利得或损失，以及处置未划分为持有待售的固定资产、在建工程、生产性生物资产及无形资产而产生的处置利得或损失。债务重组中因处置非流动资产产生的利得或损失和非货币性资产交换中换出非流动资产产生的利得或损失也包括在本项目内。该项目应根据"资产处置损益"科目的发生额分析填列；如为处置损失，以"－"号填列。

11."营业外收入"和"营业外支出"项目

"营业外收入"和"营业外支出"项目，分别反映企业直接计入当期损益的利得和损失，应分别根据"营业外收入"和"营业外支出"科目的本期发生额分析填列。

12."所得税费用"项目

"所得税费用"项目，反映企业应从当期利润总额中扣除的所得税费用，应根据"所得税费用"科目的本期发生额分析填列。

13."营业利润""利润总额"和"净利润"项目

"营业利润""利润总额"和"净利润"项目，根据利润表中相关项目计算填列，反映企业实现的各层次利润；如为亏损，各该项目以"－"号填列。

14．"综合收益总额"项目

综合收益总额＝净利润＋其他综合收益（税后净额）

（二）"上期金额"栏的填列方法

"上期金额"栏应根据上年该期利润表"本期金额"栏内所列数字填列。如果上年该期利润表规定的各个项目的名称和内容同本期不一致，应对上年该期利润表各项目的名称和数字按本期的规定进行调整，填入利润表"上期金额"栏内。

第九章 账务处理程序

本章基本要求

了解	企业账务处理程序的概念和意义
熟悉	账务处理程序的一般步骤
掌握	企业账务处理程序的种类、记账凭证账务处理程序的内容、科目汇总表账务处理程序的内容、汇总记账凭证账务处理程序的内容

第一节 账务处理程序概述

一、账务处理程序的概念与意义

账务处理程序，又称会计核算组织程序或会计核算形式，是指会计凭证、会计账簿和财务报表相结合的方式，包括账簿组织和记账程序。账簿组织是指会计凭证和会计账簿的种类与格式以及会计凭证与账簿之间的联系方法；记账程序是指由填制、审核原始凭证到填制、审核记账凭证，登记日记账、明细分类账和总分类账，以及编制财务报表的工作程序和方法等。

由于各个单位业务性质、规模大小和经济业务的繁简程度各异，这就决定了适用账务处理程序也各不相同。科学、合理地选择账务处理程序的意义主要有：

（1）有利于规范会计工作，保证会计信息加工过程的严密性，提高会计信息质量；

（2）有利于保证会计记录的完整性和正确性，增强会计信息的可靠性；

（3）有利于减少不必要的会计核算环节，提高会计工作效率，保证会计信息的及时性。

二、账务处理程序的种类

企业常用的账务处理程序主要有记账凭证账务处理程序、汇总记账凭证账务处理程序和科目汇总表账务处理程序。它们主要的区别是登记总分类账的依据和方法不同。

（一）记账凭证账务处理程序

记账凭证账务处理程序是指对发生的经济业务，先根据原始凭证或汇总原始凭证填制记账凭证，再直接根据记账凭证登记总分类账的一种账务处理程序。

（二）汇总记账凭证账务处理程序

汇总记账凭证账务处理程序是指先根据原始凭证或汇总原始凭证填制记账凭证，定期根据记账凭证分类编制汇总收款凭证、汇总付款凭证和汇总转账凭证，再根据汇总记账凭证登记总分类账的一种账务处理程序。

(三) 科目汇总表账务处理程序

科目汇总表账务处理程序，又称记账凭证汇总表账务处理程序，是指根据记账凭证定期编制科目汇总表，再根据科目汇总表登记总分类账的一种账务处理程序。

以上三种账务处理程序中，记账凭证账务处理程序是最基本的账务处理程序，是其他账务处理程序的基础。

第二节 记账凭证账务处理程序

记账凭证账务处理程序是指对发生的经济业务,先根据原始凭证或汇总原始凭证填制记账凭证,再直接根据记账凭证登记总分类账的一种账务处理程序。它是最基本的一种账务处理程序。它是理解账务处理程序的基础,也是掌握其他账务处理程序的基础。

一、记账凭证账务处理程序的一般步骤

在记账凭证账务处理程序下,记账凭证可以采用通用格式,但一般都采用收款凭证、付款凭证和转账凭证三种格式,账簿需设置库存现金日记账、银行存款日记账、明细账和总账。明细账可以根据实际需要采用三栏式、多栏式和数量金额式(记账凭证账务处理程序下会计凭证与账簿种类示意图,如图9-1所示)。

1. 根据原始凭证填制汇总原始凭证。
2. 根据原始凭证或汇总原始凭证,填制收款凭证、付款凭证和转账凭证,也可以填制通用记账凭证。
3. 根据收款凭证和付款凭证逐笔登记库存现金日记账和银行存款日记账。
4. 根据原始凭证、汇总原始凭证和记账凭证,登记各种明细分类账。
5. 根据记账凭证逐笔登记总分类账。
6. 期末,将库存现金日记账、银行存款日记账和明细分类账的余额与有关总分类账的余额进行核对,确保相符。
7. 期末,根据总分类账和明细分类账的记录编制财务报表。

记账凭证账务处理程序的基本内容如图9-1所示。

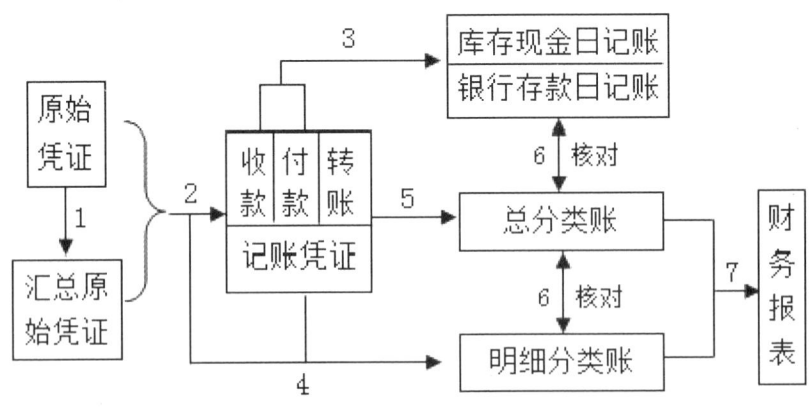

图9-1 记账凭证账务处理程序

二、记账凭证账务处理程序的评价

(一)特点

记账凭证账务处理程序的特点是对发生的经济业务事项,根据原始凭证或者汇总原

始凭证编制记账凭证,然后直接根据记账凭证对总分类账进行逐笔登记。

(二)优缺点

记账凭证账务处理程序的优点是简单明了,易于理解,总分类账可以较详细地反映经济业务发生的情况,便于查账、对账;缺点是如果业务量较大,则登记总分类账的工作量也较大。

(三)适用范围

记账凭证账务处理程序适用于规模较小、经济业务量较小的单位。在实际工作中,如要使用此种账务处理程序,应尽量将原始凭证汇总编制汇总原始凭证,再根据汇总原始凭证编制记账凭证,从而简化登记总账的工作量。

第三节 科目汇总表账务处理程序

一、科目汇总表的编制方法

科目汇总表，又称记账凭证汇总表，是企业定期对全部记账凭证进行汇总后，按照不同的会计科目分别列示各账户借方发生额和贷方发生额的一种汇总凭证。

其格式如表9-1所示。

表9-1 科目汇总表

年 月 日至 日

字第 号

会计科目	本期发生额		记账凭证起讫号码
	借方	贷方	

科目汇总表的编制方法是，根据一定时期内的全部记账凭证，按照会计科目进行归类，定期汇总出每一个账户的借方本期发生额和贷方本期发生额，填写在科目汇总表的相关栏内。科目汇总表可每月编制一张、按旬汇总，也可每旬汇总一次编制一张。任何格式的科目汇总表，都只反映各个账户的借方本期发生额和贷方本期发生额，而并不反映各个账户之间的对应关系。

二、科目汇总表账务处理程序的一般步骤

1. 根据原始凭证填制汇总原始凭证。
2. 根据原始凭证或汇总原始凭证填制记账凭证。
3. 根据收款凭证、付款凭证逐笔登记库存现金日记账和银行存款日记账。
4. 根据原始凭证、汇总原始凭证和记账凭证，登记各种明细分类账。
5. 根据各种记账凭证编制科目汇总表。
6. 根据科目汇总表登记总分类账。
7. 期末，将库存现金日记账、银行存款日记账和明细分类账的余额同有关总分类账的余额进行核对，确保相符。
8. 期末，根据总分类账和明细分类账的记录编制财务报表。

科目汇总表账务处理程序如图9-2所示。

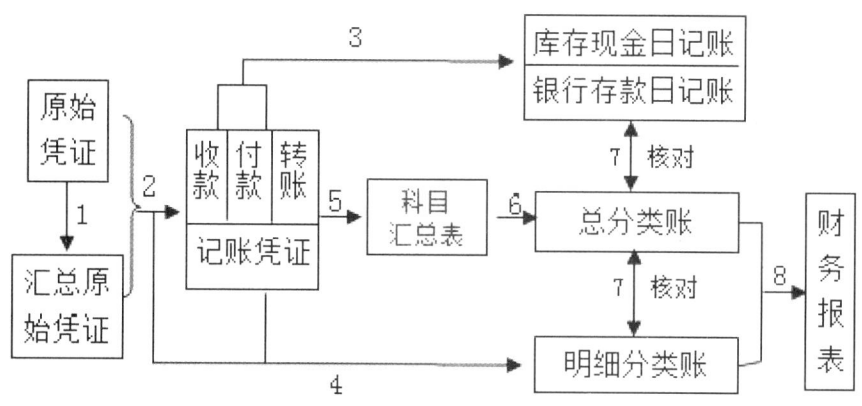

图 9-2 科目汇总表账务处理程序

三、科目汇总表账务处理程序的特点、优缺点和适用范围

（一）特点

科目汇总表账务处理程序的特点是先将所有记账凭证汇总编制成科目汇总表,然后以科目汇总表为依据登记总分类账。

总分类账可以根据每次汇总编制的科目汇总表随时进行登记,也可以在月末根据科目汇总表的借方发生额和贷方发生额的全月合计数一次登记。

（二）优缺点

科目汇总表账务处理程序的优点是减轻了登记总分类账的工作量,易于理解,方便学习,并可做到试算平衡,保证总账登记的正确性;缺点是科目汇总表不能反映各个账户之间的对应关系,不利于对账目进行检查。

（三）适用范围

科目汇总表账务处理程序适用于规模较大、经济业务较多的单位。

第四节 汇总记账凭证账务处理程序

汇总记账凭证账务处理程序是指先根据原始凭证或汇总原始凭证填制记账凭证,定期根据记账凭证分类编制汇总收款凭证、汇总付款凭证和汇总转账凭证,再根据汇总记账凭证登记总分类账的一种账务处理程序。

在汇总记账凭证账务处理程序下,设置的账簿主要有库存现金日记账、银行存款日记账、总分类账和明细分类账,总分类账可以采用三栏式,也可以采用多栏式,其他各种账簿的格式同记账凭证核算程序基本相同。在记账凭证方面,除设收款凭证、付款凭证和转账凭证三种记账凭证外,还应增设汇总收款凭证、汇总付款凭证和汇总转账凭证,并分别依据库存现金、银行存款的收款和付款以及转账凭证汇总填制。

一、汇总记账凭证的编制方法

汇总记账凭证是指对一段时期内同类记账凭证进行定期汇总而编制的记账凭证。汇总记账凭证可以分为汇总收款凭证、汇总付款凭证和汇总转账凭证,三种凭证有不同的编制方法。

(一)汇总收款凭证的编制

汇总收款凭证根据"库存现金"和"银行存款"账户的借方进行编制。汇总收款凭证是在对各账户对应的贷方进行分类之后,再进行汇总编制。总分类账根据各汇总收款凭证的合计数进行登记,分别记入"库存现金"和"银行存款"总分类账户的借方,并将汇总收款凭证上各账户贷方的合计数分别记入有关总分类账户的贷方。

(二)汇总付款凭证的编制

汇总付款凭证根据"库存现金"和"银行存款"账户的贷方进行编制。汇总付款凭证是在对各账户对应的借方进行分类之后,再进行汇总编制。总分类账根据各汇总付款凭证的合计数进行登记,分别记入"库存现金"和"银行存款"总分类账户的贷方,并将汇总付款凭证上各账户借方的合计数分别记入有关总分类账户的借方。

在填制时,应注意库存现金和银行存款之间的相互划转业务,如同时填制收款凭证和付款凭证,应以付款凭证为依据。汇总收款凭证和汇总付款凭证要定期,一般5天或10天填制一次,每月填制一张。

(三)汇总转账凭证的编制

汇总转账凭证通常根据所设置账户的贷方进行编制。汇总转账凭证是在对所设置账户相对应的借方账户进行分类之后,再进行汇总编制。总分类账根据各汇总转账凭证的合计数进行登记,分别记入对应账户的总分类账户的贷方,并将汇总转账凭证上各账户借方的合计数分别记入有关总分类账户的借方。值得注意的是,在编制的过程中贷方账户必须唯一,借方账户可一个或多个,即汇总转账凭证必须一借一贷或多借一贷。

如果在1个月内某一贷方账户的转账凭证不多,可不编制汇总转账凭证,直接根据单个的转账凭证登记总分类账。

二、汇总记账凭证账务处理程序的一般步骤

汇总记账凭证账务处理程序的一般步骤是:

1. 根据原始凭证填制汇总原始凭证。
2. 根据原始凭证或汇总原始凭证,填制收款凭证、付款凭证和转账凭证,也可以填制通用记账凭证。
3. 根据收款凭证、付款凭证逐笔登记库存现金日记账和银行存款日记账。
4. 根据原始凭证、汇总原始凭证和记账凭证,登记各种明细分类账。
5. 根据各种记账凭证编制有关汇总记账凭证。
6. 根据各种汇总记账凭证登记总分类账。
7. 期末,将库存现金日记账、银行存款日记账和明细分类账的余额与有关总分类账的余额进行核对,确保相符。
8. 期末,根据总分类账和明细分类账的记录编制财务报表。

汇总记账凭证账务处理程序的基本内容如图9-3所示。

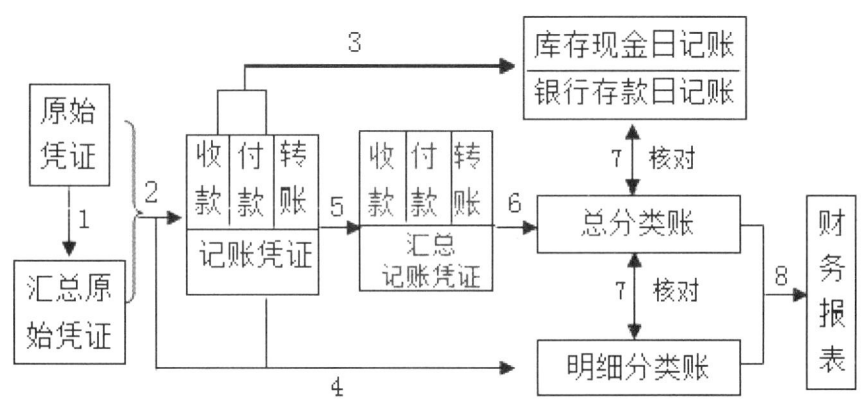

图9-3 汇总记账凭证账务处理程序

三、汇总记账凭证账务处理程序的评价

(一)特点

汇总记账凭证账务处理程序的特点是先根据记账凭证编制汇总记账凭证,再根据汇总记账凭证登记总分类账。

(二)优缺点

汇总记账凭证账务处理程序的优点是根据月终一次登记总分类账,减轻了登记总分

类账的工作量，并且账户之间的对应关系没有被破坏，便于查对和分析账目。缺点是当转账凭证较多时，编制汇总转账凭证的工作量较大，并且按每一贷方账户编制汇总转账凭证并不考虑交易或事项的性质，不利于会计核算的日常分工。

（三）适用范围

汇总记账凭证账务处理程序适用于规模较大、经济业务较多的单位，特别适用于收付款业务较多而转账业务较少的单位。

第十章　会计基本理论

本章基本要求

了解	会计对象、会计的目标、会计的核算方法、会计准则体系
熟悉	会计的基本特征、会计的基本职能
掌握	会计的基本假设、权责发生制、会计信息的质量要求

第一节　会计的目标

会计目标也称会计目的，是要求会计工作完成的任务或达到的标准，即向财务会计报告使用者提供与企业财务状况、经营成果和现金流量等有关的会计信息，反映企业管理层受托责任履行情况（受托责任观），有助于财务会计报告使用者做出经济决策（决策有用观）。

会计目标主要包括以下两方面内容：

1. 反映企业管理层受托责任履行情况

现代企业制度强调企业所有权和经营权相分离，企业管理层是受委托人之托经营管理企业及其各项资产，负有受托责任。即企业管理层所经营管理的企业各项资产基本上由投资者投入的资本（或者留存收益作为再投资）和向债权人借入的资金形成，企业管理层有责任妥善保管并合理、有效运用这些资产。为了评价企业管理层的责任情况和业绩，并决定是否需要调整投资或者信贷政策，是否需要加强企业内部控制和其他制度建设，是否需要更换管理层等，企业投资者和债权人等也需要及时或者经常性地了解企业管理层保管、使用资产的情况。因此，会计应当反映企业管理层受托责任的履行情况，以便外部投资者和债权人等评价企业的经营管理责任和资源使用的有效性。

2. 向财务会计报告使用者提供决策有用信息

财务会计报告使用者主要包括投资者、债权人、政府及其有关部门和社会公众等。

会计主要是通过财务会计报告向其使用者提供与企业财务状况、经营成果和现金流量等有关的会计信息，有助于财务会计报告使用者作出是否投资或继续投资、是否发放或收回贷款的决策，有助于政府及其有关部门作出促进经济资源分配公平与合理、市场经济秩序公正和有序的宏观经济决策。

第二节 会计职能与方法

一、会计的职能

会计的职能是指会计在经济管理过程中所具有的功能。会计具有会计核算和会计监督两项基本职能，还具有预测经济前景、参与经济决策和评价经营业绩等拓展职能。

（一）基本职能

1. 核算职能

会计核算职能，又称会计反映职能，是指会计以货币为主要计量单位，对特定主体的经济活动进行确认、计量和报告。

会计核算贯穿于经济活动的全过程，是会计最基本的职能。会计核算的主要内容包括：

（1）款项和有价证券的收付；

（2）财物的收发、增减和使用；

（3）债权、债务的发生与结算；

（4）资本、基金的增减；

（5）收入、支出、费用与成本的计算；

（6）财务成果的计算和处理；

（7）需要办理会计手续、进行会计核算的其他事项。

2. 监督职能

会计监督职能，又称会计控制职能，是指对特定主体经济活动和相关会计核算的真实性、合法性和合理性进行监督检查。会计监督是一个过程，它分为事前监督、事中监督和事后监督。对不合法的经济业务，会计人员有权提出意见，不予办理或事后提出报告。

真实性审查是指检查各项会计核算是否根据实际发生的经济业务进行。

合法性审查是指检查各项经济业务是否符合国家有关法律法规，是否遵守财经纪律，是否执行国家的各项方针政策，以杜绝违法乱纪行为。

合理性审查是指检查各项财务收支是否符合客观经济规律及经营管理方面的要求，保证各项财务收支符合特定的财务收支计划，实现预算目标。

3. 会计核算与会计监督的关系

会计核算与会计监督是相辅相成、辩证统一的。会计核算是会计监督的基础，没有核算所提供的各种信息，监督就失去了依据；会计监督又是会计核算质量的保障，只有核算没有监督，就难以保证核算所提供的信息的真实性、可靠性。

（二）拓展职能

1. 预测经济前景

通过对前期经济活动的反映，预测未来经济趋势，为决策者提供依据。

2. 参与经济决策

根据会计报告提供的信息，运用科学的分析方法，对备选方案进行分析，为企业生产经营管理提供决策依据。

3. 评价经营业绩

评价经营业绩是利用财务会计报告等的信息，采用适当的方法，对企业一定经营期间的经营成果进行分析比较，做出综合评价。

二、会计核算方法

会计核算方法是指对会计对象进行连续、系统、全面、综合的确认、计量和报告所采用的各种方法。

（一）会计核算方法体系

会计核算方法体系由填制和审核会计凭证、设置会计科目和账户、复式记账、登记会计账簿、成本计算、财产清查和编制财务会计报告等专门方法构成。它们相互联系、紧密结合，确保会计工作有序进行。

1. 填制和审核会计凭证

会计凭证是记录经济业务事项发生或完成情况，明确经济责任的书面证明，也是登记会计账簿的依据。编制和审核会计凭证，是为了审查经济业务是否合理合法，保证会计账簿记录正确、完整而采用的一种专门方法。填制和审核会计凭证是会计核算工作的起点；正确填制和审核会计凭证，是进行核算和实施监督的基础。

2. 设置会计科目和账户

设置会计科目和账户是对会计对象的具体内容分门别类地反映和监督的一种专门方法。会计科目是账簿中开设账户的依据。账户的名称叫会计科目。通过账户可以分类、连续记录各项经济业务，为经营管理提供各种不同性质的核算指标。

3. 复式记账

复式记账是一种科学的记账方法，是会计核算方法体系的核心。复式记账记录了每一项经济业务的来龙去脉，可以相互联系地反映经济业务的全貌，便于核对账簿记录。

4. 登记会计账簿

会计账簿是由一定格式的账页组成，用以全面、系统、连续地记录和反映各项经济业务事项的簿籍。通过登记账簿，能将分散的经济业务进行分类汇总，系统地提供每一类经济活动的完整资料，反映其发展变化的全过程，以适应经济管理的需要。账簿记录的各种数据资料，也是编制财务报表的重要依据。

5.成本计算

成本计算主要应用于工业部门，是对生产经营过程中发生的各种生产费用，按照不同的成本计算对象进行归集和分配，以便确定各对象的总成本和单位成本的一种专门方法。正确地进行成本计算，可以考核生产经营过程的费用支出水平，同时又是确定企业盈亏和确定产品价格的基础，为企业进行经营决策提供重要数据。

6.财产清查

财产清查是通过对货币资金、实物资产和往来款项等的盘点或核对，确定其实存数，查明账存数与实存数是否相符的一种专门方法。通过财产清查的方法，可查明财产账实不符的原因，查明财产物资的保管使用情况，促进企业加强财产物资的管理。

7.编制财务会计报告

编制财务会计报告，是指按照会计准则制度的要求，定期向本报告使用者提供各种财务报表和其他应当在财务会计报告中披露的相关信息和资料。编制财务会计报告是全面、系统反映企业在某一特定日期的财务状况或某一会计期间的经营成果和现金流量的一种专门方法。

以上各会计核算方法相互联系、紧密配合，构成了系统的会计核算方法体系。它们相互制约、相辅相成，形成了一个有序的会计核算流程。

（二）会计循环

会计循环是指按照一定的步骤反复运行的会计程序。从会计工作流程看，会计循环由确认、计量和报告等环节组成；从会计核算的具体内容看，会计循环由填制和审核会计凭证、设置会计科目和账户、复式记账、登记会计账簿、成本计算、财产清查以及编制财务会计报告等组成。填制和审核会计凭证是会计核算的起点。

这些会计程序是从一个会计期间（通常为一个月）的期初开始，至会计期末结束，便在各个会计期间循环往复，周而复始，故称为会计循环。

第三节　会计基本假设与会计基础

一、会计基本假设

会计基本假设是企业会计确认、计量和报告的前提，是对会计核算所处时间、空间环境等所做的合理假定。会计基本假设包括会计主体、持续经营、会计分期和货币计量。

（一）会计主体

会计主体是指企业会计确认、计量和报告的空间范围，即会计核算和监督的特定单位或组织。

在会计主体假设下，企业应当对其本身发生的交易或者事项进行会计确认、计量和报告。反映企业本身所发生的经济活动，明确界定主体是开展确认、计量和报告工作的重要前提。

首先，明确会计主体，才能划定会计所要处理的各项交易事项的范围。

其次，明确会计主体，才能将会计主体的交易或者事项与会计主体所有者的交易或者事项以及其他会计主体的交易或者事项区分开来。

会计主体不同于法律主体。一般而言，法律主体必然是一个会计主体。例如，一个企业作为一个法律主体，应当建立财务会计系统，独立反映其财务状况、经营成果和现金流量。但是，会计主体不一定是法律主体。例如，企业集团中的母公司拥有若干子公司，母、子公司虽然是不同的法律主体，但是母公司对子公司拥有控制权，为了全面反映企业集团的财务状况、经营成果和现金流量，有必要将企业集团作为一个会计主体，编制合并财务报表，在这种情况下，尽管企业集团不属于法律主体，但它却是会计主体。再如，由企业管理的证券投资基金、企业年金基金等，尽管不属于法律主体，但属于会计主体，应当对每项基金进行会计确认、计量和报告。

（二）持续经营

持续经营是指在可以预见的未来，企业将会按当前的规模和状态继续经营下去，不会停业，也不会大规模削减业务。

在持续经营假设下，会计确认、计量和报告应当以企业持续、正常的经济活动为前提。一个企业在不能持续经营时，应当停止使用根据该假设所选择的会计确认、计量和报告原则与方法，否则就不能客观反映企业的财务状况、经营成果和现金流量，会误导会计信息使用者的经济决策。

（三）会计分期

会计分期是指将一个企业持续经营的经济活动划分为一个个连续的、长短相同的期间，以便分期结算账目和按期编制财务会计报告，及时向有关方面提供关于企业财务状况、经营成果和现金流量等的会计信息。

根据持续经营假设,一个企业将按当前的规模和状态持续经营下去。但是,无论是企业的生产经营决策还是投资者、债权人等决策都需要及时的信息,需要将企业持续的生产经营活动划分为一个连续的、长短相同的期间,分期确认、计量和报告企业的财务状况、经营成果和现金流量。由于会计分期才产生了当期与以前期间、以后期间的差别,才使不同类型的会计主体有了记账的基准,进而出现了折旧、摊销等会计处理方法。

在会计分期假设下,企业应当划分会计期间,分期结算会计账目和编制财务报表。会计分期分为年度和中期,在我国,会计年度自公历1月1日起至12月31日止。中期是指短于一个完整的会计年度的报告期间,即半年度、季度和月度,均按公历起讫日期确定。

(四)货币计量

货币计量是指会计主体在会计确认、计量和报告时以货币作为计量尺度,反映会计主体的经济活动。

有些情况下,统一采用货币计量也有缺陷。某些影响企业财务状况和经营成果的因素,往往难以用货币来计量,但这些信息对于使用者决策而言也很重要。为此,企业可以在财务会计报告中补充披露有关非财务信息来弥补上述缺陷。

我国的会计核算应当以人民币为记账本位币。业务收支以外币为主的企业,也可以选择某种外币作为记账本位币,但面向企业以外编制的财务会计报告应当折算为人民币加以反映。在境外设立机构的中国企业,在向国内报送财务报告时,也应当折算为人民币反映。

二、会计基础

会计基础是指会计确认、计量和报告的基础,包括权责发生制和收付实现制。会计基础是确定一定会计期间的收入和费用,从而确定损益的标准。

(一)权责发生制

权责发生制,也称应计制或应收应付制,是指收入、费用的确认应当以收入和费用的实际发生作为确认的标准,合理确认当期损益的一种会计基础。《会计企业准则——基本准则》规定,企业应当以权责发生制作为基础进行确认、计量和报告。

在权责发生制下,凡是当期已经实现的收入、已经发生和应当负担的费用,不论款项是否收付,都应当作为当期的收入和费用;凡是不属于当期的收入和费用,即使款项已经在当期收付,也不应当作为当期的收入和费用。为了真实、公允地反映特定时点的财务状况和特定期间的经营成果,企业在会计确认、计量和报告中应当以权责发生制为基础。

（二）收付实现制

收付实现制，也称现金制，是以收到或支付现金作为确认收入和费用的标准，它是与权责发生制相对应的一种会计基础。

目前在我国，事业单位会计核算一般采用收付实现制；事业单位部分经济业务或者事项，以及部分行业事业单位的会计核算采用权责发生制核算的，由财政部在相关会计制度中具体规定。

《政府会计准则——基本准则》规定，政府会计由预算会计和财务会计组成。预算会计实行收付实现制（国务院另有规定的，依照其办理），财务会计实行权责发生制。

第四节 会计信息的使用者及其质量要求

一、会计信息的使用者

会计信息的使用者主要包括投资者、债权人、企业管理者、政府及其相关部门和社会公众等。

企业投资者通常关心企业的盈利能力和发展能力,他们需要借助会计信息等相关信息来决定是否调整投资、更换管理层和加强企业的内部控制等。

企业贷款人、供应商等债权人通常关心企业的偿债能力和财务风险,他们需要借助会计信息等相关信息来判断企业能否按约支付所欠货款、偿还贷款本金或支付利息等。

企业管理者是会计信息的重要使用者,他们需要借助会计信息等相关信息来管理企业,对企业进行控制、作出财务决策。

政府及有关部门作为经济管理和经济监管部门,通常关心经济资源分配的公平与合理、市场经济秩序的公正与有序、宏观决策所依据信息的真实可靠等,他们需要会计信息来监管企业的有关活动(尤其是经济活动)、制定税收政策、进行税收征管和国民经济统计等。

社会公众也关心企业的生产经营活动,包括企业对其所在地经济发展的贡献,如增加就业、刺激消费、提供社区服务等。

二、会计信息的质量要求

会计信息的质量要求是对企业财务会计报告中所提供高质量会计信息的基本规范,是使财务会计报告中所提供会计信息对投资者等使用者决策有用而应具备的基本特征,主要包括可靠性、相关性、可理解性、可比性、实质重于形式、重要性、谨慎性和及时性等。

(一)可靠性(真实性)

可靠性要求企业应当以实际发生的交易或者事项为依据进行会计确认、计量和报告,如实反映符合确认和计量要求的各项会计要素及其他相关信息,保证会计信息真实可靠、内容完整。可靠性是对会计信息质量最基本的要求。

会计信息要有用,必须以可靠性为基础,避免给财务报告使用者的决策产生误导。这就要求企业做到:

(1)以实际发生的交易或者事项为依据进行会计确认、计量和报告。

(2)在符合重要性和成本效益原则的前提下,保证会计信息的完整性。

(3)在财务会计报告中列示的会计信息应当是中立的。

如果企业在财务会计报告中为了达到事先设定的结果或效果,通过选择或列示有关会计信息以影响决策和判断，这样的财务会计报告信息就不是中立的。

（二）相关性（有用性）

相关性要求企业提供的会计信息应当与财务会计报告使用者的经济决策需要相关，有助于财务会计报告使用者对企业过去和现在的情况做出评价，对未来的情况做出预测。

会计信息的价值在于有助于决策，与决策有关。首先，相关性质量要求会计信息首先能够预测未来，并据以作出某种决策，从而具有预测价值；其次，有助于会计信息使用者评价过去的决策，证实或者修正某些决策，从而具有反馈价值；最后，要达到相关性质量要求还要求会计信息提供者在使用者作出决策之前及时地提供会计信息。所以，预测性、反馈性和及时性是相关性质量要求的构成内容。

（三）可理解性

可理解性要求企业提供的会计信息应当清晰明了，便于财务会计报告使用者理解和使用。

会计信息是一种专业性较强的信息产品，在强调会计信息可理解性要求的同时，还应假设使用者具有一定的有关企业经营活动和会计方面的知识，并且愿意付出努力去研究这些信息。对于某些复杂的信息，如交易本身较为复杂或者会计处理较为复杂，但其与使用者的经济决策相关，企业就应当在财务会计报告中予以充分披露。

（四）可比性

可比性要求企业提供的会计信息应当相互可比，保证同一企业不同时期可比、不同企业相同会计期间可比。

1.同一企业不同时期可比（纵向可比）

会计信息质量的可比性要求同一企业不同时期发生的相同或者相似的交易或者事项，应当采用一致的会计政策，不得随意变更。但是，如果按照规定或者在会计政策变更后可以提供更可靠、更相关的会计信息的，可以变更会计政策。有关会计政策变更的情况，应当在财务会计报告的附注中予以说明。

2.不同企业相同会计期间可比（横向可比）

会计信息质量的可比性要求不同企业同一会计期间发生的相同或者相似的交易或者事项，应当采用统一规定的会计政策，以保证会计信息口径一致、相互可比。

（五）实质重于形式

实质重于形式要求企业应当按照交易或者事项的经济实质进行会计确认、计量和报告，不应仅以交易或者事项的法律形式为依据。

会计信息如果想如实地反映经济业务或者会计事项，那就必须根据他们的经济实质而不是仅仅根据他们的法律形式进行核算和反映。因为经济业务或者会计事项的实质并非总是和法律的外在形式或人为形式一致，比如，企业通过用文件宣称将某资产的法定所有权过户给某会计主体来处置资产。然而，协议中仍存在保证企业继续享有所转让资产中所包含的未来经济利益的条款。在这种情况下，把这项资产转让作为销售来报告就不能如实地反映这笔交易。

（六）重要性

重要性要求企业提供的会计信息应当反映与企业财务状况、经营成果和现金流量有关的所有重要交易或者事项。

企业会计报告中提供的会计信息有省略或者错报会影响投资者等财务报告使用者据此以作出决策的，该信息就具有重要性。重要性的应用需要依赖职业判断，企业应当根据其所处环境和实际情况，从项目的性质和金额大小两方面加以判断。

（七）谨慎性

谨慎性要求企业对交易或者事项进行会计确认、计量和报告时保持应有的谨慎，既不应高估资产或者收益，也不应低估负债或者费用。

会计信息质量的谨慎性要求，需要企业在面临不确定性因素的情况下作出职业判断时，应当保持应有的谨慎，充分估计到各种风险和损失，既不高估资产或者收益，也不低估负债或者费用。

谨慎性的应用不允许企业设置秘密准备，否则，会损害会计信息质量，扭曲企业实际的财务状况和经营成果，从而对使用者的决策产生误导，这是不符合会计准则要求的。

（八）及时性

及时性要求企业对于已经发生的交易或者事项，应当及时进行会计确认、计量和报告，而不得提前或者延后。

会计信息的价值在于帮助会计信息使用者做出经济决策，因而应当具有时效性。在会计确认、计量和报告过程中贯彻及时性，一是要求及时收集会计信息，二是要求及时处理会计信息，三是要求及时传递会计信息，以便于使用者及时使用和决策。

第五节 会计准则体系

一、会计准则的构成

会计准则是反映经济活动、确认产权关系、规范收益分配的会计技术标准,是生成和提供会计信息的重要依据,也是政府调控经济活动、规范经济秩序和开展国际经济交往等的重要手段。会计准则具有严密和完整的体系。我国的会计准则是由财政部有关法律、法规指定的,已颁布的会计准则有《企业会计准则》《小企业会计准则》和《事业单位会计准则》。

二、企业会计准则

我国的企业会计准则体系包括基本准则、具体准则、应用指南和解释公告等。2006年2月15日,财政部发布了新的《企业会计准则》,自2007年1月1日起在上市公司范围内施行,并鼓励其他企业执行。

【注意】我国的基本会计准则是1992年11月颁布的,1993年7月1日起施行。现行会计准则是于2006年2月15日发布并于2007年1月1日实施的。

(一)基本准则

基本准则是企业进行会计核算工作必须遵守的基本要求,是企业会计准则体系的概念基础,是制定具体会计准则、会计准则应用指南和会计准则解释的依据,也是解决新的会计问题的指南,在企业会计准则体系中具有重要的地位。

基本准则包括以下内容:

(1)财务会计报告目标

基本准则明确了我国财务会计报告的目标是向财务会计报告使用者提供与决策有关的信息,并反映企业管理层受托责任的履行情况。

(2)会计基本假设

基本准则强调了企业会计确认、计量和报告应当以会计主体、持续经营、会计分期和货币计量为会计基本假设。

(3)会计基础

基本准则坚持了企业会计确认、计量和报告应当以权责发生制为基础。

(4)会计信息质量要求

基本准则建立了企业会计信息质量要求体系,规定企业财务会计报告中提供的会计信息应当满足会计信息质量要求。

(5)会计要素分类及确认、计量原则

基本准则将会计要素分为资产、负债、所有者权益、收入、费用和利润六要素,同时对有关要素建立了相应的确认和计量原则，规定会计要素在确认时均应满足相应条件。

（6）财务会计报告

基本准则明确了财务会计报告的基本概念、应当包括的主要内容和应反映信息的基本要求等。

（二）具体准则

具体准则是根据基本准则的要求，主要就各项具体业务事项的确认、计量和报告所做出的规定，分为一般业务准则、特殊业务准则和报告类准则。

1.一般业务准则

一般业务会计准则是规范各类企业一般经济业务会计确认、计量的准则，包括存货、固定资产、无形资产、长期股权投资、收入所得税等准则。

2.特殊业务准则

特殊业务准则可分为各行业共有的特殊业务准则和特殊行业的特殊业务准则，前者如外币业务、租赁业务、资产减值业务、债务重组业务和非货币性交易业务等准则；后者如适用于银行等金融领域的原保险合同、再保险合同，适用于石油企业的石油天然气开采准则，适用于农牧业的生物资产准则等。

3.报告类准则

报告类准则主要规范普遍适用于各类企业的报告，如财务报表列报、现金流量表、中期财务报表、合并财务报表等的准则。

（三）会计准则应用指南

会计准则应用指南是根据基本准则和具体准则制定的、用以指导会计实务的操作性指南。同时，也对具体准则相关条款的细化和对有关重点难点问题提供操作性规定，它还包括会计科目、主要账务处理、财务报表及其格式等，为企业执行会计准则提供操作性规范。

（四）企业会计准则解释（解释公告）

企业会计准则解释，是主要针对企业会计准则实施中遇到的问题作出的相关解释。

三、小企业会计准则

《小企业会计准则》适用于中华人民共和国境内依法设立的、符合《中小企业划型标准规定》所规定的小型企业标准的企业。小企业具有一些共同的特点：一是规模小，投资少，投资与见效的周期相对较短，同样投资使用劳动力更多；二是对市场反应灵敏，具有以新取胜的内在动力和保持市场活的能力；三是小企业环境适应能力强，对资源获取的要求不高，能广泛地分布于各种环境条件中；四是在获取资本、信息、技术等服务方面处于劣势，管理水平较低。

为了促使小企业发展以及财税政策日益丰富完善，形成以减费减免、资金支持、公共服务等为主要内容的促进中小型企业发展的财税政策体系。2011年10月8日，财政部发布了《小企业会计准则》，要求符合适用条件的小企业自2013年1月1日起执行，并鼓励提前执行。《小企业会计准则》一般适用于在我国境内依法设立的、经济规模较小的企业，具体标准参见《小企业会计准则》和《中小企业划型标准规定》。

四、事业单位会计准则

2012年12月6日，财政部修订并发布了《事业单位会计准则》，自2013年1月1日起在各级各类事业单位施行。该准则对我国事业单位的会计工作予以规范。《事业单位会计准则》共9章49条，内容涵盖总则、会计信息质量要求、资产、负债、净资产、收入、支出或者费用、财务会计报告和附则等。

与《企业会计准则》相比，《事业单位会计准则》的主要特点有：

（1）要求事业单位采用收付实现制进行会计核算，部分另有规定的经济业务或事项才能采用权责发生制进行核算；

（2）将事业单位会计要素划分为资产、负债、净资产、收入和支出（或费用）五类；

（3）要求事业单位的会计报表至少包括资产负债表、收入支出表（或收入费用表）和财政补助收入支出表。

五、政府会计准则

2015年10月23日，财政部颁发了《政府会计准则——基本准则》，自2017年1月1日起，在各级政府、各部门、各单位施行。

我国的政府会计准则体系由政府会计基本准则、具体准则和应用指南三部分组成。

第十一章　结算法律制度

基本要求

了解	(1) 支付结算的概念和支付结算的工具 (2) 银行结算账户的概念和种类 (3) 银行卡的概念和分类、银行卡清算市场、银行卡收单 (4) 网上银行、第三方支付 (5) 国内信用证
熟悉	(1) 银行结算账户的开立、变更、撤销 (2) 各类银行结算账户的开立和使用 (3) 银行结算账户的管理 (4) 托收承付、预付卡 (5) 结算纪律、违反支付结算法律制度的法律责任
掌握	(1) 支付结算的原则、支付结算的基本要求 (2) 票据的概念与特征、票据权利与责任、票据行为、票据追索 (3) 银行汇票、商业汇票、银行本票、支票 (4) 银行卡账户和交易、银行卡计息和收费 (5) 汇兑、委托收款

第一节　支付结算概述

一、支付结算的概念

支付结算是指单位、个人在社会经济活动中使用票据、信用卡和汇兑、托收承付、委托收款等结算方式进行货币给付及其资金清算的行为。支付结算作为社会经济金融活动的重要组成部分，其主要功能是完成资金从一方当事人向另一方当事人的转移。银行（含城乡信用合作社，下同）以及单位（含个体工商户，下同）和个人是办理支付结算的主体。其中，银行是支付结算和资金清算的中介机构。

二、支付结算的工具

传统的人民币非现金支付工具主要包括"三票一卡"和结算方式。"三票一卡"是指汇票、本票、支票和银行卡；结算方式是指汇兑、托收承付和委托收款。票据和汇兑是我国经济活动中不可或缺的重要支付工具，被广大单位和个人广泛使用，并在大额支付中占据主导地位；银行卡已成为我国个人使用最频繁的支付工具，在小额支付中占据主导地位；托收承付使用量越来越少。随着经济的日趋活跃，商业预付卡与国内信用证等其他支付工具也得到快速发展。近年来，随着互联网技术的纵深发展，网上银行、第三方支付等电子化支付方式产生并得到快速发展。我国已形成了以票据和银行卡为主体，以电子支付为发展方向的非现金支付工具体系。

三、支付结算的基本原则

（一）恪守信用，履约付款原则

这是办理支付结算应遵守的基本原则。诚实守信有利于促进交易各方之间的相互信赖，便于经济活动的开展，保障经济畅通的运行；否则，容易产生纠纷，加大交易成本，降低交易效率。无论银行、单位还是个人，在经济活动中都应按照所签订的合同，履行各项义务，行使各项权利，不得任意毁约。在办理支付结算业务时，诚实守信就是要做到按照合同规定及时付款，不得无故拖延或者拒绝支付。

（二）谁的钱进谁的账，由谁支配原则

付款人支付给收款人的资金，应当收入收款人的银行账户；存款人在银行账户里的资金，其所有权归存款人所有，由其自主支配，其他任何一方都无权擅自动用、处理和任意转移，否则，就是侵犯了存款人的合法权益，就应当承担相应的法律责任。银行不仅有义务为客户款项保密，而且应严格按客户的委托依法合规办理款项收付。除法律法规另有规定外，银行无权在未经存款人授权或委托的情况下，擅自动用存款人在银行账户里的资金。

（三）银行不垫款原则

银行是办理支付结算业务的中介机构，应按照付款人的委托，将资金支付给付款人指定的收款人，或者按照收款人的委托，将归收款人所有的资金转账收入到收款人的账户中。在实际工作中，要将银行资金与存款人资金严格区分开来，二者不能混淆。付款人账户内没有资金或资金不足，或者收款人应收的款项由于付款人的原因不能收回时，银行的中介职责可以不履行，因为银行没有为存款人垫付资金的义务。银行与存款人另有约定的除外。

四、办理支付结算的要求

（一）办理支付结算的基本要求

1.办理支付结算必须使用中国人民银行统一规定的票据和结算凭证。

2.办理支付结算必须按照《人民银行结算账户管理办法》的规定开立和使用账户。除国家法律、行政法规另有规定外，银行不得为任何单位或者个人查询账户情况，不得为任何单位或者个人冻结、扣划款项，不得停止单位、个人存款的正常支付。

3.票据和结算凭证上的签章和记载事项必须真实，不得伪造、变造。

所谓"伪造"，是指无权限人假冒他人或虚构他人名义签章的行为。所谓"变造"，是指无权更改票据内容的人对票据上签章以外的记载事项加以改变的行为。伪造、变造票据属于欺诈行为，应追究其刑事责任。

出票金额、出票日期、收款人名称不得更改，更改的票据无效；更改的结算凭证，银行不予受理。对票据和结算凭证上的其他记载事项，原记载人可以更改，更改时应当由原记载人在更改处签章证明。

单位、银行在票据上的签章和单位在结算凭证上的签章，以单位、银行的盖章加其法定代表人或其授权的代理人的签名或盖章。个人在票据和结算凭证上的签章，为个人本人的签名或盖章。

（二）支付结算凭证填写要求

填写票据和结算凭证应当全面规范，做到数字正确，要素齐全，不错不漏，字迹清晰，防止涂改。

1.关于收款人名称。单位和银行的名称应当记载全称或者规范化简称。如"中国银行保险监督管理委员会"规范化简称"银保监会"。

2.关于出票日期。票据的出票日期必须使用中文大写。为防止变造票据的出票日期，在填写月、日时，月为壹、贰、壹拾的，日为壹至玖和壹拾、贰拾和叁拾的，应在其前面加"零"；日为拾壹至拾玖的，应在其前面加"壹"。如1月15日，应写为零壹月壹拾伍日。再如10月20日，应写成零壹拾月零贰拾日。

3.关于金额。票据和结算凭证金额以中文大写和阿拉伯数字同时记载，二者必须一致。二者不一致的，票据无效；二者不一致的结算凭证，银行不予受理。

五、结算纪律

1.单位和个人办理支付结算业务应遵守的结算纪律

（1）不准签发没有资金保证的票据或远期支票，套取银行信用；

（2）不准签发、取得和转让没有真实交易和债权债务的票据，套取银行和他人资金；

（3）不准无理拒绝付款，任意占用他人资金；

（4）不准违反规定开立和使用账户。

2.银行办理支付结算应遵守的纪律

（1）不准以任何理由压票、任意退票、截留挪用客户和他行资金；

（2）不准无理拒绝支付应由银行支付的票据款项；

（3）不准受理无理拒付、不扣少扣滞纳金；

（4）不准违章签发、承兑、贴现票据，套取银行资金；

（5）不准签发空头银行汇票、银行本票和办理空头汇款；

（6）不准在支付结算制度之外规定附加条件，影响汇路畅通；

（7）不准违反规定为单位和个人开立账户；

（8）不准拒绝受理、代理他行正常结算业务。

知识提要

概念	支付结算是指单位、个人在社会经济活动中使用"票据、银行卡和汇兑、托收承付、委托收款"等结算方式进行货币给付及资金清算的行为		
支付结算的工具			
三票一卡	汇票	银行汇票	
		商业汇票	银行承兑汇票、商业承兑汇票
	本票		
	支票		
	银行卡		小额支付占主导地位
结算方式	汇兑		三票和汇兑大额支付占主导地位
	托收承付		使用量越来越少
	委托收款		
	网上支付		
办理支付结算的原则	1.恪守信用，履约付款 2.谁的钱进谁的账，由谁支配 3.银行不垫款		
办理支付结算的基本要求			

填写规范	1.关于收款人名称 单位和银行的名称应当记载全称或"规范化简称" 2.关于出票日期 （1）出票日期"必须"使用"中文大写"。 （2）规范写法：在填写月、日时，月为壹、贰和壹拾的，日为壹至玖和壹拾、贰拾和叁拾的，应当在其前加零；日为拾壹至拾玖的，应当在其前加壹。 3.关于金额 票据和结算凭证金额以中文大写和阿拉伯数码同时记载，二者必须一致 【注意】二者不一致的票据无效；二者不一致的结算凭证，银行不予受理
签章要求	1.单位、银行在票据和结算凭证上的签章，为该单位、银行的盖章，加其法定代表人或其授权的代理人的签名或者盖章 2.个人在票据和结算凭证上的签章，为该个人本人的签名或者盖章
更改要求	1."出票金额、出票日期、收款人名称"不得更改，更改的票据无效；更改的结算凭证，银行不予受理 2.对票据和结算凭证上的其他记载事项，原记载人可以更改，更改时应当由原记载人在更改处"签章"证明
区分"伪造"与"变造"	"伪造"是指无权限人假冒他人或虚构他人名义"签章"的行为 "变造"是指无权更改票据内容的人，对票据上"签章以外"的记载事项加以改变的行为 【注意】伪造人不承担"票据责任"，而应追究其"刑事责任"
结算纪律	
单位限制	（1）不准签发没有资金保证的票据或远期支票，套取银行信用 （2）不准签发、取得和转让没有真实交易和债权债务的票据，套取银行和他人资金 （3）不准无理拒绝付款，任意占用他人资金 （4）不准违反规定开立和使用账户
银行限制	（1）不准以任何理由压票、任意退票、截留挪用客户和他行资金 （2）不准无理拒绝支付应由银行支付的票据款项 （3）不准受理无理拒付、不扣少扣滞纳金 （4）不准违章签发、承兑、贴现票据，套取银行资金 （5）不准签发空头银行汇票、银行本票和办理空头汇款 （6）不准在支付结算制度之外规定附加条件，影响汇路畅通 （7）不准违反规定为单位和个人开立账户 （8）不准拒绝受理、代理他行正常结算业务

第二节　银行结算账户

一、银行结算账户的概念与分类

（一）银行结算账户的概念

银行结算账户是指银行为存款人开立的办理资金收付结算的活期存款账户。"银行"是指在中国境内经批准经营支付结算业务的银行业金融机构。"存款人"是指在中国境内开立银行结算账户的机关、团体、部队、企业、事业单位、其他组织（以下统称单位）、个体工商户和自然人。

（二）银行结算账户的分类

银行结算账户按存款人不同分为单位银行结算账户和个人银行结算账户；其中，单位银行结算账户按用途分为基本存款账户、一般存款账户、专用存款账户、临时存款账户。个体工商户凭营业执照以字号或经营者姓名开立的银行结算账户纳入单位银行结算账户管理。存款人凭个人身份证件以自然人名称开立的银行结算账户为个人存款账户。银行结算账户按开户地分为本地银行结算账户和异地银行结算账户。

财政部门为实行财政国库集中支付的预算单位在商业银行开设的零余额账户按基本存款账户或专用存款账户管理。预算单位未开立基本存款账户，或者原基本存款账户在国库集中支付改革后已按照财政部门的要求撤销的，经同级财政部门批准，预算单位零余额账户作为基本存款账户管理。除上述情况外，预算单位零余额账户作为专用存款账户管理。

1. 基本存款账户

（1）基本存款账户的概念

基本存款账户是存款人因办理日常转账结算和现金收付需要开立的银行结算账户。

下列存款人，可以申请开立基本存款账户：企业法人；非法人企业；机关、事业单位；团级（含）以上军队、武警部队及分散执勤的支（分）队；社会团体；民办非企业组织；外地常设机构；外国驻华机构；个体工商户；居民委员会、村名委员会、社区委员会；单位设立的独立核算的附属机构，包括食堂、招待所、幼儿园；其他组织，即按照现行的法律、行政法规规定可以成立的组织，如业主委员会、村民小组等组织。

（2）开户证明文件

①企业法人，应出具企业法人营业执照正本。

②非法人企业，应出具企业营业执照正本。

③机关和实行预算管理的事业单位,应出具政府人事部门或编制委员会的批文或登记证书和财政部门同意其开户的证明；非预算管理的事业单位,应出具政府人事部门或

编制委员会的批文或登记证书。

④军队、武警团级（含）以上单位及分散执勤的支（分）队，应出具军队军级以上单位财务部门、武警总队财务部门的开户证明。

⑤社会团体，应出具社会团体登记证书，宗教组织还应出具宗教事务管理部门的批文或证明。

⑥民办非企业组织，应出具民办非企业登记证书。

⑦外地常设机构，应出具其驻在地政府主管部门的批文。

⑧外国驻华机构，应出具国家有关主管部门的批文或证明；外资企业驻华代表处、办事处，应出具国家登记机关颁发的登记证。

⑨个体工商户，应出具个体工商户营业执照正本。

⑩居民委员会、村民委员会、社区委员会，应出具其主管部门的批文或证明。

⑪独立核算的附属机构，应出具其主管部门的基本存款账户开户许可证和批文。

⑫其他组织，应出具政府主管部门的批文或证明。

（3）基本存款账户的使用

①存款人日常经营活动的资金收付及工资、奖金和现金支取，应通过"基本存款账户"办理。

②基本存款账户是存款人的主办账户，一个单位只能开立一个基本存款账户。

2.一般存款账户

（1）一般存款账户的概念

一般存款账户是存款人因借贷或其他结算需要，在基本存款账户开户银行以外的银行营业机构开立的银行结算账户。

（2）开户证明文件

存款人申请开立一般存款账户，应向银行出具其开立基本存款账户规定的证明文件、基本存款账户开户许可证和下列证明文件：

①存款人因向银行借款需要，应出具借款合同；

②存款人因其他结算需要，应出具有关证明。

（3）一般存款账户的使用

一般存款账户用于办理存款人借款转存、借款归还和其他结算的资金收付。一般存款账户可以办理现金缴存，但不得办理现金支取。

3.专用存款账户

（1）专用存款账户的概念

专用存款账户是存款人按照法律、行政法规和规章，对其特定用途资金进行专项管理和使用而开立的银行结算账户。

（2）适用范围

专用存款账户适用于对下列资金的管理和使用：

①基本建设资金；②更新改造资金；③粮、棉、油收购资金；④证券交易结算资金；⑤期货交易保证金；⑥信托基金；⑦政策性房地产开发资金；⑧单位银行卡备用金；⑨住房基金；⑩社会保障基金；⑪收入汇缴资金和业务支出资金；⑫党、团、工会设在单位的组织机构经费；⑬其他需要专项管理和使用的资金。

（3）开户证明文件

存款人申请开立专用存款账户，应向银行出具其开立基本存款账户规定的证明文件、基本存款账户开户许可证和下列证明文件：

①基本建设资金、更新改造资金、政策性房地产开发资金、住房基金、社会保障基金，应出具主管部门批文。

②粮、棉、油收购资金，应出具主管部门批文。

③单位银行卡备用金，应按照中国人民银行批准的银行卡章程的规定出具有关证明资料。

④证券交易结算资金，应出具证券公司或证券管理部门的证明。

⑤期货交易保证金，应出具期货公司或期货管理部门的证明。

⑥收入汇缴资金和业务支出资金，应出具基本存款账户存款人有关的证明。

⑦党、团、工会设在单位的组织机构经费，应出具该单位或有关部门的批文或证明。

⑧其他按规定需要专项管理和使用的资金，应出具有关法规、规章或政府部门的有关文件。

需要说明的是，对于合格境外机构投资者在境内从事证券投资开立的人民币特殊账户和人民币结算资金账户，均纳入专用存款账户管理。其开立人民币特殊账户时应出具国家外汇管理部门的批复文件；开立人民币结算资金账户时，应出具证券管理部门的证券投资业务许可证。

（4）专用存款账户的使用规定

①单位银行卡账户的资金（备用金）必须由其基本存款账户转账存入，该账户不得办理现金收付业务。

②证券交易结算资金、期货交易保证金和信托基金专用存款账户不得支取现金。

③基本建设资金、更新改造资金、政策性房地产开发资金、金融机构存放同业资金账户需要支取现金的，应在开户时报中国人民银行当地分支行批准。

④粮、棉、油收购资金，社会保障基金，住房基金和党、团、工会经费等专用存款

账户支取现金应按照国家现金管理的规定办理。银行应按照国家对粮、棉、油收购资金使用管理的规定加强监督,不得办理不符合规定的资金收付和现金支取。

⑤收入汇缴资金和业务支出资金,是指基本存款账户存款人附属的非独立核算单位或派出机构发生的收入和支出的资金。收入汇缴账户除向基本存款账户或预算外资金财政专用存款户划缴款项外,只收不付,不得支取现金。业务支付账户除从基本存款账户拨入款项外,只付不收,其现金支取必须按照国家现金管理的规定办理。

4. 预算单位零余额账户

(1) 预算单位使用财政性资金,应当按照规定的程序和要求,向财政部门提出设立零余额账户的申请,财政部门审核同意后通知代理银行。

(2) 一个基层预算单位开设一个零余额账户。

(3) 预算单位零余额账户可以办理转账、提取现金等结算业务,可以向本单位按账户管理规定保留的相应账户划拨工会经费、住房公积金及提租补贴,以及财政部门批准的特殊款项,不得违反规定向本单位其他账户和上级主管单位、所属下级单位账户划拨资金。

5. 临时存款账户

(1) 临时存款账户的概念

临时存款账户是指存款人因临时需要并在规定期限内使用而开立的银行结算账户。

(2) 适用范围

①设立临时机构,例如工程指挥部、筹备领导小组、摄制组等;

②异地临时经营活动,例如建筑施工及安装单位等在异地的临时经营活动;

③注册验资、增资。

④军队、武警单位承担基本建设或者异地执行作战、演习、抢险救灾,应对突发事件等临时任务。

(3) 开户证明文件

①临时机构,应出具其驻在地主管部门同意设立临时机构的批文。

②异地建筑施工及安装单位,应出具其营业执照正本或其隶属单位的营业执照正本,以及施工及安装地建设主管部门核发的许可证或建筑施工及安装合同。外国及港、澳、台建筑施工及安装单位,应出具行业主管部门核发的资质准入证明。

③异地从事临时经营活动的单位,应出具其营业执照正本以及临时经营地工商行政管理部门的批文。

④境外(含港、澳、台地区)机构在境内从事经营活动的,应出具政府有关部门批准其从事该项活动的证明文件。

⑤军队、武警单位因执行作战、演习、抢险救灾，应对突发事件等任务需要开立银行账户时，开户银行应当凭军队、武警团级以上单位后勤（联勤）部门出具的批件或证明，先予开户并同时启用，后补办相关手续。

⑥注册验资资金，应出具工商行政管理部门核发的企业名称预先核准通知书或有关部门的批文。

⑦增资验资资金，应出具股东会或董事会决议等证明文件。

上述第②、③、④、⑦项还应出具其基本存款账户开户许可证，外国及港、澳、台建筑施工及安装单位除外。

（4）临时存款账户的使用规定

①临时存款账户用于办理临时机构以及存款人临时经营活动发生的资金收付。

②临时存款账户应根据有关开户证明文件确定的期限或存款人的需要确定其有效期限，最长不得超过2年。

③临时存款账户支取现金，应按照国家现金管理的规定办理。

④注册验资的临时存款账户在验资期间只收不付。

6. 个人银行结算账户

（1）个人银行结算账户的概念

个人银行结算账户是指存款人因投资、消费、结算等需要而凭个人身份证件以自然人名称开立的银行结算账户。个人银行账户分为Ⅰ类银行账户、Ⅱ类银行账户和Ⅲ类银行账户。

银行可通过Ⅰ类银行账户为存款人提供存款、购买投资理财产品等金融产品、转账、消费和缴费支付、支取现金等服务。

Ⅱ类户可以办理存款、购买投资理财产品等金融产品、限额消费和缴费、限额向非绑定账户转出资金业务，可以配发银行卡实体卡片。经银行柜面、自助设备加以银行工作人员现场面对面确认身份的，Ⅱ类户还可以办理存取现金、非绑定账户资金转入业务，非绑定账户转入资金、存入现金日累计限额合计为1万元、年累计限额合计为20万元；消费和缴费、向非绑定账户转出资金、取出现金日累计限额合计为1万元、年累计限额合计为20万元。银行可以向Ⅱ类户发放本银行贷款资金并通过Ⅱ类户还款，发放贷款和贷款资金归还，不受转账限额规定。

Ⅲ类户可以办理限额消费和缴费、限额向非绑定账户转出资金业务。经银行柜面、自助设备加以银行工作人员现场面对面确认身份的，Ⅲ类户还可以办理非绑定账户资金转入业务。非绑定账户资金转入日累计限额为5 000元、年累计限额为10万元；消费和缴费支付、向非绑定账户转出资金日累计限额合计为5 000元、年累计限额合计为

10万元。

	Ⅰ类户	Ⅱ类户	Ⅲ类户
办理存款	√	√	账户余额不得超过2 000元
购买理财产品	√	√	—
转账	√	限额转账（需面对面确认身份）	限额转账（需面对面确认身份）
消费和缴费	√	限额消费和缴费	限额消费和缴费
存取现金	√	√	—
实体卡	√	√	—

（2）开户方式

①柜面开户

通过柜面受理银行账户开户申请的，银行可为开户申请人开立Ⅰ类户、Ⅱ类户或Ⅲ类户。

②自助机具开户

通过远程视频柜员机和智能柜员机等自助机具受理银行账户开户申请，银行工作人员现场核验开户申请人身份信息的，银行可为其开立Ⅰ类户；银行工作人员未现场核验开户申请人身份信息的，银行可为其开立Ⅱ类户或Ⅲ类户。

③电子渠道开户

通过网上银行和手机银行等电子渠道受理银行账户开户申请的，银行可为开户申请人开立Ⅱ类户或Ⅲ类户。

（3）代理开户

①由他人代理开户

开户申请人开立个人银行账户或者办理其他个人银行账户业务，原则上应当由开户申请人本人亲自办理；符合条件的，可以由他人代理办理。他人代理开立个人银行账户的，银行应要求代理人出具代理人、被代理人的有效身份证件以及合法的委托书等。银行认为有必要的，应要求代理人出具证明代理关系的公证书。

②所在单位代理开户

存款人开立代发工资、教育、社会保障（如社保、医保、军保）、公共管理（如公共事业、拆迁、捐助、助农扶农）等特殊用途个人银行账户时，可由所在单位代理办理。单位代理个人开立银行账户的，应提供单位证明材料、被代理人有效身份证件的复印件或影印件。单位代理开立的个人银行账户，在被代理人持本人有效身份证件到开户银行办理身份确认、密码设（重）置等激活手续前，该银行账户只收不付。

（4）开户证明文件

根据个人银行账户实名制的要求，存款人申请开立个人银行结算账户时，应向银行出具本人有效身份证件，银行通过有效身份证件仍无法准确判断开户申请人身份的，应要求其出具辅助身份证明材料。

（5）个人银行结算账户的使用规定

个人银行结算账户用户办理个人转账收付和现金存取。下列款项可以转入个人银行结算账户：①工资、奖金收入；②稿费、演出服务等劳务收入；③债券、期货、信托等投资的本金和收益；④个人债权或产权转让收益；⑤个人贷款转存；⑥证券交易结算资金和期货交易保证金；⑦继承、赠与款项；⑧保险理赔、保费退还等款项；⑨纳税退还；⑩农、副、矿产品销售收入；⑪其他合法款项。

单位从其银行结算账户支付给个人银行结算账户的款项，每笔超过5万元（不包含5万元）的，应向开户银行提供下列付款依据：

①代发工资协议和收款人清单；②奖励证明；③新闻出版、演出主办等单位与收款人签订的劳务合同或支付给个人款项的证明；④证券公司、期货公司、信托投资公司、奖券发行或承销部门支付或退还给自然人款项的证明；⑤债权或产权转让协议；⑥借款合同；⑦保险公司的证明；⑧税收征管部门的证明；⑨农、副、矿产品购销合同；⑩其他合法款项的证明。

从单位银行结算账户支付给个人银行结算账户的款项应纳税的，税收代扣单位付款时应向其开户银行提供完税证明。

当个人持出票人为单位的支票向开户银行委托收款，将款项转入其个人银行结算账户的，或个人持申请人为单位的银行汇票和银行本票向开户银行提示付款，将款项转入其个人银行结算账户的，个人应出具上述第①～⑩项中规定的有关收款依据。存款人应对其提供的收款依据或付款依据的真实性、合法性负责。

从单位银行结算账户向个人银行结算账户支付款项单笔超过5万元人民币时，付款单位若在付款用途栏或备注栏注明事由，可不再另行出具付款依据，但付款单位应对支付款项事由的正式性、合法性负责。

7. 异地银行结算账户

（1）异地银行结算账户的概念

异地银行结算账户，是存款人在其注册地或住所地行政区域之外（跨省、市、县）开立的银行结算账户。

（2）适用范围

①营业执照注册地与经营地不在同一行政区域（跨省、市、县）需要开立基本存款账户的；

②办理异地借款和其他结算需要开立一般存款账户的；

③存款人因附属的非独立核算单位或派出机构发生的收入汇缴或业务支出需要开立专用存款账户的；

④异地临时经营活动需要开立临时存款账户的；

⑤自然人根据需要在异地开立个人银行结算账户的。

（3）开户证明文件

存款人需要在异地开立单位银行结算账户，除出具开立基本存款账户、一般存款账户、专业存款账户和临时存款账户规定的有关证明文件和基本存款账户开户许可证外，还应出具下列相应的证明文件：

①异地借款的存款人在异地开立一般存款账户的，应出具在异地取得贷款的借款合同；

②因经营需要在异地办理收入汇缴和业务支付的存款人在异地开立专用存款账户的，应出具隶属单位的证明。

存款人需要在异地开立个人银行结算账户，应出具在住所地开立账户所需的证明文件。

知识提要

基本存款账户	
开户资格	12项 【注意1】个人不能开 【注意2】级别不够不能开："团级"以上军队、武警部队及分散执勤的支（分）队 【注意3】临时机构不能开：异地"常设"机构 【注意4】非独立核算不能开：单位设立的"独立核算"的附属机构
证明文件	营业执照"正本"或批文或证明或登记证书
使用规定	基本存款账户是存款人的主办账户，一个单位只能开立"一个"基本存款账户 存款人日常经营活动的资金收付，以及存款人的工资、奖金和现金的支取应通过该账户办理
一般存款账户	
概念	一般存款账户是指存款人因借款或其他结算需要，在"基本存款账户开户银行以外"的银行营业机构开立的银行结算账户
开户要求	开户证明文件 （1）开立基本存款账户规定的证明文件 （2）基本存款账户开户许可证 （3）存款人因向银行借款需要，应出具借款合同

	（4）存款人因其他结算需要，应出具有关证明
使用范围	一般存款账户用于办理存款人借款转存、借款归还和其他结算的资金收付。该账户可以办理现金缴存，但不得办理现金支取。 【注意】开立一般存款账户没有数量限制
专用存款账户	
概念	专用存款账户是存款人按照法律、行政法规和规章，对其"特定"用途资金进行"专项"管理和使用而开立的银行结算账户
使用规定	（1）"单位银行卡账户"的资金必须由基本存款账户转入，该账户不得办理现金收付业务 （2）"证券交易结算资金、期货交易保证金和信托基金"专用存款账户，不得支取现金 （3）（4）略 （5）收入汇缴账户和业务支出账户： ①收入汇缴账户除向其基本存款账户或预算外资金财政专用存款账户划缴款项外，"只收不付"，不得支取现金 ②业务支出账户除从其基本存款账户拨入款项外"只付不收"，其现金支付必须按照国家现金管理的规定办理
开户要求	出具其开立基本存款账户规定的证明文件、"基本存款账户开户许可证"和各项专用资金的有关证明文件
预算单位零余额账户	
开户要求	一个基层预算单位开设"一个"零余额账户 【注意】预算单位零余额账户按"基本存款账户"或"专用存款账户"管理
使用规定	（1）用于财政授权支付 （2）可以办理转账、"提取现金"等结算业务 （3）可以向本单位按账户管理规定保留的相应账户划拨工会经费、住房公积金及提租补贴，以及财政部门批准的特殊款项 （4）不得违反规定向"本单位其他账户"和"上级主管单位"、"所属下级单位账户"划拨资金
临时存款账户	
适用范围	（1）设立临时机构：如设立工程指挥部、摄制组、筹备领导小组等 （2）异地临时经营活动：如建筑施工及安装单位等在异地的临时经营活动 （3）注册验资、增资 （4）军队、武警单位承担基本建设或者异地执行作战、演习、抢险救灾、应对突发事件等临时任务
开户时不需	（1）设立临时机构

要提供基本存款账户开户登记证的情形	（2）境外（含港、澳、台地区）机构在境内从事经营活动 （3）军队、武警单位因执行作战、演习、抢险救灾、应对突发事件等任务需要开立银行账户 （4）验资临时账户
使用规定	（1）临时存款账户的有效期最长不得超过2年 （2）临时存款账户支取现金，应按照国家现金管理的规定办理 （3）注册验资的临时存款账户在验资期间只收不付

个人银行结算账户

分类及功能

	Ⅰ类户（"金库"）	Ⅱ类户（"钱包"）	Ⅲ类户（"零钱包"）
存款	√	√	账户余额不得超过2000元
购买投资理财产品等金融产品	√	√	×
消费和缴费支付	√	限额	限额
向非绑定账户转出资金	√	限额	限额
非绑定账户资金转入	√	经确认、限额	经确认、限额
存取现金	√	经确认、限额	×
配发银行卡实体卡片	√	√	×

开户程序

方式		可开立账户
柜面开户		Ⅰ、Ⅱ、Ⅲ
自助机具开户	工作人员现场核验	Ⅰ、Ⅱ、Ⅲ
	工作人员未现场核验	Ⅱ、Ⅲ
电子渠道开户		Ⅱ、Ⅲ

代理开户注意事项	（1）单位代理开立的个人银行账户，在被代理人持本人有效身份证件到开户银行办理身份确认、密码设（重）置等激活手续前，只收不付 （2）无民事行为能力或限制民事行为能力的开户申请人，由法定代理人或者法院等有关部门依法指定的人员代理办理 【注意】无民事行为能力或限制民事行为能力人，可以申请开立个人银行结算账户，但不得使用银行卡
可以转入个人银行结算账户的款项	11条 一切个人合法所得。 【注意】禁止"公款私存"
使用规定	（1）单位从其银行结算账户支付给个人银行结算账户的款项，每笔"超

	过5万元"的,应向其开户银行提供付款依据。付款单位若在用途栏或备注栏注明事由,可不再另行出具付款依据,但要对真实性合法性负责 (2)从单位银行结算账户支付给个人银行结算账户的款项应纳税的,税收代扣单位付款时应向其开户银行提供"完税证明"
异地银行结算账户	
概念	存款人在其注册地或住所地行政区域之外(跨省、市、县)开立的银行结算账户
适用范围	(1)营业执照注册地与经营地不在同一行政区域(跨省、市、县)需要开立基本存款账户的 (2)办理异地借款和其他结算需要开立一般存款账户的 (3)存款人因附属的非独立核算单位或派出机构发生的收入汇缴或业务支出需要开立专用存款账户的 (4)异地临时经营活动需要开立临时存款账户的 (5)自然人根据需要在异地开立个人银行结算账户的

二、银行结算账户的开立、变更和撤销

(一)银行结算账户的开立

存款人应在注册地或住所地开立银行结算账户;符合异地(跨省、市、县)开户条件的,也可以在异地开立银行结算账户。除国家法律、行政法规和国务院规定外,任何单位和个人不得强令存款人到指定银行开立银行结算账户。

存款人申请开立银行结算账户时,应填制开立银行结算账户申请书,并提交有关证明文件。银行应对存款人的开户申请书填写的事项和相关证明文件的真实性、完整性、合规性进行认真审查。开户申请书填写的事项齐全,符合开立核准类账户条件的,银行应将存款人的开户申请书、相关的证明文件和银行审核意见等开户资料报送中国人民银行当地分支行,经其核准后办理开户手续。需要中国人民银行核准的账户包括基本存款账户、临时存款账户(因注册验资和增资验资开立的除外)、预算单位专用存款账户和合规境外机构投资者在境内从事证券投资开立的人民币特殊账户和人民币结算资金账户(一下简称QFII专用存款账户)。

符合开立一般存款账户、其他专用存款账户和个人银行结算账户条件的,银行应办理开户手续,并与开户之日起5个工作日内向中国人民银行当地分支行备案。

中国人民银行当地分支行应于2个工作日内对开户银行报送的核准类账户的开户资料的合规性予以审核,符合开户条件的,予以核准,颁发基本(或临时或专用)存款账户开户登记证。不符合开户条件的,应在开户申请书上签署意见,连同有关证明文件

一并退回报送银行，由报送银行转送存款人。

开户许可证是中国人民银行依法准予申请人在银行开立核准类银行结算账户的行政许可证件，是核准类银行结算账户合法性的有效证明。经国务院批准，中国人民银行自2018年6月11日起，在江苏省泰州市和浙江省台州市试点取消企业银行账户开户许可证核发，试点地区中国人民银行分支机构对银行为企业（企业法人、非企业法人、个体工商户）开立、变更、撤销基本存款实行备案制，中国人民银行分支机构不再核发基本存款账户开户许可证，试点地区注册的企业在试点地区银行开立的基本存款账户，"自开立之日"即可办理收付款业务。

开立银行结算账户时，银行应与存款人签订银行结算账户管理协议，明确双方的权利与义务。对存在法定代表人或者负责人对单位经营规模及业务背景等情况不清楚、注册地和经营地均在异地等异常情况的单位，银行应当与其法定代表人或者负责人面签银行结算账户管理协议，并留存视频、音频资料等，开户初期原则上不开通非柜面业务，待后续了解后再审慎开通。银行在为存款人开通非柜面转账业务时，双方应签订协议，约定非柜面渠道向非同名银行账户和支付账户转账的日累计限额、笔数和年累计限额等，超出限额和笔数的，应当到银行柜面办理。银行应建立存款人预留签章卡片，并将签章式样和有关证明文件的原件或复印件留存归档。

存款人开立单位银行结算账户，自正式开立之日起3个工作日后，方可使用该账户办理付款业务。但注册验资的临时存款账户转为基本存款账户和因借款转存开立的一般存款账户除外。对于核准类银行结算账户，"正式开立之日"为中国人民银行当地分支行的核准日期；对于非核准类银行结算账户，"正式开立之日"为开户银行为存款人办理开户手续的日期。

（二）银行结算账户的变更

存款人银行结算账户有法定变更事项的，应于5日内书面通知开户银行并提供有关证明，开户银行办理变更手续并于2日内向中国人民银行当地分支行报告。

（三）银行结算账户的撤销

存款人有下列情形之一的，应向开户银行提出撤销银行结算账户的申请：

1.被撤并、结算、宣告破产或关闭的；

2.注销、被吊销营业执照的；

3.因迁址需要变更开户银行的；

4.其他原因需要撤销银行结算账户的。

存款人有以上第1、2条情形的，应于5个工作日内向开户银行提出撤销银行结算账户的申请。撤销银行结算账户时，应当先撤销一般存款账户、专用存款账户、临时存款账户,将账户资金转入基本存款账户后,方可办理基本存款账户的撤销。

银行得知存款人有第1、2条情形的,存款人超过规定期限未主动办理撤销银行结算账户手续的,银行有权停止其银行结算账户的对外支付。

存款人因以上第3、4条情形撤销基本存款账户后,需要重新开立基本存款账户的,应在撤销其原基本存款账户后10日内申请重新开立基本存款账户。

存款人因未获得工商行政管理部门核准登记的单位,在验资期满后,应向银行申请撤销注册验资临时存款账户,其账户资金应退还给原汇款人账户。注册验资资金以现金方式存入,出资人需提取现金的,应出具缴存现金时的现金缴款单原件及其有效身份证件。

存款人撤销银行结算账户,必须与开户银行核对银行结算账户存款余额,交回各种重要空白票据及结算凭证和开户登记证,银行核对无误后方可办理注销户手续。

银行撤销单位银行结算账户时应在其基本存款账户开户登记证上注明销户日期并签章,同时于撤销银行结算账户之日起2个工作日内,向中国人民银行报告,存款人尚未清偿其开户银行债务的,不得申请撤销该账户。

银行对一年未发生收付活动且未欠开户银行债务的单位银行结算账户,应通知单位自发出通知之日起30日内办理销户手续,逾期视同自愿销户。未划转款项列入久悬未取专户管理。

知识提要

开立地点	应在注册地或住所地开立。符合条件的也可以在异地开立
2核	是指在开立需要中国人民银行当地分支行核准的账户时,符合条件的,中国人民银行当地分支行应于两个工作日内予以核准
5备	是指实行备案制的账户,由存款人提出开户申请,银行审查后符合开户条件的,应办理开户手续,并于开户之日起5个工作日内向当地中国人民银行当地分支行备案
3通知	是指不需要核准的账户,在开户之日3个工作日内书面通知基本存款账户开户银行
存款人自主原则	除国家法律、行政法规和国务院规定外,任何单位和个人不得强令存款人到指定银行开立银行结算账户
开户申请的签章要求	(1)单位:单位公章和法定代表人或其授权代理人的签名或者盖章 (2)个人:本人的签章 【注意1】单位在开户申请上的签章只能是"公章"而不是"财务专用章" 【注意2】变更和撤销申请的签章要求与开户申请相同
核准与备案	存款人开立以下账户,实行核准制,经中国人民银行当地分支行核准并核发开户许可证后办理开户手续

	（1）基本存款账户 （2）临时存款账户（因注册验资和增资验资开立的临时存款账户除外） （3）预算单位专用存款账户 （4）QFII专用存款账户
生效日规定	（1）具体规定 存款人开立单位银行结算账户，自正式开立之日起"3个工作日后"，方可办理"付款业务" （2）排除事项 注册验资的临时存款账户"转为"基本存款账户和因"借款转存"开立的一般存款账户除外
变更	1.变更要盖章（撤销同）：单位：公章+名章；个人：签章 2.相关事项应于5个工作日提出变更申请 3.涉及变更开户许可证事项的交旧换新 【注意】属于变更开户许可证记载事项的，存款人应交回开户许可证，由中国人民银行当地分支行换发新的开户许可证

撤销

应当撤销银行结算账户的法定情形	（1）被撤并、解散、宣告破产或关闭的 （2）注销、被吊销营业执照的 （3）因迁址需要"变更"开户银行的 （4）其他原因需要撤销银行结算账户的 【注意】存款人"迁址"视不同情况（是否变更开户行）分别适用"变更"或"撤销"的规定
撤销程序	存款人撤销银行结算账户，必须与开户银行核对银行结算账户存款余额，交回各种重要空白票据及结算凭证和开户许可证，银行核对无误后方可办理销户手续
撤销顺序	撤销银行结算账户时，应当"先"撤销一般存款账户、专用存款账户、临时存款账户，将账户资金转入基本存款账户"后"，方可办理基本存款账户的撤销
不得撤销银行结算账户的情形	存款人尚未清偿其开户银行债务的，不得申请撤销该银行结算账户
强制撤销	对按规定应撤销而未办理销户手续的单位银行结算账户，银行应通知存款人，自发出通知之日起"30日"内到开户银行办理销户手续，逾期视同自愿销户

三、银行结算账户的管理

(一) 实名制管理

1. 存款人应以实名开立银行结算账户,并对其出具的开户(变更、撤销)申请资料实质内容的真实性负责,法律、行政法规另有规定的除外。

2. 存款人应按照账户管理规定使用银行结算账户办理结算业务,不得出租、出借银行结算账户,不得利用银行结算账户套取银行信用或进行洗钱活动。

(二) 银行结算账户变更事项的管理

存款人申请临时存款账户展期,变更、撤销单位银行结算账户以及补(换)发开户许可证时,可由法定代表人或单位负责人直接办理,也可授权他人办理。

(三) 存款人预留银行签章的管理

(1) 单位存款人申请变更预留公章或财务专用章,可由法定代表人或单位负责人直接办理,也可授权他人办理。

(2) 单位存款人申请更换预留个人签章,可由法定代表人或单位负责人直接办理,也可授权他人办理。

(四) 银行结算账户的对账管理

银行结算账户的存款人收到对账单或对账信息后,应及时核对账务并在规定期限内向银行发出对账回单或确认信息。

知识提要

实名制管理	1. 存款人应当以"实名开立"银行结算账户,并对其出具的开户(变更、撤销)申请资料实质内容的真实性负责,但法律、行政法规另有规定除外 2. 不得出租、出借银行结算账户和利用银行结算账户套取银行信用或洗钱

预留银行签章管理

情形		办理人员	证明文件
遗失公章或财务章			书面申请、开户许可证、营业执照等
更换	公章或财务章	法定代表人或单位负责人	(1) 书面申请、原预留公章或财务专用章等;法定代表人或单位负责人的身份证件
		授权他人	(1) +授权书,以及被授权人的身份证件
	个人章	法定代表人或单位负责人	加盖该单位公章的书面申请以及法定代表人或单位负责人的身份证件
		授权他人	加盖该单位公章的书面申请、法定代表人或单位负责人的身份证件、该单位出具的授权书以及被授权人的身份证件

可授权他人办理的事项	存款人申请"临时存款账户展期","变更、撤销单位银行结算账户","补(换)发开户许可证","变更预留公章、财务章、个人签章"可由法定代表人或单位负责人直接办理,也可授权他人办理
对账管理	银行结算账户的存款人收到对账单或对账信息后,应及时核对账务并在规定期限内向银行发出对账回单或确认信息

四、违反银行结算账户管理制度的法律责任

1.存款人在开立、撤销银行结算账户过程中,有下列行为之一的,对于非经营性的存款人,给予警告并处以1 000元的罚款;对于经营性的存款人,给予警告并处以1万元以上3万元以下的罚款;构成犯罪的,移交司法机关追究刑事责任：

（1）违反规定开立银行结算账户；

（2）伪造、变造证明文件欺骗银行开立银行结算账户；

（3）违反规定不及时撤销银行结算账户。

2.存款人使用银行结算账户时,有违反规定将单位款项转入个人银行结算账户、支取现金、利用开立银行结算账户逃避银行债务、出租、出借银行结算账户、从基本存款账户之外的银行结算账户转账存入、将销货收入存入或现金存入单位信用卡账户等行为时,非经营性的存款人,给予警告并处以1 000元罚款；经营性的存款人,给予警告并处以5 000元以上3万元以下的罚款。存款人未在法定期限内将变更事项通知银行的,给予警告并处以1 000元的罚款。

3.伪造、变造、私自印制开户登记证的存款人,属于非经营性的处以1 000元罚款；属于经营性的处以1万元以上3万元以下的罚款；构成犯罪的,移交司法机关依法追究刑事责任。

4.银行在银行结算账户的开立中有法定违法行为时,给予警告,并处以5万元以上30万元以下的罚款；对该银行直接负责的高级管理人员、其他直接负责的主管人员、直接责任人员按规定给予纪律处分；情节严重的,中国人民银行有权停止对其开立基本存款账户的核准,责令该银行停业整顿或者吊销经营金融业务许可证；构成犯罪的,移交司法机关依法追究刑事责任。

5.银行在银行结算账户的使用中有法定违法行为时,给予警告,并处以5 000元以上3万元以下的罚款；对该银行直接负责的高级管理人员、其他直接负责的主管人员、直接责任人员按规定给予纪律处分；情节严重的,中国人民银行有权停止对其开立基本存款账户的核准。构成犯罪的,移交司法机关依法追究刑事责任。

知识提要

违法单位	违法事项	处罚金额
非经营性存款人		1 000 元
经营性存款人	变更	1 000 元
	伪造、变造，开立、撤销	1 万元以上 3 万元以下
	使用	5 000 元以上 3 万元以下
银行	开立过程中	5 万元以上 30 万元以下
	使用过程中	5 000 元以上 3 万元以下

第三节　票据结算方式

一、票据结算概述

（一）票据的概念和种类

票据的概念有广义和狭义之分。广义的票据包括各种有价证券和凭证，如股票、国库券、企业券、发票、提单等；狭义的票据即我国《票据法》上规定的票据。根据《票据法》的规定，票据是指由出票人依法签发的、约定自己或者委托付款人在见票时或指定的日期向收款人或持票人无条件支付一定金额的有价证券。在我国，票据主要包括银行汇票、商业汇票、银行本票和支票。

（二）票据的特征与功能

1.票据的特征

（1）票据是完全有价证券

①票据权利与票据本身融为一体、不可分离；票据权利的产生、行使、转让和消灭都离不开票据。

②完全有价证券这一特征可以通过票据的"设权证券""提示证券""交付证券"和"缴回证券"等特征来体现。

（2）票据是文义证券

票据上的一切票据权利义务必须严格按照票据记载的文义而定，文义之外的任何理由、事项均不得作为根据，即使文义记载有错，也不得用票据之外的其他方法进行变更或补充，这样做是为了保护善意持票人和维护交易安全。

（3）票据是无因证券

无因证券是指证券效力与作为证券的原因完全分离，证券权利的存在和行使，不以作为证券的原因为要件。票据的持票人行使票据权利时，不必证明其取得的原因，以及票据权利发生的原因。这些原因存在与否、有效与否，与票据权利原则上互不影响。票据的持票人仅依票据上所载文义就可以请求给付一定金额的货币。

（4）票据是金钱债权证券

票据上体现的权利性质是财产权（即请求支付一定的金钱）。

（5）票据是要式证券

票据的制作、形式、文义都有规定的格式和要求，必须符合《票据法》的规定。

（6）票据是流通证券

票据权利的转让无须通知债务人，通过背书行为直接转让。

2. 票据的功能

（1）支付功能

票据可以充当支付工具，代替现金使用。用票据支付可以消除现金携带不便，克服点钞的麻烦，节省计算现金的时间。

（2）汇兑功能

票据可以代替货币在不同地方之间运送，方便异地之间的支付。如果异地之间使用货币，需要运送或携带，不仅费事费力，而且也不安全。大额货币的运送更是如此。如果只拿着一张票据到异地支付，相对而言，既安全又方便。

（3）信用功能

票据当事人可以凭借自己的信誉将未来才能获得的金钱作为现在的金钱来使用。

（4）结算功能

即债务抵销功能。简单的结算是互有债务的双方当事人各签发一张本票，待两张本票都到到期日可以相互抵销债务。若有差额，由一方以现金支付。

（5）融资功能

票据可以融通或调度资金。票据的融资功能是通过票据的贴现、转贴现和再贴现实现的。

（三）票据行为

票据行为是指票据当事人以发生票据债务为目的的，以在票据上签名或盖章为权利与义务成立要件的法律行为，包括出票、背书、承兑和保证四种。其中，出票是指出票人签发票据并将其交付给收款人的行为；背书是指持票人为将票据权利转让给他人或者将一定的票据权利授予他人行使，而在票据背面或者粘单上记载有关事项并签章的行为；承兑是指汇票付款人承诺在汇票到期日支付汇票金额并签章的行为；保证是指票据债务人以外的人，为担保特定债务人履行票据债务而在票据上记载有关事项并签章的行为。

出票人在票据上的签章不符合《票据法》等规定的，票据无效。

承兑人、保证人在票据上的签章不符合《票据法》等规定的，其签章无效，但不影响其前手符合规定签章的效力。

（四）票据当事人

票据当事人分为基本当事人和非基本当事人。基本当事人包括出票人、付款人和收款人。非基本当事人包括承兑人、背书人、被背书人、保证人等。

1. 基本当事人

票据基本当事人是指在票据作成和交付时就已经存在的当事人，是构成票据法律关系的必要主体,包括出票人、付款人和收款人三种。票据缺少基本当事人其法律关系就不能成立,票据无效。

(1) 出票人

出票人是指依法定方式签发票据并将票据交付给收款人的人。银行汇票的出票人为银行;商业汇票的出票人为银行以外的企业和其他组织;银行本票的出票人为出票银行;支票的出票人为在银行开立支票存款账户的企业、其他组织和个人。

(2) 收款人

收款人是指票据正面记载的到期后有权收取票据所载金额的人,又称票据权利人。

(3) 付款人

付款人是指由出票人委托付款或自行承担付款责任的人。商业承兑汇票的付款人是合同中应给付款项的一方当事人,也是该汇票的承兑人;银行承兑汇票的付款人是承兑银行;支票的付款人是出票人的开户银行;本票的付款人是出票人。

因此汇票和支票的基本当事人有出票人、付款人与收款人;本票的基本当事人仅有出票人与收款人。

2. 非基本当事人

非基本当事人是指在票据作成并交付后,通过一定的票据行为加入票据关系而享有一定权利、承担一定义务的当事人,包括承兑人、背书人、被背书人、保证人等。

(1) 承兑人

承兑人是指接受汇票出票人的付款委托,同意承担支付票款义务的人,是汇票主债务人。

(2) 背书人与被背书人

背书人是指在转让票据时,在票据背面或粘单上签字或盖章,并将该票据交付给受让人的票据收款人或持有人。被背书人是指被记名受让票据或接受票据转让的人。

(3) 保证人

保证人是指为票据债务提供担保的人,由票据债务人以外的第三人承担。保证人在被保证人不能履行票据付款责任时,以自己的金钱履行票据付款义务,然后取得持票人的权利,向票据债务人追索。

并非所有的票据当事人一定同时出现在某一张票据上,除基本当事人外,非基本当事人是否存在,完全取决于相应票据行为是否发生。

(五)票据权利与责任

1.票据权利

(1)票据权利的概念和分类

票据权利是指票据持票人向票据债务人请求支付票据金额的权利,包括付款请求权和追索权。

付款请求权是指持票人向汇票的承兑人、本票的出票人、支票的付款人出示票据要求付款的权利,是第一顺序权利,又称主要票据权利。行使付款请求权的持票人可以是票据记载的收款人或最后的被背书人,担负付款请求权付款义务的主要主债务人。

追索权是指票据当事人行使付款请求权遭到拒绝或有其他法定原因存在时,向其他前手请求偿还票据金额及其他法定费用的权利,是第二顺序权利,又称偿还请求权。行使追索权的当事人除票据记载收款人和最后被背书人外,还可能是代为清偿票据债务的保证人、背书人。

(2)票据权利的取得

关于取得票据权利应注意以下问题:票据的取得,必须给付对价;因税收、继承、赠与可以依法无偿取得票据的,不受给付对价之限制,但是,所享有的票据权利不得优于其前手的权利;因欺诈、偷盗、胁迫、恶意或重大过失而取得票据的,不得享有票据权利。

票据的取得,必须给付对价,即应当给付票据双方当事人认可的相对应的代价。但也有例外的情形,即如果是因为税收、继承、赠与可以依法无偿取得票据的,则不受给付对价的限制,但是所享有的票据权利不得优于其前手的权利。所谓"不得优于"是指不能超过,而且必须受到前手权利状态的影响,具体来说:(1)如果前手是善意的,已付对价的当事人,享有完整有效的票据权利,无偿取得之人也享有同样的票据权利;(2)如果前手是因欺诈等取得票据的,不享有票据权利,无偿取得之人也不享有票据权利;(3)如果前手因善意取得票据但未付对价或对价不相当,该前手的权利应受其再前手权利的影响,无偿取得之人也受前手影响。

以欺诈、偷盗或者胁迫等手段取得票据的,或者明知有前列情形出于恶意取得票据的,以及持票人因重大过失取得不符合《票据法》规定的票据,不享有票据权利。

(3)票据权利的时效

票据权利时效是指票据权利在时效期内不行使,即引起票据权利丧失:

①持票人对票据的出票人和承兑人的权利,自票据到期日起2年;

②见票即付的汇票、本票,自出票日起2年;

③持票人对支票出票人的权利,自出票日起6个月;

在这里,持票人对出票人和承兑人的权利,包括付款请求权和追索权。之所以规定支票的权利时效短于其他票据,是因为支票主要是一种短期支付工具,其权利的行使以迅速为宜,规定较短的时效,可以督促权利人及时行使票据权利。

④持票人对前手的追索权,自被拒绝承兑或者被拒绝付款之日起6个月;

⑤持票人对前手的再追索权,自清偿或者被提起诉讼之日起3个月。

追索权的行使以获取拒绝付款证明或退票理由书等有关证明为前提。为了督促持票人及时获得这些证明,尽可能地在短期内结清因拒绝承兑或拒绝付款而产生的债务关系,从速实现持票人的票据权利,加快债券债务关系的清偿速度,促进社会经济关系的稳定,追索权的行使应当迅速及时,因此,《票据法》对于追索权规定了较短的时效。

如果持票人因超票据权利时效或者因票据记载事项欠缺而丧失票据权利的,《票据法》为了保护持票人的合法权益,规定其仍享有民事权利,可以请求出票人或者承兑人返还其与未支付的票据金额相当的利益。

2. 票据责任

票据责任是指票据债务人向持票人支付票据金额的责任。它是基于债务人特定的票据行为(如出票、背书、承兑等)而应承担的义务,不具有制裁性质,主要包括付款义务和偿还义务。

票据债务人承担票据义务一般有四种情况:

(1)汇票承兑人因承兑而应承担付款义务;

(2)本票出票人因出票而承担自己付款的义务;

(3)支票付款人在与出票人有资金关系时承担付款义务;

(4)汇票、本票、支票的背书人,汇票、支票的出票人、保证人,在票据不获承兑或不获付款时承担付款清偿义务。

(六)票据记载事项

票据记载事项是指依法在票据上记载票据相关内容。票据记载事项一般分为绝对记载事项、相对记载事项、任意记载事项和记载不产生票据法上的效力的事项等。

1. 绝对记载事项

也称必要记载事项或必须记载事项,是指《票据法》明文规定必须记载的,如不记载,票据即为无效的事项。如出票时表明票据种类的事项,必须记明"汇票""本票""支票",否则票据无效。

2. 相对记载事项

是指除了必须记载事项外,《票据法》规定的其他应记载的事项。这些事项如果未记载,由法律另作相应规定予以明确,并不影响票据的效力。如汇票上没有记载付款日期的,为见票即付;汇票上未记载付款地的,付款人的营业场所、住所或经常居住地为付款地等。

3. 任意记载事项

是指《票据法》不强制当事人必须记载而允许当事人自行选择,不记载时不影响票据效力,记载时则产生票据效力的事项,如出票人在汇票上记载"不得转让"字样的,汇票不得转让。

4. 记载不产生票据法上的效力的事项

是指除了必须记载事项、任意记载事项外,票据上还可以记载其他一些事项,但这些事项不具有票据效力,银行不负审查责任。

(七)票据丧失的补救

票据丧失是指票据因灭失、遗失、被盗等原因而使票据权利人脱离其对票据的占有。票据一旦丧失,票据的债权人不通过一定的方法就不能阻止债务人向拾获者履行义务,从而造成正当票据权利人经济上的损失。因此,需要进行票据丧失的补救。票据丧失后可以采取挂失止付、公示催告、普通诉讼三种形式进行补救。

1. 挂失止付

挂失止付是指失票人将丧失票据的情况通知付款人或代理付款人,由接受通知的付款人或代理付款人审查后暂停支付的一种方式。只有确定付款人或代理付款人的票据丧失时,才可以进行挂失止付,具体包括已承兑的商业汇票、支票、填明"现金"字样和代理付款人的银行汇票以及填明"现金"字样的银行本票四种。挂失止付并不是票据丧失后采取的必经措施,而只是一种暂时的预防措施,最终要通过申请公示催告或提起普通诉讼来补救票据权利。

2. 公示催告

公示催告是指在票据丧失后由失票人向人民法院提出申请,请求人民法院以公告方式通知不确定的利害关系人限期申报权利,逾期未申报者,则由法院通过除权判决宣告所丧失的票据无效的一种制度或程序。

失票人应当在通知挂失止付后的3日内,也可以在票据丧失后,依法向人民法院申请公示催告,或向人民法院提起诉讼。申请公示催告的主体必须是可以背书转让的票据的最后持票人,失票人不知道票据的下落,利害关系人也不明确。

3. 普通诉讼

普通诉讼是指丧失票据的人为原告,以承兑人或出票人为被告,请求法院判决其向失票人付款的诉讼活动。如果与票据上的权利有利害关系的人是明确的,无须公示催告,可按一般的票据纠纷向法院提起诉讼。

知识提要

含义	票据是指出票人依法签发的，约定自己或者委托付款人在见票时或指定的日期向收款人或持票人无条件支付一定金额的有价证券	
种类	票据法规定的票据包括：汇票、本票和支票。	
票据的特征	（1）票据是完全有价证券——票据所表示的权利与票据不可分离 ①票据为设权证券——区别于证权证券 ②票据为提示证券——行使权利必须出示票据 ③票据为交付证券——转让必须交付票据 ④票据为缴回证券——权利实现时要缴回票据 （2）票据为文义证券——票据上的权利义务必须依票据上所记载的文义而定，不得以文义之外的任何事项来主张票据权利 （3）票据为无因证券——行使权利不看取得票据的原因 （4）票据为金钱债权证券——区别于物权证券和社员权证券 （5）票据为要式证券 （6）票据为流通证券——可以背书转让	
票据的功能	（1）支付功能 （2）汇兑功能 （3）信用功能 （4）结算功能 （5）融资功能 【注意】区别支付功能与结算功能，双方当事人互负到期债务，"交换票据"抵销债务才是结算功能的体现	
基本当事人	在票据作成和交付时就已经存在的当事人。包括出票人、付款人和收款人 【注意1】基本当事人是构成票据法律关系的必要主体 【注意2】本票的基本当事人无"付款人"	
非基本当事人	在票据作成并交付后，通过一定的票据行为加入票据关系而享有一定权利、承担一定义务的当事人 包括承兑人、背书人、被背书人、保证人	

类别	内容	界定
基本当事人	出票人	依法定方式签发票据并将票据交付给收款人的人
	收款人	票据正面记载的到期后有权收取票据所载金额的人
	付款人	由出票人委托付款或自行承担付款责任的人
非基本当事人	承兑人	接受汇票出票人的付款委托，同意承担支付票款义务的人。 【注意1】承兑人只在远期商业汇票中出现 【注意2】区别付款人与承兑人，付款人在承兑之前称为付款人，在承兑之后才称为承兑人

	背书人	在转让票据时，在票据背面或粘单上签字或盖章，并将该票据交付给受让人的票据收款人或持有人
	被背书人	被记名受让票据或接受票据转让的人
	保证人	为票据债务提供担保的人，由票据债务人以外的第三人担当
票据权利的概念	持票人向票据债务人请求支付票据金额的权利，包括"付款请求权"和"追索权"	
	付款请求权	追索权
概念	持票人向汇票的承兑人、本票的出票人、支票的付款人出示票据要求付款的权利	票据当事人行使付款请求权遭到拒绝或其他法定原因存在时，向其前手请求偿还票据金额及其他法定费用的权利
顺位	第一顺序	第二顺序
行使人	票据记载的"收款人"或"最后的被背书人"	票据记载的"收款人""最后的被背书人"代为清偿票据债务的"保证人""背书人"
票据权利的取得	（1）票据的取得必须给付对价 （2）因"税收、继承、赠与"可以依法无偿取得票据的，不受给付对价之限制，但所享有的票据权利"不得优于前手" （3）因"欺诈、偷盗、胁迫或明知有上述情形出于恶意"而取得票据的，不得享有票据权利。持票人因重大过失取得不符合票据法规定的票据的，也不得享有票据权利	
票据权利的行使与保全	持票人对票据债务人行使票据权利，或者保全票据权利，应当在票据当事人的营业场所和营业时间内进行，票据当事人无营业场所的，应当在其住所进行	
票据权利丧失补救	票据丧失后可以采取"挂失止付、公示催告、普通诉讼"三种形式进行补救	
挂失止付	（1）概念 挂失止付是指失票人将丧失票据的情况通知付款人或代理付款人，由接受通知的付款人或代理付款人审查后暂停支付的一种方式 （2）可以挂失止付的票据种类 只有确定付款人或代理付款人的票据丧失时才可进行挂失止付 包括：已承兑的商业汇票、支票、填明"现金"字样和代理付款人的银行汇票、填明"现金"字样的银行本票 （3）挂失止付通知书的记载事项 ①票据丧失的时间、地点、原因 ②票据的种类、号码、金额、出票日期、付款日期、付款人名称、收款人名称 ③挂失止付人的姓名、营业场所或者住所以及联系方法	

		【注意】欠缺上述记载事项之一的，银行不予受理 （4）止付期 付款人或者代理付款人自收到挂失止付通知书之日起12日内没有收到人民法院的止付通知书的，自第13日起，不再承担止付责任，持票人提示付款即依法向持票人付款 【注意】挂失止付不是丧失票据后采取的必经措施，而是一种暂时的预防措施
	公示催告	（1）概念 公示催告是指在票据丧失后由失票人向人民法院提出申请，请求人民法院以公告方式通知不确定的利害关系人限期申报权利，逾期未申报者，则由法院通过除权判决宣告所丧失的票据无效的一种制度或程序 （2）申请公示催告 失票人应当在通知挂失止付后的3日内，也可以在票据丧失后，依法向"票据支付地"人民法院申请公示催告 【注意1】"挂失止付"非"公示催告"的必经前置程序 【注意2】此处不包括"被告住所地"，因为利害关系人不明确 【注意3】申请公示催告的主体必须是可以背书转让的票据的最后持票人 （3）程序 ①申请书内容 票面金额；出票人、持票人、背书人；申请的理由、事实；通知挂失止付的时间；付款人或代理付款人的名称、地址、电话 ②付款人与代理付款人止付期责任 收到止付通知即行止付直至公示催告程序终结，非经法院许可擅自解付不免除票据责任 ③公告刊登媒介 "全国性"的报刊 ④公示催告的期间 国内票据自公告发布之日起60日，涉外票据根据具体情况适当延长，但最长不得超过90日 ⑤公示催告期间的票据行为 公示催告期间，转让票据权利的行为无效，以公示催告的票据质押、贴现而接受该票据的持票人主张票据权利的，人民法院不予支持，但公示催告期间届满以后人民法院作出除权判决以前取得该票据的除外
	普通诉讼	普通诉讼，是指丧失票据的人为原告，以承兑人或出票人为被告，请求法院判决其向失票人付款的诉讼活动。如果与票据上的权利有利害关系的人是明确的，无须公示催告，可按一般的票据纠纷向法院提起诉讼
	票据权利的	票据权利在下列期限内不行使而消灭

时效	(1) 持票人对票据的出票人和承兑人的权利,自票据到期日起 2 年 (2) 见票即付的汇票、本票,自出票日起 2 年 (3) 持票人对支票出票人的权利,自出票日起 6 个月 (4) 持票人对前手的追索权,自被拒绝承兑或者被拒绝付款之日起 6 个月 (5) 持票人对前手的再追索权,自清偿或者被提起诉讼之日起 3 个月 【注意1】票据权利丧失但仍然享有民事权利 【注意2】第(4)(5)种情况所指的追索权,不包括对"出票人、承兑人"的追索权
概念	票据行为是指以在票据上签名或盖章为权利义务成立要件的法律行为。包括:出票、背书、承兑、保证 【注意】不包括提示付款和付款,且与失票救济措施进行区分

出票

票据的记载事项	必须记载事项	不记载票据无效
	相对记载事项	不记载按法律规定执行
	任意记载事项	记载即产生法律效力,不记载不产生法律效力
	记载不产生票据法上的效力的事项	该记载事项不具有票据上的效力,银行不负审查责任
出票人的责任	出票人签发票据后,即承担该票据承兑或付款的责任。在票据得不到承兑或者付款时,应当向持票人清偿《票据法》规定的金额和费用	

背书

种类		具体要求
转让背书		以背书方式转让票据权利。 【注意】票据贴现属于转让背书
非转让背书	委托收款背书	被背书人**不得再以**背书转让票据权利
	质押背书	(1) 为担保债务,以在票据上<u>设定质权</u>为目的 (2) 被背书人依法实现其质权时,可以行使票据权利 (3) 债务人履行债务,质权人只需返还票据,无须再次做成背书
背书记载事项		(1) 必须记载事项——背书人签章、被背书人名称 (2) 相对记载事项——背书日期 背书未记载日期的,视为在票据<u>到期日前</u>背书 【注意】背书人未记载被背书人名称即将票据交付他人的,持票人在被背书人栏内记载自己的名称与背书人记载具有"同等法律效力"
粘单的使用		粘单上的"第一记载人",应当在票据和粘单的粘接处签章 【注意】粘单的第一记载人是指第一手使用粘单的"背书人"
背书连续		(1) 背书连续,是指在票据转让中,转让票据的背书人与受让票据的被背书人在票据上的签章依次前后衔接

	（2）票据的第一背书人为票据"收款人"，最后的持票人为"最后背书的被背书人"，中间的背书人为前手背书的被背书人 （3）以背书转让的票据，背书应当连续。持票人以背书的连续，证明其票据权利 （4）非经背书转让，而以其他合法方式取得票据的，依法举证，证明其票据权利 【判定标准】前一手背书的被背书人为后一手背书的背书人 【注意】非转让背书，不影响背书的连续性
背书特别规定	（1）条件背书——条件无效 背书不得附有条件，背书附有条件的，所附条件"不具票据上的效力" （2）部分背书——背书无效 部分背书是指将票据金额的一部分转让或者将票据金额分别转让给两人以上的背书。 （3）限制背书 "出票人"记载"不得转让"字样，票据不得背书转让（丧失流通性） "背书人"在汇票上记载"不得转让"字样，其后手再背书转让的，原背书人对后手的被背书人不承担保证责任，其只对直接的被背书人承担责任 【注意】背书人记载"不得转让"不属于背书附条件 （4）期后背书 "被拒绝承兑、被拒绝付款或者超过付款提示期限"，不得背书转让；背书转让的，背书人应当承担票据责任
背书效力	背书人以背书转让票据后，即承担保证其后手所持票据承兑和付款的责任
承兑	（1）承兑仅适用于商业汇票 （2）提示承兑 【注意】区别于"提示付款" ①定日付款或者出票后定期付款：汇票"到期日前"提示承兑 ②见票后定期付款的汇票：自"出票日起1个月内"提示承兑 【注意】汇票未按照规定期限提示承兑的，丧失对其前手的"追索权"，但不丧失对"出票人"的权利 （3）受理 付款人应当在自收到提示承兑的汇票之日起3日内承兑或拒绝承兑 （4）承兑的记载事项 ①必须记载事项：表明"承兑"的字样；承兑人签章 ②相对记载事项：承兑日期 【注意1】汇票上未记载承兑日期的，应当以收到提示承兑的汇票之日起3日内的最后一日为承兑日期 【注意2】见票后定期付款的汇票，应当在承兑时记载"付款日期"

		（5）附条件的承兑 承兑不得附有条件，承兑附有条件的，视为"拒绝承兑" 【注意】与背书附有条件进行区分，背书附有条件的，所附条件"不具票据上的效力" （6）出票人责任（补充内容） 出票人应于汇票"到期日前"，将汇票款项存入承兑银行 出票人于汇票到期日未能足额交存票款，承兑银行除凭票向持票人无条件付款外，对出票人尚未支付的汇票金额按照每天"0.5‰"计收利息
保证		
保证人		（1）保证人是票据债务人以外的人 （2）国家机关、以公益为目的的事业单位、社会团体、企业法人的分支机构和职能部门作为票据保证人的，票据保证无效 【注意】经"国务院批准"为使用外国政府或者国际经济组织贷款进行转贷，国家机关提供票据保证的，以及企业法人的分支机构在法人书面"授权"范围内提供票据保证的除外
记载事项	必须记载事项	表明"保证"的字样；保证人签章
	相对记载事项	（1）保证人名称和住所：未记载的，以保证人的营业场所、住所或者经常居住地为保证人住所 （2）被保证人的名称：未记载的，已承兑的汇票（承兑人）；未承兑的汇票（出票人） （3）保证日期：未记载的，出票日期为保证日期
保证责任		保证人对合法取得汇票的持票人所享有的汇票权利，承担保证责任。但是，被保证人的债务因汇票记载事项欠缺而无效的除外 被保证的汇票，保证人应当与被保证人对持票人承担连带责任 保证人为两人以上的，保证人之间承担连带责任
附条件的保证		保证不得附有条件，附有条件的，"不影响"对票据的保证责任 【注意】与背书附有条件、承兑附有条件进行区分
保证效力		保证人清偿汇票债务后，可以行使持票人对被保证人及其前手的追索权

二、支票

（一）支票的概念及适用范围

支票是指由出票人签发的、委托办理支票存款业务的银行在见票时无条件支付确定的金额给收款人或持票人的票据。

出票人是指签发支票的单位或个人；付款人是出票人的开户银行；持票人是票面上填明的收款人，也可以是经背书转让的被背书人。

单位和个人的各种款项结算，均可以使用支票。2007年7月8日，中国人民银行宣布，支票可以实现全国范围内互通使用。

（二）支票的种类

支票按支付票款的方式不同，分为现金支票、转账支票和普通支票。支票上印有"现金"字样的为现金支票，现金支票只能用于支取现金。支票上印有"转账"字样的为转账支票，转账支票只能用于转账。支票上未印有"现金"或"转账"字样的普通支票，普通支票可以用于支取现金，也可用于转账。在普通支票左上角画两条平行线的，为画线支票，画线支票只能用于转账，不得支取现金。上述三种支票都没有金额起点和最高限额。支票可以背书转让，但用于支取现金的支票不得背书转让。

（三）支票的出票

1. 支票的绝对记载事项

签发支票必须记载下列事项，欠缺记载下列事项之一的，支票无效：

（1）表明"支票"的字样；（2）无条件支付的委托；（3）确定的金额；（4）付款人名称；（5）出票日期；（6）出票人签章。

为了发挥支票灵活便利的特点，我国《票据法》规定：支票上的金额和收款人名称可以由出票人授权补记，但未补记前的支票不得背书转让和提示付款。

同时出票人可以在支票上记载自己为收票人。

2. 支票的相对记载事项

支票的相对记载事项包括如下内容：

（1）付款地。根据《票据法》的规定，支票上未记载付款地的，付款人的营业场所为付款地。

（2）出票地。根据《票据法》的规定，支票上未记载出票地的，出票人的营业场所、住所或者经常居住地为出票地。

此外，《票据法》还规定，支票上可以记载非法定记载事项，但这些事项并不发生支票上的效力。

3. 出票的效力

出票人作成支票并交付之后，对出票人产生相应的法律效力。出票人必须按照签发的支票金额承担保证向该持票人付款的责任。这一责任包括两项：一是出票人必须在付款人处存有足够可处分的资金，以保证支票票款的支付；二是当付款人对支票拒绝付款或者超过支票付款提示期限的，出票人应向持票人承担付款责任。

（四）支票的付款

支票限于见票即付，不得另行记载日期。另行记载日期的，该记载无效。

1. 提示付款期限

支票的持票人应当自出票日起 10 日内提示付款；异地使用的支票，其提示付款的期限由中国人民银行另行规定。超过提示付款期限的，付款人可以不予付款，但出票人仍应当对持票人承担票据责任。

2. 付款

出票人在付款人处的存款足以支付支票金额时，付款人应当在见票当日足额付款。

3. 付款责任的解除

付款人依法支付支票金额的，对出票人不再承担委托付款的责任，对持票人不再承担付款的责任。但是，付款人以恶意或者重大过失付款的除外。

（五）支票的办理要求

1. 签发支票的要求

（1）签发支票应使用碳素墨水或墨汁填写，中国人民银行另有规定的除外。

（2）签发现金支票和用于支取现金的普通支票，必须符合国家现金管理的规定。

（3）支票的出票人签发支票的金额不得超过付款时在付款人处实有的存款金额，禁止签发空头支票。

（4）支票的出票人预留银行签章是银行审核支票付款的依据；银行也可以与出票人约定支付密码，作为银行审核支付支票金额的条件。

（5）出票人不得签发与其预留银行签章不符的支票；使用支付密码的，出票人不得签发支付密码错误的支票。

（6）出票人签发空头支票、签章与预留银行签章不符的支票，不以骗取财务为目的的，由中国人民银行处以票面金额 5% 但不低于 1 000 元的罚款；持票人有权要求出票人赔偿支票金额的 2% 的赔偿金。对屡次签发的，银行应停止其签发支票。

2. 兑付支票的要求

（1）持票人可以委托开户银行收款或直接向付款人提示付款。用于支取现金的支票仅限于收款人向付款人提示付款。

（2）持票人委托开户银行收款时，应作委托收款背书。

知识提要

概念	支票是出票人签发的、委托办理支票存款业务的银行在见票时无条件支付确定的金额给收款人或者持票人的票据

种类	（1）现金支票：只能用于支取现金 （2）转账支票：只能用于转账 （3）普通支票：可以用于支取现金，也可用于转账。在普通支票左上角画两条平行线的，为画线支票，画线支票只能用于转账，不能支取现金 【注意】画线支票仅为普通支票的特殊形式，不包括在支票的种类当中
适用范围	（1）单位和个人的各种款项结算，均可以使用支票 （2）全国支票影像系统支持全国使用
出票	
必须记载事项	表明"支票"的字样、无条件支付的"委托"、确定的金额、付款人名称、出票日期、出票人签章 【注意】支票的必须记载事项有6项，无收款人名称
授权补记事项	（1）金额 （2）收款人名称 【注意1】未补记前不得背书转让和提示付款 【注意2】出票人可以在支票上记载自己为收款人
相对记载事项	（1）付款地 支票上未记载付款地的，付款地为付款人的营业场所 （2）出票地 支票上未记载出票地的，出票地为出票人的营业场所、住所地或经常居住地 【注意】支票的相对记载事项付款地只有一个，且无"付款日期"
签发要求	支票的出票人签发支票的金额不得超过"付款时"在付款人处实有的金额。禁止签发空头支票 【注意1】陷阱：出票时、签发时、开具时 【注意2】与银行承兑汇票进行区分
付款	支票的持票人应当自出票日起"10日内"提示付款 出票人可以委托开户银行收款或直接向付款人提示付款，用于支取现金的支票仅限于收款人向付款人提示付款

三、商业汇票

（一）商业汇票的概念和种类

商业汇票是指由出票人签发的，委托付款人在指定日期无条件支付确定金额给收款人或者持票人的票据。商业汇票的付款期限，最长不得超过6个月。

根据承兑人不同，商业汇票分为商业承兑汇票和银行承兑汇票。商业承兑汇票由银行以外的付款人承兑，银行承兑汇票由银行承兑。商业汇票的付款人为承兑人。

（二）商业汇票的出票

1. 出票人的确定

商业汇票的出票人，为在银行开立存款账户的法人以及其他组织，与付款人具有真实的委托付款关系，具有支付汇票金额的可靠资金来源。

商业汇票签发必须以商品交易为基础，出票人不得签发无对价的商业汇票用以骗取银行或者其他票据的当事人的资金。银行承兑汇票的出票人必须具备以下条件：

（1）在承兑银行开立存款账户的法人以及其他组织；

（2）与承兑银行具有真实的委托付款关系；

（3）资信状况良好，具有支付汇票金额的可靠资金来源。

2. 商业汇票的绝对记载事项

签发商业汇票必须记载下列事项：

（1）表明商业承兑汇票或银行承兑汇票的字样；

（2）无条件支付的委托；

（3）确定的金额；

（4）付款人名称；

（5）收款人名称；

（6）出票日期；

（7）出票人签章。

欠缺记载上述事项之一的，商业汇票无效。

3. 商业汇票的相对记载事项

相对记载事项的内容主要包括：

（1）付款日期

汇票上未记载付款日期的，视为见票即付。

（2）付款地

汇票上未记载付款地的，付款人的营业场所、住所或者经常居住地为付款地。

（3）出票地

汇票上未记载出票地的，出票人的营业场所、住所或者经常居住地为出票地。此外，汇票上可以记载非法定记载事项，但这些事项不具有汇票上的效力。

4. 商业汇票出票的效力

出票人依据票据法的规定完成出票行为后，即产生票据上的效力。

（1）对收款人的效力

收款人取得汇票后，即取得票据权利，一方面，就票据金额享有付款请求权；另一方面，在该请求权不能满足时，即享有追索权。同时，收款人享有依法转让票据的权利。

(2) 对付款人的效力

出票行为是单方行为，付款人并不因此而有付款义务，只是基于出票的付款委托使其具有承兑人的地位，在其对汇票承兑后，即成为汇票上的主债务人。

(3) 对出票人的效力

出票人签发汇票后，即承担保证该汇票承兑和付款的责任。出票人在汇票得不到承兑或者付款时，应当向持票人清偿法律规定的金额和费用。这就是指，收款人在向付款人行使票据权利而得不到满足时，出票人必须就此承担票据责任。从法律上讲，该责任是一种担保责任，即担保汇票的承兑和付款。

(三) 商业汇票的承兑

承兑是指汇票付款人承诺在汇票到期日支付汇票金额的票据行为。承兑是汇票特有的制度，本票和支票没有承兑。商业承兑汇票可以由付款人签发并承兑，也可以由收款人签发交由付款人承兑。银行承兑汇票应由在承兑银行开立存款账户的存款人签发。

1. 承兑的程序

(1) 提示承兑

提示承兑是指持票人向付款人出示汇票，并要求付款人承诺付款的行为。见票即付的汇票无须提示承兑，定日付款或者出票后定期付款的汇票，持票人应当在汇票到期日前向付款人提示承兑。见票后定期付款的汇票，持票人应当自出票日起1个月内向付款人提示承兑。汇票未按照规定期限提示承兑的，持票人丧失对其前手的追索权。

(2) 承兑成立

①承兑时间

付款人对其提示承兑的汇票，应当自收到提示承兑的汇票之日起3日内承兑或者拒绝承兑。一般来说，如果付款人在3日内不作承兑与否表示的，则应视为拒绝承兑。持票人可以请求其作出拒绝承兑证明，向其前手行使追索权。

②接收承兑

付款人收到持票人提示承兑的汇票时，应当向持票人签发收到汇票的回单。回单上应当记明汇票提示承兑日期并签章。这里所指的回单实际是指持票人收到的付款人向其出具的已收到请求承兑汇票的证明。

③承兑的格式

付款人承兑汇票的，应当在汇票证明记载"承兑"字样和承兑日期并签章；见票后定期付款的汇票，应当在承兑时记载付款日期。汇票上未记载承兑日期的，应当以收到提示承兑的汇票之日起 3 日内的最后一日为承兑日期。上列应记载事项必须记载于汇票的正面，而不能记载于汇票的背面或粘单上。

④退回已承兑的汇票

付款人依承兑格式填写完毕应记载事项后，并不意味着承兑生效，只有在其将已承兑的汇票退回持票人后才产生承兑的效力。

2.承兑的效力

（1）承兑人与汇票到期日必须向持票人无条件地支付汇票上的金额，否则其必须承担迟延付款责任；

（2）承兑人必须对汇票上的一切权利人承担责任，该等权利人包括付款请求权人和追索权人；

（3）承兑人不得以其与出票人之间的资金关系来对抗持票人，拒绝支付汇票金额；

（4）承兑人的票据责任不因持票人未在法定期限提示付款而解除。

3.承兑不得附有条件

付款人承兑商业汇票，不得附有条件；承兑附有条件的，视为拒绝承兑。银行承兑汇票的承兑银行，应当按照票面金额向出票人收取万分之五的手续费。

（四）商业汇票的付款

商业汇票的付款是指付款人依据票据文义支付票据金额以消灭票据关系的行为。商业汇票的付款期限，最长不得超过 6 个月。定日付款的汇票付款期限自出票日起计算，并在汇票上记载具体的到期日。出票后定期付款的汇票付款期限自出票日起按月计算，并在汇票上记载。见票后定期付款的汇票付款期限自承兑或拒绝承兑日起按月计算，并在汇票上记载。

1.提示付款

商业汇票的提示付款期限，自汇票到期日起 10 日。持票人应在提示付款期限内通过开户银行委托收款或直接向付款人提示付款。

2.支付票款

持票人提示付款后，付款人依法审查无误后必须无条件地在当日按票据金额足额支付给持票人。否则，应承担延迟付款的责任。

3.付款的效力

付款人依照票据文义支付票据金额之后，票据关系随之消灭，全体汇票债务人的责任解除。

（五）商业汇票的背书

商业汇票的背书，是指以转让商业汇票权利或者将一定的商业汇票权利授予他人行使为目的，按照法定的事项和方式在商业汇票背面或者粘单上记载有关事项并签章的票据行为。汇票转让只能采取背书方式。出票人在汇票上记载"不得转让"字样，该汇票不得转让。

1. 背书的形式

（1）背书签章和背书日期的记载。背书由背书人签章并记载背书日期。背书未记载日期的，视为在汇票到期日前背书。背书人背书时，必须在票据上签章。

（2）被背书人名称的记载。汇票以背书转让或者以背书将一定的汇票权利授予他人行使时，必须记载背书人名称。背书人未记载被背书人名称即将票据交付他人的，持票人在票据的被背书人栏内记载自己的名称与背书人记载具有同等法律效力。

（3）禁止背书的记载。背书人在汇票上记载"不得转让"字样，其后手再背书转让的，原背书人对后手的被背书人不承担保证责任。

（4）粘单的使用。第一位使用粘单的背书人必须将粘单粘接在票据上，并且在汇票和粘单的粘接处签章。

（5）背书不得记载的内容。背书不得附有条件，背书时附有条件的，所附条件不具有汇票上的效力。

将汇票金额的一部分转让的背书或将汇票金额分别转让给两人以上的背书是无效背书。

2. 背书连续

背书连续是指在票据转让中，转让汇票的背书人与受让汇票的被背书人在汇票上的签章依次前后衔接。如果背书不连续，付款人可以拒绝向持票人付款，否则付款人应自行承担票据责任。

3. 法定禁止背书

被拒绝承兑、被拒绝付款或者超过付款提示期限的汇票，不得背书转让；背书转让的，背书人应当承担汇票责任。

（六）商业汇票的保证

1. 保证的当事人

保证是指票据债务人以外的第三人，为担保特定债务人履行票据债务而在票据上记载有关事项并签章的行为。保证的当事人为保证人与被保证人。

2. 保证的格式

保证人必须在汇票或粘单上记载下列事项：

（1）表明"保证"的字样；
（2）保证人名称和住所；
（3）被保证人的名称；
（4）保证日期；
（5）保证人签章。

保证人在票据或者粘单上未记载"被保证人名称"的，已承兑的票据，承兑人为被保证人；未承兑的票据，出票人为保证人。保证人在票据或者粘单上未记载"保证日期"的，出票日期为保证日期。保证人在票据或者粘单上未记载"保证人名称和住所"的，以保证人的营业场所、住所或经常居住地为保证人住所。

保证人未在票据或者粘单上记载"保证"字样而另行签订保证合同或者保证条款的，不属于票据保证，而由《担保法》进行规范。

3.保证的效力

（1）保证人的责任

保证人对合法取得的票据的持票人所享有的票据权利，承担保证责任。但是，被保证人的债务因票据记载事项欠缺而无效的除外。被保证的汇票，保证人应当与被保证人对持票人承担连带责任。汇票到期后不获付款的，持票人有权向担保人追索，保证人应当足额付款。

（2）共同担保人的责任

保证人为两人以上的，保证人之间承担连带责任。在共同保证的情况下，持票人可以不分先后向保证人中的一人、数人或者全体就全部票据金额及有关费用行使追索权，共同担保人不得拒绝。

（3）保证人的追索权

保证人清偿汇票债务后，可以行使持票人对被保证人及其前手的追索权。

知识提要

概念	商业汇票：是出票人签发的，委托付款人在指定日期无条件支付确定的金额给收款人或者持票人的票据 电子商业汇票：是出票人依托人民银行电子商业汇票系统，以数据电文形式制作的，委托付款人在指定日期无条件支付确定的金额给收款人或者持票人的票据
分类	商业汇票按承兑人的不同，可以分为商业承兑汇票和银行承兑汇票两种 电子商业汇票：电子商业承兑汇票、电子银行承兑汇票 （1）商业承兑汇票，由银行以外的付款人承兑 （2）银行承兑汇票，由银行承兑 【注意】商业汇票的付款人为承兑人

续表

适用范围	在银行开立存款账户的法人以及其他组织之间，才能使用商业汇票 【注意】只有单位才能使用的支付结算方式包括：托收承付、国内信用证和商业汇票
出票	
出票人的资格	（1）在（承兑）银行开立存款账户 （2）与付款人（承兑银行）具有真实的委托付款关系 （3）有支付汇票金额的可靠资金来源 【注意1】签发电子商业汇票还应具备的条件 企业条件： （1）签约开办对公业务的企业网银等电子服务渠道 （2）与银行签订《电子商业汇票业务服务协议》 银行条件： （1）开办对公业务 （2）拥有大额支付系统行号 （3）具有组织机构代码 （4）其他 【注意2】电子商业汇票的强制使用 单张出票金额在"100万元"以上的商业汇票原则上应全部通过电子商业汇票办理；单张出票金额在"300万元"以上的商业汇票应全部通过电子商业汇票办理。
出票人的确定	（1）商业承兑汇票可以由付款人签发并承兑，也可以由收款人签发交由付款人承兑 （2）银行承兑汇票应由在承兑银行开立存款账户的存款人签发
必须记载事项	（1）纸质商业汇票 表明"商业承兑汇票"或"银行承兑汇票"的字样；无条件支付的"委托"；确定的金额；付款人名称；收款人名称；出票日期；出票人签章 （2）电子商业汇票 表明"电子商业承兑汇票"或"电子银行承兑汇票"的字样；无条件支付的"委托"；确定的金额；出票人名称；付款人名称；收款人名称；出票日期；票据到期日；出票人签章 【注意】比纸质汇票多了"票据到期日""出票人名称"
承兑	（1）商业汇票可以在出票时向付款人提示承兑后使用，也可以在出票后先使用再向付款人提示承兑 （2）电子商业汇票的资信审查"资信良好的企业""电子商务企业"金融机构可进行"在线"审核
商业汇票的付款	

续表

付款期限	（1）纸质商业汇票的"付款期限"，（自出票日起）最长不得超过"6个月" （2）电子商业汇票的"付款期限"，自出票日至到期日最长不得超过"1年"
提示付款期限	（1）远期商业汇票的"提示付款期限"，自汇票"到期日起10日" （2）即付商业汇票的"提示付款期限"，自"出票日起1个月" 【注意】远期商业汇票是指定日付款、出票后定期付款、见票后定期付款的商业汇票；即付商业汇票是指未记载付款日期的商业汇票、出票日与到期日相同的商业汇票 【注意】持票人未按规定期限提示付款，持票人开户银行不予受理，但在作出说明后，承兑人或者付款人仍应当继续对持票人承担付款责任
提示付款日	电子商业汇票的"提示付款日"，是指提示付款申请的指令进入人民银行电子商业汇票系统的日期
付款	（1）持票人依照规定提示付款的，付款人必须在"当日"足额付款。 （2）电子银行承兑汇票的付款（2018年新增） 提示付款指令于中午"12:00前"发出：承兑人应在收到提示付款请求的"当日"（遇法定休假日、大额支付系统非营业日、电票系统非营业日顺延）付款或拒绝付款 提示付款指令于中午"12:00后"发出：承兑人应在收到提示付款请求的"当日、至迟次日"付款或拒绝付款
商业汇票的贴现	
概念	票据持票人在票据未到期前为获得现金向"银行"贴付一定利息而发生的票据转让行为
分类	按交易方式，分为买断式、回购式
当事人	转让票据的：贴出人 受让票据的：贴入人

	续表
贴现条件	（1）票据未到期 （2）未记载不得转让字样 （3）持票人是在银行开立存款账户的企业法人以及其他组织 （4）持票人与出票人或者直接前手之间具有真实的商品交易关系 （5）持票人应提供与其直接前手之间进行商品交易的增值税发票和商品发运单据复印件 【注意1】电子商业汇票贴现必须记载：贴出人名称；贴入人名称；贴现日期；贴现类型；贴现利率；实付金额；"贴出人"签章 【注意2】电子商业汇票回购式贴现赎回时应作成背书，并记载原贴出人名称、原贴入人名称、赎回日期、赎回利率、赎回金额、"原贴入人"签章
贴现利息的计算	贴现利息＝票面金额×贴现率×贴现期/360 贴现期：贴现日至汇票到期前1日。 【注意】承兑人在异地的，贴现的期限应"另加3天"的划款日期
收款	（1）贴现到期，贴现银行应向付款人收取票款 （2）不获付款的，贴现银行应向其前手追索票款 （3）贴现银行追索票款时可从申请人的存款账户"直接"收取票款 【注意1】办理电子商业汇票贴现及提示付款业务，可选择票款对付方式、同城票据交换、通存通兑、汇兑等方式清算票据资金 【注意2】电子商业汇票当事人在办理回购式贴现业务时应明确赎回开放日、赎回截止日

四、银行汇票

（一）银行汇票的概念和适用范围

银行汇票是由出票银行签发的，在见票时按照实际结算金额无条件支付给收款人或者持票人的票据。出票银行为银行汇票的付款人。单位和个人在异地、同城或同一票据交换区域的各种款项结算，均可使用银行汇票。

银行汇票一式四联，第一联为卡片，为承兑行支付票款时作付出传票；第二联为银行汇票，与第三联解讫通知一并由汇款人自带，在兑付行兑付汇票后此联做银行往来账付出传票；第三联解讫通知，在兑付行对付后随报单寄签发行，由签发行做余款收入传票；第四联是多余款通知，在签发行结清后交汇款人。

（二）银行汇票的记载事项

银行汇票必须记载下列事项：（1）表明"银行汇票"的字样；（2）无条件支付的

承诺；（3）确定的金额；（4）付款人名称；（5）收款人名称；（6）出票日期；（7）出票人签章。

（三）银行汇票的基本规定

1.银行汇票可以用于转账，标明"现金"字样的银行汇票也可以提取现金。签发现金银行汇票，申请人和收款人均为个人，单位不得签发现金银行汇票。

2.银行汇票的付款人为银行汇票的出票银行，银行汇票的付款地为代理付款人或出票人所在地。

3.银行汇票的出票人在票据上的签章，应为经中国人民银行批准使用的该银行汇票专用章加其法定代表人或其授权经办人的签名或者盖章。

4.银行汇票的提示付款期限自出票日起一个月内。持票人超过付款期限提示付款的，代理付款人（银行）不予受理。

5.银行汇票可以背书转让，但填明"现金"字样的银行汇票不得背书转让。银行汇票的背书转让以不超过出票金额的实际结算金额为准。未填写实际结算金额或实际结算金额超过出票金额的银行汇票不得背书转让。

6.填明"现金"字样和代理付款人的银行汇票丧失，可以由失票人通知付款人或者代理付款人挂失止付。

7.银行汇票丧失，失票人可以凭人民法院出具的其享有票据权利的证明，向出票银行请求付款或退款。

（四）银行汇票申办和兑付的基本规定

收款人受理银行汇票依法审查无误后，应在出票金额以内，根据实际需要的款项办理结算，并将实际结算金额和多余金额填入银行汇票和解讫通知的有关栏内。未填明实际结算金额和多余金额或实际结算金额超过出票金额的，银行不予受理。银行汇票的实际结算金额不得更改，更改实际结算金额的银行汇票无效。

持票人向银行提示付款时，必须同时提交银行汇票和解讫通知，缺少任何一联，银行不予受理。

持票人超过提示付款期限向代理付款银行提示付款不获付款的，必须在票据权利时效内向出票银行作出说明，并提供本人身份证件或单位证明，持银行汇票和解讫通知向出票银行请求付款。

知识提要

概念	银行汇票是出票银行签发的，由其在见票时按照实际结算金额无条件支付给收款人或者持票人的票据
适用范围	(1)银行汇票可用于转账，填明"现金"字样的银行汇票也可以支取现金 (2)单位和个人各种款项结算，均可使用银行汇票

出票	(1) 申请人或者收款人有一方为单位的，不得申请"现金"银行汇票 (2) 必须记载事项 表明"银行汇票"的字样；无条件支付的"承诺"；出票金额；付款人名称；收款人名称；出票日期；出票人签章。欠缺上述记载事项之一的，银行汇票无效 【注意】共计七项内容，与本票和支票进行区分，本票的必须记载事项无"付款人名称"，支票的必须记载事项无"收款人名称"
实际结算金额	(1) 未填明实际结算金额和多余金额或者实际结算金额超过出票金额的，银行不予受理 (2) 实际结算金额一经填写不得更改，更改实际结算金额的银行汇票无效 (3) 未填写实际结算金额或者实际结算金额超过出票金额的银行汇票不得背书转让
提示付款——提交"银行汇票""解讫通知"	
提示付款期限	自"出票"之日起"1个月"
持票人超过付款期限提示付款的，"代理付款银行"不予受理 【提示】可在票据权利期内，向出票银行作出说明并提供证件，持汇票和解讫通知向出票行请求付款	
退款和丧失	
提交资料	(1) 银行汇票和解讫通知 (2) 单位申请人的单位证明或个人申请人的身份证件
资金去向	(1) 转账银行汇票：只能转入原申请人账户 (2) "现金"银行汇票：退付现金
手续欠缺情况下的办理时间	申请人缺少解讫通知要求退款的，出票银行应于银行汇票"提示付款期满1个月后"办理
银行汇票丧失	失票人可以凭人民法院出具的其享有票据权利的证明，向出票银行请求付款或退款

五、银行本票

（一）银行本票的概念

银行本票是出票人签发的，承诺自己在见票时无条件支付确定的金额给收款人或者持票人的票据。在我国，本票仅限于银行本票，即银行出票，银行付款。

（二）银行本票的适用范围

银行本票可以用于转账，注明"现金"字样的银行本票可以用于支取现金。申请人或付款人为单位的，不得申请签发现金银行本票。单位和个人在同一票据交换区域需要支付的各种款项，均可以使用银行本票。

（三）银行本票的记载事项

银行本票必须记载下列事项：（1）表明"银行本票"的字样；（2）无条件支付的承诺；（3）确定的金额；（4）收款人名称；(5)出票日期；(6)出票人签章。欠缺记载上述事项之一的，银行本票无效。

（四）银行本票的提示付款期限

银行本票的提示付款期限自出票日起最长不得超过2个月。持票人超过付款期限提示付款的，代理付款人不予受理。持票人超过提示付款期限不获付款的，在票据权利时效内向出票银行作出说明，并提供本人身份证件或单位证明，可持银行本票向出票银行请求付款。本票的持票人未按照规定期限提示见票的，丧失对出票人以外的前手的追索权。

知识提要

概念	银行本票是出票人（银行）签发的，承诺自己在见票时无条件支付确定的金额给收款人或持票人的票据 【注意】其基本当事人只有出票人和收款人
适用范围	单位和个人在"同一票据交换区域"支付各种款项时，均可以使用银行本票 银行本票可以用于转账，注明"现金"字样的银行本票可以用于支取现金
出票	(1) 申请人或收款人为单位的，不得申请签发现金银行本票 (2) 必须记载事项 表明"银行本票"的字样、无条件支付的"承诺"、确定的金额、收款人名称、出票日期、出票人签章 【注意】本票的必须记载事项为6项，无付款人名称
付款	提示付款期限：自"出票日"起最长不得超过"2个月" 【注意】持票人超过提示付款期限不获付款的，在票据权利时效内向出票银行作出说明，并提供本人身份证件或单位证明，可持银行本票向出票银行请求付款
退款和丧失	
提交资料	单位申请人的单位证明或个人申请人的身份证件
资金去向	（1）"在本行开立存款账户"的申请人：只能转入原申请人账户 （2）"现金"银行本票和"未在本行开立存款账户"的申请人：退付现金
本票丧失	失票人可以凭人民法院出具的其享有票据权利的证明，向出票银行请求付款或退款

第十二章 税收法律制度

本章基本要求

了解	税收的概念及其分类、税法及其构成要素
熟悉	税收征管的具体规定，包括税务登记管理、发票的要求、纳税申报及方式、税款征收方式、税务代理、税务检查、税收法律制度、税务行政附议等规定
掌握	增值税、消费税、企业所得税和个人所得税的相关原理及应纳税额的计算

第一节 税收概述

一、税收与税收法律关系

（一）税收概念与特征

1.税收的概念

税收是国家为了满足一般的社会共同需要，凭借政治权力，按照国家法律规定的标准，强制地、无偿地取得财政收入的一种分配形式。

2.税收的特征

税收作为政府筹集财政收入的一种规范形式,具有区别于其他财政收入的形式税务特点。税收的形式特征通常概括为税收"三性"，即强制性、无偿性和固定性。

（二）税收法律关系

税收法律关系体现为国家征税与纳税人纳税的利益分配关系。

1.主体是指税收法律关系中享有权利和承担义务的当事人。

主体一方是代表国家行使征税职责的国家税务机关，包括国家各级税务机关和海关；另一方是履行纳税义务的人，包括法人、自然人和其他组织。对这种权利主体的确定，我国采取属地兼属人原则。

2.客体是指主体的权利、义务所共同指向的对象，也就是征税对象。

3.内容是指主体所享受的权利和所应承担的义务,这是税收法律关系中最实质的东西，也是税法的灵魂。

二、税法及其构成要素

（一）税法的概念

税法是国家权力机关和行政机关制定的用以调整国家与纳税人之间在税收征纳方面的权利与义务关系的法律规范的总称。

（二）税法的构成要素

税法的构成要素一般包括征税人、纳税义务人、征税对象、税目、税率、计税依据、纳税环节、纳税期限、纳税地点、减免税、法律责任等项目。其中，纳税义务人、征税对象和税率是构成税法的三个最基本要素。

1．征税人

征税人是指代表国家行使税收征管职权的各级税务机关和其他征收机关。因税种不同，征税人也可能不同。如增值税的征税人是税务机关，关税的征税人是海关。

2．纳税义务人

纳税义务人也称纳税人，是指依法直接负有纳税义务的自然人、法人和其他组织。

纳税人有别于负税人，负税人是最终负担税款的单位和个人。在实际生活中，有的税收由纳税人自己负担，纳税人本身就是负税人，如个人所得税、企业所得税等，这一类税种我们称之为直接税；有的税收虽然由纳税人缴纳，但实际上是由别人负担的，纳税人和负税人不一致。如增值税，纳税人是商品生产和流转的各个环节，销售商品取得增值的一方，而消费者才是税收最终的实际负担者。

纳税人有别于扣缴义务人，扣缴义务是指法律、行政法规规定负有代扣代缴、代收代缴税款义务的单位和个人。如个人所得税的工资薪金所得。纳税人是取得工资的个人，而支付工资的单位是扣缴义务人，税款由单位在向个人支付工资时代扣代缴。

由于不是所有实体税种都有负税人和扣款义务人的存在，因此负税人和扣款义务人不属于税收实体法的构成要素。

3．征税对象

征税对象又称课税对象，是指对什么征税，它是纳税的客体，即税收法律关系中权利义务共同所指的对象。征税对象是区别不同税种的主要标志。

4．税目

税目是指税法中规定的征税的项目，是征税对象的具体化。规定税目的主要目的是明确征税的具体范围并对不同的征税项目加以区分，从而制定高低不同的税率。制定税目的基本方法一般有两种：

（1）列举法

列举法是具体列举征税对象来确定对什么征税、对什么不征税的方式。

（2）概括法

概括法是按照商品大类或行设计税目。概括法适用于品种类别繁杂，界限不宜划清的征税对象。

5．税率

税率是指应纳税额与征税对象的比例或征收额度，它是计算税额的尺度，也是衡量税负轻重与否的重要标志。税率的高低直接体现了国家的政策要求，直接关系到国家财政收入的多少和纳税人的负担程度，是税收法律制度中的核心要素。

我国现行的税率包括比例税率、定额税率和累进税率。

（1）比例税率

比例税率是指对同一征税对象，不论其数量多少、数额大小，均按同一个比例征收的税率。我国的增值税、城市维护建设税、企业所得税等采用的是比例税率。

（2）定额税率

定额税率又称固定税率，是指按征收对象的一定单位直接规定固定的税额，而不采用百分比的形式。目前采用定额税率的有车船税、城镇土地使用税以及消费税中的啤酒和黄酒。

（3）累进税率

累进税率是根据征税对象数额的大小，规定不同等级的税率，即征税对象数额越大，税率越高；数额越小，税率越低，一般多在收益课税中使用。我国目前执行的累进税率形式包括超额累进税率和超率累进税率。

超额累进税率是指将应税所得额按照税法规定分解为若干段，每一段按其对应的税率计算出该段应交的税额，然后再将计算出的各段税额相加，即为应缴纳的税款。目前我国工资薪金所得应纳税的个人所得税执行 3%～45% 的七级超额累进税率。

超率累进税率是指以征税对象数额的相对率划分若干级距，分别规定相应的差别税率，相对率每超过一个级距的，对超过的部分就按高一级的税率计算征税。目前，我国采用这种税率的有土地增值税。

6．计税依据

计税依据也称给税标准、课税依据、课税基数、征税基数或简称税基，是指计算应纳税额的依据或标准。计税依据可以分为从价计征、从量计征、复合计征三种类型。

（1）从价计征

从价计征的税收是以征税对象的价值量作为计税依据。主要包括收入额、收益额、财产额、资金额等。其计算公式为：

计税金额＝征税对象的数量×计税价格

应纳税额＝计税金额×适用税率

（2）从量计征

从量计征的税收是以征税对象自然实物量作为计税依据，主要包含体积、重量、数量、容量、面积等。其计算公式为：

应纳税额＝计税数量×单位适用税额

（3）复合计征

复合计征既包括从量计征又包括从价计征，即应纳税额等于应税销售数量乘以定额税率在加上应税销售额乘以比例税率。消费税中的卷烟、白酒实行复合计税办法，其计税依据为销售额和销售数量。其计算公式为：

应纳税额＝计税数量×单位适用税额+计税金额×适用税率

7．纳税环节

纳税环节是指税法规定的征税对象从生产到消费的流转过程中应当缴纳税款的环节。如流转税在生产和流通环节纳税，所得税在分配环节纳税等。

8．纳税期限

纳税期限指税法规定的纳税主体向税务机关缴纳税款的时间期限，包括按期纳税、按次纳税、按期预缴年终汇算清缴。纳税人必须在规定的纳税期限内缴纳税款。

9．纳税地点

纳税地点是指纳税人（包括扣缴义务人、纳税担保人）依据税法规定向征税机关申报纳税的具体地点。

10．减免税

减免税是指国家对某些纳税人和征税对象给予鼓励和照顾的一种特殊规定。主要包括三个方面的内容。

（1）减税和免税

减税是指从应征税额中减征一部分税款；免税是指对按规定应征收的税款全部免除。减税和免税具体又分为两种情况，一种是税法直接规定的长期减免税优惠项目；另一种是依法给予一定期限内的减免税优惠，期满后仍按规定纳税。制定这种特殊规定，是对按税制规定的税率征税时不能解决的具体问题而采取的一种补充措施,同时体现国家鼓励和支持某些行业和项目发展的税收政策，发挥税收调节经济的作用。我国现行的税收减免权限集中于国务院，任何地方、部门不得规定减免税项目。

（2）起征点

起征点也称为"征税起点"或"起税点",是指税法规定对征税对象开始征税的起点税额。征税对象的数额达到起征点的就其全部数额征税,没有达到规定数额的不征税。

(3) 免征额

免征额是税法规定的课税对象全部税额中免予征税的数额,是对所有纳税人的照顾。当课税对象小于起征点和免征额时,都不予征税;当课税对象大于大于起征点和免征额时,起征点制度要对课税对象的全部数额征税,免征额制度仅对课税对象超过免征额部分征税。

11. 法律责任

税收法律责任是税收法律关系的主体因违反税法所应承担的法律后果。主要包括以下两种:一是纳税主体(纳税人和扣缴义务人)因违反税法而应承担的法律责任;二是作为征税主体的国家机关,主要是实际履行税收征收管理职能的税务机关等,因而违反税法而应承担的法律责任。税收法律责任包括行政责任和刑事责任,纳税人和税务人员违反税法规定,都将依法承担法律责任。

知识提要

税收	
概念	税收是指以国家为主体,为实现国家职能,凭借政治权力,按照法定标准,无偿取得财政收入的一种特定分配形式
特征	(1) 强制性 (2) 无偿性 (3) 固定性
税法	
概念	税法是调整税收关系的法律规范的总称,即调整国家与社会成员在征纳税上的权利与义务关系
税收法律关系	税收法律关系体现为国家征税与纳税人纳税的利益分配关系 (1) 主体是指税收法律关系中享有权利和承担义务的当事人 【提示1】主体一方是代表国家行使征税职责的国家税务机关,包括国家各级税务机关和海关;另一方是履行纳税义务的人,包括法人、自然人和其他组织 【提示2】对这种权利主体的确定,我国采取属地兼属人原则 (2) 客体是指主体的权利、义务所共同指向的对象,也就是征税对象 (3) 内容是指主体所享受的权利和所应承担的义务,这是税收法律关系中最实质的东西,也是税法的灵魂

续表

纳税义务人	纳税人——"纳税"主体 依法"直接"负有纳税义务的自然人、法人和其他组织 区别于：负税人——税收的实际负担者 扣缴义务人——负有代扣税款并向国库交纳义务的单位（和个人）
征税对象	课税对象——区别不同税种的重要标志
税目	征税对象的具体化
税率	计算税额的尺度，是税收法律制度中的"核心要素" 我国现行的税率主要有：比例税率、定额税率、累进税率 （1）比例税率：对同一征税对象，不论数量多少，数额大小均按同一比例征税的税率 （2）定额税率（固定税额）：按征税对象的一定单位直接规定固定的税额，而不采取百分比的形式 （3）累进税率：根据征税对象数额的逐渐增大，按不同等级逐步提高的税率。即征税对象数额越大，税率越高 【注意】我国现行税法体系采用的累进税率形式包括：超额累进税率、超率累进税率 ①超额累进税率：将征税对象数额的逐步递增划分为若干等级，按等级规定相应的递增税率，对每个等级分别计算税额 代表税种：个人所得税中的工资薪金所得 ②超率累进税率：按征税对象的某种递增比例划分若干等级，按等级规定相应的递增税率，对每个等级分别计算税额 代表税种：土地增值税
计税依据	（1）从价计征。应纳税额 = 计税金额 × 适用税率 （2）从量计征。应纳税额 = 计税数量 × 单位适用税额 【注意】我国执行的计税依据中，还包括"复合计征"，比如卷烟的消费税，既有从价部分，又有从量部分
纳税环节	征税对象流转过程中应当缴纳税款的环节 【注意】增值税——多环节纳税，消费税——单一环节纳税
纳税期限	依法缴纳税款的期限
纳税地点	具体申报缴纳税款的地点

续表

税收优惠	国家对某些纳税人和征税对象给予"鼓励"和"照顾"的特殊规定 （1）减税和免税 ①减税是对应纳税款少征一部分税款 ②免税是对应纳税额全部免征 ③类型：长期减免税项目、一定期限的减免税措施 （2）起征点 征税对象开始征税的数额界限。征税对象的数额"未达到"起征点的"不征税"，"达到或超过"起征点的就其"全部数额"征税 （3）免征额 征税对象总额中免予征税的数额，只就减除后的"剩余部分"计征税款 【注意】区别起征点和免征额

第二节 主要税种

一、增值税

增值税是对销售货物或者提供劳务过程中实现的增值额征收的一种税。自1954年在法国率先推行以来，截至2011年3月，世界上约有171个国家和地区实行了增值税。在有的国家和地区，增值税被称为货物劳务税（如澳大利亚）或消费税（如日本），在我国台湾，被称为加值型营业税。我国于1979年引进增值税并开始进行试点。1984年9月18日，国务院发布了《中华人民共和国增值税条例（草案）》，标志着增值税作为一个法定的独立税种在我国正式建立，增值税是我国现阶段税收收入规模最大的税种。

（一）增值税的概念与分类

增值税是以销售货物、应税服务、无形资产以及不动产过程中产生的增值额作为计税依据而征收的一种流转税。增值税可分为生产型增值税、收入型增值税、消费型增值税。我国现行增值税属于消费型增值税。

（二）增值税的征税范围

1. 征税范围的基本规定

（1）销售或者进口货物

销售货物是指有偿转让货物的所有权。货物是指有形动产，包括电力、热力、气体在内。有偿，是指从购买方取得货币、货物或者其他经济利益。

（2）提供的加工、修理修配劳务

提供加工、修理修配劳务，是指有偿提供加工、修理修配劳务。但单位或者个体工商户聘用的员工为本单位或者雇主提供加工、修理修配劳务，不包括在内。

（3）销售服务、无形资产或者不动产。销售服务、无形资产或者不动产，是指有偿提供服务、有偿转让无形资产或者不动产，但属于下列非经营活动的情形除外：

①行政单位收取的同时满足以下条件的政府性基金或者行政事业性收费：由国务院或者财政部批准设立的政府性基金，由国务院或者省级人民政府及其财政、价格主管部门批准设立的行政事业性收费；收取时开具省级以上（含省级）财政部门监（印）制的财政票据；所收款项全额上缴财政。

②单位或者个体工商户聘用的员工为本单位或者雇主提供取得工资的服务。

③单位或者个体工商户为聘用的员工提供服务。

④财政部和国家税务总局规定的其他情形。

2.销售服务、无形资产、不动产的具体内容

销售服务，是指提供交通运输服务、邮政服务、电信服务、建筑服务、金融服务、现代服务、生活服务。销售无形资产，是指转让无形资产所有权或者使用权的业务活动，无形资产包括技术、商标、著作权、商誉、自然资源使用权和其他权益性无形资产；销售不动产，是指转让不动产所有权的业务互动，不动产包括建筑物、构筑物等。

3．征收范围的特殊规定

（1）视同销售货物

单位或者个体工商户的下列行为，视同销售货物，缴纳增值税。

①将货物交付其他单位或者个人代销；

②销售代销货物；

③设有两个以上机构并实行统一核算的纳税人，将货物从一个机构移送其他机构用于销售，但相关机构设在同一县（市）的除外；

④将自产、委托加工的货物用于集体福利或者个人消费；

⑤将自产、委托加工或者购进的货物作为投资，提供给其他单位或者个体工商户；

⑥将自产、委托加工或者购进的货物分配给股东或者投资者；

⑦将自产、委托加工或者购进的货物无偿赠送其他单位或者个人。

（2）视同销售服务、无形资产或者不动产

下列情形视同销售服务、无形资产或者不动产：

①单位或者个体工商户向其他单位或者个人无偿提供服务，但用于公益事业或者以社会公众为对象的除外。

②单位或者个人向其他单位或者个人无偿转让无形资产或者不动产，但用于公益事业或者以社会公众为对象的除外。

③财政部和国家税务总局规定的其他情形。

（3）混合销售

一项销售行为如果既涉及货物又涉及服务，为混合销售。从事货物的生产、批发或者零售的单位和个体工商户的混合销售行为，按照销售货物缴纳增值税；其他单位和个体工商户的混合销售行为，按照销售服务缴纳增值税。上述从事货物的生产、批发或者零售的单位和个体工商户，包括以从事货物的生产、批发或者零售为主，并兼营销售服务的单位和个体工商户在内。

（4）兼营

兼营是指纳税人的经营范围既包括销售货物和应税劳务，又包括销售服务、无形资产或者不动产。与混合销售行为不同的是，兼营是指销售货物、应税劳务、服务、无形

资产或者不动产不同时发生在同一购买者身上，也不发生在同一项销售行为中。纳税人销售货物、加工修理修配劳务、服务、无形资产或者不动产适用不同税率或者征收率的，应当分别核算适用不同税率或者征收率的销售额，未分别核算销售额的，按照以下方法适用税率或者征收率：

①兼有不同税率的销售货物、加工修理修配劳务、服务、无形资产或者不动产，从高适用税率。

②有不同征收率的销售货物、加工修理修配劳务、服务，无形资产或者不动产，从高适用征收率。

③有不同税率和征收率的销售货物、加工修理修配劳务、服务、无形资产或者不动产，从高适用税率。

知识提要

一般范围	销售或进口货物	货物指"有形动产"，包括电力、热力、气体
	提供的加工、修理修配劳务	有偿提供加工、修理修配劳务
	销售服务、无形资产或者不动产	有偿提供服务、有偿转让无形资产或者不动产
视同销售	（1）委托代销；（2）销售代销货物；（3）异地（非同一市县）移送；（4）"自产、委托加工"的货物无论"对内、对外"均视同销售；（5）"购进"的货物只有"对外"才视同销售 对内行为：集体福利、个人消费 对外行为：投资、分配股利、无偿赠送 【理解要点】税收公平原则、纳税链条的完整、内外有别	
混合销售	"一项"销售行为	从事货物的生产、批发或者零售的单位和个体工商户的混合销售行为，按照销售货物缴纳增值税
		其他单位和个体工商户的混合销售行为，按照销售服务缴纳增值税

续表

兼营	兼营是指纳税人的经营范围既包括销售货物和应税劳务,又包括销售服务、无形资产或者不动产。与混合销售行为不同的是,兼营是指销售货物、应税劳务、服务、无形资产或者不动产不同时发生在同一购买者身上,也不发生在同一项销售行为中

(三)增值税的纳税人

在我国境内销售货物、应税服务、无形资产以及不动产的单位和个人,为增值税纳税人。按照经营规模的大小和会计核算健全与否等标准,增值税纳税人可分为一般纳税人和小规模纳税人。

1. 增值税一般纳税人

增值税一般纳税人是指年应征增值税销售额(以下简称"年应税销售额",包括一个公历年度内的全部应税销售额)超过法律规定的小规模纳税人标准的企业和企业性单位。一般纳税人的特点是增值税进项税额可以抵扣销项税额。

下列纳税人不属于一般纳税人:

①年应税销售额未超过小规模纳税人标准的企业;

②除个体经营者以外的其他个人;

③非企业性单位;

④不经常发生增值税应税行为的企业。

2. 增值税小规模纳税人

小规模纳税人是指年销售额在规定标准以下,并且会计核算不健全,不能按规定报送有关税务资料的增值税纳税人。

小规模纳税人的认定标准为:自2018年5月1日起,统一增值税小规模纳税人标准,即增值税小规模纳税人标准为年应征增值税销售额500万元及以下。

年应税销售额未超过规定标准的纳税人,会计核算健全,能够提供准确税务资料的,可以向主管税务机关办理一般纳税人资格登记,称为一般纳税人。除国家税务总局另有规定外,一经登记为一般纳税人后,不得转为小规模纳税人。

(四)增值税税率和征收率

我国增值税采用比例税率,分为基本税率、低税率和零税率三档。适用于一般纳税人、小规模纳税人和采用简易办法征税的一般纳税人适用征收率。

1. 基本税率

基本税率为13%,适用于纳税人销售或者进口货物(适用9%的低税率的除外),提供加工、修理修配劳务,以及有形动产租赁服务。

2.低税率

低税率分以下 2 档:

(1) 9%

纳税人销售或者进口下列货物,税率为 9%:粮食、食用植物油;自来水、暖气、冷气、热水、煤气、石油液化气、天然气、沼气、居民用煤炭制品;图书、报纸、杂志;饲料、化肥、农药、农机(不包括农机零部件)、农膜;国务院规定的其他货物。

提供交通运输、邮政、基础电信、建筑、不动产租赁服务,销售不动产,转让土地使用权税率为 9%。

(2) 6%

纳税人销售增值电信服务、金融服务、现代服务和生活服务,销售土地使用权以外的无形资产,税率为 6%。

3.零税率

纳税人出口货物,税率为零,国务院另有规定的除外;跨境销售服务、无形资产或者不动产行为,税率为零,具体范围由财政部和国家税务局另行规定。

4.征收率

增值税征收率为 3%和 5%,财政部和国家税务总局另有规定的除外。

知识提要

13%	(1) 一般纳税人,除低税率适用范围和销售旧货适用征收率外 (2) 加工修理修配劳务 (3) 有形动产租赁服务	
9%	四大类	基本温饱、精神文明、农业生产、生活用能源
	(1) 低税率中的农产品是指"一般纳税人"销售或进口农产品 (2) 农产品指初级农产品不包括再加工产品 (3) 适用植物油、居民用煤炭、农机为易错点	
	交通运输、邮政、基础电信、建筑、不动产租赁服务、销售不动产、转让土地使用权	
6%	增值电信服务、金融服务、现代服务和生活服务,销售土地使用权以外的无形资产	
0	"出口"货物(国务院另有规定除外)	
3%、5%	小规模纳税人适用	

(五)增值税一般纳税人应纳税额的计算

我国增值税实行扣税法。一般纳税人凭增值税专用发票及其他合法扣税凭证注明的税款进行抵扣，应纳增值税的计算公式为：

应纳税额=当期销项税额-当期进项税额=当期销售额×适用税率-当期进项税额

当期销项税额小于进项税额时，其不足抵扣的部分可以结转到下期继续抵扣。

1. 销售额

销售额包括纳税人向购买方收取的全部价款和价外费用。纳税人采用销售额和销项税额合并定价的，按下列公式计算销售额：

不含税销售额 = 含税销售额 ÷（1+增值税税率）

2. 销项税额

销项税额 = 销售额 × 适用税率

3．进项税额

（1）准予抵扣的进项税额

①从销售方取得的增值税专用发票（含税控机动车销售统一发票）上注明的增值税额。

②从海关取得的海关进口增值税专用缴款书上注明的增值税额。

③购进农产品，除取得增值税专用发票或者海关进口的增值税专用缴款书外，按照农产品收购发票或者销售发票上注明的农产品买价和11%的扣除率计算的进项税额。计算公式为：进项税额=买价×扣除率。

④从境外单位或者个人购进服务、无形资产或者不动产，自税务机关或者扣缴义务人取得的解缴税款的完税凭证上注明的增值税额。

（2）不得抵扣的进项税额

①用于简易计税方法计税项目、免征增值税项目、集体福利或者个人消费的购进货物、加工修理修配劳务、服务、无形资产和不动产。

②非正常损失的购进货物，以及相关的加工修理修配劳务和交通运输服务。

③非正常损失的在产品、产成品所耗用的购进货物（不包括固定资产）、加工修理修配劳务和交通运输服务。

④非正常损失的不动产，以及该不动产所耗用的购进货物、设计服务和建筑服务。

⑤非正常损失的不动产在建工程所耗用的购进货物、设计服务和建筑服务。纳税人新建、改建、扩建、修缮、装饰不动产，均属于不动产在建工程。

⑥购进的旅客运输服务、贷款服务、餐饮服务、居民日常服务和娱乐服务。

⑦财政部和国家税务总局规定的其他情形。

（六）增值税小规模纳税人应纳税额的计算

小规模纳税人实行简易办法征收增值税，并不得抵扣进项税额。其应纳税额计算公式为：

应纳税额=销售额×征收率

小规模纳税人采用销售额和应纳税额合并定价方法的，应将其换算为不含税销售额，计算公式为：

销售额=含税销售额÷（1+征收率）

（七）增值税的征收管理

1.纳税义务的发生时间

（1）采用直接收款方式销售货物，不论货物是否发出，均为收到销售款或者取得索取销售款凭证的当天；先开具发票的，为开具发票的当天。

（2）纳税人发生销售服务、无形资产或者不动产行为的，为收讫销售款或者索取销售款项凭据的当天；先开具发票的，为开具发票的当天。

（3）采取托收承付和委托银行收款方式销售货物，为发出货物并办妥托收手续的当天。

（4）采取赊销和分期收款方式销售货物，为书面合同约定的收款当天，无书面合同或者书面合同没有约定收款日期的，为货物发出的当天。

（5）采取预收货款方式销售货物，为货物发出的当天；但生产销售生产工期超过12个月的大型机械设备、船舶、飞机等货物，为收到预收款或者书面合同约定的收款日期的当天。

纳税人提供有形动产租赁服务采取预收款方式的，其纳税义务发生时间为收到预收款的当天。

纳税人提供建筑服务、租赁服务采取预收款方式的，其纳税义务发生时间为收到预收款的当天。

（6）委托其他纳税人代销货物，为收到代销单位的代销清单或者收到全部或者部分货款的当天。未收到代销清单及货款的，为发出代销货物满180天的当天。

（7）纳税人从事金融商品转让的，为金融商品所有权转移的当天。

（8）纳税人发生视同销售货物行为，为货物移送的当天。纳税人发生视同销售服务、无形资产或者不动产行为的，其纳税义务发生时间为销售服务、无形资产或者不动产权属变更的当天。

（9）纳税人进口货物，纳税义务发生时间为报关进口的当天。

（10）增值税扣缴义务发生时间为纳税人增值税纳税义务发生的当天。

2. 纳税期限

增值税的纳税期限分别为 1 日、3 日、5 日、10 日、15 日、1 个月或者 1 个季度，纳税人的具体纳税期限，由主管税务机关根据纳税人应纳税额的大小分别核定；以 1 个季度为纳税期限的规定适用于小规模纳税人、银行、财务公司、信托投资公司、信用社，以及财政部和国家税务总局规定的其他纳税人；不能按照固定期限纳税的，可以按次纳税。

纳税人以 1 个月或者 1 个季度为 1 个纳税期的，自期满之日起 15 日内申报纳税；以 1 日、3 日、5 日、10 日或者 15 日为 1 个纳税期的，自期满之日起 5 日内预缴税款，于次月 1 日起 15 日内申报纳税并结清上月应纳税款。

3. 纳税地点

纳税人进口货物，应当自报关地海关申报纳税。纳税人销售货物、应税服务、无形资产以及不动产，均应按照法律规定的地点申报纳税。

知识提要

种类	直接收款	收到销售款或取得索取销售款凭据的当天
	托收承付和委托收款	"发出货物"并办妥托收手续的当天
	赊销和分期收款	合同约定的收款日期的当天
	预收　货款	货物发出的当天
	预收　有形动产租赁	收到预收款的当天
	委托代销	收到代销清单或者收到全部或部分货款的当天
	视同销售	货物移送的当天
	进口货物	报关进口的当天
	先开发票	开具发票的当天
纳税地点	纳税人进口货物，应当向报关地海关申报纳税，纳税人销售货物、应税服务、无形资产以及不动产，均应按照法律规定的地点申报纳税	
纳税期限	1 日、3 日、5 日、10 日、15 日、1 个月或者 1 个季度，按次申报、纳税时间：自×××之日起"15 日内" 【注意】增值税、消费税纳税期限相同	

二、消费税

消费税是国际上普遍采用的对特定的某些消费品和消费行为征收的一种间接税。1950 年 1 月，我国曾在全国范围内统一征收了特种消费税，当时的征收范围只限于电影戏剧及娱乐、舞厅、筵席、冷食、旅馆等消费行为。1953年修订税制时,将其取消。1989年针对当时流通领域内出现的彩色电视机、小轿车等商品供不应求的矛盾,为了调节消费,从2月1日起在全国范围内对彩色电视机和小轿车开征了特别消费税,后来由于彩电市场供求状况有了改善,1992年4月24日取消了对彩电征收的特别消费税。在总结以往经验和参照国际做法的基础上,顺应社会和经济发展的需要,1993年12月13日,国务院颁布了《中华人民共和国消费税暂行条例》,同年12月25日,财政部发布了《中华人民共和国消费税暂行条例实施细则》,自1994年1月1日起,对当时11种需要限制或调节的消费品开征了消费税。

根据国家产业政策和消费政策的要求,对消费品有选择地征收消费税,可以合理地调节消费行为,正确引导消费需求,间接调节收入分配和引导投资流向。消费税与增值税、关税等相配合,构成我国流转税新体系。

(一)消费税的概念

消费税是对在我国境内从事生产、委托加工和进口应税消费品的单位和个人征收的一种流转税,是对特定的消费品和消费行为在特定的环节征收的一种流转税。

(二)消费税的征税范围

1. 生产应税消费品

生产应税消费品在生产销售环节征税。纳税人将生产的应税消费品换取生产资料、消费资料、投资入股、偿还债务,以及用于继续生产应税消费品以外的其他方面都应缴纳消费税。

2. 委托加工应税消费品

委托加工应税消费品是指委托方提供原料和主要材料,受托方只收取加工费和代垫部分辅助材料加工的应税消费品。

委托加工的应税消费品,除受托方为个人外,由受托方向委托方交货时代收代缴税款;委托个人加工的应税消费品,由委托方收回后缴纳消费税。

委托加工的应税消费品,委托方用于连续生产应税消费品的,所纳税款准予按规定抵扣;直接出售的,不再缴纳消费税。

3. 进口应税消费品

单位和个人进口应税消费品,于报关进口时由海关代征消费税。

4. 批发、零售应税消费品

零售环节征收消费税的金银首饰仅限于金基、银基合金首饰以及金、银和金基、银基合金的镶嵌首饰。

对既销售金银首饰,又销售非金银首饰的生产、经营单位,应将两类商品划分清楚,分别核算销售额。

金银首饰连同包装物一起销售的，无论包装物是否单独计价，也无论会计上如何核算，均应并入金银首饰的销售额，计征消费税。

纳税人采用以旧换新（含翻新改制）方式销售的金银首饰，应按实际收取的不含增值税的全部价款确定计税依据征收消费税。

知识提要

生产	生产	"销售时"纳税
	自产自用	用于"连续生产应税消费品"的不纳税
		用于其他方面的于移送使用时纳税
委托加工	委托方为纳税人	委托方为单位，由"受托方"向委托方"交货时"代收代缴
		受托方为个人，由"委托方""收回后"自行缴纳
	【注意】受托方收回应税消费品后用于连续生产应税消费品的，所纳消费税准予抵扣；若用于直接出售，不在缴纳消费税	
进口	报关进口时缴纳消费税	
零售	金银首饰、铂金首饰、钻石以及钻石饰品于"零售"环节纳税，税率为5%	
	【注意】不包括镀金和包金首饰	
批发	烟草批发企业将卷烟销售给"零售单位"（单一环节纳税的例外）	

（三）消费税纳税人

在中华人民共和国境内生产、委托加工和进口《消费税暂行条例》规定的消费品的单位和个人，以及国务院确定的销售《消费税暂行条例》规定的消费品的其他单位和个人为消费税纳税人。

（四）消费税的税目与税率

1. 消费税税目

根据《消费税暂行条例》的规定，2014年12月调整后我国消费税共有15个税目，分别为：烟；酒；化妆品；贵重首饰及珠宝玉石；鞭炮、焰火；成品油；摩托车；小汽车；高尔夫球及球具；高档手表；游艇；木制一次性筷子；实木地板；电池；涂料。其中，有些还包括若干子目。

2. 消费税税率

消费税的税率包括比例税率和定额税率两类，以适应不同应税消费品的实际情况。

根据2008年修订后的《消费税暂行条例》及《消费税暂时条例实施细则》及财税【2014】93号、财税【2014】94号、财税【2015】11号、财税【2015】16号的规定，

消费税税目税率表如下:

消费税税目税率表

税　目	税　率
一、烟	
1.卷烟	
（1）甲类卷烟（生产或进口环节）	56%加0.003元/支
（2）乙类卷烟（生产或进口环节）	36%加0.003元/支
（3）批发环节	11%加0.005元/支
2.雪茄烟	36%
3.烟丝	30%
二、酒	
1.白酒	20%加0.5元/500克
2.黄酒	240元/吨
3.啤酒	
（1）甲类啤酒	250元/吨
（2）乙类啤酒	220元/吨
4.其他酒	10%
三、化妆品	30%
四、贵重首饰及珠宝玉石	
1.金银首饰、铂金首饰和钻石饰品	5%
2.其他贵重首饰和珠宝玉石	10%
五、鞭炮、焰火	15%
六、成品油	
1.汽油	1.52元/升
2.柴油	1.2元/升
3.航空煤油	1.2元/升
4.石脑油	1.52元/升
5.溶剂油	1.52元/升
6.润滑油	1.52元/升
7.燃料油	1.2元/升

续表

税 目	税 率
七、摩托车	
1.汽缸容量（排气量，下同）为250毫升的	3%
2.汽缸容量在250毫升以上（不含250毫升）的	10%
八、小汽车	
1.乘用车	
（1）汽缸容量在1.0升（含1.0升）以下的	1%
（2）气缸容量在1.0升以上至1.5升（含1.5升）的	3%
（3）气缸容量在1.5升以上至2.0升（含2.0升）的	5%
（4）气缸容量在2.0升以上至2.5升（含2.5升）的	9%
（5）气缸容量在2.5升以上至3.0升（含3.0升）的	12%
（6）气缸容量在3.0升以上至4.0升（含4.0升）的	25%
（7）气缸容量在4.0升以上的	40%
2.中轻型商用客车	5%
九、高尔夫球及球具	10%
十、高档手表	20%
十一、游艇	10%
十二、木制一次性筷子	5%
十三、实木地板	5%
十四、电池	4%
十五、涂料	4%

对于无汞原电池、金属氢化物镍蓄电池、锂原电池锂离子蓄电池、太阳能电池、燃料电池和全钒液流电池免征消费税。

知识提要

税目 （15个）	烟、酒、化妆品、贵重首饰及珠宝玉石、鞭炮焰火、成品油、摩托车、小汽车、高尔夫球及球具、高档手表、游艇、木制一次性筷子、实木地板、电池、涂料	
税率	比例税率	绝大多数
	定额税率	啤酒、黄酒、成品油
	【注意】卷烟、白酒执行复合计征，但无复合税率一说	

（五）消费税应纳税额

根据《消费税暂行条例》的规定，消费税应纳税额的计算分为从价计征、从量计征和从价从量复合计征三种方法。

1. 从价定率征收

从价定率征收根据不同的应税消费品确定不同的比例税率，以应税消费品的销售额为基数乘以单位税额计算应纳税额。其计算公式为：

应纳税额=应税消费品的销售额×比例税率

2. 从量定额计征

从量定额征收根据不同的应税消费品确定不同的比例税率，以应税消费品的数量为基数乘以比例税率计算应纳税额。其计算公式为：

应纳税额 ＝ 应税消费品的销售数量 × 单位税额

3. 从价定率和从量定额复合计征

从价定率和从量定额复合计征是对同一应税消费品同时采用两种计税方法计算税额，以两种方法计算的应纳税额之和为该应税消费品的应纳税额。其计算公式为：

应纳税额=应税消费品的销售额×比例税率+应税消费品的销售数量×单位税额

我国目前只对卷烟和白酒采用复合征收方法。其计税依据分别是销售应税消费品向购买方收取的全部价款、价外费用和实际销售数量。

4. 应税消费品已纳税款的扣除

用外购或委托加工收回已缴纳消费税的应税消费品，在对这些连续生产出来的应税消费品征税时，按当期生产领用数量计算准予扣除外购或委托加工收回应税消费品已缴纳的消费税税款。

5. 自产自用应税消费品应纳税额

纳税人自产自用应税消费品用于连续生产应税消费品的，不纳税；凡用于其他方面的，应按照纳税人生产的同类消费品的销售价格计算纳税；没有同类消费品销售价格的，按照组成计税价格计算纳税。

实行从价定率办法计算纳税的组成计税价格，其计算公式为：

组成计税价格＝（成本＋利润）÷（1－比例税率）

实行复合计税办法计算纳税的组成计税价格，其计算公式为：

组成计税价格＝（成本＋利润＋自产自用数量×定额税率）÷（1－比例税率）

6. 委托加工应税消费品应纳税额

委托加工的应税消费品，按照受托方的同类消费品的销售价格计算纳税；没有同类消费品销售价格的，按照组成计税价格计算纳税。

实行从价定率办法计算纳税的组成计税价格,其计算公式为:

组成计税价格＝(材料成本＋加工费)÷(1－比例税率)

实行复合计税办法计算纳税的组成计税价格,其计算公式为:

组成计税价格＝(材料成本＋加工费＋委托加工数量×定额税率)÷(1－比例税率)

知识提要

计税方法	从价定率	应纳税额＝销售额×比例税率
		销售额为销售应税消费品向购买方收取的不含增值税的全部价款和价外费用
	从量定额	应纳税额＝销售数量×定额税率
	复合计税	应纳税额＝销售额×比例税率＋销售数量×定额税率
组成计税价格	自产自用	(1)按照纳税人"同类"消费品的销售价格计算纳税 (2)没有同类消费品销售价格的: 组成计税价格＝(成本＋利润)÷(1－比例税率)
	委托加工	(1)按照"受托方"的同类消费品的销售价格计算纳税 (2)没有同类消费品销售价格的: 组成计税价格＝(材料成本＋加工费)÷(1－比例税率)
应税消费品已纳税款的扣除		用外购和委托加工收回的应税消费品连续生产应税消费品的,可以将外购应税消费品已缴纳的消费税扣除
		应按当期生产领用数量计算

(六)消费税的征收管理

1. 纳税义务发生时间

(1)纳税人销售应税消费品的,按不同的销售结算方式分别为:

①采取赊销和分期收款结算方式的,为书面合同约定的收款日期的当天,书面合同没有约定收款日期或者无书面合同的,为发出应税消费品的当天;

②采取预收货款结算方式的,为发出应税消费品的当天;

③采取托收承付和委托银行收款方式的,为发出应税消费品并办妥托收手续的当天;

④采取其他结算方式的,为收讫销售款或者取得索取销售款凭据的当天。

(2)纳税人自产自用应税消费品的,为移送使用的当天。

(3)纳税人委托加工应税消费品的,为纳税人提货的当天。

(4)纳税人进口应税消费品的，为报关进口的当天。

2. 消费税纳税期限

消费税纳税期限分别为 1 日、3 日、5 日、10 日、15 日、1 个月或者 1 个季度。纳税人的具体纳税期限，由主管税务机关根据纳税人应纳税额的大小分别核定，不能按照固定期限纳税的，可以按次纳税。

纳税人以 1 个月或者 1 个季度为一期纳税的，自期满之日起 15 日内申报纳税；纳税人以 1 日、3 日、5 日、10 日或者 15 日为一期的，自期满之日起 5 日内预缴税款，于次月 1 日起 15 日内申报纳税并结清上月应纳税款。进口货物自海关填发税收专用缴款书之日起 15 日内缴纳。

3．消费税纳税地点

国内消费税由税务机关征收，进口的应税消费品的消费税由海关代征。具体规定如下：

（1）纳税人销售的应税消费品，以及自产自用的应税消费品，除国务院财政、税务主管部门另有规定外，应当向纳税人机构所在地或者居住地的主管税务机关申报纳税。

（2）委托加工的应税消费品，除受托方为个人外，由受托方向机构所在地或居住地主管税务机关解缴消费税税款；委托个人加工的应税消费品，由委托方向其机构所在地或者居住地主管税务机关申报纳税。

（3）进口的应税消费品，由进口方或者其代理人向报关地海关申报纳税。

（4）纳税人到外县（市）销售或者委托外县（市）代销自产应税消费品的，于应税消费品销售后，向机构所在地或居住地主管税务机关申报纳税。

（5）纳税销售的应税消费品，如因质量等原因，由购买者退回时，经由所在地主管税务机关审核批准后,可退还已征收的消费税税款,但不能自行直接抵减应纳税税款。

知识提要

时间	委托加工	纳税人提货的当天
期限	同增值税	
地点	销售应税消费品	机构所在地或居住地主管税务机关
	自产自用应税消费品	
	委托单位加工应税消费品	委托方所在地主管税务机关
	委托个人加工应税消费品	由委托方收回后在其机构所在地缴纳
	进口应税消费品	报关地海关

三、企业所得税

企业所得税是国家对企业生产经营所得和其他所得征收的一种所得税。

1950年1月,中央人民政府政务院公布的《工商业税暂行条例》中规定,凡在我国境内从事以营利为目的的工商企业,应分别按营业额和所得额计缴工商业税。这是我国所得税法律制度的雏形。1980年9月10日,第五届全国人大第三次会议通过并公布实施了新中国成立以来的第一部企业所得税法《中华人民共和国中外合资经营企业所得税法》。1993年12月13日,国务院发布《中华人民共和国企业所得税暂行条例》。

我国现行企业所得税是以2007年3月16日,第十届全国人大第五次会议审议通过并于2008年1月1日起施行的《中华人民共和国企业所得税法》(以下简称《企业所得税法》)。以及国务院2007年12月28日通过的《中华人民共和国企业所得税法实施条例》(以下简称《实施条例》)为法律依据。随后国家财政、税务主管部门又制定了一系列部门规章和规范性文件。这些法律法规、部门规章及规范性文件构成了我国的企业所得税法律制度。

(一)企业所得税的概念

企业所得税是对我国境内的企业和其他组织的生产经营所得和其他所得为计税依据而征收的一种所得税。

企业所得税采取收入来源地管辖权和居民管辖权相结合的双重管辖权,把企业分为居民企业和非居民企业,分别确定不同的纳税义务。

1.居民企业是指依法在中国境内成立,或者依照外国(地区)法律成立但实际管理机构在中国境内的企业。包括国有企业、集体企业、私营企业、联营企业、股份制企业、外商投资企业、外国企业以及有生产、经营所得和其他所得的其他组织。

2.非居民企业是指依照外国(地区)法律成立且实际管理机构不在中国境内,但在中国境内设立机构、场所的,或者在中国境内未设立机构、场所,但有来源于中国境内所得的企业。

(二)企业所得税的征税对象

企业所得税的征税对象,是纳税人(包括居民企业和非居民企业)所取得的生产经营所得、其他所得和清算所得。

1.居民企业应当就来源于中国境内、境外的所得作为征税对象。

2.非居民企业在中国境内设立机构、场所的,应当就其所设机构、场所取得的来源于中国境内的所得,以及发生在中国境外但与其所设机构、场所有实际联系的所得,缴纳企业所得税。

非居民企业在中国境内未设立机构、场所的,或者虽设立机构、场所但取得的所得与其所设机构、场所没有实际联系的,应当就其来源于中国境内的所得缴纳企业所得税。

(三) 企业所得税税率

1.基本税率为25%

基本税率适用于居民企业和在中国境内设有机构、场所且所得与机构、场所有关联的非居民企业。

2.优惠税率

对符合条件的小型微利企业,减按20%的税率征收企业所得税;对国家需要重点扶持的高新技术企业,减按15%的税率征收企业所得税。在中国境内未设立机构、场所的,或者虽设立机构、场所但取得的所得与其所设机构、场所没有实际联系的非居民企业,减按20%的税率征收企业所得税。

知识提要

纳税人	包括企业和其他取得收入的组织 【注意】不包括个体工商户、个人独资企业和合伙企业	
征税对象	生产经营所得、其他所得、清算所得	
纳税义务	居民	无限纳税义务
	非居民 设立机构场所	就其所设机构、场所取得的来源于中国境内的所得;以及发生在中国境外但与其所设机构、场所有实际联系的所得纳税
	非居民 未设立机构场所或取得所得与所设立机构场所无关	仅就来源于中国境内所得纳税
税率	基本税率	25%
	优惠税率	小型微利企业减按20%的税率征收 新技术企业减按15%的税率征收 减按20%税率的非居民企业实际执行为10%

(四) 企业所得税应纳税所得额

企业所得税的计税依据是应纳税所得额,即指企业每一个纳税年度的收入总额,减除不征税收入、免税收入、各项扣除以及允许弥补的以前年度亏损后的余额。

应纳税所得额有两种计算方法：

（1）直接计算方法的公式为：

应纳税所得额＝收入总额－不征税收入额－免税收入额－各项扣除额－准予弥补的以前年度亏损额

（2）间接计算方法的公式为：

应纳税所得额＝利润总额＋纳税调整项目金额

企业应纳税所得额的计算，以权责发生制为原则。属于当期的收入和费用，不论款项是否收付，均作为当期的收入和费用；不属于当期的收入和费用，即使款项已经在当期收付，均不作为当期的收入和费用。在计算应纳税所得额时，企业财务、会计处理办法与税收法律法规的规定不一致的，应当依照税收法律法规的规定计算。

1．收入总额

企业以货币形式和非货币形式从各种来源取得的收入为收入总额。包括销售货物收入、提供劳务收入、转让财产收入、股息、红利等权益性投资收益、利息收入、租金收入、特许权使用费收入、接受捐赠收入以及其他收入。

2．不征税收入

不征税收入是从性质和根源上不属于企业营利性活动带来的经济利益、不负有纳税义务并不作为应纳税所得额组成部分的收入，理论上不应列为征收范围的收入范畴。下列收入为不征税收入：

（1）财政拨款

财政拨款，是指各级人民政府对纳入预算管理的事业单位、社会团体等组织拨付的财政资金，但国务院和国务院财政、税务主管部门另有规定的除外。

（2）依法收取并纳入财政管理的行政事业性收入、政府性基金以及其他不征税收入等。

行政事业性收费是指依照法律法规等有关规定，依照国务院规定程序批准，在实施社会公共管理，以及在向公民、法人或者其他组织提供特定公共服务的过程中，向特定对象收取并纳入财政管理的费用。

政府性基金，是指企业依照法律、行政法规等有关规定，代政府收取的具有专项用途的财政资金。

3．免税收入

免税收入是指属于企业的应税所得，但是按照《企业所得税法》的规定免予征收企业所得税的收入，下列收入为免税收入：

（1）国债利息收入；

（2）符合条件的居民企业之间的股息、红利收入；

（3）在中国境内设立机构、场所的非居民企业从居民企业取得与该机构、场所有实际联系的股息、红利收入；

（4）符合条件的非营利组织的收入。

4．准予扣除的项目

根据《企业所得税法》规定，企业实际发生的与取得收入有关的、合理的支出，包括成本、费用、税金、损失和其他支出等，准予在计算应纳税所得额时扣除。

（1）成本是指企业在生产经营活动中发生的销售成本、销货成本、业务支出以及其他耗费。

（2）费用是指企业在生产经营活动中发生的销售费用、管理费用和财务费用。

①企业发生的职工福利费支出，不超过工资薪金总额14%的部分，准予扣除；企业拨缴的工会经费，不超过工资薪金总额2%的部分，准予扣除；除国务院财政、税务主管部门另有规定外，企业发生的职工教育经费支出，不超过工资薪金总额8%的部分，准予扣除，超过部分，准予在以后纳税年度结转扣除。

②企业发生的于生产经营活动有关的业务招待费支出，按照发生额的60%扣除，但是最高不得超过当年销售（营业）收入的5‰。

③企业发生的符合条件的广告费和业务宣传费支出，除国务院、税务主管部门另有规定外，不超过当年销售（营业）收入15%的部分，准予扣除；超过部分，准予在以后纳税年度结转扣除。自2016年1月1日起至2020年12月31日，对化妆品制造或者销售、医药制造和饮料制造（不含酒类制造）企业发生的广告费和业务宣传费支出，不超过当年销售（营业）收入30%的部分，准予扣除；超过部分，准予在以后纳税年度结转扣除。烟草企业的烟草广告费和业务宣传费支出，一律不得在计算应纳税所得额时扣除。

④企业通过公益性社会组织或者县级（含县级）以上人民政府及其组成部门和直属机构，用于慈善活动、公益事业的捐赠支出，在年度利润总额12%以内的部分，准予在计算应纳税所得额时扣除；超过年度利润总额12%的部分，准予结转以后3年内在计算应纳税所得额时扣除。

（3）税金是指企业发生的除企业所得税和允许抵扣的增值税以外的各项税金及其附加。

（4）损失是指企业在生产经营活动中发生的固定资产和存货的盘亏、毁损、报废损失、转让财产损失、呆账损失、坏账损失、自然灾害等不可抗力因素造成的损失以及其他损失。企业发生的损失，减除责任人赔偿和保险赔款后的余额，依照国务院财政、税务主管部门的规定扣除。

5．不得扣除的项目

在计算应纳税所得额时，下列支出不得扣除：

（1）向投资者支付的股息、红利等权益性投资收益款项；

（2）企业所得税税款；

（3）税收滞纳金；

（4）罚金、罚款和被没收财物的损失；

（5）超过规定标准的捐赠支出；

（6）企业发生的与生产经营活动无关的各种非广告性质赞助支出；

（7）未经核定的准备金支出；

（8）企业之间支付的管理费、企业内营业机构之间支付的租金和特许权使用费，以及非银行企业内营业机构之间支付的利息，不得扣除；

（9）与取得收入无关的其他支出。

6．亏损弥补

纳税人发生年度亏损的，可以用下一纳税年度的所得弥补；下一纳税年度的所得不足弥补的，可以逐年延续弥补，但是延续弥补期最长不得超过 5 年。5 年内不论是盈利或亏损，都作为实际弥补期限计算。这里所指的亏损不是企业财务报表中反映的亏损额，而是企业财务报表中的亏损额经主管税务机关按税法规定核实调整后的金额。

知识提要

应纳税所得额＝收入总额－不征税收入－免税收入－各项扣除－以前年度亏损		
收入	货币形式收入	
	非货币形式收入	
不征税收入	（1）财政拨款	
	（2）依法应纳入财政管理的行政事业性收付、政府性基金	
	【注意】不征税收入不属于企业营利性活动带来的收益	
免征收入	（1）国债利息收入	
	（2）符合条件股息、红利收入	
	（3）符合条件的非营利组织的收入	
准予扣除项目	成本	

续表

费用	三项经费	福利费	≤工资薪金总额14%	
		工会经费	≤工资薪金总额2%	
		职工教育经费	≤工资薪金总额8%	超过部分，准予在以后年度结转扣除
	招待费	按照发生额的60%扣除，但最高不得超过当年销售（营业）收入的5%		
	广告和业务宣传费	不超过当年销售（营业）收入15%的部分准予扣除 【注意】超过部分，准予结转以后年度扣除		
		化妆品制造或者销售、医药制造和饮料制造（不含酒类制造）企业，不超过当年销售（营业）收入30%的部分，准予扣除；超过部分，准予结转以后年度扣除		
		烟草企业的烟草广告费和业务宣传费支出，一律不得在计算应纳税所得额时扣除		
	捐赠	必须为"公益性"的，不超过年度利润总额"12%"的部分准予扣除，超过部分，准予结转以后3年内在计算应纳税所得额时扣除		
税金	无增值税			
损失	不包括各种行政性罚款等			
不得扣除的项目	共九项内容，须理解因何原因不得扣除 【注意1】纳税人逾期归还银行贷款，银行按规定加收的罚息，不属于行政性罚款，允许在税前扣除 【注意2】纳税人签发空头支票，银行按规定处以罚款，属于行政性罚款，不允许税前扣除			
亏损弥补	延续弥补期——"5年" 【注意】5年内不论盈利或亏损，都作为实际弥补期限计算			

（五）企业所得税征收管理

1．纳税地点

（1）居民企业

除税收法律、行政法规另有规定外，居民企业以企业登记注册地为纳税地点；但登记注册地在境外的，以企业实际管理机构所在地为纳税地点。

居民企业在中国境内设立不具有法人资格的分支或营业机构的，应当由该居民企业汇总计算并缴纳企业所得税。

（2）非居民企业

非居民企业在中国境内设立机构、场所的，应当就其所设机构、场所取得的来源于中国境内的所得，以及发生在中国境外但与其所设机构、场所有实际联系的所得，以机构、场所所在地为纳税地点。

非居民企业在中国境内设立两个或者两个以上机构、场所的，经税务机关审核批准，可以选择由其主要机构、场所汇总缴纳企业所得税。

在中国境内未设立机构、场所的，或者虽设立机构、场所，但取得的所得与其所设机构、场所没有实际联系的所得，以扣缴义务人所在地为纳税地点。

2. 纳税期限

企业所得税按年计征，分月或者分季预缴，年终汇算清缴，多退少补。企业所得税的纳税年度，自公历1月1日起至12月31日止。企业在一个纳税年度的中间开业，或者由于合并、关闭等原因终止经营活动，使该纳税年度实际经营期不足12个月的，应当以其实际经营期为一个纳税年度。

3. 纳税申报

企业所得税分月或分季预缴的，企业应当自月份或者季度终了之日起15日内，向税务机关报送预缴企业所得税纳税申报表，预缴税款。

企业应当自年度终了之日起5个月内，向税务机关报送年度企业所得税纳税申报表，并汇算清缴，结清应缴应退税款。企业在报送企业所得税纳税申报表时，应当按照规定附送财务会计报告和其他有关资料。

四、个人所得税

从1980年起，我国相继制定了《中华人民共和国个人所得税法》《中华人民共和国城乡个体工商业户所得税暂行条例》以及《中华人民共和国个人收入调节税暂行条例》。1993年10月31日，第八届全国人大常委会第四次会议对《中华人民共和国个人所得税法》进行了修正，自1994年1月1日起施行。2018年8月31日第十三届全国人民代表大会常务委员会第五次会议通过《关于修改〈中华人民共和国个人所得税法〉的决定》进行第七次修正，自2019年1月1日施行。国务院也相应地对《个人所得税实施条例》进行了修订。随后国家财政、税务主管部门又制定了一系列部门规章和规范性文件。这些法律法规、部门规章以及规范性文件构成了我国的个人所得税法律制度。

（一）个人所得税的概念

个人所得税是指以个人（即自然人）取得的各项应税所得为征税对象而征收的一种税。

（二）个人所得税的纳税义务人

我国的个人所得税制在纳税人的界定上既行使来源地税收管辖区，又行使居民管辖权。即把个人所得税的纳税义务人划分为居民和非居民两类，并以此来区分纳税的无限责任（即来源于境内外的全部所得都应纳税）和有限责任（即只限来源于境内的所得纳税）。居民纳税义务人承担无限纳税义务，非居民纳税义务人承担有限纳税义务。

1. 居民纳税人

在中国境内有住所，或者无住所而一个纳税年度内（公历1月1日至12月31日）在中国境内居住累计满183天的个人，为居民个人。

居民个人从中国境内和境外取得的所得，依照规定缴纳个人所得税。

2. 非居民纳税人

在中国境内无住所又不居住，或者无住所而一个纳税年度内在中国境内居住累计不满183天的个人，为非居民个人。

非居民个人从中国境内取得的所得，依照规定缴纳个人所得税。

知识提要

在中国境内有住所			居民个人
在中国境内无住所	在境内居住	≥183天	居民个人
		<183天	非居民个人
	在境内不居住		非居民个人

（三）个人所得税的应税项目和税率

下列各项个人所得，应当缴纳个人所得税：

（1）工资、薪金所得；

（2）劳务报酬所得；

（3）稿酬所得；

（4）特许权使用费所得；

（5）经营所得；

（6）利息、股息、红利所得；

（7）财产租赁所得；

(8) 财产转让所得；

(9) 偶然所得。

1. 综合所得

(1) 居民个人取得第（1）项至第（4）项所得（以下称综合所得），按纳税年度合并计算个人所得税。

(2) 税率

综合所得适用 3%~45%的超额累进税率。

个人所得税税率表（综合所得适用）

级数	全年应纳税所得额	税率	速算扣除数
1	不超过 36 000 元的部分	3%	0
2	超过 36 000 元至 144 000 元的部分	10%	2 520
3	超过 144 000 元至 300 000 元的部分	20%	16 920
4	超过 300 000 元至 420 000 元的部分	25%	31 920
5	超过 420 000 元至 660 000 元的部分	30%	52 920
6	超过 660 000 元至 960 000 元的部分	35%	85 920
7	超过 960 000 元的部分	45%	181 920

(3) 应纳税额计算

①居民个人的综合所得，以每一纳税年度的收入额减除费用 6 万元以及专项扣除、专项附加扣除和依法确定的其他扣除后的余额，为应纳税所得额。

应纳税额

＝应纳税所得额×适用税率－速算扣除数

＝（每一纳税年度收入额－法定扣除项目）× 适用税率－速算扣除数

＝（每一纳税年度收入额－费用 6 万元－专项扣除－专项附加扣除－依法确定的其他扣除）× 适用税率－速算扣除数

【解释 1】居民个人的劳务报酬所得、稿酬所得、特许权使用费所得以收入减除 20%的费用后的余额为收入额；稿酬所得的收入额减按 70%计算。

【解释 2】居民个人取得综合所得，按年计算个人所得税；有扣缴义务人的，由扣缴义务人按月或者按次预扣预缴税款；需要办理汇算清缴的，应当在取得所得的次年 3月 1 日至 6 月 30 日内办理汇算清缴。

专项附加扣除简表

	扣除标准		享受扣除政策的对象
	每年	每月	
子女教育	—	1 000元/月/孩	父或母一方扣1 000元/孩，双方分别扣除500元/孩
继续教育	学历教育	—	400元	接受教育本人；符合规定条件的本科及以下学历教育，可选择父母或本人扣除
	职业类	3 600元	—	接受教育本人在取得相关证书的年度扣除
住房贷款利息	—	1 000元	夫妻双方协商确定由一方扣除
住房租金	Ⅰ类城市	—	1 500元	纳税人主要工作城市没有自有住房，夫妻双方主要工作城市相同的，选择一方扣除 不与住房贷款利息扣除同时分别享受
	Ⅱ类城市	—	1 100元	
	Ⅲ类城市	—	800元	
赡养老人	独生子女	—	2 000元	被赡养人（父母、子女均已去世的祖父母、外祖父母）年满60周岁
	非独生子女	—	具体分摊金额	
大病医疗	80 000元限额内据实扣除	—	（1）医保范围内，个人负担累计超过15 000元的部分 （2）由本人或配偶扣除 （3）未成年子女发生的医药费用可以选择由父母一方扣除

②非居民个人的工资、薪金所得，以每月收入额减除费用5 000元后的余额为应纳税所得额；劳务报酬所得、稿酬所得、特许权使用费所得，以每次收入额为应纳税所得额。

【解释】非居民个人取得工资、薪金所得，劳务报酬所得，稿酬所得和特许权使用费所得，有扣缴义务人的，由扣缴义务人按月或者按次代扣代缴税款，不办理汇算清缴。

2.经营所得

（1）经营所得的界定

①个人通过在中国境内注册登记的个体工商户、个人独资企业、合伙企业从事生产、经营活动取得的所得；

②个人依法取得执照，从事办学、医疗、咨询以及其他有偿服务活动取得的所得；

③个人承包、承租、转包、转租 取得的所得;

④个人从事其他生产、经营活动取得的所得。

【解释】个人独资企业和合伙企业本身不缴纳企业所得税,其自然人投资者应按"经营所得"项目缴纳个人所得税。

(2)税率

经营所得适用5%~35%的超额累进税率。

个人所得税税率表(经营所得适用)

级数	全年应纳税所得额	税率	速算扣除数
1	不超过30 000元的	5%	0
2	超过30 000元至90 000元的部分	10%	1 500
3	超过90 000元至300 000元的部分	20%	10 500
4	超过300 000元至500 000元的部分	30%	40 500
5	超过500 000元的部分	35%	65 500

(3)应纳税额计算

个体工商户的生产、经营所得,以每一纳税年度的收入总额,减除成本、费用以及损失后的余额,为应纳税所得额。成本、费用是指纳税义务人从事生产、经营所发生的各项直接支出和分配计入成本的间接费用以及销售费用、管理费用、财务费用;损失,是指纳税义务人在生产、经营过程中发生的各项营业外支出。

上述所称生产、经营所得,包括分配给投资者个人的所得和企业当年留存的所得(利润)。

应纳税额

=应纳税所得额×适用税率-速算扣除数

=(每一纳税年度的收入总额-成本、费用、损失等准予扣除项目)× 适用税率-速算扣除数

3.财产租赁所得

(1)征税范围

财产租赁所得,是指个人出租不动产、土地使用权、机器设备、车船以及其他财产取得的所得。

(2)税率

财产租赁所得适用比例税率,其税率为20%。个人出租住房取得的所得暂减按10%的税率征收个人所得税。

(3)应纳税额计算

财产租赁所得，以一个月内取得的收入为一次。

财产租赁所得每次收入不超过 4 000 元的，减除费用 800 元；4 000 元以上的，减除 20%的费用，其余额为应纳税所得额。

根据税法规定，"财产租赁所得每次收入"是指每次（月）收入额－财产租赁过程中扣缴的税额－修缮费用（800 元为限）后的余额。

财产租赁所得应纳税额的计算公式为：

①每次（月）收入不足 4 000 元的：

应纳税额＝[每次（月）收入额－财产租赁过程中扣缴的税额－修缮费用（800 元为限）－800 元]×20%

②每次（月）收入在 4 000 元以上的：

应纳税额＝[每次（月）收入额－财产租赁过程中扣缴的税额－修缮费用（800 元为限）－800 元]×（1－20%）×20%

4.财产转让所得

（1）征税范围

财产转让所得，是指个人转让有价证券、股权、合伙企业中的财产份额、不动产、土地使用权、机器设备、车船以及其他财产取得的所得。

（2）税率

财产转让所得适用比例税率，其税率为 20%。

（3）应纳税额计算

财产转让所得，以转让财产的收入额减除财产原值和合理费用后的余额，为应纳税所得额。

财产转让所得应纳税额的计算公式为：

应纳税额＝（收入总额－财产原值－合理税费）×20%

5.利息、股息、红利所得

（1）征税范围

利息、股息、红利所得，是指个人拥有债权、股权而取得的利息、股息、红利所得。免税的利息。

①国债和国家发行的金融债券利息免税；

②储蓄存款利息所得暂免征收个人所得税。

（2）税率

利息、股息、红利所得适用比例税率，其税率为 20%。

（3）应纳税额计算

利息、股息、红利所得，以每次收入额为应纳税所得额。

应纳税额＝每次收入额×20%

6. 偶然所得

偶然所得适用比例税率，其税率为20%。

应纳税额＝每次收入额×20%

知识提要

所得类型	具体项目	特殊规定	计征方法	应纳税所得额	税率
综合所得	工资、薪金所得	—	按年计算	每一纳税年度的收入额减除费用60 000元以及专项扣除、专项附加扣除和依法确定的其他扣除后的余额	3%~45%的超额累进税率
	劳务报酬所得	以收入减除20%的费用后的余额为收入额			
	稿酬所得	以收入减除20%的费用后的余额为收入额；收入额减按70%计算			
	特许权使用费所得	以收入减除20%的费用后的余额为收入额			
经营所得		—		每一纳税年度的收入总额减除成本、费用以及损失后的余额	5%~35%的超额累进税率
财产转让所得		—	按次计算	以转让财产的收入额减除财产原值和合理费用后的余额	20%
财产租赁所得		—	以1个月内取得的收入为一次	每次收入不超过4 000元的，减除费用800元；4 000元以上的，减除20%的费用	

续表

利息、股息、红利所得	—	按次计算	每次收入额	
偶然所得	—			

（四）个人所得税的征收管理

1. 纳税申报

有下列情形之一的，纳税人应当依法办理纳税申报：

（1）取得综合所得 需要办理汇算清缴；

（2）取得应税所得没有扣缴义务人；

（3）取得应税所得，扣缴义务人未扣缴税款；

（4）取得境外所得；

（5）因移居境外注销中国户籍；

（6）非居民个人在中国境内从两处以上取得工资、薪金所得；

（7）国务院规定的其他情形。

2. 扣缴义务人

（1）个人所得税以所得人为纳税人，以支付所得的单位或者个人为扣缴义务人。

（2）税务机关对扣缴义务人按照所扣缴的税款，付给 2% 的手续费。

3. 纳税期限

（1）居民个人取得综合所得，按年计算个人所得税；有扣缴义务人的，由扣缴义务人按月或者按次预扣预缴税款；需要办理汇算清缴的，应当在取得所得的次年 3 月 1 日至 6 月 30 日内办理汇算清缴。

（2）居民个人从中国境外取得所得的，应当在取得所得的次年 3 月 1 日至 6 月 30 日内申报纳税。

（3）纳税人取得经营所得，按年计算个人所得税，由纳税人在月度或者季度终了后 15 日内向税务机关报送纳税申报表，并预缴税款；在取得所得的次年 3 月 31 日前办理汇算清缴。

第三节 税收征收管理

税收征管包括税务登记、发票开具与管理、纳税申报、税款征收、税务检查和法律责任等环节。

一、税务登记

1. 从事生产、经营的纳税人

企业及企业在外地设立的分支机构和从事生产、经营的场所，个体工商户和从事生产、经营的事业单位，都应当办理税务登记。

2. 非从事生产经营但依法负有纳税义务的单位和个人

（1）国家机关、个人和无固定生产经营场所的流动性农村小商贩，不办理税务登记；

（2）其他非从事生产经营但依法负有纳税义务的单位和个人，应当办理税务登记。

3. 扣缴义务人

依法负有扣缴税款义务的扣缴义务人（国家机关除外），应当办理扣缴税款登记。

二、发票开具与管理

1. 发票的类型

（1）增值税专用发票：包括增值税专用发票和机动车销售统一发票。

（2）增值税普通发票：包括增值税普通发票（折叠票）、增值税电子普通发票和增值税普通发票（卷票）。

（3）其他发票：包括农产品收购发票、农产品销售发票、门票、过路（过桥）费发票、定额发票、客运发票和二手车销售统一发票等。

2. 发票的开具

（1）由付款方向收款方开具发票的特殊情形

销售商品、提供服务以及从事其他经营活动的单位和个人，对外发生经营业务收取款项，收款方应当向付款方开具发票；但下列情况，由付款方向收款方开具发票：

①收购单位和扣缴义务人支付个人款项时；

②国家税务总局认为其他需要由付款方向收款方开具发票的。

（2）取得发票时，不得要求变更品名和金额。

（3）不得有下列虚开发票的行为：

①为他人、为自己开具与实际经营业务情况不符的发票；

②让他人为自己开具与实际经营业务情况不符的发票；

③介绍他人开具与实际经营业务情况不符的发票。

（4）购买方纳税人识别号的填写

自 2017 年 7 月 1 日起，购买方为企业（包括公司、非公司制企业法人、企业分支机构、个人独资企业、合伙企业和其他企业）的，索取增值税普通发票时，应向销售方提供纳税人识别号或统一社会信用代码；销售方为其开具增值税普通发票时，应在"购买方纳税人识别号"栏填写购买方的纳税人识别号或统一社会信用代码。不符合规定的发票，不得作为税收凭证。

三、纳税申报

纳税申报的方式主包括直接申报、邮寄申报、数据电文申报、简易申报以及其他申报方式。

（一）直接申报

直接申报是指纳税人、扣缴义务人自行到税务机关办理纳税申报或者报送代扣代缴、代收代缴报告表。这是一种传统申报方式。

直接申报可以分为直接到办税服务厅申报、到巡回征收点申报和到代征点申报三种。

（二）邮寄申报

邮寄申报，是指经税务机关批准的纳税人、扣缴义务人使用统一规定的纳税申报特快专递专用信封，通过邮政部门办理交寄手续，并向邮政部门索取收据作为申报凭据的方式。

凡实行查账征收方式的纳税人，经主管税务机关批准，可以采用邮寄纳税申报的办法。邮寄申报以寄出地的邮政局邮戳日期为实际申报日期。

（三）数据电文申报

数据电文申报是指经税务机关批准的纳税人、扣缴义务人经由税务机关确定的电话语音、电子数据交换和网络传输等电子方式办理纳税申报的方式。这种方式运用了新的电子信息技术，代表着纳税申报方式的方向发展，使用范围逐渐扩大。

纳税人、扣缴义务人采用数据电文形式进行纳税申报的，其申报日期以税务机关计算机网络系统收到该数据电文的时间为准，与数据电文相对应的纸质申报资料的报送日期由税务机关确定。税务机关收到的纳税人数据电文与报送的书面资料不一致的，应以书面数据为准。

（四）其他方式

实行定期定额征收的纳税人，可以实行简易申报、简并征期等方式申报。

知识提要

直接申报	传统的申报方式
邮寄申报	以寄出地的邮政局邮戳日期为实际申报日期
数据电文申报	电话语音、电子数据交换和网络传输 以税务机关计算机网络系统收到的时间为申报日期 需报送书面材料，不一致时以书面为准
其他（简易申报、简并征期）	实行定期定额征收的纳税人

四、税款征收

（一）税款征收方式

1. 查账征收

查账征收是指税务机关对账务健全的纳税人，依据其报送的纳税申报表、财务会计报表和其他有关纳税资料，计算应纳税款，填写缴款书或完税证，由纳税人到银行划解税款的征收方式。

这种征收方式一般适用于经营规模较大、财务会计制度健全、能够认真履行纳税义务的单位和个人。

2. 查定征收

查定征收是对账务资料不全，但能控制其材料、产量或进销货物的纳税单位和个人，由税务机关依据正常条件下的生产能力对其生产的应税产品查定产量、销售额，然后依照税法规定的税率计算应纳税额的一种征收方式。

这种税款征收方式适用于生产规模较小、产品零星、税源分散、会计账册不健全的小型厂矿和作坊。

3. 查验征收

查验征收是指税务机关对纳税人的应税商品、产品，通过查验数量，按市场一般销售单价计算其销售收入并据以征税的方式。

这种征收方式一般适用于经营品种比较单一，生产经营地点、时间和商品来源不固定的纳税单位。

4. 定期定额征收

定期定额征收是指对小型个体工商户在一定经营地点、一定经营时期、一定经营范围内的应纳税经营额（包含经营数量）或所得额（简称定额）进行核定，并以此为计税依据，确定其应纳税额的一种征收方式。

这种征收方式适用于经主管税务机关认定和县以上（含县级）税务机关批准的生产经营规模小，达不到《个体工商户建账管理暂行办法》规定的设置账簿标准，难以查账征收，不能准确计算计税依据的个体工商户（包括个人独资企业，简称定期定额户）。

知识提要

查账征收	适用范围：账册健全
查定征收	适用范围：有账但账册不健全的小型生产型企业
查验征收	适用范围：有账但账册不健全的非小型生产型纳税人
定期定额征收	适用范围：没账的个体工商户

（二）税收保全措施

为了保证税款征收的顺利进行，《征管法》及其实施细则赋予了税务机关在税务征收过程中针对不同情况可以采取相应征收措施的职权。税款征收措施包括：责令纳税、责令提供纳税担保、税收保全措施、税收强制执行措施和阻止出境。

1. 税收保全措施适用情形

税务机关有根据认为从事生产、经营的纳税人有逃避纳税义务行为的，可以在规定的纳税期之前，责令限期缴纳应纳税款；在限期内发现纳税人有明显的转移、隐匿其应纳税的商品、货物以及其他财产或者应纳税收入迹象的，税务机关可以责成纳税人提供纳税担保；如果纳税人不能提供纳税担保，经县以上税务局（分局）局长批准可以采取税收保全措施。

2. 税收保全的措施

（1）书面通知纳税人开户银行或者其他金融机构冻结纳税人的金额相当于应纳税款的存款。

（2）扣押、查封纳税人的价值相当于应纳税款的商品、货物或者其他财产。"其他财产"是指纳税人的房地产、现金、有价证券等不动产和动产。

3. 税收保全的解除

纳税人在税务机关采取税收保全措施后，按照税务机关规定的期限缴纳税款的，税务机关应当自收到税款或者银行转回的完税凭证之日起1日内解除税收保全。

4. 不适用税收保全的财产

个人及其所抚养家属维持生活必需品的住房和用品，不在税收保全措施的范围之内。

(三)税收强制执行

1.税收强制执行的适用情形

从事生产、经营的纳税人未按照规定的期限缴纳或者解缴税款,纳税担保人未按照规定的期限缴纳所担保的税款,由税务机关责令限期缴纳,逾期仍未缴纳的,经县以上税务局(分局)局长批准,税务机关可以采取强制措施。

2.税收强制执行措施的形式

(1)书面通知其开户银行或者其他金融机构从其存款中扣缴税款。

(2)依法拍卖或者变卖其价值相当于应纳税款的商品、货物或者其他财产,以拍卖或者变卖所得抵缴税款。

税务机关采取强制执行措施时,对纳税人、扣缴义务人、纳税担保人未缴纳的滞纳金同时强制执行。个人及其所扶养家属维持生活必需的住房和用品,不在强制执行措施的范围之内。

知识提要

税收保全措施	前提	税务机关责令具有税法规定情形的纳税人提供纳税担保而纳税人拒绝或无力提供担保	【注意】均不适用的财产:个人及其所扶养家属维持生活必需的住房和用品
	具体措施	(1)书面通知银行冻结相当于应纳税款的存款(陷阱:冻结全部资金) (2)扣押、查封纳税人的价值相当于应纳税款的商品、货物或者其他财产(陷阱:全部财产)	
税收强制执行	前提	从事生产、经营的纳税人未按照规定的期限缴纳或者解缴税款,纳税担保人未按照规定的期限缴纳所担保的税款,由税务机关责令限期缴纳,逾期仍未缴纳的	
	具体措施	1.书面通知银行从其存款中扣缴税款 2.依法拍卖或者变卖其价值相当于应纳税款的商品、货物或者其他财产,以拍卖或者变卖所得抵缴税款 【注意】滞纳金同时强制执行	

五、涉税专业服务

(一)涉税专业服务机构

涉税专业服务机构是指税务师事务所和从事涉税专业服务的会计师事务所、律师事务所、代理记账机构、税务代理公司、财税类咨询公司等机构。

（二）涉税专业服务的业务范围

（1）纳税申报代理；

（2）一般税务咨询；

（3）专业税务顾问；

（4）税收策划；

（5）涉税鉴证；

（6）纳税情况审查（接受行政机关、司法机关委托，依法对企业纳税情况进行审查，作出专业结论）；

（7）其他税务事项代理，如代理建账记账、发票领用、减免退税申请等税务事项；

（8）其他涉税服务。

【注意1】第（3）、（4）、（5）、（6）项涉税业务，应当由具有税务师事务所、会计师事务所、律师事务所资质的涉税专业服务机构从事，相关文书应由税务师、注册会计师、律师签字，并承担相应的责任。

【注意2】税务机关所需的涉税专业服务，应当通过政府采购方式购买。

六、税务检查

（一）税务检查的概念

税务检查是税务机关根据税收法律、行政法规的规定，对纳税人、扣缴义务人履行纳税义务、扣缴义务及其他有关税务事项进行审查、核实、监督活动的总称。税务机关在行使税务检查权时，应当依照法定权限和程序进行。

（二）税务检查的内容

税务机关有权进行下列检查：

1.检查纳税人的账簿、记账凭证、报表和有关资料，检查扣缴义务人代扣代缴、代收代缴税款账簿、记账凭证和有关资料。

2.到纳税人的生产、经营场所和货物存放地检查纳税人的应纳税商品、货物或者其他财产，检查扣缴义务人与代扣代缴、代收代缴税款有关的经营情况。

3.责成纳税人、扣缴义务人提供与纳税或者代扣代缴、代收代缴税款有关的文件、证明材料和有关材料。

4.询问纳税人、扣缴义务人与纳税或者代扣代缴、代收代缴税款有关的问题和情况。

5.到车站、码头、机场、邮政企业及其分支机构检查纳税人托运、邮寄应纳税商品、货物或者其他财产的有关单据、凭证和有关资料。

6.经县以上税务局（分局）局长批准，指定专人负责，凭全国统一格式的检查存款账户的许可证明，查询从事生产、经营的纳税人、扣缴义务人在银行或者其他金融机构的存款账户，并有责任为被检查人保守秘密。税务机关在调查税收违法案件时，经设区的市、自治州以上税务局（分局）局长批准，可以查询案件涉嫌人员的储蓄存款。

税务机关查询所获得的资料，不得用于税收以外的用途。税务机关派出的人员进行税务检查时，应当出示税务检查证和税务检查通知书，并有责任为被检查人保守秘密；未出示税务检查证和税务检查通知书的，被检查人有权拒绝检查。

知识要点

场地检查权	不得进入生活场所
存款账户检查权	经县以上税务局局长批准，可以检查纳税人的生产经营账户
	经设区的市、自治州以上税务局局长批准，可以查询涉案人员的储蓄存款账户

七、税收法律责任

税收法律责任是指税收法律关系中的主体由于其行为违法，按照法律规定必须承担的法律后果。根据税收违法行为程度的不同，税收法律责任分为行政责任和刑事责任两大类。

（一）税收违法的行政处罚

税收违法的行政处罚方式主要有责令限期改正、罚款、没收财产、收缴未用发票和暂停供应发票和停止出口退税权等。

（1）责令限期改正

责令限期改正是税务机关对违反法律、行政法规所规定义务的当事人的谴责与申戒。主要适用于情节轻微或尚未构成实际危害后果的违法行为，是一种较轻的处罚形式。

（2）罚款

罚款是对违反税收法律、法规，不履行法定义务的当事人的一种经济上的处罚，由于罚款既不影响被处罚人的人身自由及其合法活动，又能起到对违法行为的惩戒作用，因而是税务行政处罚中应用最广的一种。

（3）没收财产

这是对行政管理相对一方当事人的财产权予以剥夺的处罚。具体有两种情况：一是对违法方当事人非法所得的财物进行没收，这些财物并非相对人所有，而是被其非法占有；二是对虽系违法者所有，但用于非法活动的财产进行没收。

（4）收缴未使用发票和暂停供应发票

对于从事生产经营的纳税人、扣缴义务人有违反《税收征收管理办法》规定的税收违法行为,拒不接受税务机关处理的,税务机关可以收缴其发票或者停止向其发售发票。

（5）停止出口退税权

对于骗取国家出口退税税款的,税务机关可以在规定的期限内停止为其办理出口退税。

（二）税收违法刑事处罚

税收违法刑事处罚是司法机关对于违反税法并构成犯罪的税收法律关系主体按照《刑法》的规定实施刑事制裁。这是最为严厉的一种税收法律责任形式。税收违法刑事处罚主要涉及拘役、判处徒刑、罚金、没收财产。对犯罪的外国人，可驱逐出境。

八、税务行政复议

税务行政复议,是指纳税人和其他税务当事人对税务机关及其工作人员作出的具体行政行为不服,依法向上一级税务机关（复议机关）提出申诉,请求上一级税务机关对原具体行政行为的合理性、合法性做出审议;复议机关依法对其原行政行为的合理性、合法性做出裁决的行政司法活动。实行税务行政复议制度是为了维护和监督税务机关依法行使税务执法权,防止和纠正违法或者不当的税务具体行政行为,保护纳税人和其他当事人的合法权益。

（一）税务行政复议范围

行政复议机关受理申请人对税务机关下列具体行政行为不服提出的行政复议申请：

1. 征税行为,包括确认纳税主体、征税对象、征税范围、减税、免税、退税、抵扣税款、适用税率、计税依据、纳税环节、纳税期限、纳税地点和税款征收方式等具体行政行为,征收税款、加收滞纳金,扣缴义务人、受税务机关委托的单位和个人作出的代扣代缴、代收代缴、代征行为等。

2. 行政许可、行政审批行为。

3. 发票管理行为,包括发售、收缴、代开发票等。

4. 税收保全措施、强制执行措施。

5. 行政处罚行为,罚款、没收财物和违法所得、停止出口退税权。

6. 不依法履行下列职责的行为,颁发税务登记、开具、出具完税凭证和外出经营活动税收管理证明、行政赔偿、行政奖励、其他不依法履行职责的行为。

7. 资格认定行为。

8. 不依法确认纳税担保行为。

9. 政府信息公开工作中的具体行政行为。

10. 纳税信用等级评定行为。

11. 通知出入境管理机关阻止出境行为。

12.其他具体行政行为。

纳税人对复议范围中第1项规定的具体行政行为不服的,应当先向复议机关申请行政复议,对复议决定不服的,可以再向人民法院提起行政诉讼。对上述第1项规定以外的其他具体行为不服的,可以申请行政复议,也可以直接向人民法院提起行政诉讼。

（二）复议管辖

对各级国家税务局的具体行政行为不服的,向其上一级国家税务局申请行政复议。对国家税务总局的具体行政行为不服的,向国家税务总局申请行政复议。对行政复议决定不服,申请人可以向人民法院提起行政诉讼,也可以向国务院申请裁决。国务院的裁决为最终裁决。对各级地方税务局的具体行政行为不服的,可以选择向其上一级地方税务局或者该税务局的本级人民政府申请行政复议。

（三）行政复议决定

1.行政复议的决定做出

行政复议机关应当自受理申请之日起60日内作出行政复议决定。

2.行政复议决定的种类

行政复议机关应当对被申请人的具体行政行为提出审查意见,经行政复议机关负责人批准,按照下列规定作出行政复议决定:

（1）具体行政行为认定事实清楚,证据确凿,适用依据正确,程序合法,内容适当的,决定维持。

（2）被申请人不履行法定职责的,决定其在一定期限内履行。

（3）具体行政行为有下列情形之一的,复议机关应决定撤销、变更或者确认该具体行政行为违法:

①主要事实不清、证据不足的;

②适用依据错误的;

③违反法定程序的;

④超越职权或者滥用职权的;

⑤具体行政行为明显不当的。

决定撤销或者确认该具体行政行为违法的,可以责令被申请人在一定期限内重新作出具体行政行为。复议机关责令被申请人重新作出具体行政行为的,被申请人不得以同一事实和理由作出与原具体行政行为相同或者基本相同的具体行政行为。

被申请人不按照规定提出书面答复,提交当初作出具体行政行为的证据、依据和其他有关材料的,视为该具体行政行为没有证据、依据,决定撤销该具体行政行为。

（4）申请人在申请行政复议时可以一并提出行政赔偿请求,复议机关对符合国家赔偿法的规定应当赔偿的,在决定撤销、变更具体行政行为或者确认具体行政行为违法时,应当同时决定被申请人依法给予赔偿。

3.行政复议决定的效力

行政复议决定书一经送达,即发生法律效力。

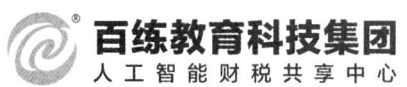

中国企业财务管理协会高校财税专业建设与发展委员会指定教材

新编精讲

28天速成主管会计

主编 刘毅 王管谈

（下）基础手工账

副主编：宋鲁伟 张菊 肖雯 张微 陈洪菊
　　　　王春玲 侯岚 郎毅 孙涵 万齐煜

中国商业出版社

图书在版编目（CIP）数据

28天速成主管会计. 下，基础手工账 / 刘毅，王管谈主编. -- 北京：中国商业出版社，2019.10
ISBN 978-7-5208-0972-6

Ⅰ. ①2… Ⅱ. ①刘… ②王… Ⅲ. ①会计学－基本知识 Ⅳ. ①F230

中国版本图书馆CIP数据核字(2019)第258601号

责任编辑：巫皆富

中国商业出版社出版发行

010-63180647　www.c-cbook.com

(100053　北京广安门内报国寺1号)

新华书店经销

廊坊市旭日源印务有限公司印刷

*

787毫米×1092毫米　16开　34印张　236千字

2020 年 1 月第 1 版 2020 年 1 月第 1 次印刷

定价：150.00元

****

（如有印装质量问题可更换）

前言

"经济越发展,会计越重要"。随着我国社会主义市场经济体制的建立和完善,会计作为经济管理基础性工作,其地位和作用越来越多被人们所认识。强化会计管理、提高会计信息质量,已成为会计工作面临的一项十分紧迫的任务,会计工作者要有熟练高超的业务技能,还要熟悉相关的税收、票据等法律制度。

数字的积累从"零"开始,会计的技能学习从"基础"开始;面对财会知识的大量需求,"零基础"的你,也迎来了一个新的起点。百练教育科技集团为满足不同的群体对财会知识的需求,根据会计准则和相关税收政策,组织一批财会领域一线教学专家,根据市场需求以及教学对象的特点,编写推出《28天速成主管会计》系列丛书,本丛书结合百练独创的"OAO"教学方法,采用高效立体式"2+1"即"2篇理论指导+1本真账实操"的学习模式,以实际工作为导向,切实做到理论与实践相结合,本丛书会让会计学习过程更有趣,学习内容更实用,给会计从业者奉献一条绿色"跑道"。

本书具有以下特点:

●全面、系统。本丛书全面结合会计实务的基础理论知识,总结专业技术资格的规律,科学谨慎地将每一部分内容通过图片、表格等多种形式,逻辑清晰地表现出来,不仅做到了内容上的完整性还实现了知识点的逻辑性和联系性。

●注重实操、便于理解。无论你是零基础,还是从业人员,对业务的提升都有帮助。本丛书以会计实操技能训练为基础,以真实工作为场景,通过大量实例讲解会计知识的重点,结合企业真账实操进行演练,使会计学习内容更实用、更易于理解。

●编排新颖。在具体的介绍过程中,尽可能化繁为简,易于理解、便于掌握。知识性和趣味性强,使整套书的风格生动、活泼。真账实操部分采用全真原始凭证,断点式印刷,学习者可直接撕取,装订账本,十分便捷。

本丛书由百练教育科技集团刘毅担任总编,对每本书的结构以及特点进行总纂,在百练多名一线白金级专家讲师、高校现任教师的协同努力下编写完成,向参与编辑的河南师范大学审计处宋鲁伟处长，安徽科技学院财务处张菊老师表示感谢，过程中参考并结合企业财务岗位的实际需求，借鉴了不少专著与教材，只为让您的会计学习更高效、简单、有趣，迅速成长为会计高手。

目 录

第一部分 基础理论篇 1

第一章 总 论 1
第一节 会计概述 1
第二节 会计要素、会计科目与会计账户 5
第三节 会计等式与借贷记账法 15

第二章 会计凭证 21
第一节 会计凭证的概念、意义和种类 21
第二节 原始凭证 22
第三节 记账凭证 25

第三章 会计账簿 31
第一节 会计账簿的概念和种类 31
第二节 会计账簿的内容、启用与记账规则 34
第三节 会计账簿的格式和登记方法 37
第四节 对账 42
第五节 错账更正方法 44
第六节 结 账 46
第七节 会计账簿的更换和保管 49

第四章 财务报表 50
第一节 财务报表概述 50
第二节 资产负债表 52
第三节 利润表 56

第二部分 真账实操部分 59

第一部分 基础理论篇

第一章 总 论

第一节 会计概述

一、会计的概念

会计是以货币为主要计量单位,运用专门的方法,核算和监督一个单位经济活动的一种经济管理活动。

广义会计体系包含的内容很多,有财务会计、管理会计,甚至包括财务会计管理和审计。在这些会计学科中,财务会计是其中最基本的内容,它也是最早产生和发展起来的,狭义的会计仅指财务会计。它是按照公认的会计原则,对企业经济活动中可以用货币计量的业务,运用复式记账原理,进行记录、计算、分类、调整、汇总,并定期编制财务会计报告给企业内外部的会计报告的使用者。具体来说,财务会计工作的目的就是生成财务报告(其主要内容是基本财务报表),借以反映企业的财务状况、经营成果和现金流量。

会计的基本职能包括进行会计核算和实施会计监督两个方面。

(1)会计核算职能是指以货币为主要计量单位,通过确认、计量、记录和报告等环节,对特定的主体的经济活动进行确认、计量和报告,为各有关方面提供会计信息的功能。

会计核算的具体方法包括:

1. 设置会计科目及账户;
2. 复式记账;
3. 填制和审核会计凭证;
4. 登记账簿;
5. 成本计算;
6. 财产清查;
7. 编制会计报表。

会计工作详细流程图：

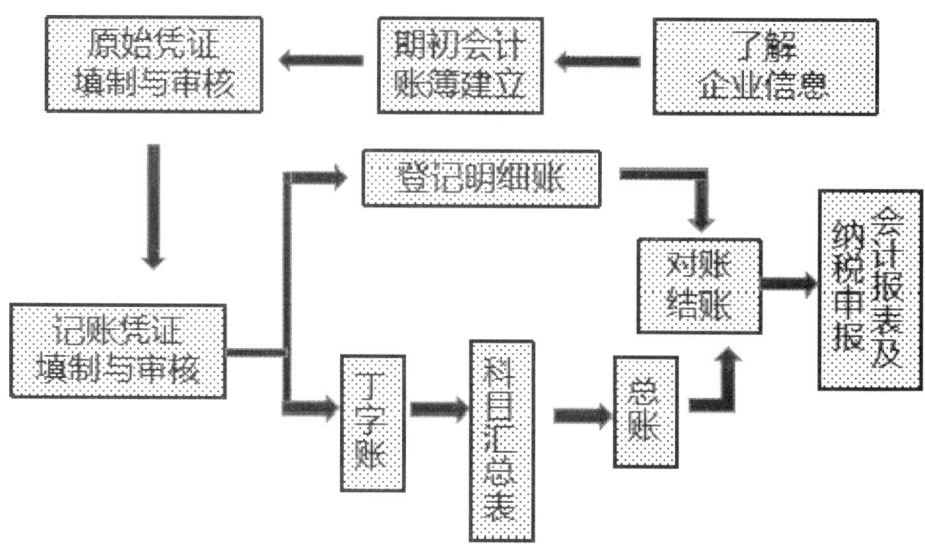

上述会计核算方法在实际工作运用的基本程序是：根据发生的经济业务填制和审核凭证，按照确定的会计科目设置账户，运用复式记账方法登记账簿，按照一定的成本计算对象来计算成本，定期或不定期地进行财产清查，根据账簿资料编制会计报表。这七种会计核算方法将在以后的章节详细介绍。

（2）会计监督职能是指会计人员在进行会计核算时，对特定主体的经济活动的真实性、合法性、合理性进行监督检查。

二、四大基本假设

会计核算的基本假设是会计确认、计量和报告的前提，是会计核算所处时间、空间环境等所作行为的合理假定。会计基本假设包括：会计主体、持续经营、会计分期和货币计量。

（一）会计主体

会计主体是指会计确认、计量和报告的空间范围，即会计核算和监督的特定单位或组织。在会计主体假设下，会计核算应当以企业发生的各项交易事项为对象，记录和反映企业本身的各项生产经营活动。会计主体与法律主体（法人）并非是对等的概念，法人可作为会计主体，但会计主体不一定是法人。例如，在企业集团的情况下，母子公司虽然是不同的法律主体，但是，为了全面反映企业集团的财务状况、经营成果和现金流量，就有必要将这个企业集团作为一个会计主体，编制合并会计报表。另外，在同一个法律主体中，也可能存在多个会计主体，这些会计主体也不具备法律主体的资格。

（二）持续经营

持续经营是指会计主体在可预见的未来，企业将会按当前的规模和状态继续经营下去，不会停业，也不会大规模削减业务。即根据正常的经营方针和既定的经营目标持续经营下去，在可预见的未来，该会计主体不会破产清算，所持有的资产将正常运行，所负有的债务将正常偿还。一般情况下，应当假定企业将会按当前的规模和状态继续经营下去，不会停业，也不会大规模削减业务。事实上，持续经营只是一个假定，任何企业在经营中都存在破产、清算等不能持续经营的风险，如果判断企业不会持续经营下去，就应当改变会计核算的原则和方法，并在企业财务会计报告中相应披露，以达到如实披露企业实际情况的目的。

（三）会计分期

会计分期是指将一个企业持续经营的活动划分为一个个连续的、长短相同的期间，以便分期结算账目和编制财务会计报告。会计分期的目的，在于将持续经营的生产经营活动划分为财务状况、经营成果和现金流量信息。

会计期间划分解决了会计核算和会计报告从何时开始，到何时为止的问题，限定了会计的报告期。会计期间分为年度和中期，在我国会计年度自公历1月1日起至12月31日止。中期指短于一个完整的会计年度的报告期间，通常包括半年度，季度和月度。年度、半年度、季度和月度均按公历起止日期确定。

会计分期这个基本前提对会计核算有着重要影响。由于会计分期，才产生了当期与其他期间的差别，从而出现了权责发生制和收付实现制的区别，进而出现了应收、应付等会计处理方法。

（四）货币计量

货币计量是指会计主体核算过程中采用货币作为统一的计量单位，记录、反映会计主体的财务状况和经营成果。在货币计量下，我国会计核算以人民币为记账本位币。业务收支以人民币以外的货币为主的单位也可以选择某种外币作为记账本位币，但是编报的财务会计报告应当折算为人民币反映，在境外设立的中国企业向国内报送的财务会计报告，应当折算为人民币。

三、两大会计基础

会计基础是指会计确认、计量和报告的基础，包括权责发生制和收付实现制。

企业会计的确认、计量和报告应当以权责发生制为基础。

1.权责发生制是指企业的会计核算应当以权责发生制为基础。凡是当期已经实现的收入和已经发生或应当负担的费用，不论款项是否收付，都应当作为当期收入和费用；凡是不属于当期的收入和费用，即使款项已在当期收付，也不应当作为当期的收入和费用。权责发生制也称应计制或应收应付制，它是以收入、费用是否发生而不是以款项收到或付出为标准来确认收入和费用的一种记账基础。即权责发生制原则主要是从时间上规定会计确认基础，其核心是根据权责发生制的实际发生时间来确认企业的收入和费用。企业应当以权责发生制为基础进行会计确认、计量和报告。

2.收付实现制是与权责发生制相对应的一种确认基础。收付实现制也称现金制或现收现付制，它是以收到或支付现金为标准来确认收入和费用的一种记账基础。

四、五大会计的计量属性

会计计量属性	定义
历史成本	历史成本又称实际成本，是指以取得资产时实际发生的成本作为资产的入账价值
重置成本	重置成本又称现行成本，是指按照当前市场条件，重新取得同样一项资产所需支付的现金或现金等价物金额
可变现成本	可变现净值，是指在正常生产经营过程中，以预计售价减去进一步加工成本和销售所必需的预计税金、费用后的净值
现值	现值是指对未来现金流量以恰当的折现率进行折现后的价值，是考虑货币时间价值因素等的一种计量属性
公允价值	公允价值是指在公平交易中，熟悉情况的交易双方资源进行资产交换或者债务清偿的金额

第二节　会计要素、会计科目与会计账户

一、会计要素

会计要素是指根据交易或事项的经济特征所确定的财务会计对象的基本分类，是会计核算对象的具体化。会计要素是从会计的角度描述经济活动的基本要素。会计的要素包括资产、负债、所有者权益、收入、费用、利润六个要素。

（一）反映财务状况的会计要素

1.资产

（1）资产是指企业过去的交易或是事项形成的，由企业拥有或者控制的，预期会给企业带来经济利益的资源。

（2）资产的特征

① 资产是由过去的交易或事项形成的。也就是说，资产是过去已经发生的交易或事项所产生的结果，资产必须是现实的资产，而不是预期的资产。未来交易或事项可能产生的结果不能作为资产确认。

② 资产是为企业拥有的、或者即使不为企业拥有，也是企业所控制的资源。一项资产要作为企业资产予以确认，企业应该拥有此项资源的所有权，可以按照自己的意愿使用或处置资源。

③ 资产预期会给企业带来经济利益。所谓经济利益，是指直接或间接流入企业的现金或现金等价物。按照这一特征，那些已经没有经济价值，不能给企业带来经济利益的项目就不能继续确认为企业的资产。

（3）资产的分类

资产按其流动性不同，分为流动资产和非流动资产。

① 流动资产是指可以在1年或者超过1年的营业周期内变化或耗用的资产，主要包括货币资金、交易性金融资产、应收票据、应收及预付款项、应收利息、应收股利、其他应收款、存货等。

② 非流动资产是指流动资产以外的资产，主要包括长期股权投资、固定资产、无形资产等。

长期股权投资包括企业持有的对其子公司、合营企业及联营企业的权益性投资以及企业持有的对被投资单位不具有控制、共同控制或重大影响，且在活跃市场中没有报价、公允价值不能可靠计量的权益性投资。

固定资产是指为生产商品、提供劳务、出租或经营管理而持有的，使用寿命超过1年，单位价值较高的有形资产。包括房屋、建筑物、机器设备、运输设备、工具器具等。

无形资产是指为企业生产商品、提供劳务、出租给他人、或为管理目的持有的、没有实物

形态的、可辨认的非货币性长期资产。包括专利权、非专利技术、商标权、著作权、土地使用权、特许权等。

其他资产还包括长期待摊费用、商誉等。

2. 负债

（1）负债的概念

负债指企业过去的交易或者事项形成、预期会导致经济利益流出企业的现时义务。现时义务是指企业在现行条件下已承担的义务。未来发生的交易或者事项形成的义务，不属于现实义务，不应确认为负债。

（2）负债的特征

① 负债是由于过去的交易或者事项而产生的现时义务。也就是说，导致负债的交易或者事项必须已经发生，只有源于已经发生的交易或事项，会计上才有可能确认为负债。对于企业正在筹划的未来交易或事项，并不构成企业的负债。

② 负债的清偿预期会导致经济利益流出企业。负债通常是在未来某一时日通过交付资产（包括现金和其他资产）或提供劳务来清偿。有时，企业可以通过承诺新的负债或转化为所有者权益来了结一项现有的负债，但最终一般都会导致企业经济利益的流出。

③ 负债是能够用货币确切计量或者合理估计的经济责任，一般有确切的收款人和偿付期限。

（3）负债的分类

负债按其流动性不同，分为流动负债和非流动负债。

流动负债是指将在1年（含1年）或者超过一年的一个营业周期内偿还的债务，包括短期借款、应付票据、应付账款、预收账款、应付职工薪酬、应交税费、应付利息、应付股利、其他应付款等。

非流动负债是指流动负债以外的负债，主要包括长期借款、应付债券、长期应付款等。

3. 所有者权益

（1）所有者权益的概念

所有者权益是指企业资产扣除负债后由所有者享有的剩余权益。公司的所有者权益又称股东权益。

对于企业而言，其资产形成的资金来源不外乎两个：一个是债权人；一个是所有者。

债权人对企业资产的要求权形成企业负债，所有者对企业资产的要求权形成企业的所有者权益。所有者权益的来源包括所有者投入的资本、直接计入所有者权益的利得和损失、留存收益等。

（2）所有者权益具有以下特征

① 除非发生减资、清算或分派现金股利，企业不需要偿还所有者权益；

2 企业清算时，只有在清偿所有者负债后，所有者权益才返还给所有者；

3 所有者凭借所有者权益能够参与企业利润的分配。

所有者权益包括实收资本（或者股本）、资本公积、盈余公积和未分配利润。其中：

投入资本是投资者实际投入企业的各种资产物资，在会计核算中，通过"实收资本"科目予以反映。

资本公积包括企业收到投资者出资超过其在注册资本或股本中所占份额的部分以及直接计入所有者权益的利得和损失等。

盈余公积是指按照国家有关规定从利润中提取的公积金等。

未分配利润是企业留于以后年度分配的利润或待分配利润。在会计核算中，通过"本年利润"和"利润分配"科目予以核算。

（二）反映经营成果的会计要素

1. 收入

收入是指企业在日常活动中形成的、会导致所有者权益增加的、与所有者投入资本无关的经济利益的总流入。其中日常活动如销售商品、提供劳务及让渡资产使用权等。

2. 费用

费用是指企业在日常活动中发生的、会导致所有者权益减少的、与向投资者分配利润无关的经济利益的总流出。

1 计入产品成本的费用。包括直接材料（生产产品耗用的原材料费）、直接人工（生产工人的工资和福利费）和制造费用。

2 期间费用。不计入产品成本，直接计入当期损益的费用。包括管理费用、财务费用和销售费用。管理费用是应由企业统一负担的、为组织和管理生产而发生的费用；财务费用是企业为筹集资金而发生的净支出；销售费用是企业在产品销售过程中发生的费用。

3. 利润

利润是指企业一定会计期间的经营成果。利润包括收入减去费用后的净额、直接计入当期利润的利得和损失等。利润有营业利润、利润总额和净利润。营业利润是营业收入减去营业成本、税金及附加、期间费用（包括销售费用、管理费用和财务费用）、资产减值损失，加上公允价值变动净收益、其他收益、投资净收益、资产处置收益后的金额。利润总额是指营业利润加上营业外收入，减去营业外支出后的金额。净利润是指利润总额减去所得税费用后的金额。

二、会计科目

会计科目是对会计要素的具体内容进行分类核算的项目，是进行会计核算和提供会计信息的基础。

（一）按照会计对象的经济内容进行分类

1. 资产类科目：包括流动资产和非流动资产两类。

2. 负债类科目：包括流动负债和非流动负债两类。
3. 共同类科目：如衍生工具、套期工具、被套期项目等。
4. 所有者权益类科目。
5. 成本类科目。
6. 损益类科目。包括收入、费用两类。

（二）按照提供信息的详细程度及其统驭关系进行分类

1. 总分类科目。总分类科目又称总账科目或一级科目，它是对会计要素的具体内容进行总括分类，提供总括信息的会计科目，如"原材料""应交税费""库存商品"等，总账科目一般按财政部门制定的统一会计制度设置。

2. 明细分类科目。明细科目，它是对总分类科目进行明细分类，提供更详细更具体会计信息的科目，它们所反映的经济内容或提供的指标比较详细具体，是对总分类科目的具体化和详细说明。对于明细科目比较多的科目，可在总分类科目与明细分类科目之间设置二级或多级科目。明细科目的设置，除国家统一规定外，各单位可根据本单位的具体情况和经济管理的需要自行设定。如为了详细反映企业的库存商品，在"库存商品"科目下可设置"服装""电器""食品"等二级会计科目。如果还需进一步细化的话，可在"服装"科目下设置"男服""女服"等。

总分类科目概括地反映会计对象的具体内容，明细分类科目详细反映会计对象的具体内容。总分类科目对明细分类科目具有统驭和控制作用，明细分类科目对总分类科目起详细和具体说明作用。

（三）常用会计科目

会计科目简表

名称	名称
一、资产类	应付职工薪酬
库存现金	应交税费
银行存款	应付利息
其他货币资金	应付利润
交易性金融资产	其他应付款
应收票据	长期借款
应收账款	专项应付款
预付账款	长期应付款
坏账准备	预计负债
应收股利	**三、所有者权益类**
应收利息	实收资本

续表

名称	名称
其他应收款	资本公积
材料采购	盈余公积
在途物资	本年利润
原材料	利润分配
周转材料	**四、成本类**
库存商品	生产成本
长期债权投资	制造费用
长期股权投资	劳务成本
固定资产	**五、损益类**
累计折旧	主营业务收入
工程物资	其他业务收入
在建工程	投资收益
固定资产清理	营业外收入
无形资产	主营业务成本
累计摊销	其他业务成本
长期待摊费用	税金及附加
待处理财产损溢	销售费用
二、负债类	管理费用
短期借款	财务费用
应付票据	营业外支出
应付账款	所得税费用
预收账款	以前年度损益调整

（四）会计科目注解

1. 资产类

（1）库存现金：
（2）银行存款：企业银行账户里的钱
（3）其他货币资金：银行汇票存款、银行本票存款、信用卡存款、信用证保证金存款、外埠存款。

} 在资产负债表中统称为"货币资金"

（4）应收票据——商业汇票
商业汇票根据承兑人不同分为商业承兑汇票和银行承兑汇票。

企业申请使用银行承兑汇票时，应向其承兑银行按票面金额的万分之五交纳手续费。

（5） 应收账款——和主营业务范围有联系

企业因销售商品、提供劳务等经营活动应收取的款项。

（6） 预付账款

企业按照购货合同规定预付给供应单位的款项。

（7） 其他应收款

其他应收款是指企业除应收票据、应收账款、预付账款等经营活动以外的其他各种应收、暂付款项。其主要内容包括：

1 应收的各种赔款、罚款，如因企业财产等遭受意外损失而应向有关保险公司收取的赔款等；

2 应收的出租包装物租金；

3 应向职工收取的各种垫付款项，如为职工垫付的水电费、应由职工负担的医药费、房租费等；

4 存出保证金，如租入包装物支付的押金；

5 其他各种应收、暂付款项。

（8） 交易性金融资产

交易性金融资产主要是指企业为了近期内出售而持有的金融资产，如企业以赚取差价为目的从二级市场购入的**股票、债券、基金**等。

（9） 存货——不是一个科目

存货是指企业在日常生产经营过程中持有以备出售的产成品或商品，或者为了出售仍然处于生产过程的在产品，或者将在生产过程或提供劳务过程中耗用的材料、物料等。

存货包括：**原材料**、在产品、半成品、产成品、**库存商品、包装物、低值易耗品**、委托代销商品等。

原材料：未经过加工的材料，还需进一步处理。

库存商品：已经可以随时出售的商品。

周转材料——包装物

　　　　——低值易耗品

其特点是单位价值较低，使用期限相对于固定资产较短，在使用过程中基本保持其原有实物形态不变。

账务处理方法：

低值易耗品可采用一次摊销法或分次摊销法。摊销时，计入"制造费用"等科目。

（10） 固定资产

固定资产指同时具有以下特征的有形资产：

1 为生产商品、提供劳务、出租或经营管理而持有的；

2 使用寿命超过一个会计年度。

固定资产核算设置的科目：

企业通过"固定资产""累计折旧""工程物资""在建工程""固定资产清理"等科目核算固定资产的取得、计提折旧、处置等情况。

固定资产的折旧：

企业应当根据固定资产的性质和使用情况，合理确定固定资产的使用寿命和预计净残值。固定资产的使用寿命、预计净残值一经确定，不得随意变更。

计提折旧的范围：

除以下情况外，企业应对所有固定资产计提折旧：已提足折旧继续使用的固定资产；单独估价作为固定资产入账的土地。

【注意】

第一，固定资产按月计提折旧，当月增加的固定资产当月不计提折旧，从下月起计提折旧；当月减少的固定资产当月照提折旧，从下月起不提折旧。

第二，固定资产提足折旧后，不论能否继续使用，均不再计提折旧；提前报废的固定资产，不再补提折旧。

第三，已达到预定可使用状态但尚未办理竣工决算的固定资产，应当按照估计价值确定其成本，并计提折旧；待办理竣工决算后，再按实际成本调整原来的暂估价，但不需调整原已计提的折旧额。

第四，企业至少应当于每年年度终了，对固定资产的使用寿命、预计净残值和折旧方法进行复核。如有改变作为会计估计变更。

年限平均法：

$$年折旧额 = \frac{原值 - 预计净残值}{预计使用年限}$$

年折旧率＝（1－预计净残值率）/预计使用寿命（年）

月折旧率＝年折旧率/12

月折旧额＝固定资产原值×月折旧率

（11） 无形资产

无形资产是指企业拥有或控制的没有实物形态的可辨认非货币性资产。

特征：①不具有实物形态；
②具有可辨认性；
③属于非货币性资产。

无形资产包括：①专利权，②商标权，③土地使用权，④非专利技术，⑤著作权，⑥特许权。

无形资产的调整科目——累计摊销

2. 负债类
（1） 短期借款：企业从银行或者其他金融机构等借入的期限在 1 年以下（含 1 年）的各种借款。
（2） 应付账款：应付账款是指企业因购买材料、商品或接受劳务供应等经营活动应支付的款项。
（3） 预收账款：预收账款核算企业按照合同规定向购货单位预收的款项。与应付账款不同，预收账款所形成的负债不是以货币偿还，而是以货物偿付。
（4） 应付利息：应付利息核算企业按照合同约定应支付的利息，包括短期借款、分期付息到期还本的长期借款、企业债券等应支付的利息。
（5） 应付职工薪酬：应付职工薪酬核算的内容包括：职工工资、奖金、津贴和补贴、职工福利费，医疗、养老、失业、工伤、生育等社会保险费，住房公积金，工会经费，职工教育经费，非货币性福利等。
（6） 应交税费——资产负债表中为"应交税费"
    增值税、消费税、营业税、城市维护建设税、资源税、所得税、土地增值税、房产税、车船税、土地使用税、教育费附加、矿产资源补偿费、印花税、耕地占用税等。

企业应交的房产税、土地使用税、车船税、矿产资源补偿费、印花税，计入"管理费用"科目。

（7） 其他应付款：其他应付款是指除应付账款、应付票据、预收账款、应付职工薪酬、应交税费、应付股利等经营活动以外的其他应付、暂收款项，如应付租入包装物租金、存入保证金等。
（8） 长期借款：长期借款是指企业向银行或其他金融机构借入的期限在 1 年以上（不含 1 年）的各种借款。

3. 所有者权益类
（1） 实收资本：实收资本是指企业按照章程规定或合同、协议约定，接受投资者投入企业的资本。
（2） 资本公积：资本公积的来源包括：资本溢价（或股本溢价）以及直接计入所有者权益的利得和损失。
（3） 盈余公积：企业经过利润分配后留存企业的、历年结存的利润。

留存收益 { 盈余公积 { 来源（取得）：从企业净利中提取的法定、任意的盈余公积
使用：①补亏②转增资本③分利
未分配利润：经利润分配后留存企业的历年结存的利润

（4）本年利润

（5）利润分配：利润分配是指企业根据国家有关规定和企业章程、投资者的决议等，对企业当年可供分配的利润所进行的分配。

企业本年实现的净利润加上年初未分配利润（或减年初未弥补亏损）和其他转入后的余额，为可供分配的利润。

可供分配的利润，按下列顺序分配：①提取法定盈余公积；②提取任意盈余公积；③向投资者分配利润。

4. 成本类

（1）生产成本：企业进行工业性生产所发生的各项生产费用（直接费用）。

（2）制造费用：企业为生产产品和提供劳务而发生的各项间接费用。

5. 损益类

（1）收入类

1 **主营业务收入**：与主营业务有关。

2 **其他业务收入**：与主营业务无关，但与生产经营有关。

3 **营业外收入**：与生产经营无关。营业外收入包括非流动资产处置利得、政府补助、盘盈利得（除固定资产盘盈外）、捐赠利得、非货币性资产交换利得、债务重组利得等。

（2）费用类

1 **主营业务成本**：与主营业务收入相对应。

2 **其他业务成本**：与其他业务收入相对应。

3 **税金及附加**：核算税金，但是增值税、企业所得税不在之内。

4 **期间费用**：销售费用：销售有关，如销售人员工资、差旅费、广告费等。

管理费用：办公费、管理人员工资、折旧费等。

财务费用：和银行有关发生费用，利息、汇款手续费等。

5 **营业外支出**：生产经营无关，如罚款、滞纳金等。

三、会计账户

会计账户是根据会计科目设置的、具有一定格式的结构，用于分类反映会计要素增减变动

情况及其结果的载体。会计科目是设置账户的依据，账户的名称就是会计科目；账户是会计科目的具体运用，会计科目所反映的经济内容，就是账户要登记的内容。

会计账户侧重于反映核算内容的变动情况，能够提供会计要素的动态和静态指标，具有核算和监督职能。账户根据实际工作的需要分为简单格式及标准格式两种。

简单格式，也称 T 型账户或丁字账，如下表所示。使用这种格式可以很方便地将会计要素所发生的增减变动情况记录下来，并对其进行汇总。在日正常会计核算中，如果单位采用科目汇总表的账务处理程序，则在登记总账之前，先登记丁字账，然后再根据丁字账进行汇总，最后按其结果登记总分类账。

	账户名称	
左方（借方）	（会计科目）	右方（贷方）

第三节　　会计等式与借贷记账法

一、会计等式

会计等式是反映各项会计要素之间基本关系的等式。

（一）反映财务状况的会计等式

$$资产 = 负债 + 所有者权益$$

这是最基本的会计等式。如前所述，资产是由于过去的交易或者事项引起的，能为企业带来经济利益的资源。资产来源于所有者的投入资本和债权人的借入资金及其再生产经营中所产生的效益，分别归属所有者和债权人。归属所有者的部分形成所有者权益，归属于债权人的部分形成债权权益（即企业的负债）。因而任何会计主体的资产总额必然等于其权益总额，这种关系就形成了下列公式：

$$资产 = 权益$$

资产与权益的恒等关系，是复式记账法的理论基础，也是编制资产负债表的依据。

（二）反映经营成果的会计等式

企业的目标就是生产经营活动中获取收入，实现盈利。企业取得收入的同时，也必然要发生相应的费用。企业通过收入与费用的比较，才能确定一定会计期间的盈利水平，确定当期实现的利润总额。利润与收入、费用的关系用公式表示如下：

$$收入 - 费用 = 利润$$

当收入大于费用时，表明企业实现了盈利；当收入小于费用时，则意味着企业发生了亏损。收入、费用和利润之间的恒等式关系，反映了一定期间内企业生产经营活动所取得的经营成果。

在实际工作中，由于收入不包括处置固定资产净收益、固定资产盘盈、出售无形资产收益等，费用也不包括处置固定资产净损失，自然灾害损失等，所以收入减去费用，并经过调整后才等于利润。

收入、费用和利润之间的上述关系，是编制利润表的基础。

（三）财务状况和经营成果相结合的等式

收入可导致企业资产增加或负债减少，最终会导致所有者权益增加；费用可导致企业资产减少或负债增加，最终会导致所有者权益减少。所以，一定时期的经营成果必然会影响一定时点的财务状况。在一定会计期间内，将六大会计要素联系起来看，就有如下关系：

期末结账前：

$$资产=负债+所有者权益+（收入-费用）$$

或者：

$$资产=负债+所有者权益+利润$$

期末结账后：

资产=负债+所有者权益

结账后的等式中的所有者权益包括了"当期实现的利润"。

（四）经济业务对会计等式的影响

企业在一定时期内发生的全部经济业务，按其对会计要素的影响不同，分为两大类，一类经济业务只涉及资产、负债、所有者权益的增减变化；另一类经济业务涉及收入、费用和利润的增减变化。但无论它们怎样变化，其结果都不会破坏会计等式的平衡关系。它所引起的会计要素变化，归纳起来不外乎以下四种情况：

（1）某个会计要素内部两个项目一增一减，会计等式保持相等关系；

（2）会计等式的左右两边的两个要素同时增加，会计等式保持恒等关系；

（3）会计等式的左右两边的两个要素同时减少，会计等式保持恒等关系；

（4）会计等式的右边的两个要素一增一减，会计等式保持恒等关系。

二、借贷记账法

借贷记账法是以"借"和"贷"作为记账符号，记录会计要素增减变动情况的一种复式记账法。

这里的"借"和"贷"已经失去本来的含义，是纯粹的记账符号，仅仅表示一笔经济业务入账时，应记入账户的哪个方向。至于某项资金的增加或减少是记借方，还是记贷方，取决于账户的性质。不同性质的账户，"借"和"贷"代表着不同的含义，决定了不同账户的结构。

（一）资产类账户的基本结构

资产类账户基本结构是：借方登记资产的增加额，贷方登记资产的减少额；期末余额一般在借方，表示资产的实际金额。

资产类账户名称

借方		贷方	
期初余额	×××		
本期借方发生额		本期贷方发生额	×××
期末余额			

资产类账户借方期末余额 = 借方期初余额 + 借方本期发生额 − 贷方本期发生额

（二）负债及所有者权益类账户的基本结构

负债及所有者权益类账户的基本结构是：贷方登记负债及所有者权益的增加额，借方登记负债及所有者权益的减少额；期末余额在贷方，表示负债及所有者权益的实际金额。

借	负债及所有者权益类账户名称	贷
	期初余额	×××
本期借方发生额　×××	本期贷方发生额	×××
	期末余额	×××

贷方期末余额 ＝ 贷方期初余额 ＋ 贷方本期发生额 － 借方本期发生额

（三）损益类账户结构

1. 收入类账户的基本结构

收入类账户的基本结构是：贷方登记收入的增加额，借方登记收入的减少额（或转出额）。贷方登记的金额一般在期末通过借方转出至"本年利润"账户，所以收入类账户结转后无余额。

借	收入类账户名	贷
本期减少额或转出额　×××	本期增加额	×××

2. 费用类账户的基本结构

费用类账户的基本结构是：借方登记费用的增加额，贷方登记费用的减少额。本期费用净额期末转入"本年利润"账户，期末结转后无余额。

借	费用类账户名	贷
本期增加额　×××	本期减少额或转出额	×××

上述账户用"丁字账"汇总如下：

借　　　　　　　　丁　字　账　　　　　　　　贷
资产的增加额　　　　　　　　　资产的减少额
负债的减少额　　　　　　　　　负债的增加额
所有者权益的减少额　　　　　　所有者权益的增加额
收入的减少额（结转额）　　　　收入的增加额
费用的增加额　　　　　　　　　费用的减少额（结转额）

（四）借贷记账法的记账原则

"有借必有贷，借贷必相等"。根据这一规则的要求，对于发生的每项经济业务，在一个账户的借方，必须同时在另一个或几个账户记贷方，记入借方的金额与记入贷方的金额必须相等。

三、会计分录

为了更好地理解和掌握借贷记账法的记账规则，必须学习书写会计分录，即学习如何通过书写会计分录把发生的经济业务记录下来，这是会计学习中极为重要的环节。

会计分录是指对经济业务所涉及的账户名称、金额和应借应贷方向进行的记录，简称分录。

会计分录的编制方法是：

(1) 分析经济业务所涉及的会计科目；
(2) 确定经济业务使各会计科目增加或减少的金额；
(3) 根据账户的所属类别及其用途明确各会计科目应借应贷的方向及其金额；
(4) 按正确的格式编制会计分录，并检查是否符合记账规则。

例如，企业从银行取得半年期的短期借款 100000 元，存入开户银行。

这项经济业务涉及两个账户，即"短期借款"和"银行存款"；"短期借款"是负债类账户，"银行存款"是资产类账户；"短期借款"增加应记入该账户的贷方，"银行存款"增加应记入该账户的借方；两个账户记入的金额均为 100000 元；按照借贷记账法的要求，先写借方，后写贷方。

编制的会计分录如下：

  借：银行存款　　　　　　　　　　　　100000
    贷：短期借款　　　　　　　　　　　　100000

上面的会计分录在填入记账凭证的时候，要按照凭证上的规定格式书写。

会计分录包括简单分录和复合分录两种。简单分录是指只有一个借方和贷方的会计分录（简称"一借一贷"），如上例取得短期借款100000元存入银行的会计分录；复合分录是指一个借方与几个贷方对应（简称"一借多贷"）或几个借方与一个贷方对应（简称"多借一贷"）的会计分录，复合分录还包括多借多贷的会计分录。

四、借贷记账法下试算平衡

为了检验一定时期内所发生的经济业务在会计账户中记录的正确性，通常会在会计期末应进行会计账户的试算平衡。所谓试算平衡是指根据资产与权益的平衡关系以及借贷记账规则，检查所有账户记录是否正确的方法。

（一）在借贷记账法中，根据"有借必有贷，借贷必相等"的记账规则，会形成平衡关系发生额试算平衡：

全部账户本期借方发生额合计 = 全部账户本期贷方发生额合计

（二）根据会计基本等式形成

余额试算平衡：

1.期初余额平衡

全部账户期初借方余额合计 = 全部账户期初贷方余额合计

2.期末余额平衡

全部账户期末借方余额合计 = 全部账户期末贷方余额合计

在会计核算的实际工作中试算平衡是通过编制试算平衡表来完成的，如下表所示。

试 算 平 衡 表
年　　　月

会计科目	期初余额		本期发生额		期末余额	
	借方	贷方	借方	贷方	借方	贷方
合计						

编制试算平衡表时，应注意以下问题：

1.必须保证所有账户的发生额及余额均已记入试算平衡表，包括只有期初余额没有发生额的账户，以及没有期初余额但有本期发生额的账户。

2.试算不平衡，肯定账户记录有错误，应认真查找。但试算平衡了，并不能说明记账一定正确，因为有些错误并不影响借贷双方的平衡关系。

（1）漏记某项经济业务，借贷双方同时未记；

（2）重记某项经济业务，借贷双方同时记两次；

（3）记错账户方向，应记借方的记入了贷方，应记贷方的记入了借方；

（4）颠倒记账方向；

（5）借、贷错误巧合，正好抵销；

（6）借、贷双方金额同时多记或少记，且金额一致。

第二章 会计凭证

第一节 会计凭证的概念、意义和种类

一、会计凭证的概念及意义

会计凭证，简称凭证，是记录经济业务发生或者完成情况，是登记账簿的依据。任何单位对所发生的每一项经济业务都必须按照规定的程序和要求，由经办经济业务的有关人员填制或取得会计凭证，在会计凭证上写明经济业务的内容，并在会计凭证上签名盖章，对会计凭证内容的真实性和正确性负责。所有会计凭证都须经有关人员严格审核，只有经过审核无误的会计凭证，才能作为登记账簿的依据。因此，填制和审核会计凭证是会计核算方法之一，是会计工作的开始，是对经济业务进行核算和监督的重要环节。

二、会计凭证的种类

会计凭证是多种多样的，但会计凭证按照填制的程序和用途不同，分为原始凭证和记账凭证。

第二节　原始凭证

一、原始凭证的概念

原始凭证又称单据，是在经济业务发生或完成时取得或填制的，用于记录或证明经济业务的发生或完成情况的原始凭据。它不仅能用来记录经济业务发生或完成情况，还可以明确经济责任，是进行会计核算工作的原始资料和重要依据，是会计资料中最具有法律效力的一种证明文件。

二、原始凭证的种类

原始凭证按取得的来源不同，可以分为自制原始凭证和外来原始凭证两种。

（1）外来原始凭证。外来原始凭证指在经济业务发生或完成时，从其他单位或个人直接取得的原始凭证，如发票、飞机和火车的票据、银行收付款通知单等。外来原始凭证都是一次凭证，它也是根据实际发生的经济业务由外单位或个人直接填制的。

（2）自制原始凭证。自制原始凭证，简称自制凭证，它是指由本单位内部经办业务的部门和人员，在执行或完成某项经济业务时填制的、仅供本单位内部使用的原始凭证。这类凭证的数量在企业中占很大比重，常见的有收料单、领料单、入库单、成本计算单、出库单等。

入库单

NO.20125070

2××× 年 06 月 03 日

交来单位及部门		行政科	验收仓库	仓库1		
编号	品名	规格	单位	数量	备注	第三联记账联
1	手推车		辆	2		
2	铁锹		只	5		
3	扫帚		把	10		
4	分类垃圾双桶		个	10		

仓库主管：陆远　　　　经办人：章硕　　　　制单：陆远

三、原始凭证的填制审核要求

（一）填制

1. 记录要真实。原始凭证所填列的经济业务内容和数字，必须真实可靠，符合实际情况。

2. 内容要完整。原始凭证所要求填列的项目必须逐项填列齐全，不得遗漏和省略。

3. 手续要完备。单位自制的原始凭证必须有经办单位领导人或者其他指导的人员签名盖章；对外开出的原始凭证必须加盖本单位公章；从外部取得的原始凭证，必须盖有填制单位的公章；从个人取得的原始凭证，必须有填制人员的签名盖章。

4. 书写要清楚、规范。原始凭证要按规定填写，文字要简要，字迹要清楚，易于辨认，不得使用未经国务院公布的简化汉字。大小写金额必须相符且填写规范，小写金额用阿拉伯数字逐个书写，不得写连笔字。在金额前要填写人民币符号"￥"，人民币符号"￥"与阿拉伯数字之间不得留有空白。金额数字一律填写到角、分。无角、分的，写"00"或符号"——"；有角无分的，分位写"0"，不得用符号"——"。大写金额用汉字壹、贰、叁、肆、伍、陆、柒、捌、玖、拾、佰、仟、万、亿、元、角、分、零、整等，一律用正楷或行书字书写。大写金额前未印有"人民币"字样的，应加写"人民币"三个字，"人民币"字样和大写金额之间不得留有空白。大写金额到元或角为止的，后面要写"整"或"正"字。如小写金额为￥1008.00，大写金额应写成"壹仟零捌元整"。

5. 编号要连续。如果原始凭证已预先印定编号，在写坏作废时，应加盖"作废"戳记，妥善保管，不得撕毁。

6. 不得涂改、刮擦、挖补。原始凭证有错误的，应当由出具单位重开或更正，更正处应当加盖出具单位印章。原始凭证金额有错误的，应当由出具单位重开，不得在原始凭证上更正。

7.填制要及时。各种原始凭证一定要及时填写，并按规定的程序及时送交会计部门进行审核。

（二）原始凭证的审核

1.真实性的审查。原始凭证是证明经济业务发生的依据，真实的原始凭证是保证会计信息真实性的基础，因此，对原始凭证进行审核时，首先要审核原始凭证的真实性，不真实的原始凭证不能办理会计程序。

2.合法性的审查。对原始凭证的合法性的审核，是以国家的有关方针、政策、法令、规定等为依据，审查原始凭证所反映的经济业务是否合法，有无违反财经制度的行为，企业应该杜绝不合法的业务，自觉遵纪守法。

3.合理性的审查。对原始凭证的合理性的审核，是比照企业的计划、预算及企业的生产经营目标进行的，通过对原始凭证的审核，检查各项业务活动是否按计划、预算办事，费用是否按成本开支范围开支，是否是合理的支出，是否具有经济效益。

4.完整性的审查。对原始凭证完整性的审查是对审查原始凭证的内容和填制手续的完整性进行的审查。首先应审核原始凭证是否具备作为合法凭证所必须具备的基本内容；其次审核原始凭证上凭证的填写有无缺陷，有关人员是否已签名盖章等。

5.正确性的审查。原始凭证上记录着经济业务的全貌，原始凭证的审核人员应检查有关数量、单价、金额是否正确无误，是否与实际业务一致。

6.及时性的审查。经济业务发生后，业务经办人员应及时将原始凭证传递给会计部门进行处理，没有及时处理的经济业务会影响不同会计期间的会计信息的正确性，因此，原始凭证审核人员应检查原始凭证上记录的经济业务发生时间并进行审核。

经审核的原始凭证应根据不同情况处理：

（1）对于完全符合要求的原始凭证，应及时据此编制记账凭证入账。

（2）对于真实、合法、合理但内容不够完整、填写有错误的原始凭证，应退回给有关经办人员，由其负责将有关凭证补充完整、更正错误或重开后，再办理正式会计手续。

（3）对于不真实、不合法的原始凭证，会计机构和会计人员有权不予接受，并向单位负责人报告。

第三节 记账凭证

一、记账凭证的概念

记账凭证又称记账凭单，是会计人员根据审核无误的原始凭证按照经济业务事项的内容加以归类，并据此确定会计分录后所填制的会计凭证。它是登记账簿的直接依据。由于在记账凭证中具体指明了应借、应贷的会计科目和金额，为此，记账凭证也叫作分录凭证。记账凭证可以根据每一张原始凭证编制，也可以根据同类原始凭证汇总编制或根据原始凭证汇总表编制。

记账凭证和原始凭证同属于会计凭证，但二者在填制人员、填制依据、填制内容、凭证用途等方面都有较大的差别。

二、记账凭证的种类

（一）按内容分类

记账凭证按其反映的经济业务的内容来划分，通常可以分为收款凭证、付款凭证和转账凭证三种。

1. 收款凭证

收款凭证是指用于记录现金和银行存款收款业务的会计凭证。它是根据有关现金和银行存款收入业务的原始凭证编制的。收款凭证又可以分为现金收款凭证和银行存款收款凭证两种。

收款凭证的格式，其填制方法如下：

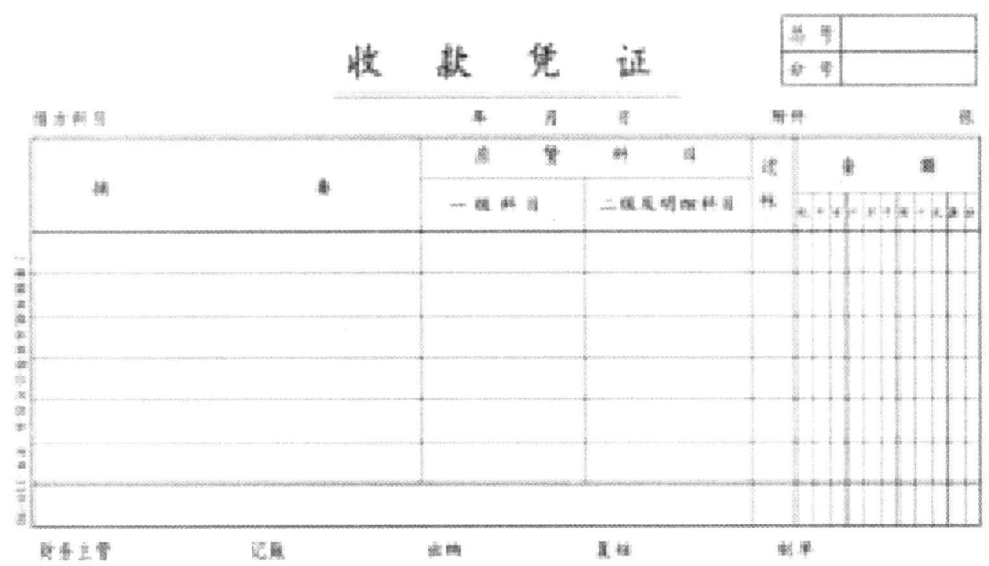

在收款凭证的左上角"借方科目"应填写"库存现金"或"银行存款"科目；右上角应填写凭证的编号；"摘要"栏应填写所记录的经济业务的简要内容；"应贷科目"栏应填写与现

金收入或银行存款收入相对应的一级科目和二级或明细科目;"金额"栏应填写现金或银行存款的收入金额;"过账"栏打"√"标记,表示已经入账。以免漏记或重记;"附件"栏记录凭证所附的原始凭证张数。

2. 付款凭证

付款凭证是指用于记录现金和银行存款付款业务的会计凭证。它是根据有关现金和银行存款付出业务的原始凭证填制的。付款凭证,又可以分为现金付款凭证和银行付款凭证两种。付款凭证的格式,其编制方法如下

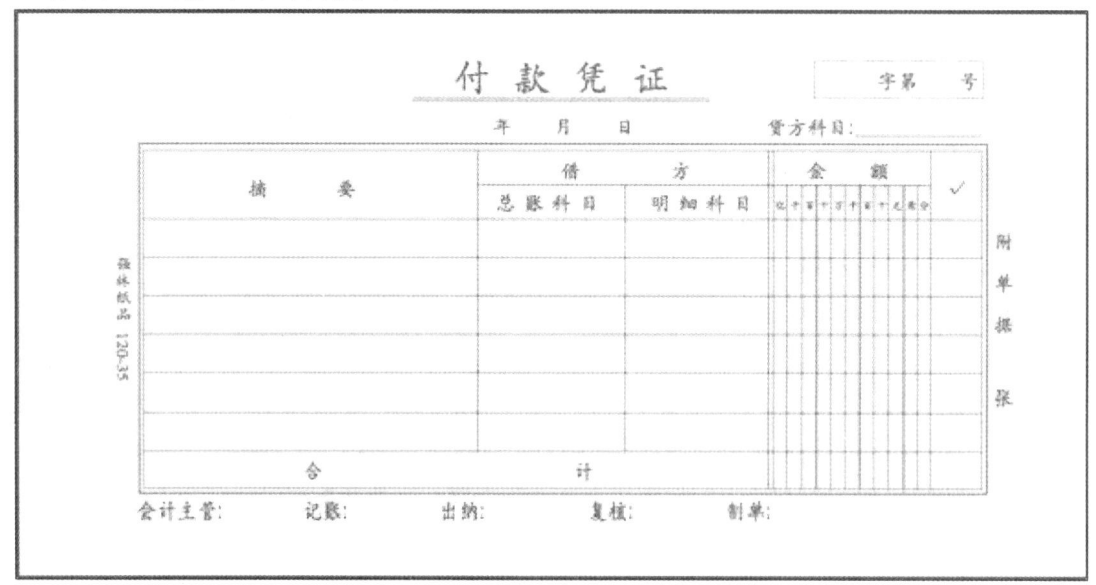

在付款凭证右上角的"贷方科目"处,应填列"库存现金"或"银行存款"科目;该凭证的"借方科目"栏,应填列与付出现金或银行存款相对应的一级科目和二级或明细科目。其他栏目的填列方法与收款凭证基本相同。

需要注意的是,对于现金和银行存款之间相互划转的经济业务,即从银行提取现金或把现金存入银行的经济业务,都只编付款凭证,不编收款凭证,以避免重复记账。

收款凭证和付款凭证,既是登记现金日记账、银行存款日记账、明细分类账和总分类账等有关账簿的依据,同时也是出纳员收、付款项的依据。出纳员不能直接依据有关收、付款业务的原始凭证来收、付款项,必须根据审核批准的收款凭证收款或根据付款凭证付款,要在原始凭证上加盖"收讫"或"付讫"的戳记,以免重收重付。只有加盖"收讫""付讫"后的收、付款凭证,才能作为登记账簿的依据。

3. 转账凭证

转账凭证是指用于记录不涉及现金和银行存款业务的会计凭证。它是根据不涉及现金和银行存款收付的有关转账业务的原始凭证填制的。转账凭证是登记明细分类账和总分类账等有关

账簿的依据。

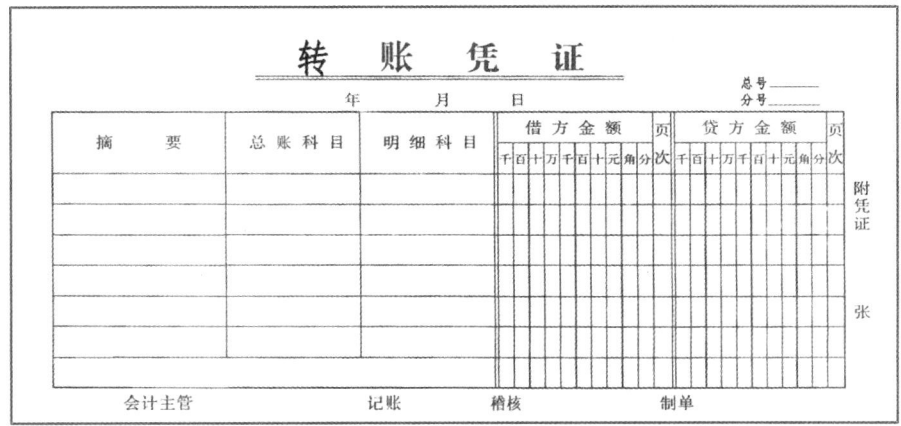

上述转账凭证与收、付款凭证在格式上的主要区别是:转账凭证的左上角没有设置科目,某项经济业务所涉及的科目全部登在"会计科目"栏内,凭证中一级科目和二级或明细科目栏应分别填列应借、应贷的一级科目及所属的明细科目,借方科目应记金额在同一行的。"借方金额"栏填列;贷方科目应记金额应在同一行的"贷方金额"栏填列。"借方金额"栏合计数与"贷方金额"栏合计数应相等。其他栏目的填写与收、付款凭证相同。

上述收款凭证、付款凭证和转账凭证,可用不同颜色印刷,以便于识别减少差错,提高工作效率。

(二)通用记账凭证

在业务量少,凭证也不多的小型企业,为了简化凭证,可以使用通用记账凭证(格式和填制方法与转账凭证相同),记录发生的所有经济业务。

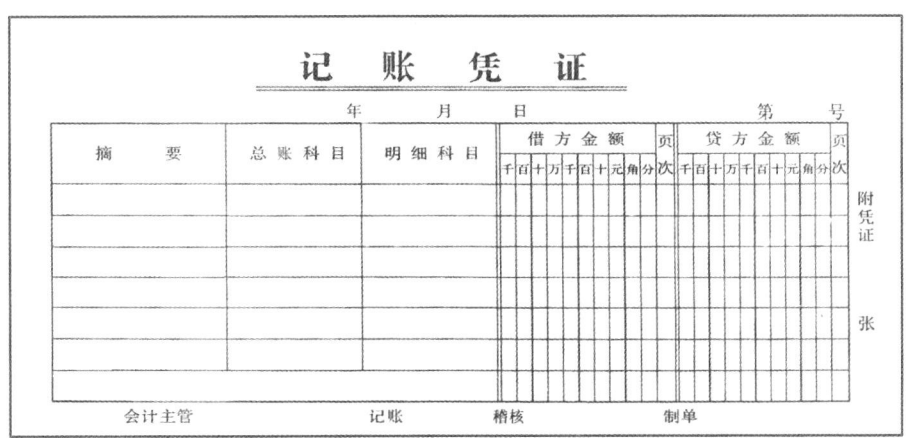

三、记账凭证的编制要求

记账凭证是登记账簿的依据,因其所反映经济业务的内容不同、各单位规模大小及其对会计核算繁简程度要求的不同,其内容有所差异,但均应具备以下基本内容:

（1）填制凭证的日期；

（2）凭证编号；

（3）经济业务摘要；

（4）会计科目；

（5）金额；

（6）所附原始凭证张数；

（7）填制凭证人员、稽核人员、记账人员、会计机构负责人、会计主管人员签名或者盖章。收款和付款记账凭证还应当由出纳人员签名或者盖章。以自制的原始凭证或者原始凭证汇总表代替记账凭证的，也必须具备记账凭证应有的项目。

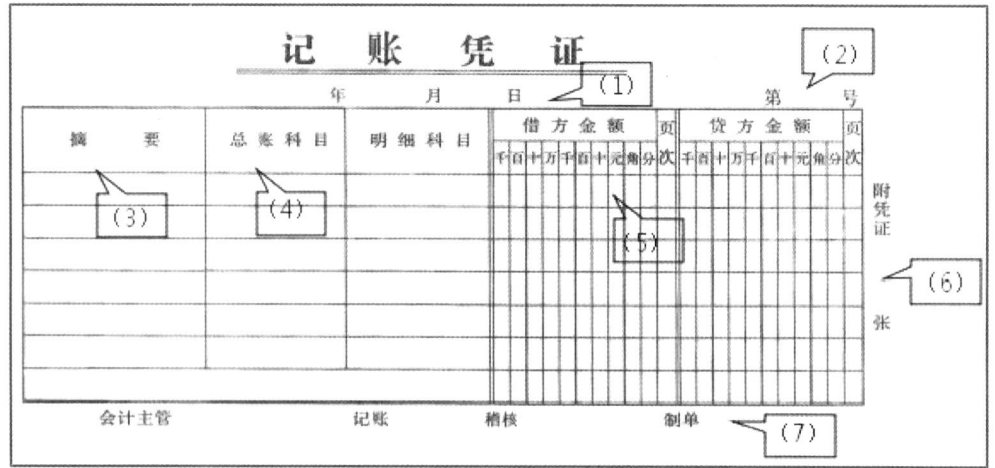

编制记账凭证，是会计核算的一个重要环节，是对原始凭证的整理和归类，并按复式记账的要求，运用会计科目，确定会计分录，作为登记账簿的依据。

1. 记账凭证各项内容必须完整。

2. 记账凭证应连续编号。一笔经济业务需要填制两张以上记账凭证的，可以采用分数编号法编号。

3. 记账凭证的书写应清楚、规范。相关要求同原始凭证。

4. 记账凭证可以根据每一张原始凭证填制或根据若干张同类原始凭证汇总编制，也可以根据原始凭证汇总表填制；但不得将不同内容和类别的原始凭证汇总填制在一张记账凭证上。

5. 除结账和更正错误的记账凭证可以不附原始凭证外，其他记账凭证必须附有原始凭证。

6. 填制记账凭证时若发生错误，应当重新填制。已登记入账的记账凭证在当年内发现填写错误时，可以用红字填写一张与原内容相同的记账凭证，在摘要栏注明"注销某月某日某号凭证"字样，同时再用蓝字重新填制一张正确的记账凭证，注明"订正某月某日某号凭证"字样。如果会计科目没有错，只是金额错误，也可将正确数字与错误数字之间的差额另编一张调整的记账凭证，调增金额用蓝字，调减金额用红字。发现以前年度记账凭证有错误的，应当用蓝字填制一张更正的记账凭证。

7.记账凭证填制完经济业务事项后,如有空行,应当自金额栏最后一笔金额数字下的空行处至合计数上的空行处划线注销。

四、记账凭证的审核

记账凭证编制以后,必须由专人进行审核,借以监督经济业务的真实性、合法性和合理性,并检查记账凭证的编制是否符合要求。

为了保证会计信息质量,在记账之前由有关稽核人员对记账凭证进行严格的审核,审核的内容主要包括:

(1) 内容是否真实

应审核记账凭证是否有原始凭证作为依据,所附原始凭证的内容是否与记账凭证的内容一致,记账凭证上填制的附件张数与实际原始凭证张数是否相等。

(2) 项目是否齐全

应审核记账凭证各项目(如日期、凭证编号、摘要、金额、所附原始凭证张数及有关人员签章等)。

(3) 科目是否准确

应审核记账凭证的应借、应贷科目是否正确,应用的二级科目和明细科目是否齐全;是否有明确的账户对应关系,所使用的会计科目是否符合会计准则的要求等。

(4) 金额是否正确

应审核记账凭证所记录的金额与原始凭证的有关金额是否一致、计算是否正确,记账凭证汇总表的金额与各记账凭证金额的合计是否相符等。

(5) 书写是否规范

应审核记账凭证中的记录是否文字工整、数字清晰,是否正确地对经济业务进行了归纳等。

(6) 手续是否完备

另外,出纳人员在办理收款或付款凭证业务后,应在凭证上加盖"收讫"或"付讫"戳记,以避免重收重付。

在审核过程中,如果发现不符合要求的地方,应及时要求有关人员采取正确的方法进行更正。只有经过审核确认无误的记账凭证,才能作为登记账簿的依据。

五、会计凭证的传递和保管

会计凭证的传递是指从会计凭证的取得或填制时起至归档保管过程中,在单位内部有关部门和人员之间的传送程序。

会计凭证的保管是指会计凭证记账后的整理、装订、归档和存查工作。

记账凭证封面（电脑版）

2xx年 2月份

单位名称	天津金源大酒店有限公司
凭证名称	记 账 凭 证
册 数	第 壹 册共 贰 册
起讫编号	自第 1 号至第 20 号止共计 20 张
起讫日期	自2xx×年 2 月 1 日至2xx×年 2 月 18 日

财务主管　　　　　　　　　　装订

第三章 会计账簿

第一节 会计账簿的概念和种类

一、会计账簿的概念和意义

会计账簿是指由一定格式账页组成的,以经过审核的会计凭证为依据,全面、系统、连续地记录各项经济业务的簿记。账簿从外表形式上看,是由具有专门格式而又相互联结在一起的若干账页组成的,从记录的内容看,是对所有的经济业务,按照账户进行归类并序时地进行记录的簿记。各单位应当按照国家统一的会计制度的规定和会计业务的需要设置会计账簿。

二、会计账簿的分类

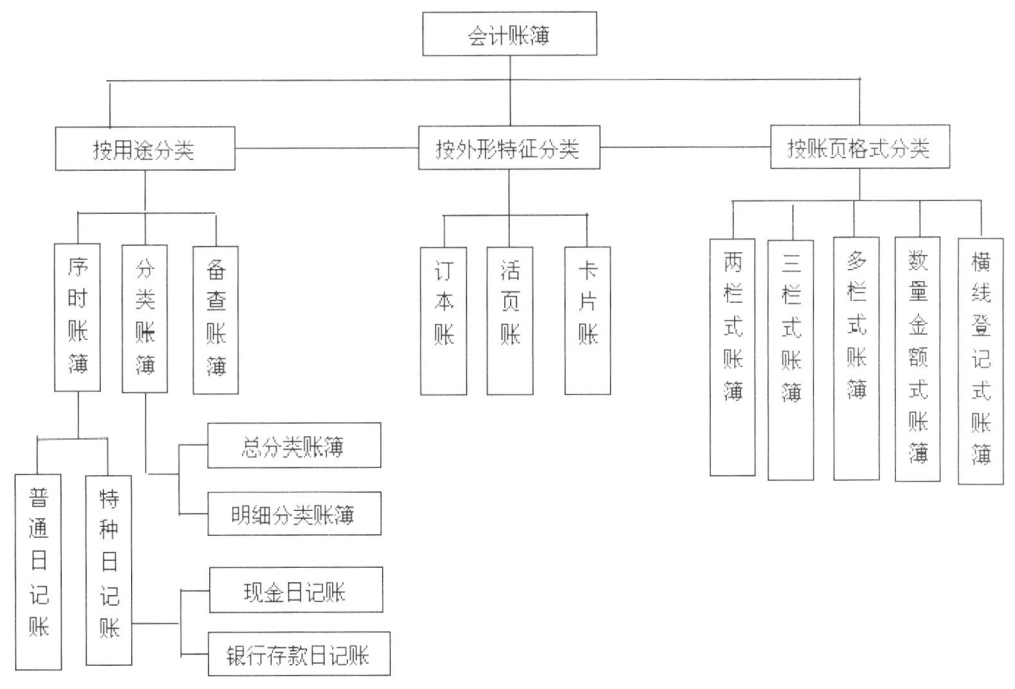

(一) 账簿按用途分类

账簿按其用途不同,一般分为序时账簿、分类账簿和备查账簿三种。

1. 序时账簿

序时账簿又称日记账,是按照经济业务发生或完成时间的先后顺序逐日逐笔进行登记的账簿。序时账簿可以用来记录全部经济业务的完成情况,也可以用来记录某一类经济业务的完成情况。前者叫作普通日记账,又称分录账簿,通常把每天所发生的经济业务,按照业务发生先后顺序,变成会计分录记入账簿中;后者叫作特种日记账,通常把某一类比较重要的经济业务,按照业务发生的先后顺序记入账簿中。在我国,大多数单位一般只设现金日记账和银行存款日记账，以便加强对货币资金的日常监督和管理。

1. 分类账簿

分类账簿是对全部经济业务事项按照会计要素的具体别类而设置的分类账户进行登记的账簿。分类账簿按其反映指标时的详细程度分为总分类账簿和明细分类账簿。按照总分类账户分类登记经济业务事项的是总分类账簿，简称总账，是根据总账科目（一级科目）开设账户，用来分类登记全部经济业务，提供各种资产、负债、所有者权益、收入、费用及利润等总括核算资料的分类账簿；按照明细分类账户分类登记经济业务事项的是明细分类账簿，简称明细账，是根据总账科目所属的二级或明细科目开设账户，用来分类登记某一类经济业务，提供比较详细的核算资料的分类账簿。

2. 备查账簿

备查账簿简称备查簿，是对某些在序时账簿和分类账簿等主要账簿中都不予登记或登记不够详细的经济业务事项进行补充登记时使用的账簿。它不是根据会计凭证登记的账簿；同时它也没有固定的格式，它是用文字对某些在日记账和分类账中未能记录或记录不全的经济业务进行补充登记的账簿。它可以对某些经济业务的内容提供必要的参考资料。例如，租入固定资产登记簿、委托加工材料登记簿等。

（二） 账簿按账页格式分类

1. 三栏式账簿

三栏式账簿是设有借方、贷方和余额三个基本栏目的账簿。各种日记账、总分类账以及资本、债权、债务明细账都可采用三栏式账簿。

2. 多栏式账簿

多栏式账簿是在账簿的两个基本栏目借方和贷方按需要分设若干专栏的账簿。收入、费用明细账一般均采用这种格式的账簿。

3. 数量金额式账簿

数量金额式账簿的借方、贷方和余额三个栏目内，都分设数量、单价和金额三小栏，借以反映财产物资的实物数量和价值量。原材料、库存商品、产成品等明细账一般都采用数量金额式账簿。

（三）按外型特征分类

1. 订本账

订本账是启用之前就已将账页装订在一起，并对账页进行了连续编号的账簿。一般用于重要的具有统驭性的账簿，如总分类账、现金日记账和银行存款日记账等。

2. 活页账

活页账是在账簿登记完毕之前并不固定装订在一起,而是装在活页账夹中。当账簿登记完毕之后(通常是一个会计年度结束之后),才将账页予以装订,加具封面,并给各账页连续编号。各种明细分类账一般采用活页账形式。

3. 卡片账

卡片账是将账户所需格式印刷在硬卡上,是由若干零散的、具有专门格式的硬纸卡片组成的账簿。使用时,亦应在卡片上连续编号,加盖有关人员的印章,并置放在卡片箱内,以保证安全,可以随时取出和放入。在我国,单位一般只对固定资产的核算采用卡片账形式。

会计账簿的分类,如图 3-1 所示。

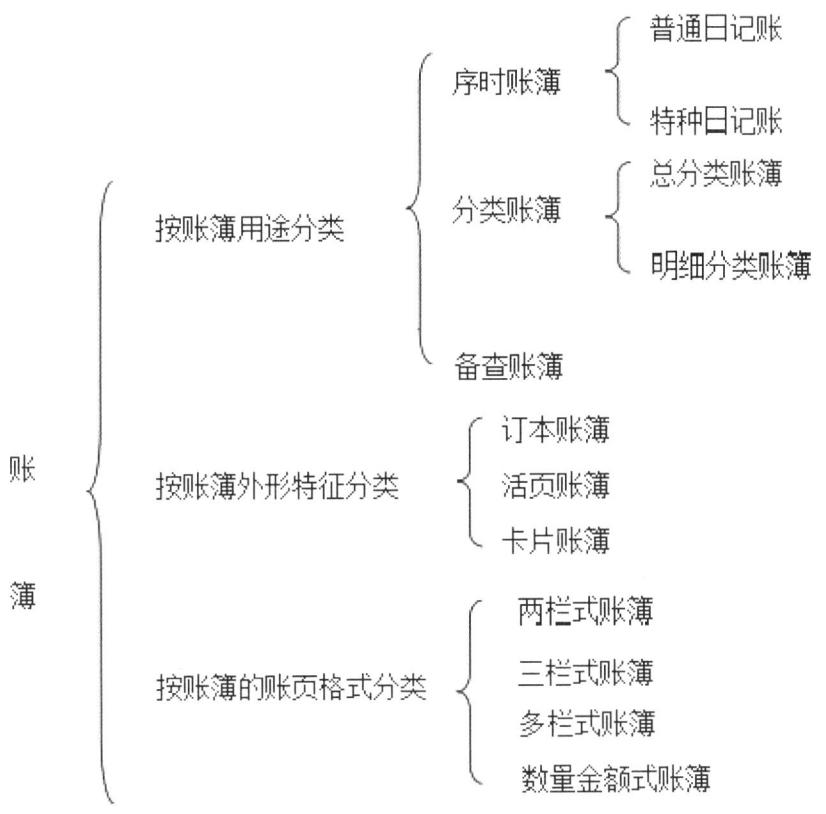

图 3-1

第二节　会计账簿的内容、启用与记账规则

一、会计账簿的基本内容

1. 封面，主要标明账簿的名称，如总分类账、现金日记账、银行存款日记账等。

2. 扉页，主要用来标明会计账簿的使用信息，如科目索引、账簿启用和经管人员一览表等。

3. 账页，是账簿用来记录经济业务事项的载体，其格式因反映经济业务内容的不同而有所不同，但其内容应该包括：

（1）账户的名称（一级会计科目、二级或明细科目）；

（2）登记账簿的日期栏；

（3）记账凭证的种类和号数栏；

（4）摘要栏（所记录经济业务内容的简要说明）；

（5）金额栏（记录经济业务的增减变动和金额）；

（6）总页次和分户页次栏。

二、会计账簿的启用

启用会计账簿时，应当在账簿封面上写明单位名称和账簿名称，并在账簿扉页上附启用表。在账簿扉页上应当填列"账簿启用及交接表"（活页账、卡片账应在装订成册时填列）。其内容包括：启用日期、账簿页数、记账人员和会计机构负责人、会计主管人员姓名，并加盖名章和单位公章。记账人员或者会计机构负责人、会计主管人员调动工作时，应当注明交接日期、接办人员或者监交人员姓名，并由交接双方签名或者盖章。

启用订本式账簿应当从第一页到最后一页顺序编定页数，不得跳页、缺号。使用活页式账页应当按账户顺序编号，并须定期装订成册；装订后再按实际使用的账页顺序编定页码，另加目录，记录每个账户的名称和页次。

"账簿启用及交接表"的一般格式如表所示。

在年度开始启用新账簿时,为了保证年度之间账簿记录的相互衔接,应把上年度的年末余额,记入新账的第一行,并在摘要栏中注明"上年结转"或"年初余额"字样。

三、会计账簿的记账规则

1. 登记会计账簿时,应当将会计凭证日期、编号、业务内容摘要、金额和其他有关资料逐项记入账内,做到数字准确、摘要清楚、登记及时、字迹工整。

2. 登记完毕后,要在记账凭证上签名或者盖章,并注明已经登账的符号表示已经记账。

3. 账簿中书写的文字和数字上面要留有适当空格,不要写满格,一般应占格距的1/2。

4. 登记账簿要用蓝黑墨水或者碳素墨水书写,不得使用圆珠笔(银行的复写账簿除外)或者铅笔书写。

5. 下列情况,可以用红色墨水记账:

(1) 按照红字冲账的记账凭证,冲销错误记录;

(2) 在不设借贷等栏的多栏式账页中,登记减少数;

(3) 在三栏式账户中的余额栏前,如未印明余额方向的,在余额栏内登记负数余额;

(4) 根据国家统一的会计制度的规定可以用红字登记的其他会计记录。

6. 各种账簿应按页次顺序连续登记,不得跳行、隔页。如果发生跳行、隔页,应当将空行、隔页划线注销或者注明"此行空白""此页空白"字样,并由记账人员签名或者盖章。

7. 凡需要结出余额的账户,结出余额后,应当在"借或贷"等栏内写明"借"或者"贷"等字样。没有余额的账户,应在"借或贷"栏内写"平"字,并在"余额"栏用"0"表示。

8. 每一账页登记完毕结转下页时,应当结出本页合计数及余额,写在本页最后一行和下页第一行有关栏内,并在摘要栏内注明"过次页"和"承前页"字样;也可以将本页合计数及金额只写在下页第一行有关栏内,并在摘要栏内注明"承前页"字样。

对需要结计本月发生额的账户,结计"过次页"的本页合计数应当为自本月初起至本页末止的发生额合计数;对需要结计本年累计发生额的账户,结计"过次页"的本页合计数应当为自年初起至本页末止的累计数;对既不需要结计本月发生额,也不需要结计本年累计发生额的账户,可以只将每页末的余额结转次页。

第三节 会计账簿的格式和登记方法

一、日记账的格式和登记方法

日记账是按照经济业务发生或完成的时间先后顺序逐日逐笔进行登记的账簿。设置日记账的目的是为了使经济业务的时间顺序清晰地反映在账簿记录中。日记账按其所核算和监督经济业务的范围,可分为特种日记账和普通日记账。

在我国,大多数企业一般只设库存现金日记账和银行存款日记账,必须使用订本账。

(一)库存现金日记账的格式与登记方法

库存现金日记账是用来核算和监督库存现金日常收付和结存情况的序时账簿。库存现金日记账由出纳人员根据库存现金收付有关的记账凭证,按时间顺序逐日逐笔进行登记,并根据"上日余额+本日收入-本日支出=本日余额"的公式,逐日结出现金余额,与库存现金实存数核对,以检查每日现金收付是否有误。

三栏式库存现金日记账是用来登记库存现金的增减变动及其结果的日记账。设借方、贷方和余额三个金额栏目,一般将其分别称为收入、支出和结余三个栏目。

三栏式库存现金日记账由出纳人员根据库存现金收款凭证、库存现金付款凭证以及银行存款的付款凭证,按照库存现金收、付款业务和银行存款付款业务发生时间的先后顺序逐日逐笔登记。

三栏式库存现金日记账的登记方法如下:

(1) 日期栏,指记账凭证的日期,应与库存现金的实际收付日期一致。

(2) 凭证栏,指登记入账的收、付款凭证的种类和编号,如"库存现金收(付)款凭证"简写为"现收(付)","银行存款收(付)款凭证"简写为"银收(付)"。凭证栏还应登记凭证的编号数,其作用在于便于查账和核对。

(3) 摘要栏,摘要说明登记入账的交易或者事项的内容。

(4) 对方科目栏,指库存现金收入的来源科目或支出的用途科目。如小王预借差旅费,其支出的用途科目(即对方科目)为"其他应收款",其作用在于了解交易或事项的来龙去脉。

(5) 借方、贷方(或收入、支出)栏,指库存现金实际收付的金额。如现金支付办公费500元,应在"贷方"或"支出"金额栏登记"500"。

(6) 日清月结,每日终了,应分别计算库存现金收入和支出的合计数,结出余额,做到"日清",以便将账面余额与实存库存现金核对。月终,应计算出全月库存现金收入、支出合计数和余额,并在该行的上下各划一条通栏红线,做到"月结"。

(二)银行存款日记账的格式与登记方法

银行存款日记账是用来核算和监督银行存款每日的收入、支出和结余情况的账簿。银行存款日记账应按企业在银行开立的账户和币种分别设置，每个银行账户设置一本日记账，由出纳员根据与银行存款收付业务有关的记账凭证按时间先后顺序逐日逐笔进行登记。银行存款日记账由出纳人员根据银收凭证、银付凭证和现付凭证等业务发生时间的先后顺序逐日逐笔登记。银行存款日记账的格式和登记方法与库存现金日记账大致相同。其记账方法如下：

(1) 日期栏，根据涉及银行存款收付的记账凭证的日期登记。
(2) 凭证号码栏，登记入账的收付的记账凭证的种类和编号，与库存现金日记账的登记方法相同。
(3) 对方科目栏，登记银行存款收入、支出所对应的科目，如开出支票一张支付购料款，其对方科目即为"原材料"或"在途物资"。
(4) 摘要栏，用于说明登记入账的经济业务的内容，文字要简练、概括。
(5) 收入、支出栏，登记银行存款实际收、付的金额。每日终了，应分别计算银行存款收入和支出的合计数，并结出余额；月终应结算出银行存款全部全月收入、支出的合计数，并结出月末余额，然后与开户行对账。

二、总分类账的格式和登记方法

（一）总分类账的格式

总分类账是按照总分类账户分类登记以提供总括会计信息的账簿。总分类账最常用的格式为三栏式，设置借方、贷方和余额三个基本金额栏目。

为了总括地、全面地反映经济活动情况，并为编制会计报表提供资料，一切单位都要设置总分类账。总分类账必须采用订本式账簿。总分类账一般按照会计科目的编码顺序，并为各个账户预留账页。大多数总分类账一般采用借方、贷方、余额三栏式的订本账。

（二）总分类账的登记方法

总分类账登记的依据和方法，主要取决于所采用的账务处理程序，它可以直接根据记账凭证逐笔登记，也可以通过一定的汇总方式，先把各种记账凭证汇总编制成科目汇总表或汇总记账凭证，再据此登记。月终，在全部经济业务登记入账后，结出各账户的本期发生额和期末余额。

（三）记账凭证账务处理程序

记账凭证账务处理程序是指对发生的经济业务事项，都要根据原始凭证或汇总原始凭证编制记账凭证，然后直接根据记账凭证逐笔登记总分类账的一种账务处理程序。

在记账凭证账务处理程序下，它的一般程序是：

1. 根据原始凭证编制汇总原始凭证。
2. 根据原始凭证或汇总原始凭证，编制记账凭证。
3. 根据收款凭证、付款凭证逐笔登记现金日记账和银行存款日记账。

4.根据原始凭证、汇总原始凭证和记账凭证，登记各种明细分类账。

5.根据记账凭证逐笔登记总分类账。

6.期末，现金日记账、银行存款日记账和明细分类账的余额同有关总分类账的余额核对相符。

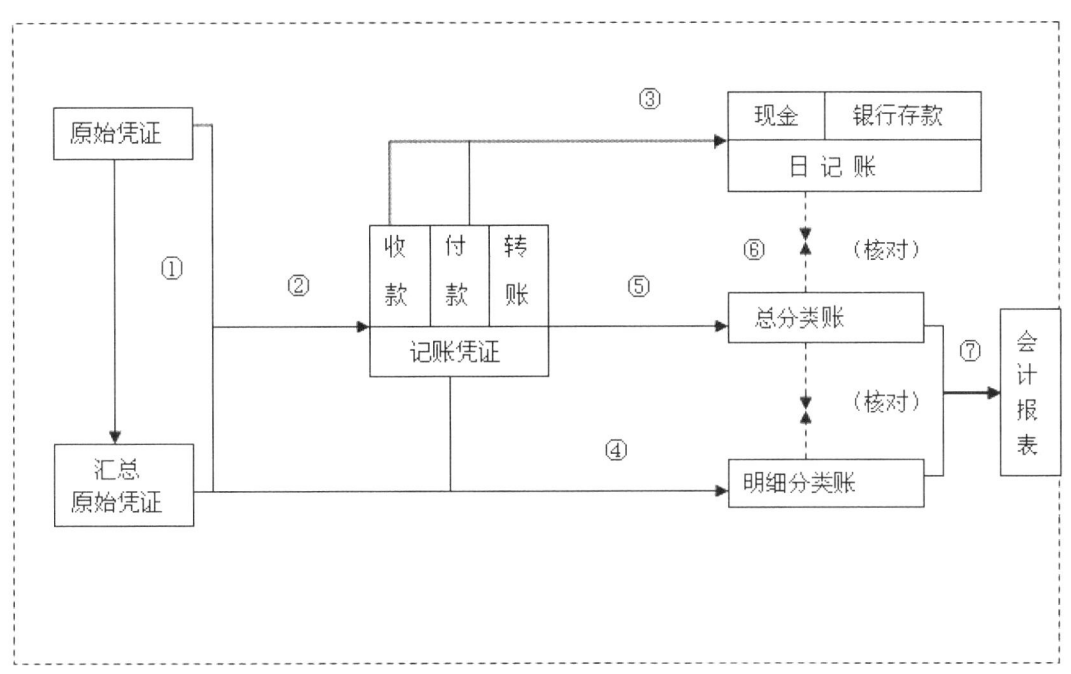

（四）科目汇总表账务处理程序

科目汇总表账务处理程序又称记账凭证汇总表账务处理程序，它是企业通常定期对全部记账凭证进行汇总后，按照不同的会计科目分别列示各账户借方发生额和贷方发生额的一种汇总凭证。再根据科目汇总表登记总分类账的一种账务处理程序。

科目汇总表的编制方法是：根据一定时间内的全部记账凭证，按照相同的会计科目归类，定期（如5天或10天）汇总出每一个会计科目的借方本期发生额和贷方本期发生额并填写在科目汇总表的相关栏内。对于科目汇总表"库存现金""银行存款"科目的借方本期发生额和贷方本期发生额，也可以直接根据现金日记账的收入合计与支出合计填列，而不再根据收款凭证和付款凭证归类汇总填列。科目汇总表可以每汇总一次编制一张，也可以按旬汇总一次，每月编制一张。任何格式的科目汇总表，都只反映各个会计科目的借方本期发生额和贷方本期发生额，不反映各个会计科目的对应关系。

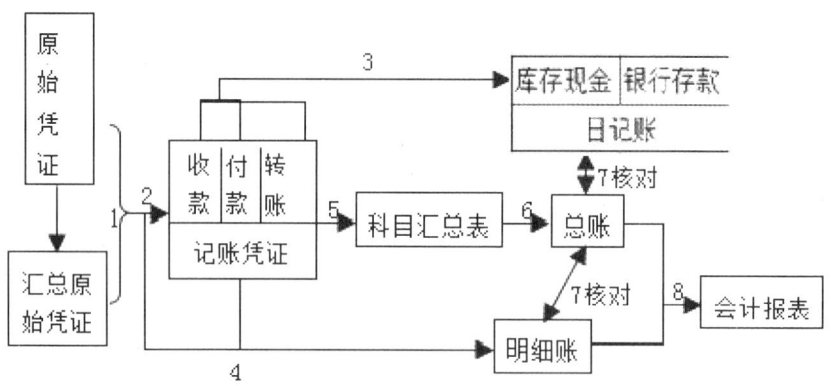

三、明细分类账的格式和登记方法

明细分类账是根据二级账户或明细账户开设账页，分类、连续地登记经济业务以提供明细核算资料的账簿。它所提供的有关经济活动的详细核算资料，是对总分类账所提供的总括核算资料的必要补充，同时也是编制会计报表的依据之一。因此，各个单位在设置总分类账的基础上，还应根据实际需要，按照总账科目设置必要的明细分类账。明细分类账一般采用活页式账簿，也有的采用卡片式账簿（如固定资产明细账）。根据管理的要求和各种明细分类账所反映的经济内容，明细分类账的格式主要有三栏式、多栏式、数量金额式和横线登记式（或称平行式）等多种。

1.三栏式明细分类账

三栏式明细分类账是设有借方、贷方和余额三个栏目。用于分类核算各项经济业务，提供详细核算资料的账簿，其格式与三栏式总账格式相同，适用于只进行金额核算的账户。这种格式适合于那些只需要进行金额核算，不需要进行数量核算的债权、债务结算科目，如"应收账款""应付账款"等科目的明细分类核算。

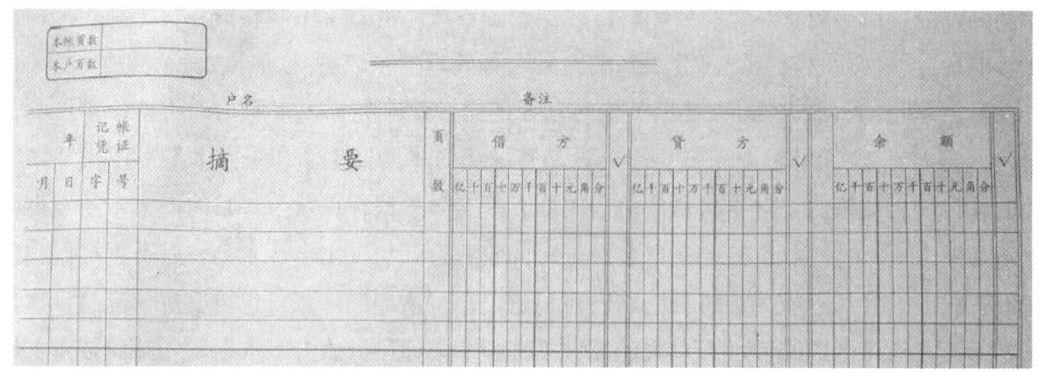

2.多栏式明细分类账

多栏式明细分类账是将属于同一个总账科目的各个明细科目合并在一张账页上进行登记，适用于成本费用类科目的明细核算，如"生产成本""管理费用""营业外收入""利润分配"

等科目的明细分类核算。

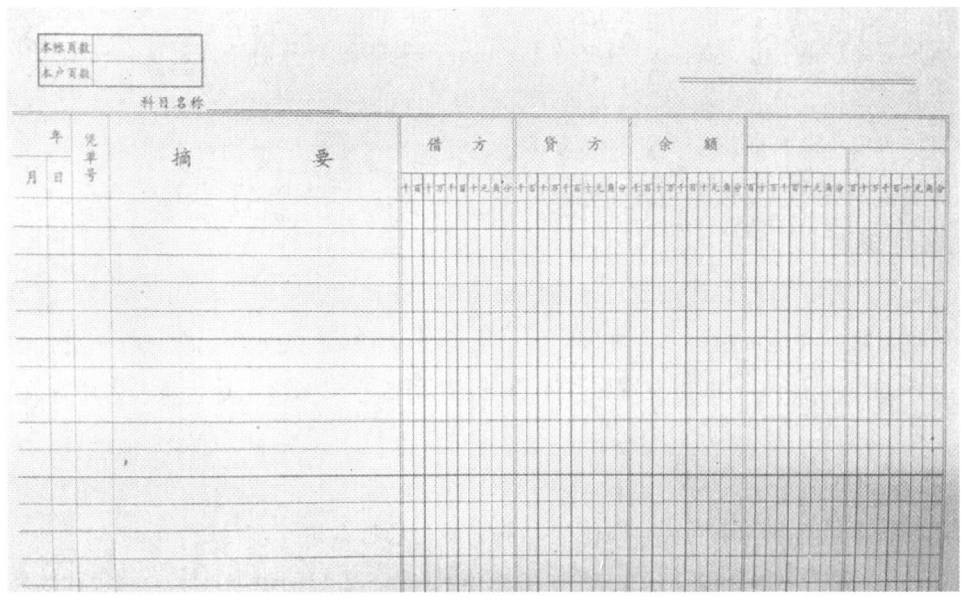

3. 数量金额式明细分类账

数量金额式明细分类账其借方（收入）、贷方（发出）和余额（结存）都分别设有数量、单价和金额三个专栏，适用于既要进行金额核算又要进行数量核算的账户，如"原材料""库存商品"等科目的明细分类核算。

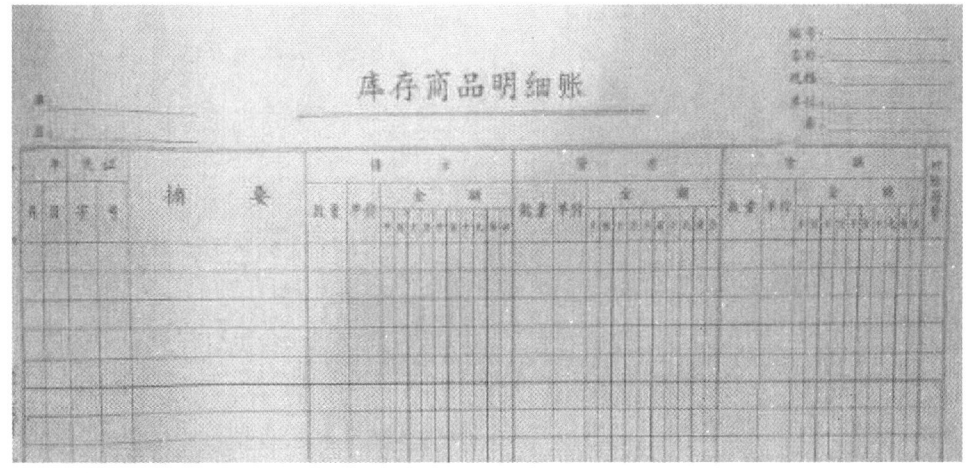

第四节　对账

所谓对账就是指核对账目，对账簿记录的正确与否进行核对工作。在会计核算中，记账时会发生各种差错，造成账实不符、账证不符，为了保证账簿记录的正确性，必须进行对账工作，通过对账来保证各种账簿记录的真实、正确、完整，以确保账证相符、账账相符、账实相符。

对账工作主要包括以下三方面内容：

一、账证核对

账证核对是指核对会计账簿记录与原始凭证、记账凭证的时间、凭证字号、内容、金额是否一致，记账方向是否相符。这种核对，一般是在日常编制凭证和记账过程中进行，检查所记账目是否正确。月终时，如果发现账账不符时，也可以再将账簿记录与有关会计凭证进行核对，以保证账证相符。

二、账账核对

账账核对是指核对不同会计账簿之间的账簿记录是否相符。包括：

1. 总分类账簿有关账户的余额核对。总分类账户各账户的借方期末余额合计数与贷方期末余额合计数应核对相等。

2. 总分类账簿与所属明细分类账簿核对。总分类账的借、贷方本期发生额和期末余额与所属明细分类账的借、贷方本期发生额和期末余额之和应核对相等。

3. 总分类账簿与序时账簿核对。现金日记账和银行存款日记账期末余额应与总分类账的现金、银行存款期末余额核对相符。

4. 明细分类账簿之间的核对。会计部门财产物资明细分类账期末余额与财产物资保管和使用部门的有关财产物资明细分类账期末余额应核对相符。

三、账实核对

账实核对是指各项财产物资、债权债务等账面余额与实有数额之间的核对。包括：

1. 现金日记账账面余额与库存现金数额是否相符。现金日记账账面余额应每天同现金与实际库存数相核对，不准以借条抵充现金或挪用现金，做到日清月结。

2. 银行存款日记账账面余额与银行对账单的余额是否相符。银行存款日记账的账面余额，应同开户银行寄送企业的银行对账单相核对，一般至少一月核对一次。

3. 各项财产物资明细账账面余额与财产物资的实有数额是否相符。材料、产成品、固定资产等财产物资明细分类账的账面余额应与其实有数量相核对。

4. 有关债权债务明细账账面余额与对方单位的账面记录是否相符。各项应收款、应付款、银行借款等结算款项，以及上交税金等，应定期寄送对账单同有关单位进行核对。

四、财产清查

（一）财产清查方法

1. 库存现金的清查

库存现金采用实地盘点法确定库存现金的实存数，与库存现金日记账账面余额相核对，确定账实是否相符。

2.银行存款的清查

银行存款的清查采用与开户银行核对账目的方法进行，将本单位的银行存款日记账与开户银行转来的对账单逐笔进行核对，查明银行存款实有数额。

3.实物资产的清查方法

（1）实地盘点法：通过点数、过磅、量尺等方法来确定实物资产的实有数量。

（2）技术推算法：利用技术方法对财产物资的实存数进行推算，又称估推法。

4.往来款项的清查方法

往来款项主要包括应收、应付和预收、预付款项等。一般采用发函询证的方法进行核对。

（二）财产清查结果的处理

1.设置"待处理财产损溢"账户

2.库存现金清查结果处理

库存现金盘盈记入"其他应付款"，无法查明原因的记入"营业外收入"。

库存现金盘亏无法查明原因的经批报列作"管理费用"。

3.存货清查的账务处理

存货的盘盈经批报冲减管理费用

存货的盘亏由过失人和保险赔偿的记入"其他应收款"，管理不善的记入"管理费用"，自然灾害净损失记入"营业外支出"。

4.固定资产清查结果的处理

固定资产盘盈通过"以前年度损益调整"科目核算。

固定资产盘亏由过失人和保险公司赔偿的记入"其他应收款"，剩余的差额记入"营业外支出"。

5.往来款项清查结果的处理

查明确实无法支付的应付款项报批后转作营业外收入。

无法收回的应收款作为坏账损失冲减坏账准备。

第五节　　错账更正方法

账簿记录发生错误，不准涂改、挖补、刮擦或者用药水消除字迹，不准重新抄写，必须按下列方法改正。

一、划线更正法

在结账前，如果发现账簿记录有错误，而记账凭证并无错误，只是过账时不慎，纯属账簿记录中的文字或者数字的笔误，应采用划线更正法予以更正。划线更正法，又叫作红线更正法。更正方法是：先在错误的文字或数字上划一条红色横线，表示注销；然后将正确的文字或数字用蓝字或黑字写在被注销的文字或数字的上方，并由记账人员在更正处盖章，以明确责任。但必须注意，对于错误数字应当全部划销，不是只划销写错的个别数码，并对划销的数字，不许全部涂抹。应当使原有字迹仍能辨认，以备日后查考。对于文字错误，可只划去错误的部分。

二、红字更正法

红字更正法，又叫作红字冲账法。这种方法适用于以下两种情况：

1.记账后，发现记账凭证中的应借、应贷会计科目或金额有错误，致使账簿记录错误，可用红字更正法予以更正。更正的方法是：先用红字填制一张与原错误记账凭证内容完全相同的记账凭证，在摘要栏注明"冲销某月某日第×号记账凭证的错账"，并据此用红字登记入账，以冲销原有的错误记录；然后用蓝字填制一张正确的记账凭证，在摘要栏内写明"补记某月某日账"，并据此登记入账。

【例】某企业以现金896元购买办公用品，会计人员在填制记账凭证时发生错误并根据错误的记账凭证登记了账簿。错误的会计分录为：

　　　借：管理费用　　　　　　896
　　　　贷：银行存款　　　　　　896

用红字更正法更证时，应先编制一张与原错误记账凭证内容完全相同而金额为红字的记账凭证：

借：管理费用　　　　　896
　　贷：银行存款　　　　　896

然后，再用蓝字（或黑字）编制一张正确的记账凭证：
借：管理费用　　　　　896
　　贷：库存现金　　　　　896

最后，根据上述红字记账凭证和正确的记账凭证登记相关账簿。

2.记账后，发现记账凭证和账簿中所记金额大于应记金额，而应借、应贷的会计科目并无错误，那么也应采用红字更正法予以更正。更正方法是：为了简化核算手续，可将正确数字与错误数字之间的差额，即为多记的金额，用红字（金额用红字）填制一张与原记账凭证应借、应贷科目完全相同三位记账凭证，在摘要栏内写明"冲销某月某日第×号记账凭证多记金额"，并据此登记入账，以冲销多记的金额。

【例】如果会计人员填制记账凭证时所使用的会计科目及记账方向没有错误，只是将金额896误记为986，并登记入账，错误的会计分录为：
借：管理费用　　　　　986
　　贷：库存现金　　　　　986

用红字更正法编制一张更正错误的记账凭证如下：
借：管理费用　　　　　90
　　贷：库存现金　　　　　90

然后根据这张更正错误的记账凭证登记账簿。

三、补充登记法

记账后，如果发现记账凭证和账簿中所记金额小于应记金额，而应借、应贷的会计科目并无错误，可应用补充登记法予以改正。更正的方法是：将正确数字与错误数字之间的差额，即少记的金额，用蓝字填制一张记账凭证，在摘要栏内写明"补记某月某日第×号记账凭证少记金额"，并据此登记入账，予以补充。

【例】如果会计人员填制记账凭证时所使用的会计科目及记账方向没有错误，只是将金额896元误记为689元，并登记入账，错误的会计分录为：
借：管理费用　　　　　689
　　贷：库存现金　　　　　689

使用补充登记法编制记账凭证如下：
借：管理费用　　　　　207
　　贷：库存现金　　　　　207

编制会计分录后，根据上述记账凭证登记账簿。

第六节 结 账

一、结账的程序

所谓结账就是在会计期末（月末、季末、年末）将本期内所有发生的经济业务全部登记入账以后，计算出本期发生额和期末余额。

1.将本期发生的经济业务事项全部登记入账，并保证其正确性。

2.根据权责发生制的要求，调整有关账项，合理确定本期应计的收入和应计的费用。例如，各项待摊费用应按规定摊配分别记入本期有关科目；预提费用应按规定标准预先提取分别记入本期有关科目；属于本期的应收收益应确认计入本期收入等。

3.将损益类科目转入"本年利润"科目，结平所有损益类科目；在本期全部业务登记入账的基础上，结清各项收入和费用账户，计算确定本期的成本、利润或亏损，把经营成果在账上反映出来。

4.计算出资产、负债和所有者权益科目的本期发生额和余额。并结转下期，作为下期的期初余额。

二、结账的方法

根据结账的时期不同，结账可以分为月结、季结和年结。

结账方法的要点主要有：

（1）对不需按月结计本期发生额的账户，每次记账以后，都要随时结出余额，每月最后一笔余额是月末余额，即月末余额就是本月最后一笔经济业务记录的同一行内余额。月末结账时，只需要在最后一笔经济业务记录之下通栏划单红线，而不需要再次结计余额。

（2）库存现金、银行存款日记账和需要按月结计发生额的收入、费用等明细账，每月结账时，要在最后一笔经济业务记录下面通栏划单红线，结出本月发生额和余额，在摘要栏内注明"本月合计"字样，并在下面通栏划单红线。

银行存款日记账

年		凭证		对方科目	摘要	总账	收入金额	付出金额	结存金额
月	日	种类	号数						
					承前页		35425330	25107760	29662570
11	24	记	61	库存现金	提现备用			100000	29562570
	25	记	62	营业外支出	对外捐款			200000	29362570
	25	记	63	应收账款	收到货款,存入银行		2825550		32188120
	26	记	64	应付账款	偿付前欠贷款			2567200	29620920
	26	记	66	管理费用	支付水电费			290000	29330920
	27	记	67	原材料等	购进材料,验收入库,托付			186520	29144400
	29	记	69	主营业务收入等	销售产品,货款收存银行		7651800		36796200
	31				本月合计		45902680	28451480	36796200

（3）对于需要结计本年累计发生额的明细账户，每月结账时，应在"本月合计"行下结出自年初起至本月末止的累计发生额，登记在月份发生额下面，在摘要栏内注明"本年累计"字样，并在下面通栏划单红线。12月末的"本年累计"就是全年累计发生额，全年累计发生额下通栏划双红线。

主营业务收入——甲产品

年		凭证		摘要	日期	借方	贷方	借或贷	余额
月	日	种类	号数						
				承前页		35721000	37491000	贷	1770000
11	24	记	60	销售产品,收到部分货款			375000	贷	2145000
	26	记	65	销售产品,款未收			300000	贷	2445000
	29	记	69	销售产品,货款收存银行			1200000	贷	3645000
	30	记	81	结转本月收入		3645000		平	0
	30			本月合计		3645000	3645000	平	0
	30			本年累计		39366000	39366000	平	0
12	13	记	39	销售产品,货款收存银行			1584000	贷	1584000
	16	记	46	销售产品,款未收			540000	贷	2124000
	20	记	51	销售产品,款未收			540000	贷	2664000
	22	记	59	销售产品,收到部分货款			396000	贷	3060000
	26	记	65	销售产品,款未收			300000	贷	2445000
	28	记	72	销售产品,货款收存银行			1440000	贷	4860000
	31	记	81	结转本月收入		4860000		平	0
	31			本月合计		4860000	4860000	平	0
	31			本年累计		44226000	44226000	平	0

（4）总账账户平时只需结出月末余额。年终结账时，为了总括地反映全年各项资金运动情况的全貌并核对账目，要将所有总账账户结出全年发生额和年末余额，在摘要栏内注明"本年合计"字样，并在合计数下通栏划双红线。

年		凭证		摘 要	日期	借方	贷方	借或贷	余额
月	日	种类	号数						
				承前页		21744100	21711000	借	113000
11	20	记汇	32	11—20日发生额		1920000	2010000	借	23000
	30	记汇	33	21—30日发生额		101000		借	124000
12	10	记汇	34	1—10日发生额		108000	90000	借	142000
	20	记汇	35	11—20日发生额		1728000	1809000	借	61000
	31	记汇	36	21—31日发生额		90900		借	151900
				本年合计		25692000	25620000	借	151900
				结转下年					

（5）年度终了结账时，有余额的账户，应将其余额结转下年，并在摘要栏内注明"结转下年"字样；在下一会计年度新建有关账户的第一行余额栏内填写上年结转的余额，并在摘要栏内注明"上年结转"字样，使年末有余额账户的余额如实地在账户中加以反映，以免混淆有余额的账户和无余额的账户。

第七节　会计账簿的更换和保管

一、会计账簿的更换

会计账簿的更换通常在新会计年度建账时进行。总账、日记账和多数明细账应每年更换一次。在更换新账时，应将各账户的余额结转到新账簿第一行的余额栏内，并注明方向，同时在摘要栏内注明"上年结转"字样。变动较小的明细账可以连续使用，不必每年更换。备查账簿可以连续使用。

二、会计账簿的保管

年度终了，各种账户在结转下年、建立新账后，一般都要把旧账送交总账会计集中统一管理。会计账簿暂由本单位财务会计部门保管1年，期满之后，由财务会计部门编造清册移交本单位的档案部门保管。

第四章　　财务报表

第一节　　财务报表概述

一、财务报表的概念

财务报表是对企业财务状况、经营成果和现金流量的结构性表述。

财务报表至少应该包括下列组成部分：

1. 资产负债表

资产负债表是反映企业某一特定日期的财务状况的财务报表。

2. 利润表

利润表是反映企业在一定会计期间的经营成果的财务报表。

3. 现金流量表

现金流量表是反映企业在一定会计期间的现金和现金等价物流入和流出的财务报表。

4. 所有者权益变动表

所有者权益变动表是反映构成所有者权益的各组成部分当期的增减变动情况的财务报表。

5. 附注

附注是对在资产负债表、利润表、现金流量表和所有者权益变动表等报表列示项目的文字描述或明细资料，以及对未能在这些报表中列示项目的说明等。

财务报表上述组成部分具有同等的重要程度。

二、财务报表的分类

1. 按编报期间不同分类

按财务报表编报期间的不同，可以分为中期财务报表和年度财务报表。

（1）中期财务报表，是以短于一个完整会计年度的报告期间为基础编制的财务报表，包括月报、季报和半年报等。中期财务报表至少应该包括资产负债表、利润表、现金流量表和附注，其中，中期资产负债表、利润表和现金流量表应当是完整报表，其格式和内容与当年财务报表相一致。与年度财务报表相比，中期财务报表中的附注披露可适当简略。

（2）年度财务报表，是指以一个完整的会计年度（自公历1月1日起至12月31日止）为基础编制的财务报表。年度财务报表一般包括资产负债表、利润表、现金流量表、所有者权益变动表和附注等内容。

2. 按编报主体不同分类

按财务报表编报主体的不同，可以分为个别财务报表和合并财务报表。

（1）个别财务报表，是由企业在自身会计核算基础上对账簿记录进行加工而编制的财务报表，它主要用于反映企业自身的财务状况、经营成果和现金流量情况。

（2）合并财务报表，是以母公司和子公司组成的企业集团为会计主体，根据母公司和所属子公司的财务报表，由母公司编制的综合反映企业集团财务状况、经营成果及现金流量的财务报表。

第二节 资产负债表

一、资产负债表的概念和作用

资产负债表是反映企业在某一特定日期的财务状况的财务报表。企业编制资产负债表的目的是如实反映企业的资产、负债和所有者权益金额及其结构情况，帮助使用者评价企业资产的质量以及短期偿债能力、长期偿债能力、利润分配能力等。

资产负债表的作用主要有：（1）可以提供某一日期资产的总额及其结构，表明企业拥有或控制的资源及其分布情况；（2）可以提供某一日期的负债总额及其结构，表明企业需要用多少资产或劳务清偿债务以及清偿时间；（3）可以反映所有者拥有的权益，据此判断资本保值、增值的情况以及对负债的保障程度。

二、资产负债表的列报要求

（一）资产负债表列报总体要求

1. 分类别列报

资产负债表列报，最根本的目标就是应如实反映企业在资产负债表日所拥有的资源、所承担的负债以及所有者所拥有的权益。因此，资产负债表应当按照资产、负债和所有者权益三大类别列报。

2. 资产和负债按流动性列报

资产和负债应当按照流动性分为流动资产和非流动资产、流动负债和非流动负债列示。流动性，通常按资产的变现或耗用时间长短或者负债的偿还时间长短来确定。按照财务报表列表准则的规定，应先列报流动性强的资产或负债，再列报流动性弱的资产或负债。

银行、证券、保险等金融企业由于在经营内容上不同于一般的工商企业，导致其资产和负债的构成项目也与一般工商企业有所不同，具有特殊性，金融企业的有些资产或负债无法严格区分为流动资产和非流动资产。在这种情况下，往往按照流动性列示能够提供可靠且相关的信息，因此金融企业可以大体按照流动性顺序列示资产和负债。

3. 列报相关的合计、总计项目

资产负债表中的资产类至少应当列示流动资产和非流动资产的合计项目；负债类至少应当列示流动负债、非流动负债以及负债的合计项目；所有者权益应当列示所有者权益的合计项目。

资产负债表遵循了"资产=负债+所有者权益"这一会计恒等式，把企业在特定时日所拥有的经济资源和与之相对应的企业所承担的债务及偿债以后属于所有者权益充分反映出来。因此，资产负债表应当分别列示资产总计项目和负债与所有者权益之和的总计项目，并且这两者的金额应当相等。

（二）资产的列报

资产负债表中资产类至少应当单独列示反映下列信息的项目：（1）货币资金；（2）以公允价值计量且其变动记入当期损益的金融资产；（3）应收款项；（4）预付款项；（5）存货；（6）被划分为持有待售的非流动资产及被划分为持有待售的处置组中的资产；（7）可供出售金融资产；（8）持有至到期投资；（9）长期股权投资；（10）投资性房地产；（11）固定资产；（12）生物资产；（13）无形资产；（14）递延所得税资产。

（三）负债的列报

资产负债表中的负债类至少应该单独列示反映下列信息的项目：（1）短期借款；（2）以公允价值计量且其变动记入当期损益的金融负债；（3）应付款项；（4）预收款项；（5）应付职工薪酬；（6）应交税费；（7）被划分为持有待售的处置组中的负债；（8）长期借款；（9）应付债券；（10）长期应付款；（11）预计负债；（12）递延所得税负债。

（四）所有者权益的列报

资产负债表中的所有者权益类至少应当单独列示反映下列信息的项目：（1）实收资本（或股本）；（2）资本公积；（3）盈余公积；（4）未分配利润。

三、我国企业资产负债表的一般格式

在我国，资产负债表采用账户的格式，即左侧列示资产；右侧列示负债和所有者权益。资产负债表由表头和表体两部分组成。表头部分应列明报表名称、编表单位名称、资产负债表日和人民币金额单位；表体部分反映资产、负债和所有者权益的内容。其中表体部分是资产负债表的主体和核心，各项资产和负债按流动性排列，所有者权益项目按稳定性排列。

我国企业资产负债表的格式一般如下表所示：

资产负债表

会企01表
编制单位：　　　　　　　　　　　年　月　日　　　　　　　　　　　单位：元

资产	期初数	期末数	负债及所有者权益	期初数	期末数
流动资产：			**流动负债：**		
货币资金			短期借款		
库存现金			交易性金融负债		
银行存款			衍生金融负债		
其他货币资金			应付票据及应付账款		
交易性金融资产			预收款项		
衍生金融资产			合同负债		
应收票据及应收账款			应付职工薪酬		
预付账款			应交税费		
其他应收款			其他应付款		
存货			持有待售负债		
合同资产			一年内到期的非流动负债		
持有待售资产			其他流动负债		
一年内到期的非流动资产			**流动负债合计**		
其他流动资产			**非流动负债：**		
流动资产合计			长期借款		
非流动资产：			应付债券		
债权投资			长期应付款		
其他债权投资			专项应付款		
长期应收款			预计负债		
长期股权投资			递延收益		
其他权益工具投资			递延所得税负债		
投资性房地产			其他非流动负债		
其他非流动金融资产			**非流动负债合计**		
固定资产			**负债合计**		
减：累计折旧			**股东权益（所有者权益）**		
固定资产净值			股本（实收资本）		
在建工程			其他权益工具		
			资本公积		
生产性生物资产			减：库存股		
油气资产			其他综合收益		
无形资产			专项储备		
开发支出			盈余公积		
商誉			未分配利润		
长期待摊费用			其中：本年利润		
递延所得税资产			**股东权益合计**		
其他非流动资产					
非流动资产合计					
资产合计			**负债及所有者权益合计**		

单位负责人：　　　　　　会计主管：　　　　　　复核：　　　　　　制表：

四、资产负债表编制的基本方法

（一）"期末余额"栏的填列方法

资产负债表"期末余额"栏内各项数字，一般应根据资产、负债、所有者权益科目的期末余额填列，具体方法如下：

1.根据一个或几个总账科目的余额计算填列。如"货币资金"项目，应根据"库存现金""银行存款""其他货币资金"三个总账科目余额的合计数填列。

2.根据明细科目的余额计算填列。如"应付账款"项目，应根据"应付账款"和"预付账款"两个科目所属的相关明细科目的期末贷方余额合计数填列；"未分配利润"项目，应根据"利润分配"科目所属的"未分配利润"明细科目期末余额填列。

3.根据总账科目明细科目的余额分析计算填列。如"长期借款"项目，应根据"长期借款"总账科目余额扣除"长期借款"科目所属的明细科目将在资产负债表日起一年内到期末余额填列，已计提减值准备的，还应扣减相应的减值准备；"固定资产""无形资产""投资性房地产"项目，应根据相关计提减值准备的，还应扣除的累计折旧（摊销、折耗）填列，已计提减值准备的，还应扣减相应的减值准备，采用公允价值计量的上述资产，应根据相关科目的期末余额填列。

4.综合运用上述填列方法。如"存货"项目，应根据"材料采购""原材料""发出商品""库存商品""周转材料""生产成本"等科目期末余额合计，减去"存货跌价准备"等科目期末余额后的金额填列，材料采用计划成本核算以及库存商品采用计划成本核算或售价的企业，还应按加减材料成本差异、商品进销差价后的金额填列。

（二）"年初余额"栏的填列方法

本表的"期初余额"栏通常根据上年有关的期末余额填列，且与上年末资产负债表"期末余额"栏一致。如果企业上年度资产负债表相关项目的名称和数字按照本年度的规定进行调整，填入"年初余额"栏。

第三节 利润表

一、利润表的概念与作用

利润表是反映企业在一定会计期间的经营成果的财务报表。企业编制利润表的目的是如实反映企业实现的收入、发生的费用以及编制利润表的目的是如实反映企业实现的收入，帮助使用者分析评价企业的盈利能力、利润构成及其质量。利润表包括的项目有营业收入、营业成本、营业利润、利润总额、净利润、每股收益、其他综合收益和综合收益总额等。

利润表的主要作用有：（1）反映一定会计期间收入的实现情况；（2）反映会计期间的费用耗费情况；（3）反映企业经济活动成果的实现情况，据此判断资本保值增值等情况。

二、利润表的列报要求

利润表列报的基本要求如下：

1.企业在利润表中应当对费用按照功能分类，分为从事经营业务发生的成本、管理费用、销售费用和财务费用等。

2.利润表至少应当单独列示反映下列信息的项目，但其他会计准则另有规定的除外：（1）营业收入；（2）营业成本；（3）税金及附加；（4）销售费用；（5）管理费用；（6）财务费用；（7）其他收益；（8）投资收益；（9）公允价值变动收益；（10）资产减值损失；（11）资产处置收益；（12）营业利润；（13）营业外收入；（14）营业外支出；（15）利润总额；（16）所得税费用；（17）净利润；（18）其他综合收益的税后净额；（19）综合收益总额。金融企业可以根据其特殊性列示利润表项目。

3.净利润项目分为持续经营净利润项目和终止经营净利润项目分别列报。

4.其他综合收益项目应当根据其他相关会计准则的规定分为以后会计期间不能重分类进行损益的其他综合收益项目和能重新分类进行损益的其他综合收益项目两类列报。

5.在合并利润表中，企业应当在净利润项目之下单独列示归属于母公司所有者的损益和归属于少数股东的损益，在综合收益总额项目之下单独列示归属于母公司所有者的综合收益总额和归属少数股东的综合收益总额。

三、我国企业利润表的一般格式

在我国，企业应当采用多步式利润表，将不同性质的收入和费用分别进行对比，以便得出以下中间的利润数据，帮助使用者理解企业经营成果的不同来源。

利润表通常包括表头和表体两个部分。表头应列明报表名称、编报单位名称、财务报表涵盖的会计期间合人民币金额单位等内容；利润表的表体，反映形成经营成果的各项目和计算过程。我国企业利润表的格式如下表所示：

利 润 表

会企02表

编制单位：　　　　　　　　　　年　月　　　　　　　　　　单位：元

项　　目	本月数	本年累计数
一、营业收入		
减：营业成本		
税金及附加		
销售费用		
管理费用		
研发费用		
财务费用		
其中：利息费用		
利息收入		
资产减值损失		
信用减值损失		
加：其他收益		
投资收益（损失以"－"号填列）		
其中：对联营企业和合营企业的投资收益		
净敞口套期收益（损失以"－"号填列）		
公允价值变动收益（损失以"－"号填列）		
资产处置收益（损失以"－"号填列）		
二、营业利润（亏损以"－"号填列）		
加：营业外收入		
减：营业外支出		
三、利润总额（亏损"－"号填列）		
减：所得税费用		
四、净利润（亏损以"－"号填列）		

单位负责人：　　　　　会计主管：　　　　　　复核：　　　　　　制表：

四、利润表编制的基本方法

（一）"本期金额"栏的填列方法

"本期金额"栏根据"主营业务收入""主营业务成本""营业税金及附加""销售费用""管理费用""财务费用""资产减值损失""公允价值变动损益""投资收益""营业外收入""营业外支出""所得税费用"等科目的发生额分析填列。其中"营业利润""利润总额""净利润"等项目根据该表中相关项目计算填列。

(二)"上期金额"栏的填列方法

"上期金额"栏应根据上年该期利润表"本年利润"栏内所有数字填列。如果上年该期利润表规定的各个项目的名称和内容同本期不一致,应对上年该期利润表各项目的名称和数字按本期的规定进行调整,填入利润表"上期金额"栏内。

第二部分 真账实操部分

账套说明

学习目标

★ 练习实缴制公司注册成立后建账

★ 学习审核原始凭证

★ 学习审核和编制会计凭证

★ 学习登记账簿、会计科目汇总

★ 学习编制财务会计报告

注册类型：有限责任公司

经营范围：商务信息咨询，企业管理咨询，企业形象策划，市场营销策划，文化艺术交流策划，礼仪服务，会务服务，展示展览服务，图文设计制作等。

天津仕达信息咨询服务有限公司

地址：天津市南海区西北大街 518 号

法定代表人：张 超

电话：022-80000888

开户行：中国工商银行天津分行新想支行

银行账号：0302100010030019931

注册日期：2×××年 1 月 1 日

一、其他方面介绍

1. 本公司出资人为：张超、张越。
2. 本公司无筹办期。
3. 本公司为增值税小规模纳税人企业，适用增值税征收率3%，城建税7%、教育费附加3%、地方教育费附加2%、防洪费1%。
4. 印花税：资金账簿第一年按实收资本和资本公积合计金额的万分之五减半缴纳印花税。
5. 本公司属新成立企业首月为上门申报印花税税率尚未核定，故本月不缴。
6. 本公司固定资产残值率10%，汽车摊销期10年，电脑摊销期3年，固定资产增加当月不计提折旧，从次月开始计提。
7. 本公司低值易耗品采用一次性摊销方法。

二、操作流程

1. 掌握公司基本信息情况，根据《企业会计准则》对本公司进行建账；
2. 根据掌握的情况及各方面要求选择确定应设立的会计科目和记录各项业务的账簿格式；
1、启用账簿并填写各账簿扉页上各项内容；
2、根据原始单据填制记账凭证，登记总账及明细账；
3、对各账户进行汇总对账并结账；
4、根据总账及明细账填制财务报表；
5、月末申报个人所得税、季度申报增值税、企业所得税、工会经费。

企业名称预先核准申请书

申请企业名称	天津仕达信息咨询服务有限公司
备选企业名称 （请选用不同的序号）	1. 天津世达信息咨询服务有限公司 2. 天津宏仕达信息咨询服务有限公司
经营范围	许可经营项目： 一般经营项目：商务信息咨询，企业管理咨询，文化艺术交流策划，会务服务 （只需填写与企业名称行业表述一致的主要业务项目）
注册资本（金）	壹佰万元　　　　　　　　　（万元）
企业类型	有限责任公司
住所所在地	天津市南海区西北大街518号
指定代表或者委托代理人	张超
指定代表或委托代理人的权限： 1、同意 ☑ 不同意 ☐ 核对登记材料中的复印件并签署核对意见 2、同意 ☑ 不同意 ☐ 修改有关表格的填写错误 3、同意 ☑ 不同意 ☐ 领取《企业名称预先核准通知书》	
指定或者委托的有效期限	自 2××× 年 12月 08日 至 2××× 年 1月 07日

注：1、手工填写表格的和签字请使用黑色或蓝黑色钢笔、毛笔或签字笔，请勿使用圆珠笔。
　　2、指定代表或者委托代理人的权限需选择"同意"或者"不同意"，请在☐中打"√"。
　　3、指定代表或者委托代理人可以是自然人，也可以是其他组织。

01000181201300168342

企业名称预先核准通知书

(津) 名称预核[2×××]第 904335 号

根据《企业名称登记管理规定》《企业名称登记管理实施办法》等规定，同意预先核准下列 2 个投资人出资，注册资本（金）**100.00** 万元（人民币），住所设在天津市南海区西北大街 518 号，企业名称为：**天津仕达信息咨询服务有限公司**。

投资人、投资额、投资比例：

投资人（发起人）	投资额（万元）	投资比例（%）
张超	80	80
张越	20	20

以上预先核准的企业名称保留期至 2××× 年 12 月 15 日。在保留期内，企业名称不得用于经营活动，不得转让。经企业登记机关设立登记，颁发营业执照后企业名称正式生效。

天津市工商行政管理局

核准日期：2×××年 12 月 15 日

开户许可证

核准号：J1100060866701　　　　　　　　　编号：1100-0098125 7

经审核，天津仕达信息咨询服务有限公司　符合开户条件，准予开立基本存款账户。

法定代表人（单位负责人）　张超　　　开户银行 中国工商银行天津分行新想支行

账　号 0302100010030019931

发证机关（盖章）
2XXX年 01月 01日

BH 1553837

营业执照

(副本)

统一社会信用代码 9112011xxxxxx2345E

名　　称　天津仕达信息咨询服务有限公司

类　　型　有限责任公司

住　　所　天津市南海区西北大街518号

法定代表人　张超

注 册 资 本　壹佰万元人民币

成 立 日 期　2×××年01月01日

营 业 期 限　2×××年01月01日至 2×××年12月31日

经 营 范 围　商品信息服务、企业管理咨询等

登记机关　

2×××年01月01日

企业信用信息公示系统网址：　　　　　　　　中华人民共和国国家工商行政管理总局监制

(1)

(贷方)

ICBC 中国工商银行
INDUSTRIAL AND COMMERCIAL BANK OF CHINA

处理　方向：已入账　　　　　　　　　凭证号码：3900039902
业务　代码：
收款人账号：0302100010030019931
收款人户名：天津仕达信息咨询服务有限公司
付款人账号：
付款人户名：张超
金额（大写）捌拾万元整
金额（小写）￥800000.00　　　　　　提 回 行：
提 回 行：　　　　　　　　　　　　　汇出行行号：
收报行行号：　　　　　　　　　　　　发报行行号：
用途：投资款　　　　　　　　　　　　打印次数：1
开票日期：2×××-1-1　　入账日期：2×××-12-25　打印日期：2×××-1-1

收账通知

记账：　　　　　　复核：

---

(1)

(贷方)

ICBC 中国工商银行
INDUSTRIAL AND COMMERCIAL BANK OF CHINA

处理　方向：已入账　　　　　　　　　凭证号码：3900039903
业务　代码：
收款人账号：0302100010030019931
收款人户名：天津仕达信息咨询服务有限公司
付款人账号：
付款人户名：张越
金额（大写）贰拾万元整
金额（小写）￥200000.00　　　　　　提 回 行：
提 回 行：　　　　　　　　　　　　　汇出行行号：
收报行行号：　　　　　　　　　　　　发报行行号：
用途：投资款　　　　　　　　　　　　打印次数：1
开票日期：2×××-1-1　　入账日期：2×××-12-25　打印日期：2×××-1-1

收账通知

记账：　　　　　　复核：

（2）

ICBC 中国工商银行 收费凭证

2×××年01月08日

户　名	天津仕达信息咨询服务有限公司				账　号	0302100010030019931	
收费项目	起止号码	数量	单价	工本费	手续费		邮电费
转账支票		1	30.00	5.00	25.00		
现金支票		1	25.00	5.00	20.00		
金　额　小　计				10.00	45.00		
金额合计（大写）	人民币伍拾伍元整						￥55.00

制票：　　　复核：齐玉

（3）

付款申请书

日期：2×××年01月08日

用途及情况	金　　额	收款单位（人）：天津奥宇房地产租赁有限公司
付房租	亿 千 百 十 万 千 百 十 元 角 分 　　　　　￥8 0 0 0 0 0 0	账号：274111675566588 开户行：中国农业银行天津分行新新支行
金额大写（合计）	人民币捌万元整	电汇：□；转账：☑；汇票：□；其他：□
总经理	张超	财务部门	经理		申请部门	经理	张超
			会计	李然		经办人	欧阳枫

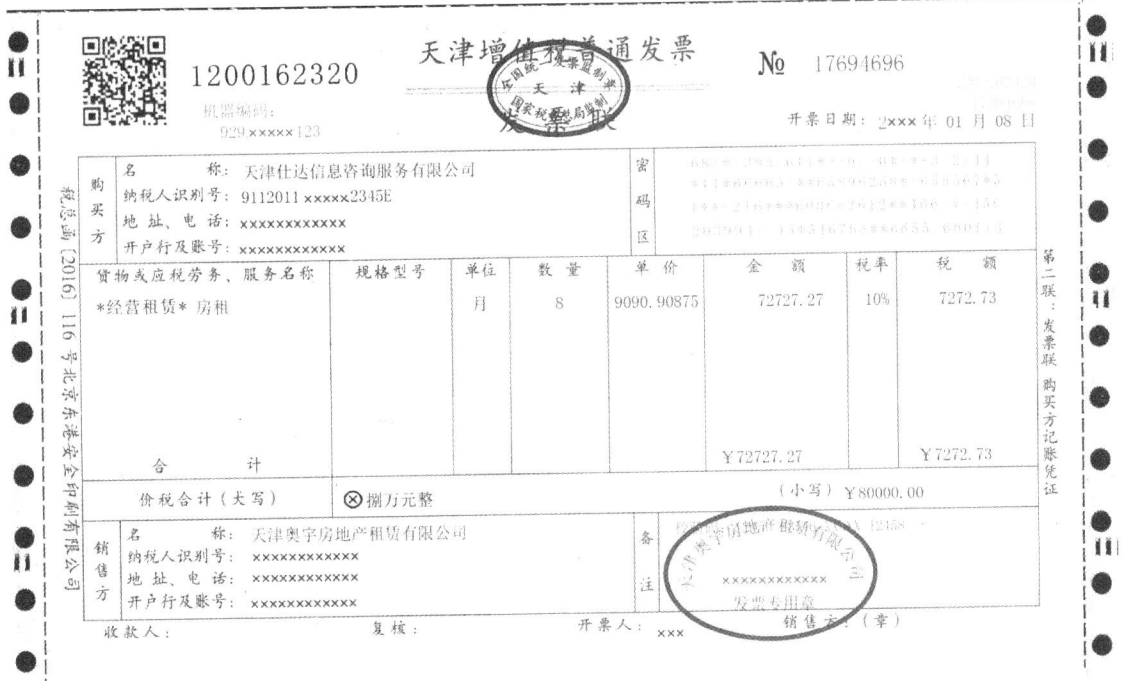

付款申请书

(4)

日期：2×××年01月08日

用途及情况	金 额										收款单位（人）：天津信德汽车销售有限公司
购买汽车	亿	千	百	十	万	千	百	十	元	角	分	账号：12006063701835359 8231
					￥	5	8	3	0	0	0 0	开户行：中国交通银行天津分行港空支行
金额大写（合计）	人民币伍万捌仟叁佰元整											□电汇；☑转账；□汇票；□其他
总经理	张超	财务部门	经理		申请部门	经理	张超
			会计	李然		经办人	徐国辉

（加盖"银行付讫"章）

---

(4)

中国工商银行
转账支票存根
30109861
00721902

附加信息

出票日期 2×××年 01 月 08 日

收款人：天津信德汽车销售有限公司
金　额：58300.00
用　途：购买汽车
单位主管 张超　会计 李然

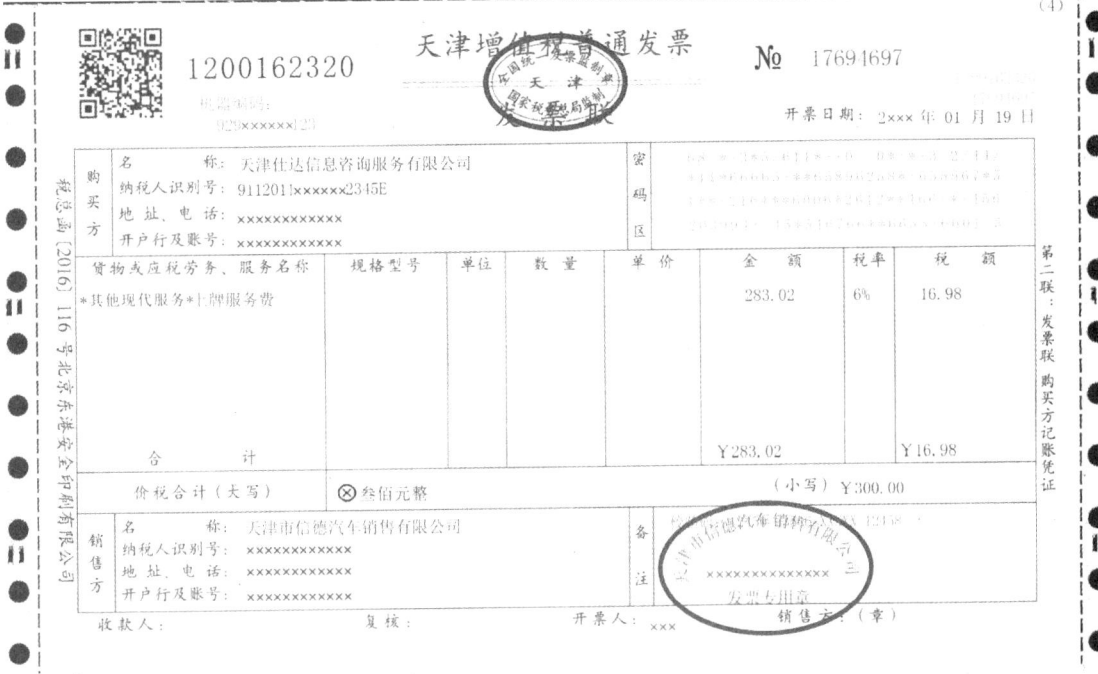

中国工商银行
现金支票存根
30109861
00721800

附加信息

出票日期：2×××年 01 月 08 日
收款人：天津仕达信息咨询服务有限公司
金　额：20000.00
用　途：备用金

单位主管　张超　会计

付款申请书

(5)

日期：2×××-01-08

用途及情况	金　额											收款单位（人）：天津仕达信息咨询服务有限公司
取备用金	亿	千	百	十	万	千	百	十	元	角	分	账号：0302100010030019931
				¥	2	0	0	0	0	0	0	开户行：中国工商银行天津分行新想支行
金额大写（合计）	人民币贰万元整											□电汇；□转账；□汇票；☑其他

总经理	张超	财务部门	经理		申请部门	经理	
			会计	李然		经办人	张红

银行付讫

付款申请书

(6)

日期：2×××-01-08

用途及情况	金额										收款单位（人）：天津大中电器商贸有限公司
	亿	千	百	十	万	千	百	十	元	角	分
购电脑					¥	5	0	0	0	0	0	0
账号：0302120100567891234 开户行：中国工商银行天津分行河北支行
金额大写（合计）	人民币伍万元整	电汇；☑转账；□汇票；□其他
总经理	张超	财务部门	经理		申请部门	经理	
			会计	李然		经办人	张红

（银行付讫）

---

(6)

中国工商银行
转账支票存根
30109851
00721903

附加信息

出票日期 2×××年 01 月 08 日
收款人：天津大中电器商贸有限公司
金　额：50000.00
用　途：购买电脑
单位主管 张超　会计

报 销 凭 单

2×××年 01 月 08日

部门名称	销售部	本人姓名	刘其东							
大写金额	人民币:叁佰元整			十万	千	百	十	元	角	分
						¥3	0	0	0	0
用途: 报销购买电脑运费			现金付讫							
主管负责人签字	张红	经手人签字	刘其东							

会计：李然

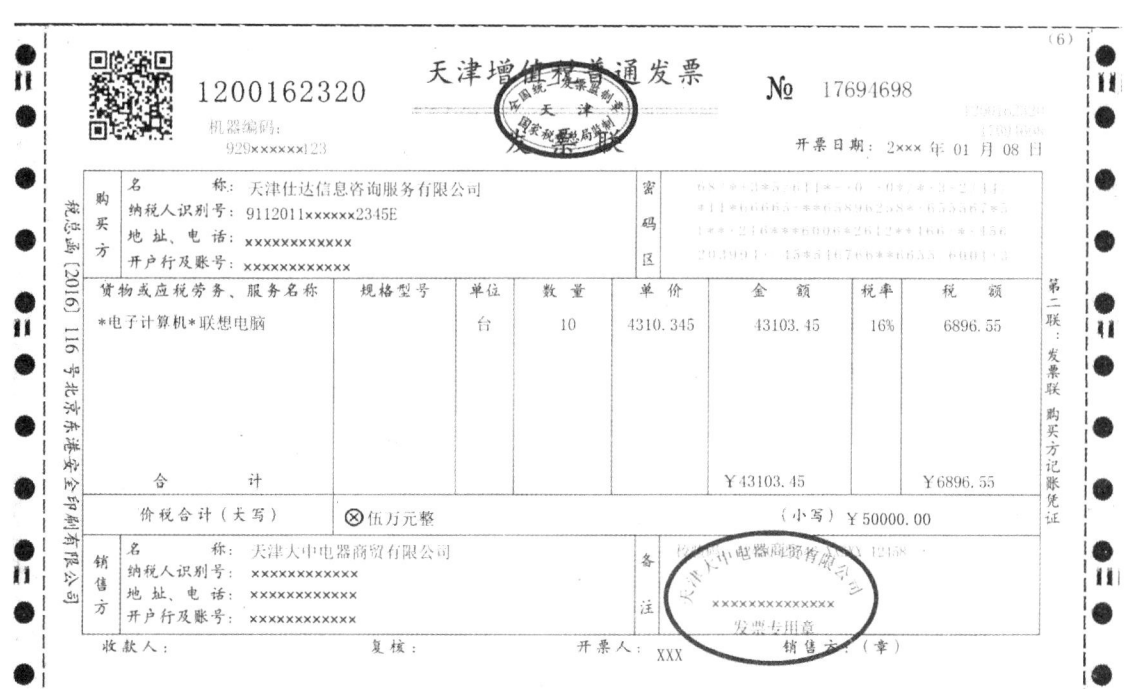

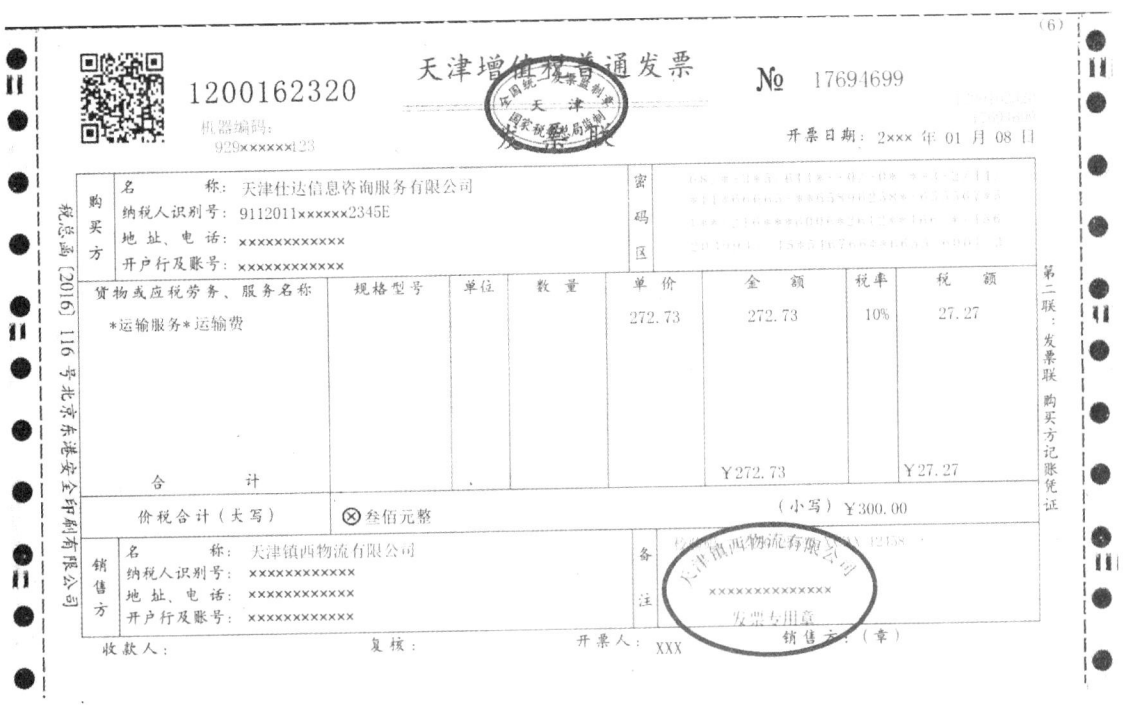

报 销 凭 单

2×××年 01 月 08 日

部门名称	经理室	本人姓名	张越							
大写金额	人民币:陆佰贰拾元整			十万	千	百	十	元	角	分
				￥		6	2	0	0	0
用途: 报销打的费			现金付讫							
主管负责人签字	张红	经手人签字	张越							

会计：李然

(7) (7) (7)

212001512035　　　　212001512035　　　　212001512035
03708709　　　　　　 03708709　　　　　　 03708709
　2×××-01-08　　　　　2×××-01-08　　　　　2×××-01-05

000001356655　　　　000001356235　　　　000001365235
　25961698　　　　　　25961669　　　　　　25961669
　B-65895　　　　　　 B-65365　　　　　　 B-65698
21:30　22:30　　　　21:30　22:30　　　　13:30　14:00
　　2.55元　　　　　　　2.55元　　　　　　　2.55元
　　2.55km　　　　　　 2.55km　　　　　　 29.55km
　01:00:26　　　　　　01:00:26　　　　　　02:30:26
　　0.00元　　　　　　　0.00元　　　　　　　0.00元
　　59.90元　　　　　　59.90元　　　　　　151.50元

(7) (7)

212001512036　　　　212001512039
03708710　　　　　　 03708713
　2×××-01-05　　　　　2×××-12-31

000005871235　　　　000005023035
　25961669　　　　　　25966989
　B-60028　　　　　　 B-60028
14:50　15:20　　　　14:50　15:10
　　2.55元　　　　　　　2.55元
　30.55km　　　　　　40.55km
　03:30:45　　　　　　06:20:45
　　0.00元　　　　　　　0.00元
　144.50元　　　　　　199.20元

天津市客运出租汽车燃油附加费专用发票

发 票 联

壹 元 整　￥1.00

发票代码：2120014120061
发票号码：08855795
防 伪 码：21200141206108855795 2919

2XXX年12月31日前开具有效。

天津市客运出租汽车燃油附加费专用发票

发 票 联

壹 元 整　￥1.00

发票代码：2120014120061
发票号码：08855795
防 伪 码：21200141206108855795 2919

2XXX年12月31日前开具有效。

天津市客运出租汽车燃油附加费专用发票

发票联

壹元整　￥1.00

发票代码：2120014112861
发票号码：08855795
防伪码：21200141206108855957952919

2XXX年12月31日前开具有效。

天津市客运出租汽车燃油附加费专用发票

发票联

壹元整　￥1.00

发票代码：2120014112861
发票号码：08855795
防伪码：21200141206108855957952919

2XXX年12月31日前开具有效。

天津市客运出租汽车燃油附加费专用发票

发票联

壹元整　￥1.00

发票代码：2120014112861
发票号码：08855795
防伪码：21200141206108855957952919

2XXX年12月31日前开具有效。

(8)

付款申请书

日期：2×××-01-08

用途及情况	金额										收款单位（人）：天津力源办公用品有限公司
	亿	千	百	十	万	千	百	十	元	角	分	账号： 开户行：
购买办公桌椅						¥	8	4	0	0	0	0	
金额大写（合计）	人民币 捌仟肆佰元整											□电汇；☑转账；□汇票；□其他
总经理	张超	财务部门	经理		申请部门	经理	
			会计	李然		经办人	张红

银行付讫

---

(8)

中国工商银行
转账支票存根
30109851
00721904

附加信息

出票日期 2×××年 01 月 08 日
收款人：天津力源办公用品有限公司
金　额：8400.00
用　途：购买办公桌椅
单位主管 张超　会计

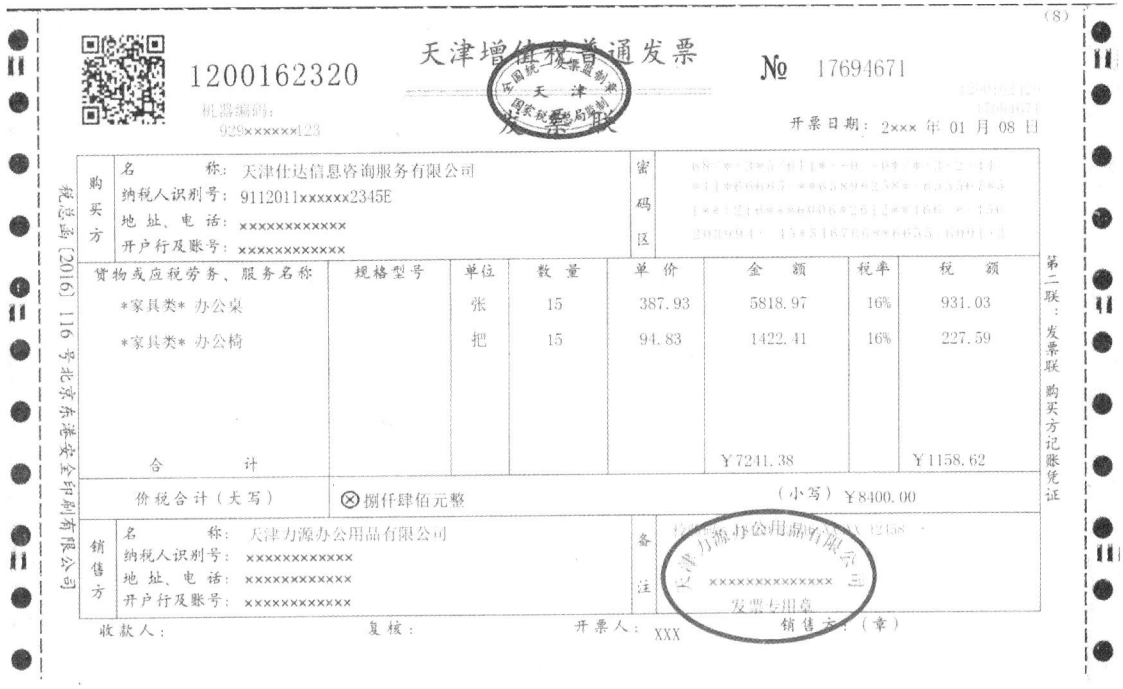

低值易耗品摊销表

日期	摊销月份	领用部门	摊销金额	备注
2×××-01-08	1月	行政办公室	8400	
合计			8400	

注明：本企业采用一次摊销法，领用时一次摊销。

报　销　凭　单

(10)

2×××年 01月 08日

部门名称	财务部	本人姓名	罗哲成							
大写金额	人民币：贰仟叁佰伍拾元整			十万	千	百	十	元	角	分
				￥	2	3	5	0	0	0
用途：购买办公用品										
主管负责人签字	李然	经手人签字	罗哲成							

现金付讫

会计：

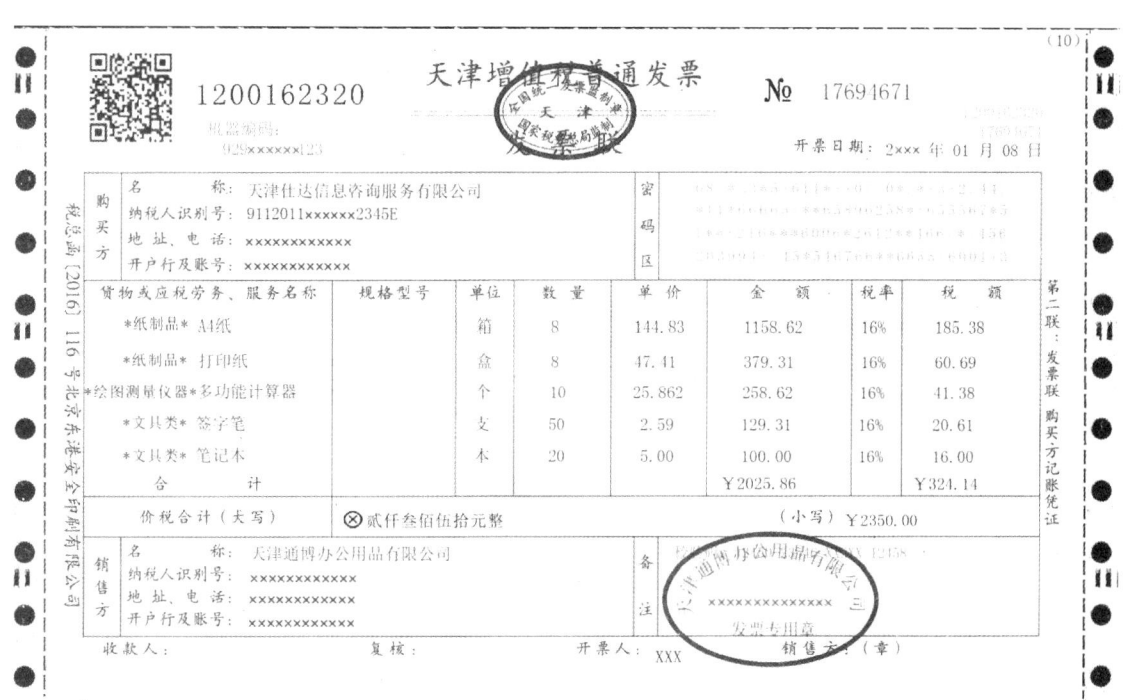

报 销 凭 单

(10)

2×××年 01月 09日

部门名称	经理室	本人姓名	张越							
				十	万	千	百	十	元	角	分
大写金额	人民币：叁佰元整						￥	3	0	0	0	0
用途：企业设立费											
主管负责人签字	张超	经手人签字	张越							

现金付讫

会计：

天津市非税收入一般缴款书 (10)

中国工商银行 电子缴税付款凭证

转账日期：2×××年01月09日　　　凭证字号：000129254

纳税人全称及识别号：9112011×××××2345E	03A106580
付款人全称：天津仕达信息咨询服务有限公司	征收机关名称：国家税务总局天津南海区分局
付款人账号：0302100010030019931	收款国库（银行）名称：国家金库天津南海区支库
付款人开户银行：中国工商银行天津分行新思路支行	缴款书交易流水号：2×××7020913005647
小写（合计）金额：¥250.00	税票号码：050919940 7029
大写（合计）金额：人民币贰佰伍拾元整	

税（费）种名称	所属时期	实缴税额
印花税	2×××0101-2×××0131	250.00

（中国工商银行 新思支行 2×××.01.09 转账专用章）

第 1 次打印　　打印日期：2×××年01月09日　　交易渠道：HAN

第二联：作付款回单（无银行收讫章无效）　　复核　　记账

报　销　凭　单

2×××年 1 月 11 日

部门名称	办公室	本人姓名	张越								
				十	万	千	百	十	元	角	分
大写金额	人民币：壹仟元整					¥	1	0	0	0	0
用途：	支付电话费			现金付讫							
主管负责人签字	张超	经手人签字	张越								

会计：

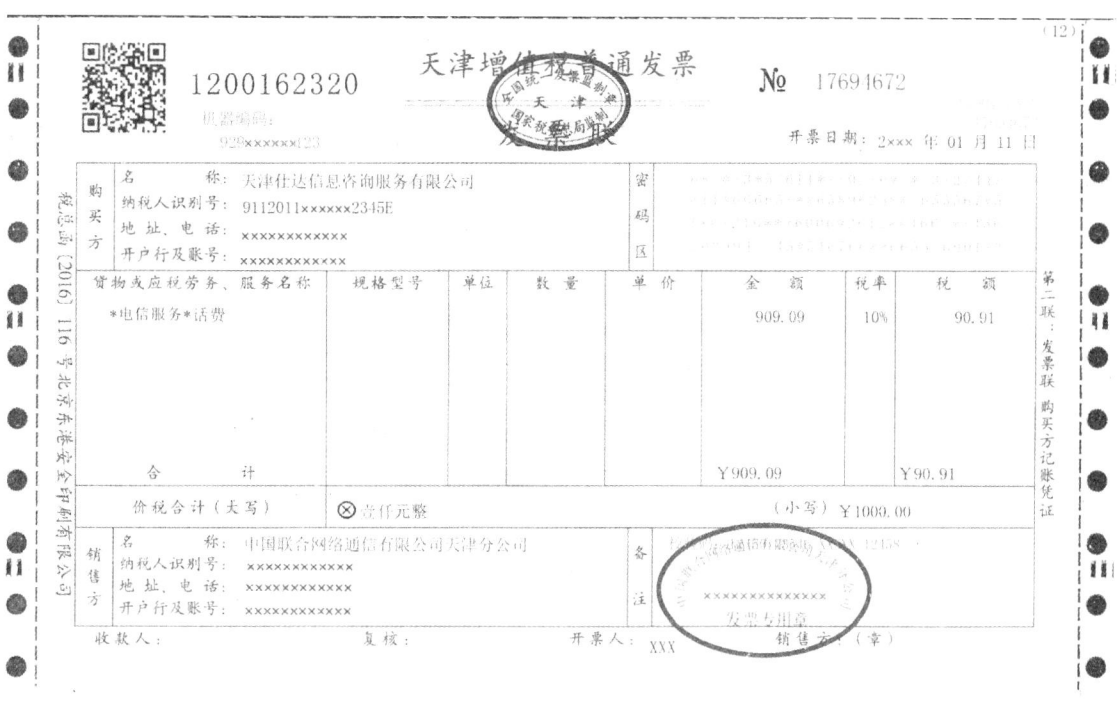

天津增值税普通发票

1200162320 No 17694696

开票日期：2×××年01月11日

购买方	名称：天津新东方药业有限公司
	纳税人识别号：××××××××××
	地址、电话：××××××××××
	开户行及账号：××××××××××

货物或应税劳务、服务名称	规格型号	单位	数量	单价	金额	税率	税额
*现代服务*咨询费					19417.48	3%	582.52
合　计					￥19417.48		￥582.52

价税合计（大写）：贰万元整　　（小写）￥20000.00

销售方	名称：天津仕达信息咨询服务有限公司
	纳税人识别号：9112011××××2345E
	地址、电话：××××××××××
	开户行及账号：××××××××××

收款人：　　复核：　　开票人：罗哲成　　销售方：（章）

（收账通知）

ICBC 中国工商银行 ZJ

处理方向：已入账　　　　　凭证号码：3913539722
业务代码：
收款人账号：0302100010030019931
收款人户名：天津仕达信息咨询服务有限公司
付款人账号：0302456680008001226
付款人户名：天津宝瑞大众汽车有限公司
金额（大写）：人民币伍仟元整
金额（小写）：￥5000.00　　　　提回行：
提回行：　　　　　　　　　　汇出行行号：
收报行行号：　　　　　　　　发报行行号：
用途：货款　　　　　　　　　打印次数：1
开票日期：2×××-01-13　入账日期：2×××-01-13　打印日期：2×××-01-13

记账：　　　　　复核：

天津增值税普通发票

No 17694697

1200162320

税器编码：967****675

开票日期：2×××年01月13日

购买方	名称：天津宝瑞大众汽车有限公司 纳税人识别号：×××××××××××× 地址、电话：×××××××××××× 开户行及账号：××××××××××××	密码区	（密文）

货物或应税劳务、服务名称	规格型号	单位	数量	单价	金额	税率	税额
*现代服务*咨询费					24271.84	3%	728.16
合计					￥24271.84		￥728.16

价税合计（大写）	⊗ 贰万伍仟元整	（小写）￥25000.00

销售方	名称：天津仕达信息咨询服务有限公司 纳税人识别号：9112011×××××2345E 地址、电话：×××××××××××× 开户行及账号：××××××××××××	备注	校验码：12450 28516 ××××× 12458

收款人： 　　复核： 　　开票人：罗哲成 　　销售方：（章）

收 款 收 据

NO.7455099

2×××年01月14日

今收到　天津汇发家具有限公司

交来咨询费

金额（大写）壹仟元整

￥1000.00　　☑现金　　□支票　　□信用卡　　□其他

（盖章：天津仕达信息咨询服务有限公司 收款财务专用章）

核准　　会计　　记账　　出纳 李然　　经手人

天津增值税普通发票

1200162320　　　　　№ 17694698

开票日期：2××× 年 01 月 14 日

购买方	名　称：天津汇发家具有限公司
	纳税人识别号：××××××××××
	地址、电话：××××××××××
	开户行及账号：××××××××××

货物或应税劳务、服务名称	规格型号	单位	数量	单价	金额	税率	税额
*现代服务*咨询费					970.87	3%	29.13
合　计					¥970.87		¥29.13

价税合计（大写）　⊗ 壹仟元整　　　　　（小写）¥1000.00

销售方	名　称：天津仕达信息咨询服务有限公司
	纳税人识别号：9112011×××××2345E
	地址、电话：××××××××××
	开户行及账号：××××××××××

收款人：　　复核：　　开票人：罗哲成　　销售方：（章）

ICBC 中国工商银行　现金存款凭条

日期：2×××年 1 月 14 日

存款人	全　称	天津仕达信息咨询服务有限公司	款项来源	咨询费
	账　号	0302100010030019931		
	开户行	工行天津分行新想支行	交款人	

金额（大写）人民币壹仟元整

金额（小写）：￥1 000 00（亿千百十万千百十元角分）

票面	张数	十万千百十元	票面	张数	千百十元角分	备注
壹佰元	10	1 0 0 0	伍角			
伍拾元			贰角			
贰拾元			壹角			
拾元			伍分			
伍元			贰分			
贰元			壹分			
壹元			其他			

（中国工商银行新想支行 收讫）

中国工商银行 进账单（收账通知）3

(17)

2×××年1月15日

出票人	全称	天津益州电子商务有限公司	收款人	全称	天津仕达信息咨询服务有限公司
	账号	2730001000234551001		账号	0302100010030019931
	开户银行	农行九州支行		开户银行	工行天津分行新想支行

金额	人民币（大写）	贰万元整	亿	千	百	十	万	千	百	十	元	角	分
							¥	2	0	0	0	0	0	0

票据种类	转支	票据张数	1张
票据号码			

备注：

工行新想支行
2×××.01.15
收讫

复核：　　记账：

此联是收款人开户银行交给收款人的收账通知

天津增值税普通发票

1200162320　　　　　№ 17694699

开票日期：2×××年01月15日

购买方	名称	天津益州电子商务有限公司	密码区	
	纳税人识别号	××××××××××××		
	地址、电话	××××××××××		
	开户行及账号	××××××××××		

货物或应税劳务、服务名称	规格型号	单位	数量	单价	金额	税率	税额
*现代服务*咨询费					19417.48	3%	582.52
合　计					¥19417.48		¥582.52

价税合计（大写）　⊗ 贰万元整　　　　　（小写）¥20000.00

销售方	名称	天津仕达信息咨询服务有限公司	备注	
	纳税人识别号	9112011×××××2345E		
	地址、电话	××××××××××		
	开户行及账号	××××××××××		

收款人：　　复核：　　开票人：罗哲成　　销售方：（章）

借款单

(18)

2×××年1月15日

借款部门	销售部	姓名	张红	事由	借差旅费		
借款金额（大写）		零万叁仟零佰零拾零元零角零分				￥3000.00	
领导审批	张超	财务审批	李然	部门审批	现金付讫	出纳付款	罗哲成
借款人		张红		备注		参加商务会	

差旅费报销单

(19)

2×××年01月18日

所属部门		销售部			姓名	张红	出差事由	联系业务	
出发		到达		起止地点		交通费	住宿费	补助	其他
月	日	月	日						
01	15	01	15	天津—上海		520.00	700.00	200.00	
01	17	01	17	上海—天津		520.00			
合计		大写金额：人民币壹仟玖佰肆拾元整			￥1940.00	预支旅费	￥3000.00	退回金额	￥1060.00
								补付金额	

现金收讫

总经理：张超　财务经理：李然　会计：　　出纳：罗哲成　部门经理：　　报销人：张红

上海 站 G3406 次 天津 站
Shanghai　　　　　　　Tianjin
2×××年01月17日 13:00开 07车 06E号
￥520.0元　　　　　　二等座
限乘当日当次列车
1201061983****1068 张红
买票请到12306 发货请到95306
中国铁路祝您旅途愉快
3253740*******5832 上海售

（收账通知）　　　　　　　　　　　　　　　　（20）

ICBC 中国工商银行　　　　　　　　　　　　　ZJ
INDUSTRIAL AND COMMERCIAL BANK OF CHINA

处　理　方　向：已入账　　　　　　　凭证号码：3913539723
业　务　代　码：
收款人账号：0302100010030019931
收款人户名：天津仕达信息咨询服务有限公司
付款人账号：0302456680008068954
付款人户名：天津百科电子商务有限公司
金额（大写）：叁万元整
金额（小写）：￥30000.00
提　回　行：　　　　　　　　　　　　提　回　行：
收报行行号：　　　　　　　　　　　　汇出行行号：
用　途：货款　　　　　　　　　　　　发报行行号：
　　　　　　　　　　　　　　　　　　打印次数：1
开票日期：2×××-01-13　入账日期：2×××-01-13　打印日期：2×××-01-13

　　　　　　　　　　　　　　　　　记账：　　　　　复核：

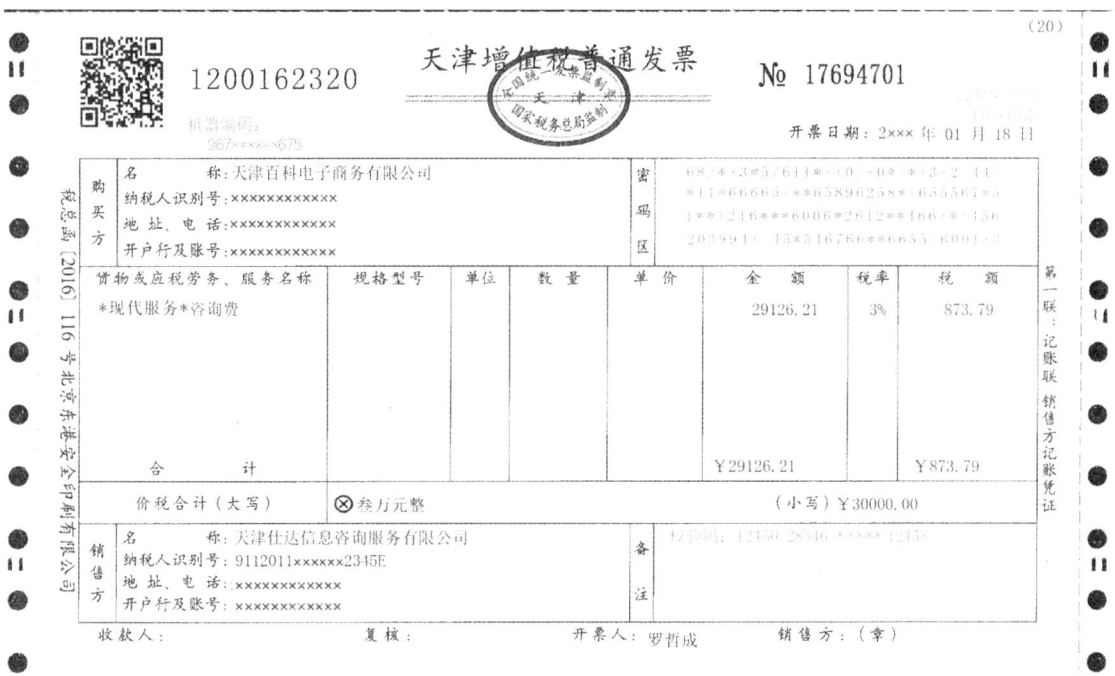

报 销 凭 单

2×××年 01 月 19 日

部门名称	销售部		本人姓名	张红							
大写金额	人民币：贰拾贰元整				十万	千	百	十	元	角	分
							￥	2	2	0	0
用途： 支付EMS快递费					现金付讫						
主管负责人签字	张超		经手人签字	张红							
							会计：				

报 销 凭 单

(22)

2×××年 01 月 21日

部门名称	销售部		本人姓名	张红						
大写金额	人民币：柒佰元整				十万	千	百	十	元	角	分
					￥	7	0	0	0	0
用途： 支付汽油费				现金付讫						
主管负责人签字	张超		经手人签字	张红						

会计：

报 销 凭 单

(23)

2×××年 01 月 21日

部门名称	办公室		本人姓名	欧阳枫						
大写金额	人民币：叁佰零壹元贰角柒分				十万	千	百	十	元	角	分
							￥	3	0	1	2	7
用途： 支付电费				现金付讫						
主管负责人签字	张超		经手人签字	欧阳枫						

会计：

天津增值税普通发票

1200162320　　　　　　　　　　　　　　　№ 17694676

机器编码：929×××××123　　　　　　　　　开票日期：2×××年01月21日

购买方	名　称	天津奥宇房地产租赁有限公司	密码区	
	纳税人识别号	××××××××××		
	地址、电话	××××××××××		
	开户行及账号	××××××××××		

货物或应税劳务、服务名称	规格型号	单位	数量	单价	金额	税率	税额
*供电*供电			1897.24	1.50	2845.86	16%	455.34
合　计					￥2845.86		￥455.34

价税合计（大写）　叁仟叁佰零壹元贰角　　　（小写）￥3301.20

销售方	名　称	天津市海滨区供电分局	备注	
	纳税人识别号	××××××××××		
	地址、电话	××××××××××		
	开户行及账号	××××××××××		

收款人：　　　　　复核：　　　　　开票人：×××　　　　　销售方（章）

复印件

原始凭证分割单

编号：00010

2×××年01月21日

接受单位名称	天津仕达信息咨询服务有限公司	地址	天津市南海区西北大街518号
原始凭证 单位名称	天津奥宇房地产租赁有限公司	地址	
原始凭证 名称	国税普通机打发票　日期 2×××-01-21　编号		

总金额	人民币（大写）叁仟叁佰零壹元贰角	亿千百十万千百十元角分 ￥3 3 0 1 2 0
分割金额	人民币（大写）叁佰零壹元贰角柒分	亿千百十万千百十元角分 ￥3 0 1 2 7

原始凭证主要内容、分割原因	
备注	该原始凭证附在本单位2×××年1月21日第26号记账凭证内

单位名称（公章）：　　　会计：　　　　　制单：××
地址：

收 款 收 据

NO.7455000

2××× 年 1 月 21 日

今收到　天津仕达信息咨询服务有限公司

电费

金额（大写）叁佰零壹元贰角柒分

￥ 301.27　　☑现金　　□支票　　□信用卡　　□其他

核准　　会计　　记账　　出纳　　经手人

第三联 收据联

(23)

报 销 凭 单

(24)

2××× 年 01 月 21 日

部门名称	办公室	本人姓名	欧阳枫
大写金额	人民币：壹佰玖拾叁元肆角肆分	十万千百十元角分	￥ 1 9 3 4 4
用途： 支付水费		现金付讫	
主管负责人签字	张超	经手人签字	欧阳枫
			会计：

收款收据

2×××年 1 月 21 日　　NO.7455365

今收到　天津仕达信息咨询服务有限公司

水费

金额（大写）壹佰玖拾叁元肆角肆分

￥ 193.44　　☑ 现金　　□ 支票　　□ 信用卡　　□ 其他

核准　　会计　　记账　　出纳　　经手人

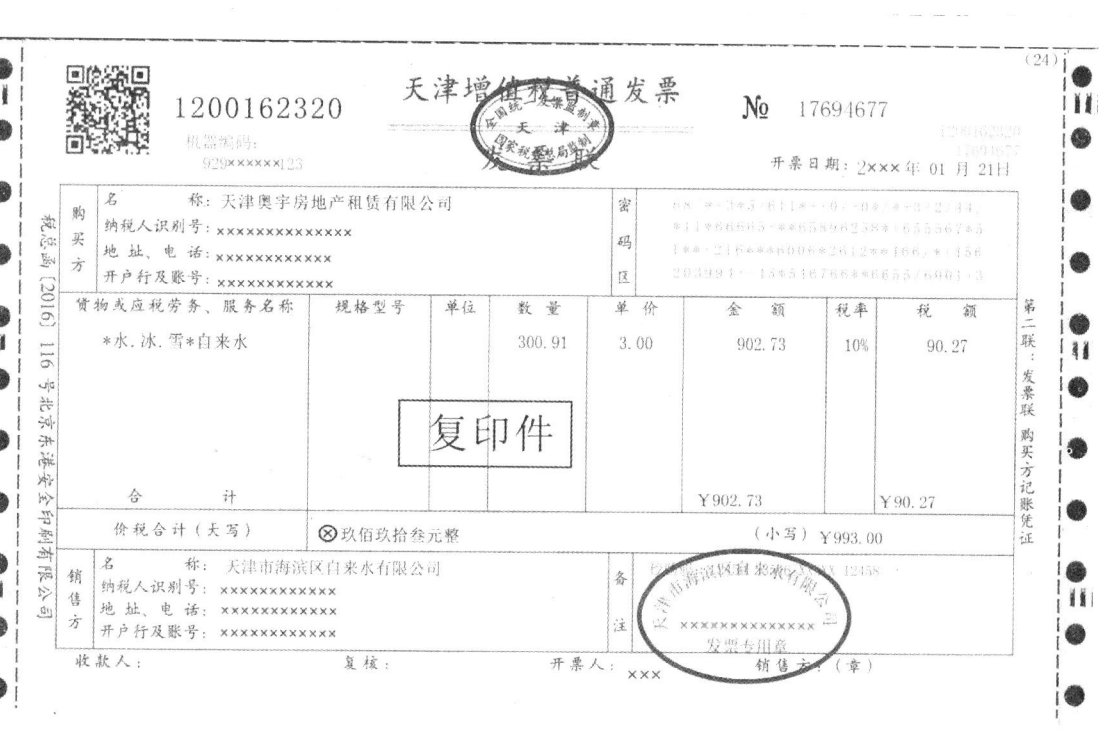

原始凭证分割单

编号：00011

2×××年01月21日

接受单位名称	天津仕达信息咨询服务有限公司	地址	天津市南海区西北大街518号
原始凭证 单位名称	天津奥宇房地产租赁有限公司	地址	
原始凭证 名称	国税普通机打发票 日期 2×××-01-21 编号		

总 金 额	人民币（大写）玖佰玖拾叁元正	亿千百十万千百十元角分 ￥9 9 3 0 0
分 割 金 额	人民币（大写）壹佰玖拾叁元肆角肆分	亿千百十万千百十元角分 ￥1 9 3 4 4

原始凭证主要内容、分割原因

备注：该原始凭证附在本单位 2××× 年1月21日第27号记账凭证内

单位名称（公章）： 会计： 制单：xx

地址：

120111675566588 发票专用章

报 销 凭 单

(25)

2×××年 01 月 21 日

部门名称	经理部	本人姓名	张越
大写金额	人民币：壹仟壹佰捌拾伍元整		十万千百十元角分 ￥1 1 8 5 0 0
用途： 支付业务招待费			现金付讫
主管负责人签字	张超	经手人签字	张越
			会计：

天津增值税普通发票

No 17694678

机器编码：929×××××23

开票日期：2××× 年 01 月 21日

购买方		
名称	天津仕达信息咨询服务有限公司	
纳税人识别号	911201×××××2345E	
地址、电话	××××××××××	
开户行及账号	××××××××××	

货物或应税劳务、服务名称	规格型号	单位	数量	单价	金额	税率	税额
*餐饮服务*餐费					1120.55	3%	64.45
合计					￥1120.55		￥64.45

价税合计（大写）：壹仟壹佰捌拾伍元整　（小写）￥1185.00

销售方	
名称	天津市天门餐饮有限公司
纳税人识别号	××××××××××
地址、电话	××××××××××
开户行及账号	××××××××××

收款人：　　复核：　　开票人：×××　　销售方：（章）

付款申请书

日期：2×××-01-31

收款单位（人）：天津仕达信息咨询服务有限公司

账号：0302100010030019931

开户行：中国工商银行天津分行新想支行

用途及情况	金额								
	亿	千	百	十	万	千	百	十	元	角	分
取备用金					￥	3	5	0	0	0	0

金额大写（合计）：人民币叁万伍仟元整

电汇□　转账□　汇票□　其他☑

总经理	张超	财务部门	经理		申请部门	经理	
			会计	李然		经办人	张红

(26)
中国工商银行
现金支票存根
30109861
00721801

附加信息
出票日期 2×××年 01 月 31 日
收款人：天津仕达信息咨询
　　　　服务有限公司
金　额：35000.00
用　途：备用金
单位主管 张超　会计

ICBC 中国工商银行　　进账单（收账通知）3　（27）

2×××年1月31日

出票人	全称	天津融创科技发展有限公司	收款人	全称	天津仕达信息咨询服务有限公司	亿	千	百	十	万	千	百	十	元	角	分
	账号	1208030100200033335		账号	0302100010030019931											
	开户银行	中国银行滨海分行		开户银行	工行天津分行新想支行											
金额	人民币（大写）	贰万捌仟元整								¥	2	8	0	0	0	0
票据种类		转支	票据张数		1张											
票据号码																
备注：																

工行新想支行
2×××.01.31
收讫

复核：　　记账：

此联是收款人开户银行交给收款人的收账通知

天津增值税普通发票

No 17694702

开票日期：2×××年 01 月 31 日

购买方	名称：天津融创科技发展有限公司 纳税人识别号：×××××××××× 地址、电话：×××××××××× 开户行及账号：××××××××××	密码区	68**3*5,611**-0-0**-2-2/41/ *41*62665**65896258*-655567*5 1**-216**600E*2612**9466/*+456 203991/ 15*516766**6655/6001*3

货物或应税劳务、服务名称	规格型号	单位	数量	单价	金额	税率	税额
*现代服务*咨询费					27184.47	3%	815.53
合计					￥27184.47		￥815.53

价税合计（大写）	⊗ 贰万捌仟元整		（小写）￥28000.00

销售方	名称：天津仕达信息咨询服务有限公司 纳税人识别号：911201×××××2345E 地址、电话：×××××××××× 开户行及账号：××××××××××	备注	税验码：12450 28546 ××××× 12458

收款人： 复核： 开票人：罗哲成 销售方：（章）

天津增值税普通发票

No 17694703

开票日期：2×××年 01 月 31 日

购买方	名称：天津东京商务有限公司 纳税人识别号：×××××××××× 地址、电话：×××××××××× 开户行及账号：××××××××××	密码区	68**3*5/611**-0-0**-2-2/41/ *41*6665-*658962S8*-655567*5 1**-216**600E*2612**9466/*+456 203994/ 45*546766**6655/6001*3

货物或应税劳务、服务名称	规格型号	单位	数量	单价	金额	税率	税额
*现代服务*咨询费					24271.84	3%	728.16
合计					￥24271.84		￥728.16

价税合计（大写）	⊗ 贰万伍仟元整		（小写）￥25000.00

销售方	名称：天津仕达信息咨询服务有限公司 纳税人识别号：911201×××××2345E 地址、电话：×××××××××× 开户行及账号：××××××××××	备注	税验码：12458 28546 ××××× 12458

收款人： 复核： 开票人：罗哲成 销售方：（章）

天津增值税普通发票

No 17694704

开票日期：2×××年01月26日

购买方	名称：天津京益科技仪器有限公司 纳税人识别号：××××××××××× 地址、电话：××××××××××× 开户行及账号：××××××××××××	密码区	

货物或应税劳务、服务名称	规格型号	单位	数量	单价	金额	税率	税额
*现代服务*咨询费					14563.11	3%	436.89
合计					¥14563.11		¥436.89

价税合计（大写）：壹万伍仟元整　　（小写）¥15000.00

销售方	名称：天津仕达信息咨询服务有限公司 纳税人识别号：9112011×××××2345E 地址、电话：××××××××× 开户行及账号：××××××××××	备注	

收款人：　　　复核：　　　开票人：罗哲成　　　销售方：（章）

工资分配表

编制单位：天津仕达信息咨询服务有限公司　　2×××年01月31日　　单位：元

应借科目	应分配的工资总额	分配率	分配工资
————	29400.00	————	————
销售费用	————	————	9700.00
管理费用	————	————	19700.00

单位负责人：张超　　　财务主管：李然　　　制表人：李然

天津仕达信息咨询服务有限公司工资表
2×××年1月

序号	部门	姓名	基本工资	加班费	伙食补贴	应发工资	个人所得税	实发工资	签名
1	经理部	张超	3000		100	3100		3100	
2	经理部	张越	3000		100	3100		3100	
3	行政部	徐国辉	2600		100	2700		2700	
4	业务部	张红	3400		100	3500		3500	
5	业务部	刘其东	3200		100	3300		3300	
6	业务部	陈华东	2800		100	2900		2900	
7	财务部	李然	3200		100	3300		3300	
8	财务部	李菲菲	3000		100	3100		3100	
9	财务部	罗哲成	2200		100	2300		2300	
10	行政部	欧阳枫	2000		100	2100		2100	
	合计		28400		1000	29400		29400	

天津仕达信息咨询服务有限公司工资表
2×××年1月

序号	部门	姓名	基本工资	加班费	伙食补贴	应发工资	个人所得税	实发工资	签名
1	经理部	张超	3000		100	3100		3100	张超
2	经理部	张越	3000		100	3100		3100	张越
3	行政部	徐国辉	2600		100	2700		2700	徐国辉
4	业务部	张红	3400		100	3500		3500	张红
5	业务部	刘其东	3200		100	3300		3300	刘其东
6	业务部	陈华东	2800		100	2900		2900	陈华东
7	财务部	李然	3200		100	3300		3300	李然
8	财务部	李菲菲	3000		100	3100		3100	李菲菲
9	财务部	罗哲成	2200		100	2300		2300	罗哲成
10	行政部	欧阳枫	2000		100	2100		2100	欧阳枫
	合计		28400		1000	29400		29400	

预付账款摊销分配表

(32)

编制单位：天津仕达信息咨询服务有限公司　　　　　　　　　　2×××年 01 月

项目	应借科目	开始时间	入账金额	摊销月数	月摊销额	已摊销额	未摊销额	备注
房租	管理费用	2×××年1月	80000.00	8	10000.00	10000.00	70000.00	
合　计			80000.00	8	10000.00	10000.00	70000.00	

计 税 表

编制单位：天津仕达信息咨询服务有限公司　　　　2××× 年 01 月 31 日

增 值 税 （小规模）					
税种	票	全额税收	价款	税率	税额
增值税					

增 值 税 （一般纳税人）						
税种	票	不含税收入	税率	销项税额	上月留抵税额	进项税	税额（负数为留抵）
					******		******
					******		******

附 加 税				
税种	计税基数	成本抵扣	税率	税额
城建税	4776.70		7%	334.37
教育费附加	4776.70	******	3%	143.30
地方教育费附加	4776.70	******	2%	95.53
地税合计				

税款总计：　¥573.2

中国企业财务管理协会高校财税专业建设与发展委员会指定教材

新编精讲

28天速成主管会计

主编 刘毅 王管谈

（中）出纳实训篇

副主编：宋鲁伟 张菊 肖雯 张微 陈洪菊
　　　　王春玲 侯岚 郎毅 孙涵 万齐煜

中国商业出版社

图书在版编目（ＣＩＰ）数据

28天速成主管会计. 中，出纳实训篇 / 刘毅，王管谈主编. -- 北京：中国商业出版社，2019.10
ISBN 978-7-5208-0972-6

Ⅰ．①2… Ⅱ．①刘… ②王… Ⅲ．①会计学－基本知识 Ⅳ．①F230

中国版本图书馆 CIP 数据核字(2019)第 258597 号

责任编辑：巫皆富

中国商业出版社出版发行

010-63180647　www.c-cbook.com

(100053　北京广安门内报国寺1号)

新华书店经销

廊坊市旭日源印务有限公司印刷

*

787毫米×1092 毫米　16 开　34 印张　236 千字

2020 年 1 月第 1 版 2020 年 1 月第 1 次印刷

定价：150.00元

****

（如有印装质量问题可更换）

前言

"经济越发展,会计越重要"。随着我国社会主义市场经济体制的建立和完善,会计作为经济管理基础性工作,其地位和作用越来越多被人们所认识。强化会计管理、提高会计信息质量,已成为会计工作面临的一项十分紧迫的任务,会计工作者要有熟练高超的业务技能,还要熟悉相关的税收、票据等法律制度。

数字的积累从"零"开始,会计的技能学习从"基础"开始;面对财会知识的大量需求,"零基础"的你,也迎来了一个新的起点。百练教育科技集团为满足不同的群体对财会知识的需求,根据会计准则和相关税收政策,组织一批财会领域一线教学专家,根据市场需求以及教学对象的特点,编写推出《28天速成主管会计》系列丛书,本丛书结合百练独创的"OAO"教学方法,采用高效立体式"2+1"即"2篇理论指导+1本真账实操"的学习模式,以实际工作为导向,切实做到理论与实践相结合,本丛书会让会计学习过程更有趣,学习内容更实用,给会计从业者奉献一条绿色"跑道"。

本书具有以下特点:

●全面、系统。本丛书全面结合会计实务的基础理论知识,总结专业技术资格的规律,科学谨慎地将每一部分内容通过图片、表格等多种形式,逻辑清晰地表现出来,不仅做到了内容上的完整性还实现了知识点的逻辑性和联系性。

●注重实操、便于理解。无论你是零基础,还是从业人员,对业务的提升都有帮助。本丛书以会计实操技能训练为基础,以真实工作为场景,通过大量实例讲解会计知识的重点,结合企业真账实操进行演练,使会计学习内容更实用、更易于理解。

●编排新颖。在具体的介绍过程中,尽可能化繁为简,易于理解、便于掌握。知识性和趣味性强,使整套书的风格生动、活泼。真账实操部分采用全真原始凭证,断点式印刷,学习者可直接撕取,装订账本,十分便捷。

本丛书由百练教育科技集团刘毅担任总编,对每本书的结构以及特点进行总纂,在百练多名一线白金级专家讲师、高校现任教师的协同努力下编写完成,向参与编辑的河南师范大学审计处宋鲁伟处长，安徽科技学院财务处张菊老师表示感谢，过程中参考并结合企业财务岗位的实际需求，借鉴了不少专著与教材，只为让您的会计学习更高效、简单、有趣，迅速成长为会计高手。

目　录

第一部分　基础理论学习 1

职责与工作流程篇 1
 一、出纳岗位职责 1
 二、出纳工作岗位核算流程 2

验钞、点钞篇 5
 一、验钞 5
 二、点钞 7
 三、残币的处理 9
 四、保险柜的使用 12

票据填写篇 15
 一、金额的书写要清晰、规范 15
 二、日期的规范化书写 17
 三、印章的管理 18
 四、银行预留印鉴 18
 五、票据的盖章 18
 六、更换预留印鉴 19

业务处理·现金篇 20
 一、取现业务 20
 二、支票填写错误的处理 30
 三、现金收款业务 31
 四、现金存款业务 33
 五、现金付款业务 35
 六、填制会计凭证 39
 七、现金的日清工作 48
 八、移交票据 50

业务处理·银行篇 52
 一、认识银行结算账户 52
 二、转账支票的相关业务 53

业务处理·支付宝、微信篇 62

知识普及·POS 机篇 64

    一、金融类 POS 机含义 64

    二、金融类 POS 机主要分类 65

第二部分 实训练习课堂 70

第一部分 基础理论学习

职责与工作流程篇

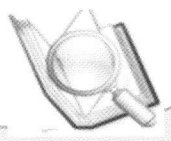

情景简介

向飞飞在一家公司应聘了出纳岗位，上班第一天，财务经理交给她《出纳岗位职责》及相关核算流程，让她先熟悉一下工作岗位和公司内部环境，向飞飞高兴地接过来。

一、出纳岗位职责

1. 出纳人员应每天清点库存现金，不得超过银行规定的限额，超过部分应及时存入银行；
2. 不准坐支现金，不得"白条抵库"，不准签发空头支票；
3. 根据稽核人员审核签章的收款凭证、付款凭证进行复核，办理款项收付；办理银行结算要规范使用支票，正确填写密码；
4. 不得编造和谎报用途套取现金，向银行提现时需写明用途，由财务部门负责人签字加盖预留银行印鉴；
5. 负责日常费用的报销、业务的收款，认真登记现金日记账，每日结出余额，并核实库存，做到账实相符；定期将银行存款账面余额与银行对账单进行核对，保证款项准确；
6. 妥善保管现金及有价证券、支票、密码器、IC 卡等；
7. 出纳人员对违法的收支不予办理，应当制止和纠正，如制止和纠正无效，应当向单位领导及时反映情况。出纳人员对违法的收支不予制止和纠正又不向领导反映情况的，也应当承担相应的责任；
8. 不得"公款私存"，不得私设小金库，不得保留账外现金；
9. 严格遵守授权批准程序，不得擅自挪用、借出现金。

二、出纳工作岗位核算流程

1. 现金付款业务基本流程

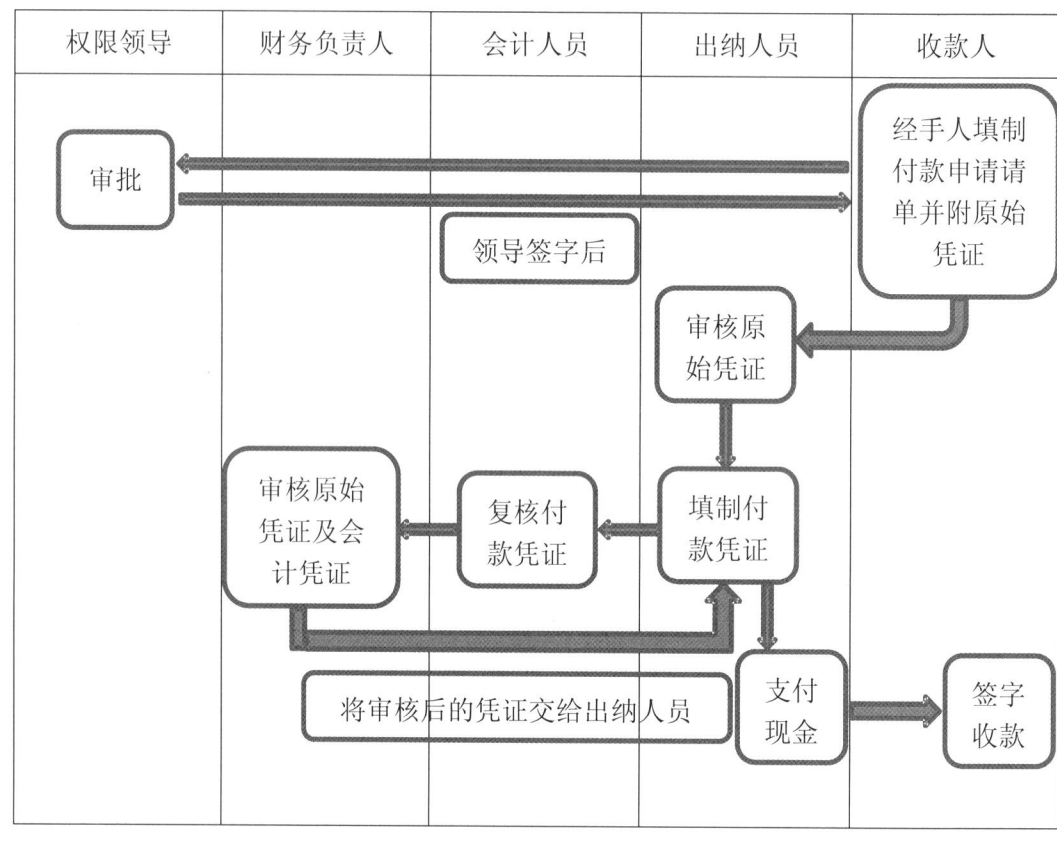

2. 现金收款业务基本流程

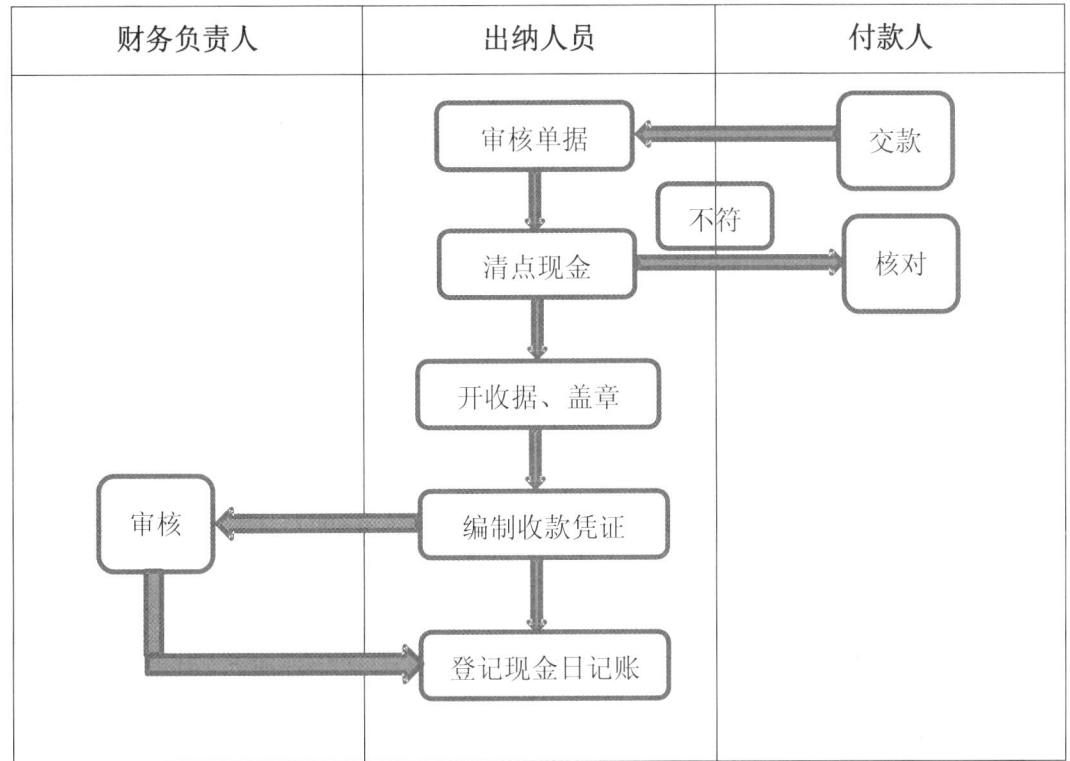

3. 银行付款业务基本流程

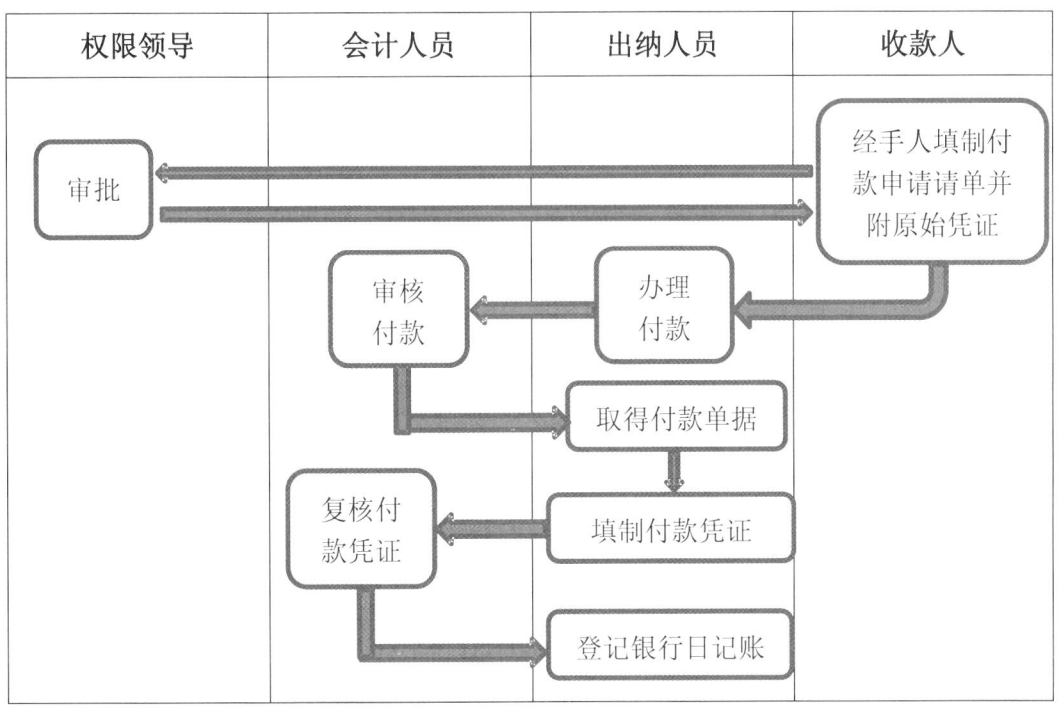

4. 银行收款业务基本流程

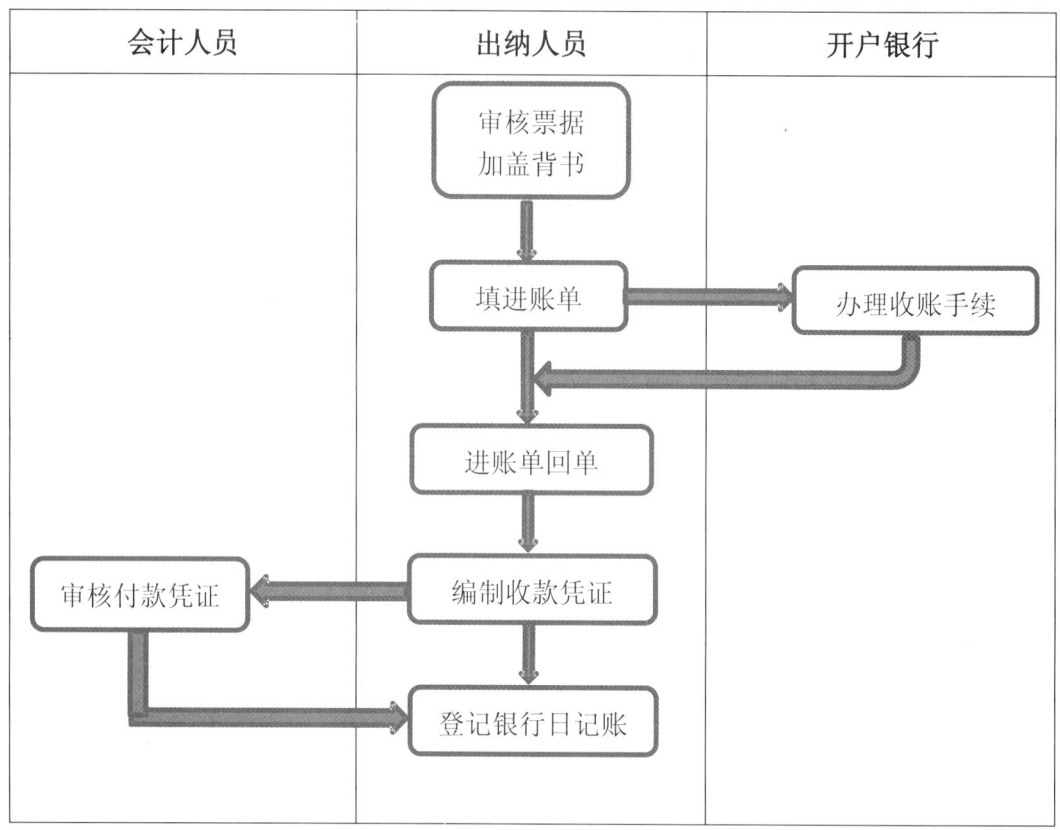

验钞、点钞篇

情景简介

这时,业务员交来了货款,向飞飞开始按照现金收款流程开始工作,但是向飞飞很紧张,害怕会有假钞。向飞飞决定抓紧学习验钞。

验钞是出纳人员最基本的技能之一,对于收到的每一张纸币,出纳人员都要进行认真的查验,稍有不慎就可能中招。而在绝大部分企业中,对于出纳人员收到假钞都是自己赔偿的,所以除了申请购买验钞机之外,出纳人员应该练就一双验钞的"火眼金睛"。

技能目标

迅速识别钞票真伪,准确快速点钞,正确处理残币,保管好保险柜密码和钥匙

一、验钞

(一)识别钞票的真伪,首先要掌握人民币的票面特征

　　100元人民币主色调为红色。票幅长155mm，宽77mm。票面正面主景为毛泽东头像，左侧为"中国人民银行"行名、阿拉伯数字为"100"、面额"壹佰元"和椭圆形花卉图案。票面左上角为中华人民共和国"国徽"图案，票面右下角为盲文面额标记，票面正面印有横竖双号码。票面背面主景为"人民大会堂"图案，左侧为人民大会堂内圆柱图案，票面右上方为"中国人民银行"的汉语拼音字母和蒙、藏、维、壮四种民族文字的"中国人民银行"字样和面额。

　　（二）识别钞票的真伪，其次要掌握人民币的防伪特征

　　1.固定人像水印。位于票面正面左侧空白处，迎光透视，可见与主景人像相同、立体感很强的毛泽东头像水印；

　　2.红、蓝彩色纤维。在票面上可看到纸张中有红色和蓝色纤维；

　　3.磁性缩微文字安全线。钞票纸中的安全线，迎光透视，可见"RMB100"微小文字，仪器检测有磁性；

　　4.手工雕刻头像。票面正面主景为毛泽东头像，采用手工雕刻凹版印刷工艺，形象逼真、传神，凹凸感强，易于识别；

　　5.隐形面额数字。票面正面右上方有一椭圆形图案，将钞票置于与眼睛接近平行的位置，面对光源作水平旋转45度或90度角，即可看到面额"100"字样；

　　6.胶印缩微文字。票面正面上方椭圆形图案中，多处印有胶印缩微文字，在放大镜下可看到"RMB"和"RMB100"字样；

　　7.光变油墨面额数字。票面正面左下角"100"字样，与票面垂直角度观察为绿色，倾斜一定角度则变为蓝色；

8.阴阳互补对印图案。票面正面左下方和背面右下方均有一圆形局部图案，迎光观察，正背图案重合并组成一个完整的古钱币图案；

9.雕刻凹版印刷。票面正面主景为毛泽东头像、中国人民银行行名、盲文及背面主景人民大会堂等均采用雕刻凹版印刷，用手指触摸有明显凹、凸感；

10.横竖双号码。票面正面采用横竖双号码印刷（均为两位冠字，八位号码）。横号码为黑色，竖号码为蓝色。

二、点钞

（一）人工点钞

1.点钞是出纳人员必备的技能，要求做到"准、快"。"准"就是钞券清点不错不乱，金额准确无误并快速分辨假币。"快"就是是指在准的前提下，加快点钞速度，提高工作效率。

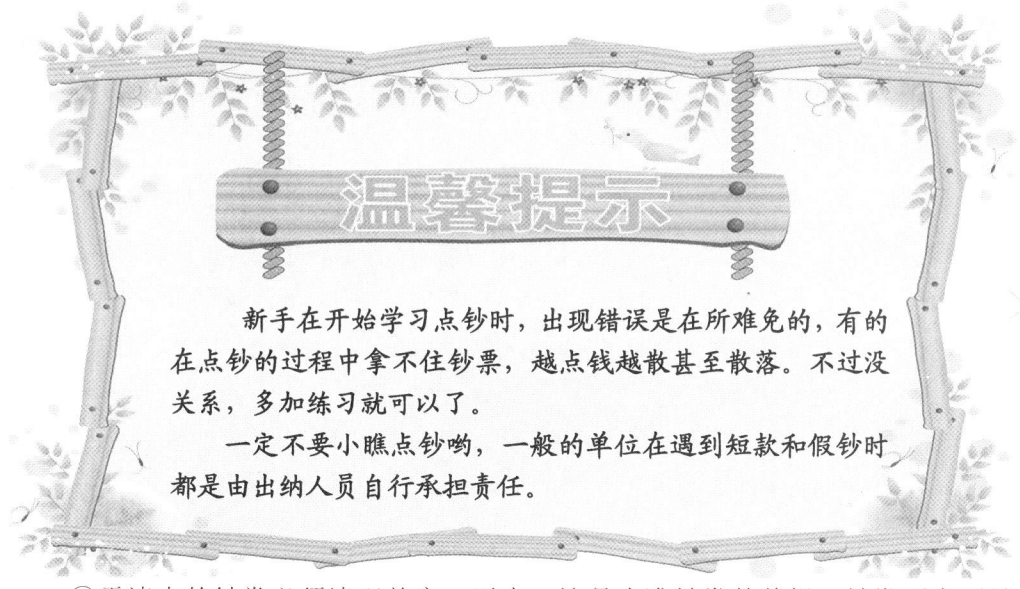

新手在开始学习点钞时，出现错误是在所难免的，有的在点钞的过程中拿不住钞票，越点钱越散甚至散落。不过没关系，多加练习就可以了。

一定不要小瞧点钞哟，一般的单位在遇到短款和假钞时都是由出纳人员自行承担责任。

①需清点的钞券必须清理整齐、平直。这是点准钞券的前提，钞券不齐不易点准。

对折角、弯折、揉搓过的钞券要将其弄直、抹平，明显破裂、质软的票子要先挑出来。根据票面金额整理顺序，清理好后，将钞券在桌面上墩齐。

②开扇要均匀

钞券清点前，都要将票面捻开成扇形，使钞券有一个坡度，便于捻动。开扇均匀是指每张钞券的间隔距离必须一致，使之在捻钞过程中不易夹张，也决定着点钞是否准确。

③手指触面要小

手工点钞时，捻钞的手指与票子的接触面要小。如果手指接触面大，手指往返动作的幅度随之增大，从而使手指频率减慢，影响点钞速度。

④动作连贯、点数协调

点钞时各个动作之间相互连贯是加快点钞速度的必要条件之一。清点动作要均匀，切忌忽快忽慢，尽量减少不必要的小动作，以免影响动作的连贯性和点钞速度。

点和数要相互配合，协调一致。点的速度快，记数跟不上；或者点的速度慢，记数过快，都会造成点钞不准确。

2.手工点钞的基本方法（这里主要介绍单指单张点钞法）

①持票

左手横执钞票，下面朝向身体，左手拇指在钞票正面左端约四分之一处，食指与中指在钞票背面与拇指同时捏住钞票，无名指与小指自然弯曲并伸向票前左下方，与中指夹紧钞票，食指伸直，拇指按住钞票侧面，将钞票压成瓦形并顺势将钞票向上翻成微开的扇形，同时，右手拇指、食指作点钞准备。

②清点

左手持钞并形成瓦形后，右手捻钞。

右手食指放在钞票背面右上角，用拇指尖逐张向下捻动钞票右上角，捻动幅度要小，不要抬得过高。食指在钞票的背面配合拇指捻动，随着钞票的捻出要向前移动，及时托住另一部分钞票，右手的无名指将捻起的钞票向怀里弹，要注意轻点快弹。同时，左手拇指按捏钞票不要过紧，要随之向后移动，用指尖向外自然助推钞券，这样利于下钞均匀。

在清点过程中，如发现残破币、假币，为了不影响点钞速度先不要急于抽出，只要用右手中指、无名指夹住残破币、假币将其折向外边，待点完后再抽出。

③记数

在清点同时要记数。在点数速度快的情况下，往往由于记数迟缓而影响点钞的效率，因此记数应该采用分组记数法。把10作1记，即1、2、3、4、5、6、7、8、9、1（即10），2、2、3、4、5、6、7、8、9、10（即20），依此类推，数到10、2、3、4、5、6、7、8、9、10（即100）。采用这种记数法记数既简单又快捷，省力又好记。但记数时默记，不要念出声，做到脑、眼、手密切配合，既准又快。

（二）点钞机点钞

出纳在手工点钞后一般还要将钞券放入点钞机再次点钞，以保证金额无误、无假币。

点钞机是机电一体化产品,将机械、电、光、磁等多种技术相结合,集计数和辨伪于一身,我们在使用点钞机时要按照规定的程序操作,准确进行喂钞、按键和取钞。

①打开点钞机,使其处于工作状态;

②把待点钞票理好,码放整齐,对于压紧的纸币应拍松后再捻成一个前低后高的斜面,平整放入点钞机,开始点钞操作。随着点钞机开始工作,握钞手指逐渐松开,切不可往下推挤钞票。喂钞台内的钞票清点完毕后,机器自动停止;

③机器运行时,操作人员要认真进行检查,如发现有假钞、破损或其他异物,或者有绵软、霉烂的钞票时,要立即剔除,然后再继续清点。清点过程中若发现假钞,机器就会自动停止,蜂鸣器发出"嘟嘟"几声报警信号,或在任意工作状态下指示灯亮,并且闪烁,计数显示窗显示"鉴伪方式显示符",取出假钞后按任意键继续清点。操作完毕,要注意检查机器上是否有遗漏钞票。

三、残币的处理

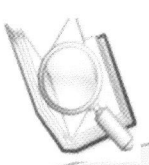

情景简介

出纳向飞飞经过了几天的点钞越来越熟练了。这天业务员交来货款,清点时发现里面有一张破损的纸币,向飞飞也没在意,就直接收款了。可是当她去银行存现时,银行工作人员告诉她,该张纸币不能收取,只能按半额兑换。向飞飞没办法,只好自己掏腰包垫付了。

向飞飞很是郁闷,没想到收现金也有这么多学问。

那么有关残币,中国人民银行是怎么规定的呢?让我们来看看吧……

中国人民银行残缺污损人民币兑换办法

第二条 本办法所称残缺、污损人民币是指票面断裂、损缺，或因自然磨损、侵蚀，外观、质地受损，颜色变化，图案不清晰，防伪特征受损，不宜再继续流通使用的人民币。

第三条 凡办理人民币存取款业务的金融机构(以下简称金融机构)应无偿为公众兑换残缺、污损人民币，不得拒绝兑换。

第四条 残缺、污损人民币兑换分"全额"、"半额"两种情况。

(一)能辨别面额，票面剩余四分之三(含四分之三)以上，其图案、文字能按原样连接的残缺、污损人民币，金融机构应向持有人按原面额全额兑换。

(二)能辨别面额，票面剩余二分之一(含二分之一)至四分之三以下，其图案、文字能按原样连接的残缺、污损人民币，金融机构应向持有人按原面额的一半兑换。

纸币呈正十字形缺少四分之一的，按原面额的一半兑换。

第五条 兑付额不足一分的，不予兑换；五分按半额兑换的，兑付二分。

第六条 金融机构在办理残缺、污损人民币兑换业务时，应向残缺、污损人民币持有人说明认定的兑换结果。不予兑换的残缺、污损人民币，应退回原持有人。

> **向飞飞看完兑换办法之后有点糊涂：** 剩余二分之一和四分之一好理解，但是什么叫"呈正十字形缺少四分之一"？
>
> 向飞飞赶紧去银行咨询，银行工作人员给她看了一套《残缺人民币兑换标准兑换尺》。

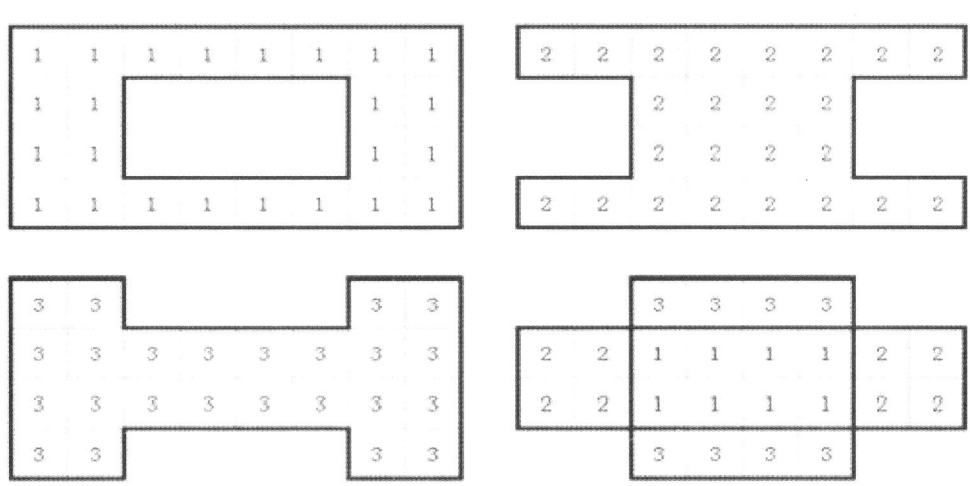

要注意哟　　　　　有下列情况之一的，银行是不予兑换的：
1. 票面残缺 1/2 以上；
2. 票面污损、熏焦、水湿、油浸、变色，不能辨别真假；
3. 故意挖补、涂改、剪贴、拼凑、揭去一面。

所以说

对于出纳而言，原则上凡不能兑换的残币一律不收，可兑换半额的残币也尽量不收，能够全额兑换的可在收到后进行兑换。

四、保险柜的使用

情景简介

这天，部门主管把保险柜的钥匙交给了向飞飞并教了她使用方法，要求向飞飞不仅要保管好现金，还要保管好存放在保险柜的其他物品。

（一）保险柜的开启

保险柜的开启需要同时使用钥匙和密码，现在市场上的保险柜大都使用密码锁和机械锁。

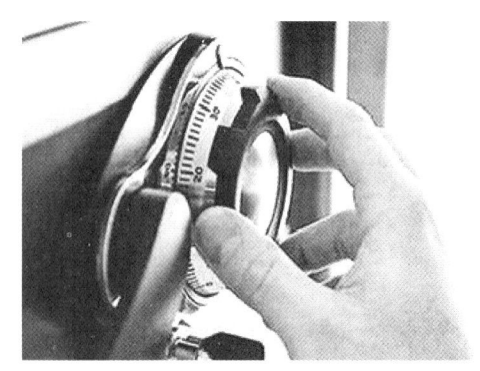

1. 保险柜钥匙

　　保险柜一般配有两把钥匙，一把由出纳保管，用于日常工作使用；另一把交由财务经理保管，以备在钥匙丢失等特殊情况下开启使用。出纳人员不能随便将保险柜的钥匙交由他人代为保管。

　　若钥匙保管丢失，需向财务经理申请使用备用钥匙打开保险柜，同时更换锁芯，保证保险柜里财物的安全。

2. 保险柜密码

　　将密码旋钮往一个方向旋转（假定向右转）三至五圈（注：几位密码就转几圈）之后对准头一位密码，再向左转对准第二位密码（注意要慢不要转过头，如果转过头了，就要重来），再向右转对准第三位密码（注意要慢不要转过头，如果转过头了，就要重来）。重复以上操作，对完所有密码。之后用钥匙打开锁，同时转动握把，保险柜门就开了。如果开不了门，并且密码也没有错，那么就向另一个方向（和上面的转向相反——向左转）三至五圈，后对第一位密码，再向右对第二位密码，再向左对第三位密码。重复上述操作就可以打开保险柜门。

 出纳员在输入密码时，要注意遮挡；开启保险柜后及时上锁，出纳不得在保险柜未上锁前远离保险柜。

　　为了更好地保证安全，单位在更换出纳人员的同时也应该更换新的保险柜密码。

（二）保险柜内物品的存放

　　保险柜主要存放现金、有价证券、空白支票（包括现金支票和转账支票）、印章及其他相关重要资料。有价证券、存折、票据等应按种类登记，所有财物应与账簿记录核对相符。

一般把票据和单证放在最上面，有价证券、存折、现金放在最下面的小抽屉里。

票据填写篇

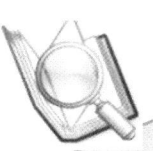

情景简介

向飞飞早晨准备去银行办理转账，同时拿银行回单，她填好转账支票后去找财务经理盖章，被指出日期的大写有误。下午，向飞飞回来报销交通费，填好报销单，拿去给财务经理签字，结果又被发现大写金额填写错误，财务经理很不满意。

技能目标

★ 熟练掌握金额书写规范，正确填写各类票据

★ 熟悉《支付结算管理办法》，正确使用银行印鉴

出纳人员在日常工作中会经常填写票据，要规范地填写金额栏和日期栏。

一、金额的书写要清晰、规范

1.阿拉伯数字应当一个一个地写，不得连笔书写。尤其是在连着写几个"0"时，不能将几个"0"连在一起一笔写完。

2.阿拉伯金额数字前面应当书写货币币种符号，如人民币符号"￥"。币种符号与阿拉伯金额数字之间不得留有空白。凡阿拉伯金额数字前面写有货币币种符号的，数字后面不再写货币单位。所有以"元"为单位的阿拉伯数字，除表示单价等情况外，一律填写到"角、分"；无角、分的，角位和分位可写"00"或者符号"-"；有角无分的，分位应当写"0"，不得用符号"-"代替。

3.中文大写数字

（1）大写数字有：零、壹、贰、叁、肆、伍、陆、柒、捌、玖、拾、佰、仟、万、

亿、元、角、分、零、整（正）等。应一律用正楷或行书体书写，不得用〇、一、二、三、四、五、六、七、八、九、十等简化字代替。不得任意自造简化字。

（2）"人民币"字样

中文大写金额前应标有"人民币"字样，"人民币"字样和大写金额之间不得留有空白。大写金额数字前未印"人民币"字样的，应加填"人民币"三字。在票据和结算凭证大写金额栏内不得预印固定的"仟、佰、拾、万、仟、佰、拾、元、角、分"字样。

（3）"整"字的用法

> 向飞飞在练习填写票据时发现有的地方写"整"，有的地方不写；而且中间有"0"的情况也很难记，有中间一个"0"的，也有两个"0"的，有连着写的，也有分开写的，那么具体该怎样处理呢？

中文大写金额数字到"元"为止的，必须在"元"后面写"整"或"正"。如¥966.00应写为"人民币玖佰陆拾陆元整"。

中文大写金额到"角"的，可以不写"整"或"正"。如¥966.60可写为"人民币玖佰陆拾陆元陆角整"或者"人民币玖佰陆拾陆元陆角"。

中文大写金额到"分"的，不写"整"或"正"。如¥966.66可写为"人民币玖佰陆拾陆元陆角陆分"。

（4）"0"的用法

阿拉伯数字小写金额中有"0"时，中文大写要写"零"，同时应按照汉语语言规律、金额数字构成和防止涂改进行书写，具体包括：

①阿拉伯数字金额中间连续有几个"0"时，中文大写金额只写一个"零"。如¥9,006.67，应写成"人民币玖仟零陆元陆角柒分"。

②阿拉伯金额数字万位或元位是"0"，或者数字中间连续有几个"0"，万位、元位也是"0"，但千位、角位不是"0"时，中文大写金额中可以只写一个零字，也可以不写"零"字。如¥1,680.32，应写成"人民币壹仟陆佰捌拾元零叁角贰分"，或者写成"人民币壹仟陆佰捌拾元叁角贰分"；又如¥107,000.53，应写成"人民币壹拾万柒仟元零伍角叁分"，或者写成"人民币壹拾万零柒仟元伍角叁分"。

③阿拉伯金额数字中间连续有几个"0"，但元位不是"0"，中文大写金额中间只写一个"零"字，如¥6,008.63，应写成"人民币陆仟零捌元陆角叁分"。

④金额数字角位是"0"，而分位不是"0"时，中文大写金额"元"后面必须写"零"

字。如¥61,407.05，应写成"人民币陆万壹仟肆佰零柒元零伍分"。

二、日期的规范化书写

票据的出票日期必须使用中文大写，为防止变造票据的出票日期，在填写时按如下要求：

1.在填写月、日时，月为壹、贰和壹拾的，日为壹至玖和壹拾、贰拾和叁拾的，应在其前加"零"；

2.日为拾壹至拾玖的，应在其前加"壹"。如1月15日，应写成"零壹月壹拾伍日"。再如10月20日，应写成"零壹拾月零贰拾日"。

3.11月要写成"壹拾壹月"，12月要写成"壹拾贰月"。

支付结算管理办法

票据和结算凭证是银行、单位和个人凭以记载账务的会计凭证，是记载经济业务和明确经济责任的一种书面证明。因此，填写票据和结算凭证，必须做到标准化、规范化，须要素齐全、数字正确、字迹清晰、不错漏、不潦草，防止涂改。

票据的出票日期必须使用中文大写。票据的出票日期使用小写的，银行不予受理。大写日期未按要求规范填写的，银行可予受理，但由此造成损失的，由出票人自行承担。

情景简介

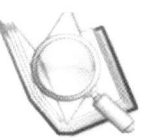

出纳向飞飞在支票背书时因为盖章不规范被退票，还有一次业务申请书盖错了印鉴，严重影响了业务往来，财务经理对向飞飞提出严厉批评。通过这些事向飞飞意识到了准确使用印鉴的重要性。

三、印章的管理

　　印章是公司经营管理活动中行使职权、明确公司各种权利义务关系的重要凭证和工具。印章的管理应做到分散管理、相互制约，一般情况公章放在总经理或总经理授权人处；财务章放在财务经理或其指定人处；法人章在法人或法人授权人处；发票专用章由开票专人管理；合同专用章放在销售经理或授权人处；现金收讫、现金付讫由出纳人员保管。

　　出纳人员应记清相关印章由谁保管，在什么情况下使用什么样的印章。如需将印章带出单位，必须进行登记以明确使用人与管理人员的责权。

　　单位中常用的印章有：公章、财务专用章、法人章、发票专用章、合同专用章、各职能部门章等。

四、银行预留印鉴

预留印鉴管理办法

　　本办法所称预留印鉴，是指存款人在银行开立银行结算账户时留存的、凭以办理款项支付结算的权利证明，也是开户银行办理收付结算的审核依据。

　　存款人为单位的，其预留银行印鉴为该单位的公章或财务专用章加其法定代表人（单位负责人）或其授权的代理人的签名或者盖章。存款人为个人的，其预留签章为该个人的签名或盖章。

五、票据的盖章

　　现在银行系统都是使用电脑验印系统进行印鉴的核验，所以我们在票据上盖章时必须清晰、易辨别，正确的盖章方法是：

　　在票据提示盖章的位置盖章；

　　先将印章均匀蘸色，再将印章放在盖章处，紧摁住印章，防止移动错位或边缘模糊；

　　在加盖了印章的票据上面不要立刻压盖其他物品。

六、更换预留印鉴

单位的预留印鉴因日久磨损,或者改变单位名称、人员调动等原因需要更换印鉴时,应填写"更换印鉴申请书",由开户银行发给新印鉴卡。单位应将原印鉴盖在印鉴卡的反面,将新印鉴盖在印鉴卡的正面。

业务处理·现金篇

情景简介

这天,公司的备用金用完了,出纳向飞飞要去银行取现金,她填写了付款申请单去找经理审核签字。

技能目标

★ 熟练使用现金支票、转账支票

★ 熟练掌握现金收款、取款、存款业务的处理

★ 熟练掌握借款、还款、报销业务的处理

★ 根据当天业务登记现金日记账、银行日记账

一、取现业务

(一)现金的使用范围

1. 工资津贴;

2. 个人劳务报酬;

3. 按国家规定颁发给个人的科教文体等各种奖金;

4. 劳保福利费等支出;

5. 向个人收购农副产品支付的金额;

6.出差人员随身携带的差旅费；

7.结算起点（现金支付限额1000元）以下的零星支出；

8.中国人民银行确定的其他支出。

（二）取现工作流程

1. 查询银行存款余额

当发现库存现金余额不足或者其他原因需要提取现金时，出纳员首先要做的是查询单位的基本账户银行存款余额，只有在确定银行存款余额大于取现金额时方可取现，避免开具空头支票，给公司造成不必要的损失。

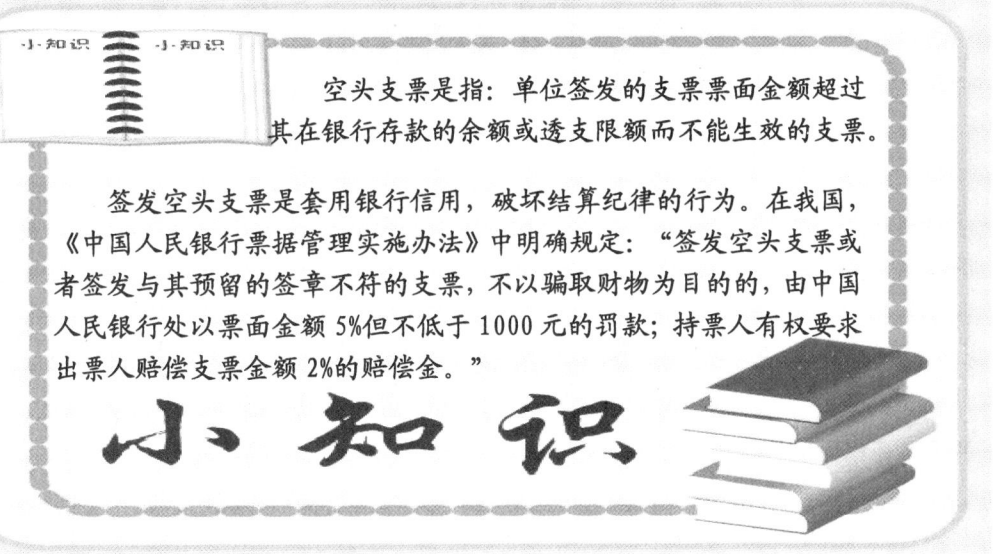

空头支票是指：单位签发的支票票面金额超过其在银行存款的余额或透支限额而不能生效的支票。

签发空头支票是套用银行信用，破坏结算纪律的行为。在我国，《中国人民银行票据管理实施办法》中明确规定："签发空头支票或者签发与其预留的签章不符的支票，不以骗取财物为目的的，由中国人民银行处以票面金额5%但不低于1000元的罚款；持票人有权要求出票人赔偿支票金额2%的赔偿金。"

2.出纳员填写付款申请书，请总经理审核签字、财务经理审核签字

付款申请书

日期：2018-12-25

用途及情况	金 额										收款单位（人）：
	亿	千	百	十	万	千	百	十	元	角 分	本单位
发工资					¥	6	1	4	0	7 0 0	账号：03020401040028266665 开户行：工商银行华苑支行
金额大写（合计）	人民币陆万壹仟肆佰零柒元整										□转账 ☑现金 □其他
总经理	谈健	财务部门	经理	王勇	申请部门	经理	管彤
			会计	张鑫		经办人	向飞飞

3.出纳填写支票领用登记簿并签字

支票领用登记簿

支票号码	签发日期	收款单位	用途	使用限额	领用人签字	报销日期	报销实际金额	备注
现支3039#	2018.12.25	本公司	发工资	61407元	向飞飞		61407元	

4.填写现金支票

> 现金支票是用于支取现金的一种票据。现金支票的正面分为左右两部分，左边为存根联，右边为支票联（正联）；现金支票的背面有两栏，左边是附加信息，右边是收款人签章。

现金支票应使用黑色或蓝黑色碳素笔，字迹要清晰工整且不得涂改。具体填写规范如下：

(1) 出票日期：支票联所填日期，必须按大写日期书写规范填写；

(2) 收款人名称：必须填写全称，否则银行不予办理；

(3) 金额的填写：支票联的金额要大写、小写齐全，并且严格按照金额书写规范填写，字迹要清晰，小写金额数字前加"￥"。大小写金额要一致；

(4) 用途栏：一般填写备用金、差旅费、工资等；

(5) 盖章：在出票人签章处加盖银行预留印鉴，同时在支票背面的收款人签章处也加盖银行预留印鉴；

(6) 背面日期的填写：可按小写日期格式填写取现当天的日期；

(7) 经办人信息：在支票背面填写经办人的姓名和身份证号码；

(8) 填写存根联：存根联是内部做账的依据，其填写要求没有正联那么严格，日期栏可以写小写日期，收款人可以写简称，金额栏直接写小写金额并在前面加"￥"，用

途栏与正联一致。

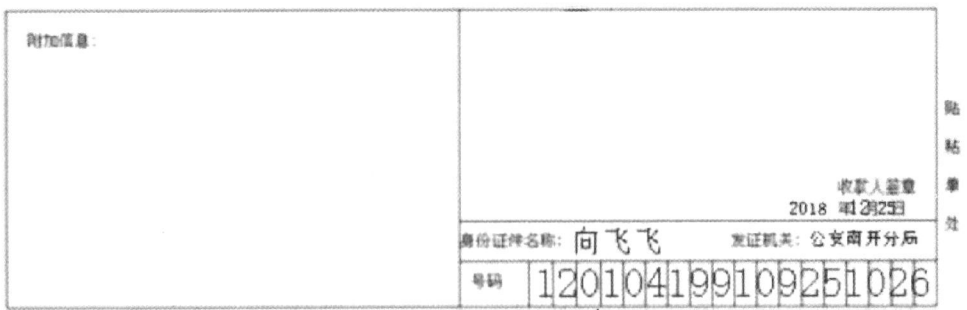

5. 支票盖章

现金支票填好后必须在支票正面的"出票人签章"和背面的"收款人签章"处加盖本单位的银行预留印鉴。

情景简介

向飞飞的单位在银行的预留印鉴是公司财务专用章和法定代表人的专用章,向飞飞按照规定在支票上加盖了印鉴。

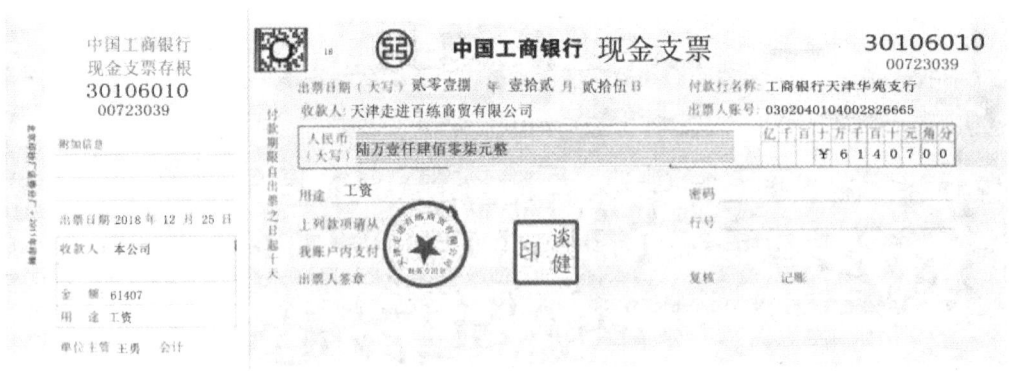

6.生成票据支付密码

  银行在受理现金支票取现业务时,不仅仅以预留印鉴作为支付依据,还要填写支付密码,银行柜员会将支付密码提交"支付密码核验系统"由电脑进行自动校验,它是银行为进一步加强票据风险控制而设置的最后一道防线。

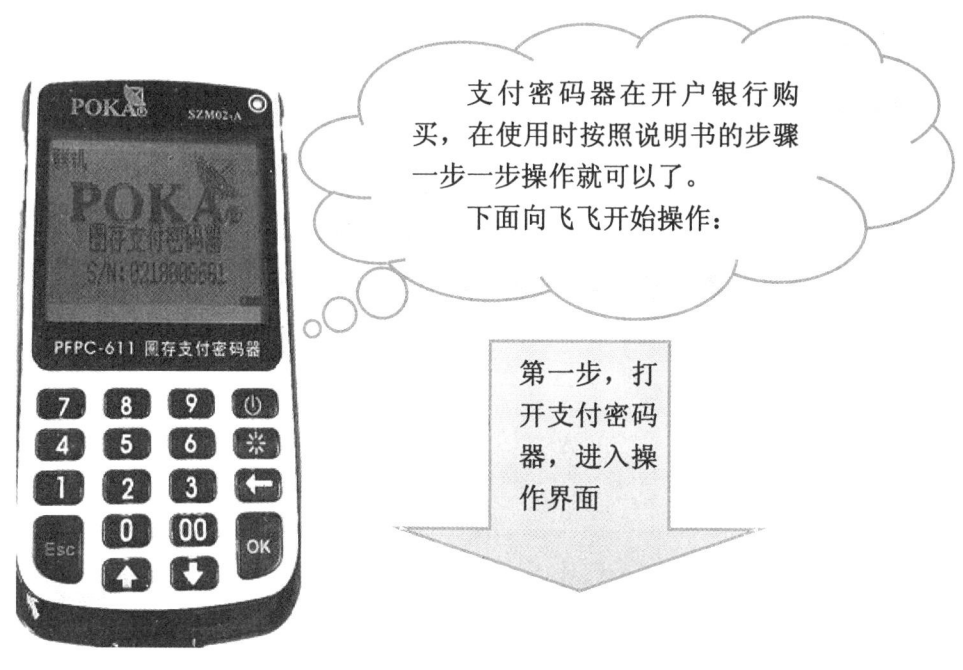

支付密码器在开户银行购买,在使用时按照说明书的步骤一步一步操作就可以了。

下面向飞飞开始操作:

第一步,打开支付密码器,进入操作界面

第二步,输入身份代码(一般为两位数)

第三步,输入口令(一般为6位数)

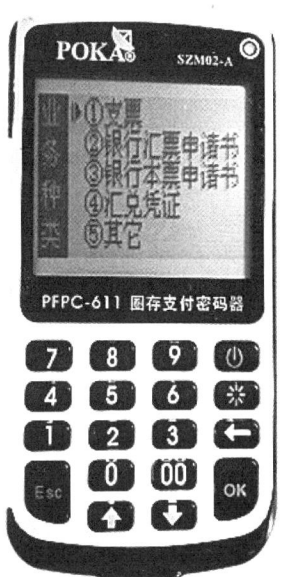

第四步,在"业务种类"中选择相应的业务,使用现金支票和转账支票选择"支票",电汇选择"汇兑凭证"

第五步,输入签发日期

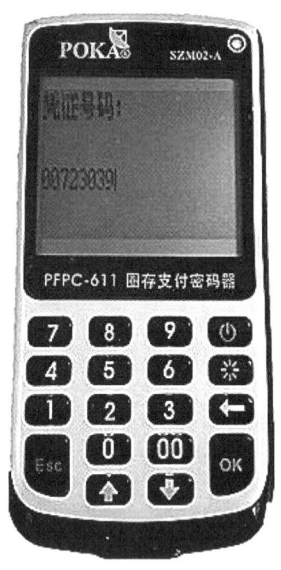 

第六步，输入支票号码

现金支票上的16位号码中，上面8位为银行代码，下面8位为现金支票的流水号，在输入凭证号码时，应输入下面的8位流水号。

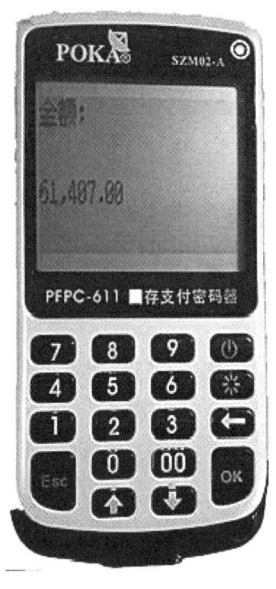 

第七步，输入票据金额

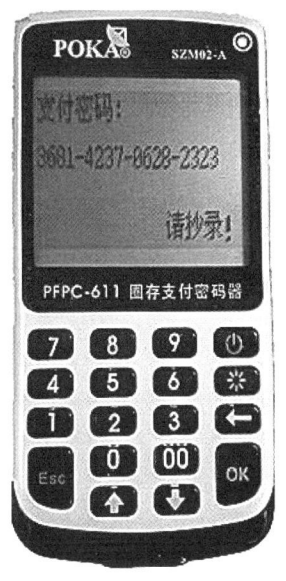

7.将生成的支付密码写在支票上

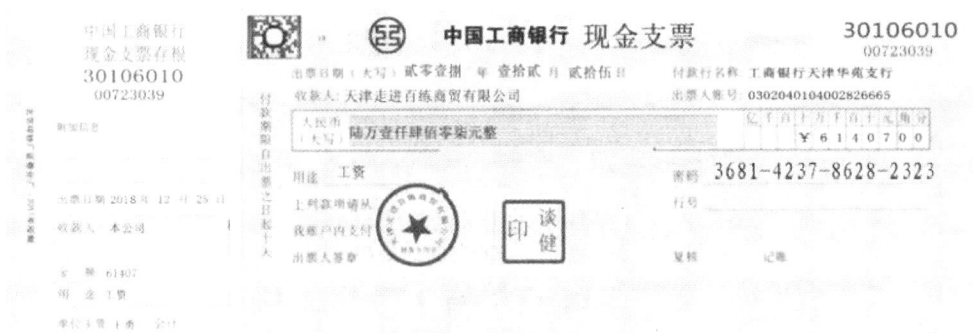

　　身份代码和口令要注意保密，不能随便告诉别人哟！而且在密码生成之后最好先记录在其他地方，等到了银行再填写，或者带着密码器到了银行再生成密码，这样就可以防止不必要的损失了。

（三）银行取现、清点现金

1.上述工作完成后，出纳员应将银行存根联撕下，作为本公司会计做账的依据。将支票联交给银行。

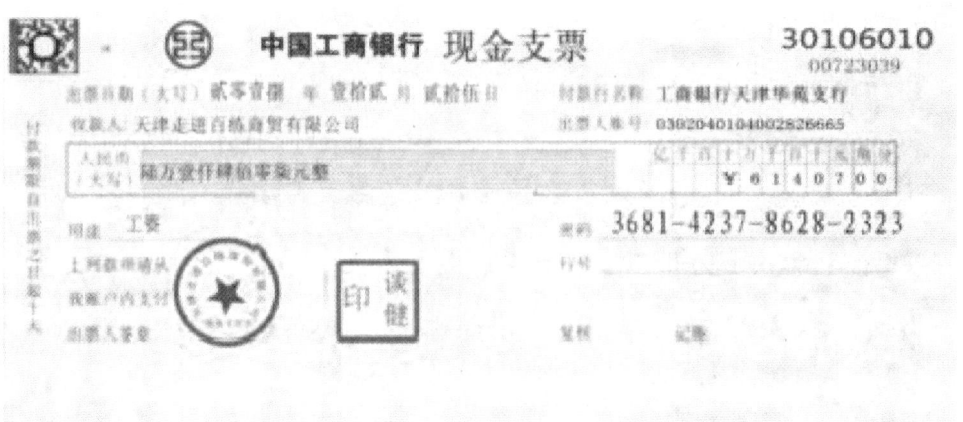

2.出纳收现金时应在柜台当场核对金额并对现金的真伪进行检验，确认无误后妥善收存。

 出纳员在取现的过程中不仅要注意财产安全，还要注意人身安全。若取现金额较大，应 2~3 人一同去银行。

二、支票填写错误的处理

现金支票如果填写或盖章有错误，必须作废。出纳应在现金支票的正联和存根联盖"作废"章并妥善保管，并且在《支票领用登记簿》上同时做记录。

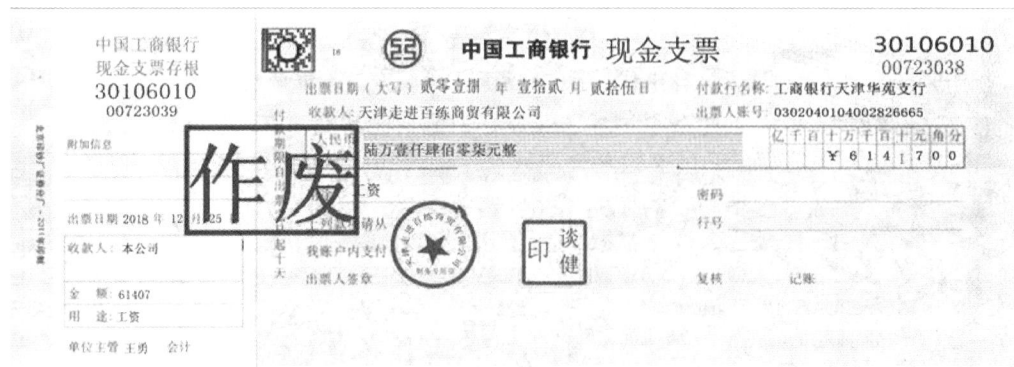

支票领用登记簿

支票号码	签发日期	收款单位	用途	使用限额	领用人签字	报销日期	报销实际金额	备注
现支3038#	2018.12.25	本公司	发工资	61407元	向飞飞		61407元	作废
现支3039#	2018.12.25	本公司	发工资	61407元	向飞飞		61407元	

三、现金收款业务

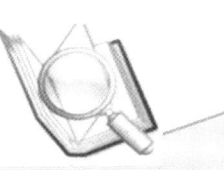

情景简介

公司经常有零售收入，也有业务员从客户收来的货款。收款的次数多了，出纳员向飞飞有了懈怠，在一次下班前对账时发现库存现金中有一张假币，向飞飞想不起是谁交来的货款，只好自己补齐了货款。

企业的现金收款业务一般有以下几种：收取货款、收取押金、收回职工借款、收取赔偿金等。出纳员在收款时很容易出错，如收到假币、开错收款收据等，因此，出纳员在收取款项时要严格执行"现金收款流程"，避免风险。

（一）审核单据

出纳员办理现金收款业务时首先要根据发票、协议等收款依据核实该业务的真实性、合法性，确认收款金额。

（二）清点现金

清点现金时要注意识别假钞，注意票面有无缺损。当现金与发票（收据）金额不符时将现金退回付款人，请本人复核，付款人复核确认后，出纳员再一次进行清点。

（三）开具收款证明

款项清点完毕后将现金及时放进保险柜，并根据业务情况开具收款收据。

收款收据属于自制原始凭证，它是由本单位内部经办业务的部门和人员，在执行或完成某项经济业务时填制的。

收据一般分为三联，第一联存根联，由出纳留存。第二联收据联，加盖财务专用章或公章后交给对方作为收款证明；第三联会计联，出纳开具后盖上"现金收讫"章交给会计做账。

收据的填写要素包括：

（1）日期：填写收款当天的日期；
（2）付款方：在"今收到"后面填写付款人名称；
（3）项目：在"今收到"下边的横线上填写经济业务发生原因；
（4）金额：填写实际收取的金额，大小写金额都要填写且填写一致；
（5）结算方式：在"现金、转账、信用卡"等方式中勾选。

> 大家看到了吗？下面的这张收据是第三联"会计联"，是本单位记账的依据，所以上面盖的是"现金收讫"，如果是"收据联"就应该盖公章或财务专用章。

收 款 收 据　　NO.7455098

2018年12月18日

今收到	张磊				现金收讫

交来预借　差旅费余款

金额（大写）　　拾　万　仟　**伍**　佰　零　拾　零　元　零　角　零　分

¥500.00　☑现金　□支票　□信用卡　□其他　　收款单位（盖章）

核准　　　会计　　　记账　　　出纳 向飞飞　经手人 张磊

第三联会计联

四、现金存款业务

存现业务是企业（特别是商业企业）频繁发生的业务之一，当天现金及时送存开户银行是法律规定，同时也是为内部资金安全考虑，出纳员必须掌握存现业务。

（一）清点、整理现金

将收到的现金按金额大小顺序排列，进行清点，然后填写现金存款单。

（二）填写现金存款凭条

情景简介

这天出纳员向飞飞清点完当日应该存入银行的现金¥32508.00，填写了现金存款单。

现金存款凭条的填写事项主要包括：

1.日期：填写存入现金当天的日期；

2.存款人全称、账号、开户行：应与在银行登记的企业名称一致；

3.款项来源：填写款项的实际来源，如"货款"或"个人还款"字样；

4.金额：大小写均应规范填写且金额必须一致；

5.票面张数：将同一币值的现金清点张数，填入相应的栏次。

中国工商银行　现金存款凭条

日期：2018年12月18日

存款人	全称	天津走进百练商贸有限公司						款项来源	货款									
	账号	03020401040028266665																
	开户行	工商银行天津华苑支行						交款人										
金额（大写）叁万贰仟伍佰零捌元整								金额（小写）	亿千百十万千百十元角分 ￥ 3 2 5 0 8 0 0									

票面	张数	十	万	千	百	十	元	票面	张数	千	百	十	元	角	分	备注
壹佰元	247		2	4	7	0	0	伍角								
伍拾元	129			6	4	5	0	贰角								
贰拾元	36				7	2	0	壹角								
拾元	51				5	1	0	伍分								
伍元	25				1	2	5	贰分								
贰元								壹分								
壹元	3						3	其他								

（三）去银行存现

出纳把填好的现金存款凭条和现金交给银行柜员，银行柜员核实现金后办理存款手续，在现金存款凭条上加盖银行业务受理章，出纳将回单带回单位就可以了。

中国工商银行　现金存款凭条

日期：2018年12月18日

存款人	全称	天津走进百练商贸有限公司						款项来源	货款
	账号	03020401040028266665							
	开户行	工商银行天津华苑支行						交款人	
金额（大写）叁万贰仟伍佰零捌元整								金额（小写）	亿千百十万千百十元角分 ￥ 3 2 5 0 8 0 0

票面	张数	十	万	千	百	十	元	票面	张数	千	百	十	元	角	分	备注
壹佰元	247		2	4	7	0	0	伍角								工商银行华苑支行 2014.2.18
伍拾元	129			6	4	5	0	贰角								
贰拾元	36				7	2	0	壹角								
拾元	51				5	1	0	伍分								
伍元	25				1	2	5	贰分								
贰元								壹分								
壹元	3						3	其他								

五、现金付款业务

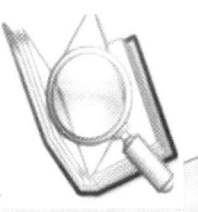

情景简介

这天销售部的业务员找向飞飞报销差旅费,向飞飞只审核了原始凭证就把现金支付给了报销人,却忽视了领导签字。在会计复核付款凭证时发现了问题,最后查出业务员将不予报销的费用混入其中,财务经理为此批评了向飞飞。

向飞飞作为出纳应该严格遵守"现金付款业务基本流程"。

现金付款业务一般是企业在日常经营活动中发生的报销结算业务、小额支出的请款业务及借款业务,如报销电话费、出租费、办公费、职工借款等。

(一)报销业务

员工想要报销费用首先填写报销单,报销单是内部的原始凭证,可以是从外面买的,也可以是企业自制的,不管报销单的样式如何,其所应填写的项目是相似的。

由经手人填写报销单,并附上原始凭证,请领导签字。

报 销 凭 单

2018 年 12 月 19 日

部门名称	办公室	本人姓名	王诚							
大写金额	人民币 壹仟壹佰元整			十万	千	百	十	元	角	分
					¥	1	1	0	0	0
用途: 电话费 经理室 ¥800元,行政办公室 ¥300元										
主管负责人签字	谈健	经手人签字	王诚							
		会计:								

出纳员在办理报销业务时要按照付款流程进行操作。

1. 审核

（1）报销日期：为提交报销单的日期；

（2）部门：填写报销人所在的部门类别；

（3）本人姓名：填写报销人的姓名；

（4）用途：写清用款原因，如购买办公用品、报销电话费、差旅费等；

（5）金额：准确计算并填写要报销的金额，填写的金额不得超过附件的汇总金额；

（6）检查附件是否真实合法，票据的日期、金额、业务内容、单位签章是否齐全规范；

（7）审核报销单是否经过了相关领导的批准，有些单位会规定一个报销标准，例如报销金额在1000元以下的由部门领导签字，1000元以上的由总经理签字。

2. 付款

出纳员对报销单和附件审核无误后就可以把现金支付给报销人，由报销人在"经手人"处签字，最后在报销凭单上加盖"现金付讫"章。

3. 报销业务中常见的问题

（1）原始发票上本单位的名称不准确

如果发票上填写的不是本单位名称或填写的不是本单位规范全称，那么这张发票就不能报销。

（2）项目不对应

项目不对应是指报销单上填写的报销内容和发票的实际内容不一致，这种情况只要把二者填写一致就可以了。

（3）金额不准确

报销单上填列的金额应该等于所附发票金额。如果发票的合计金额低于报销金额，那么出纳可以要求报销人补齐相关发票；如果发票的合计金额高于报销金额，则按照报销单上的金额为准。另外，报销的金额也不能超过企业对某项支出的报销标准。如"误餐费"有的单位就有报销限额，超出部分不予报销。

（4）日期不对应

日期对应是指实际报销日期和发票开具日期要匹配，一般不超过开票日期的2个月。有的发票上会注明"在××年×月前作为报销使用"字样。

（5）审核手续欠缺

报销单的审核手续一般为：

| 部门主管审核 | 财务人员审核 | 分管经理审核 | 总经理审核 |

单位里都是有管理权限的，比如说：300元以下的由部门主管签字就能报销，300~1000元由分管经理签字，1000元以上由总经理签字。

当然啦，这个金额限定是根据企业规模自己做出的，各单位的报销审批制度也不尽相同，在实务中灵活掌握。

（二）员工借款

员工借款有很多情况，例如：预借差旅费、招待费、交纳相关的企业服务费、零星采购等。所以出纳在处理相关业务时要注意审核借款单和审批程序是否符合规定程序。

员工借款首先填写借款单，借款单是企业内部的自制凭证，没有特定的格式。

借款单

年　月　日

借款部门		姓名		事由	
借款金额（大写）					￥
领导审批		财务审批		部门审批		出纳付款	
借款人			备注		

1. 审核借款单

出纳员接到借款单，首先根据公司的借款制度，审核借款单是否填写完整，审批手续是否符合规定：

（1）借款日期：填写借款当天的日期；

（2）借款部门：填写借款人所在的部门名称；

（3）姓名：填写借款人的姓名；

(4) 事由：填写借款原因，如预借差旅费、交纳服务费等；

(5) 借款金额：要字迹清楚且金额大小写一致；

(6) 审批栏内各相关领导是否签字齐全。

借款单

2018年12月20日

借款部门	销售部	姓名	于洋	事由	差旅费		
借款金额（大写）		贰仟元整				￥2000.00	
领导审批	谈健	财务审批	张鑫	部门审批	赵尚伟	出纳付款	
借款人		于洋			备注		

2.付款

审核无误后，出纳员请借款人在借款单上签字再将现金支付给借款人，现金当面清点清楚。出纳员在借款单上加盖"现金付讫"，同时在"出纳付款"处签字。

借款单

2018年12月20日　　　　　　　　　现金付讫

借款部门	销售部	姓名	于洋	事由	差旅费		
借款金额（大写）		贰仟元整				￥2000.00	
领导审批	谈健	财务审批	张鑫	部门审批	赵尚伟	出纳付款	向飞飞
借款人		于洋			备注		

3.登记借款台账

借款台账是企业的内部管理程序,记录借款业务发生及借款业务清偿的全部信息,通过台账可以轻松跟踪、掌握员工的借款。所以在支付现金后,出纳员应立刻登记台账。

借 款 台 账

单位:元

编号	借款日期	摘 要	部 门	姓 名	借款金额	还款记录
1	2018-12-20	借差旅费	销售部	于洋	2000.00	

制表人:

员工归还借款时,有的是归还现金,有的是交回相应的发票。当归还的是现金时,出纳应开具相关收款证明给员工;如果是交回发票,应该附有报销单(相关手续同上述报销业务),不管是哪种情况都要在借款台账上核销借款信息。

六、填制会计凭证

(一)记账凭证的种类

会计凭证是记录经济业务发生或者完成情况的书面证明,是登记账簿的依据。正确地填制和审核会计凭证是会计核算方法之一,也是会计核算工作的基础和起点环节。正确地填制和审核会计凭证是对经济业务进行日常监督的重要环节。

记账凭证按照用途可分为专用记账凭证和通用记账凭证。其中专用记账凭证按照反映的经济业务内容,可分为收款凭证、付款凭证和转账凭证。

对于出纳员来说,日常工作中使用的是收款凭证、付款凭证。

(二)填制凭证的基本方法

1.收款凭证及填制的基本内容

收款凭证是记录现金和银行存款收款业务的记账凭证。根据有关库存现金和银行存款收入业务的原始凭证编制,据此登记库存现金和银行存款的有关账簿。

（1）借方科目：在收款凭证左上角的"借方科目"按收款的性质填写"库存现金"或"银行存款"；

（2）填制凭证的日期：是填制本凭证的日期；

（3）凭证编号：在收款凭证的右上角填写填制收款凭证的顺序号，可根据现金业务和银行业务分别以"现收×号"或"银收×号"；

（4）经济业务摘要：填写对所记录的经济业务的简要说明；

（5）会计科目："贷方科目"填写与收入"库存现金"或"银行存款"相对应的会计科目；

（6）金额：是指该项经济业务的发生额；

（7）所附原始凭证张数：该凭证右边"附件×张"是指本记账凭证所附原始凭证的张数；

（8）记账符号：是指该凭证已登记账簿的标记，防止经济业务重记或漏记；

（9）签章：最下边分别由有关人员签章，以明确经济责任。

2.付款凭证

付款凭证是根据审核无误的有关库存现金和银行存款的付款业务的原始凭证填制的。

付款凭证的填制方法与收款凭证基本相同，不同的是在付款凭证的左上角应填列贷方科目，即"库存现金"或"银行存款"科目，"借方科目"栏应填写与"库存现金"或"银行存款"相应的一级科目和明细科目。

付 款 凭 证

贷方科目：		年　月　日		付字第　号	
摘　要	借 方 科 目		金　额		记账√
	总账科目	明细科目	亿千百十万千百十元角分		
					附单据　张
合　计					
财务主管：		出纳：	审核：	制单：	

（三）业务举例

【例1】 购买办公用品，费用性的支出按照部门计入不同的会计科目

付 款 凭 证

贷方科目：库存现金　　　2018年12月24日　　　现付字第 50 号

摘要	借方科目		金额	记账
	总账科目	明细科目	亿千百十万千百十元角分	√
购买办公用品	管理费用	办公费	1 1 0 0 0 0	
合　计			¥ 1 1 0 0 0 0	

附单据 2 张

财务主管：　　　　出纳：向飞飞　　　审核：　　　制单：向飞飞

报 销 凭 单

2018 年 12 月 24 日

现金付讫

部门名称	办公室	本人姓名	刘芳		
大写金额	人民币：壹仟壹佰元整			十万千百十元角分	
				¥ 1 1 0 0 0 0	
用途：	购买办公用品　HP墨盒　2个　　　　A4复印纸　10箱				
主管负责人签字	谈健		经手人签字	刘芳	

会计：

41

【例2】 收回职工借款 300 元

收 款 凭 证

借方科目：库存现金　　　　2018 年 12 月 24 日　　　　现收字第 41 号

摘　要	贷方科目		金　额	记账
	总账科目	明细科目	亿千百十万千百十元角分	√
收回李潇借款	其他应收款	李潇	3 0 0 0 0	附单据1张
合　计			¥　　　　3 0 0 0 0	

财务主管：　　　　　出纳：向飞飞　　　审核：　　　　制单：向飞飞

收 款 收 据

NO.7455098

2018年12月24日

今收到 李潇

交回现金 现金收讫

金额（大写）　拾　万　⊗仟　叁佰　零拾　零元　零角　零分

¥ 300.00　　☑ 现金　　☐ 支票　　☐ 信用卡　　☐ 其他　　收款单位（盖章）

核准　　会计　　记账　　出纳 向飞飞　经手人 李潇

第三联会计联

【例3】销售部门报销停车费 200 元

付 款 凭 证

贷方科目：库存现金　　2018 年 12 月 24 日　　现付字第 51 号

| 摘要 | 借方科目 | | 金额 | 记账√ |
	总账科目	明细科目	亿千百十万千百十元角分	
张磊报销停车费	销售费用	交通费	2 0 0 0 0	
合计			¥ 2 0 0 0 0	

财务主管：　　　　出纳：向飞飞　　　审核：　　　　制单：向飞飞

附单据 2 张

报 销 凭 单

2018年 12 月 24 日

部门名称	销售部	本人姓名	张磊
大写金额	人民币:贰佰元整	十万千百十元角分	￥2 0 0 0 0
用途:	停车费		
主管负责人签字	赵尚伟	经手人签字	张磊

会计：

（现金付讫）

【例4】 报销办公室通讯费

付 款 凭 证

贷方科目：库存现金　　　　　2018 年 12 月 24 日　　　　　现付字第 52 号

摘要	借方科目		金额（亿千百十万千百十元角分）	记账
	总账科目	明细科目		
支付办公室电话费	管理费用	办公费	1 8 0 0 0	√
合计			￥　　　　　1 8 0 0 0	

财务主管：　　　　　　出纳：向飞飞　　　　审核：　　　　　　制单：向飞飞

附单据 2 张

报 销 凭 单

2018 年 12 月 24 日

部门名称	办公室		本人姓名	王诚
大写金额	人民币：壹佰捌拾元整		十万千百十元角分 ￥ 1 8 0 0 0	
用途： 　电话费　58002468　　180元				
主管负责人签字	管彤	经手人签字	王诚	
			会计：	

（现金付讫）

【例5】收回包装物押金

摘　　要	贷方科目		金　　额	记账
	总账科目	明细科目	亿千百十万千百十元角分	√
收回包装物押金	其他应收款	凯兴商贸	1 0 0 0 0 0	
合　　计			¥　　　1 0 0 0 0 0	

借方科目：库存现金　　2018年12月24日　　现收字第 42 号

财务主管：　　　出纳：向飞飞　　审核：　　　制单：向飞飞

附单据1张

收款收据

NO.7455098

2018年12月24日

今收到天津凯兴商贸有限公司

退还包装物押金

现金收讫

金额（大写）　拾 ⓪ 万 壹 仟 零 佰 零 拾 零 元 零 角 零 分

￥1000.00　☑现金　☐支票　☐信用卡　☐其他　收款单位（盖章）

核准　　会计　　记账　　出纳 向飞飞　经手人

第三联会计联

【例6】销售部赵尚伟借差旅费

付款凭证

贷方科目：库存现金　　2018年12月24日　　现付字第 53 号

| 摘要 | 借方科目 | | 金额 | 记账 |
	总账科目	明细科目	亿千百十万千百十元角分	√
赵尚伟预借差旅费	其他应收款	赵尚伟	3 0 0 0 0 0	
合计			￥3 0 0 0 0 0	

财务主管：　　　出纳：向飞飞　　审核：　　制单：向飞飞

附单据 1 张

借款单

2018 年 12 月 24 日　　**现金付讫**

借款部门	销售部	姓名	赵尚伟	事由	差旅费
借款金额（大写）	叁仟元整				￥3000.00
领导审批	谈健	财务审批	王勇	部门审批	赵尚伟	出纳付款	向飞飞
借款人	赵尚伟			备注	

七、现金的日清工作

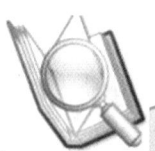

情景简介

向飞飞今天很忙，不停地有支取现金的业务，飞飞很有进步，对单据的审核特别认真，还发现了一张发票上的单位名称不规范，向飞飞把发票退回业务员，请他找对方重新开具，向飞飞觉得很有成就感。

第二天一早，财务经理问向飞飞："还有多少现金？着急用！"向飞飞一看账本……没有结出余额。财务经理怒问："连当日余额都不结出来，怎么当的出纳？"向飞飞无言以对。

出纳每天要经手很多的收支业务，在这个过程中不仅仅需要清点好现金，还要同时登记现金日记账。登记日记账的主要作用是反映每日收入数、支出数以及余额，方便每日和实际的库存现金核对，所以出纳员要及时对当日的业务结出余额并与库存现金核对。

（一）现金日记账的启用

启用现金日记账首先要填写"账簿使用登记表"，记载启用日期、记账人员和会计机构负责人（会计主管人员）姓名，并加盖单位公章。

（二）登记现金日记账

1．"日期"栏：填写业务发生的日期；

2．"摘要"：填写业务内容，应以表述清楚为前提，便于日后查对；

3．"借方"：登记现金增加的金额；

4．"贷方"：登记现金减少的金额；

5．"余额"：表示现金的库存余额。

本行余额 ＝ 上行余额 ＋ 本行借方发生额 － 本行贷方发生额

（三）错账更正方法

出纳在登记账簿时，填写的文字、数字不能超过行高的1/2，以备登记错误时可以进行修改，具体方法是：

出纳人员结账前发现账簿记录有误（包括文字错误和数字错误），而记账凭证没有错误，可以直接在账簿上进行更正，即采用划线更正法。

更正时，先在错误的文字或数字上划一条红色横线，表示注销，然后将正确的文字或数字用蓝色或黑色笔写在被注销的文字或数字上方，并由记账人员在更正处盖章，以明确责任。

错误数字应全部划销，不能只划销写错的个别数字；有错误的文字可以只划去错误部分。划线注销的文字或数字应保持其原有字迹仍可辨认,用于备查。

（四）注意事项

1.账簿启用后应将上一年度的期末余额过渡到新启用的账簿中来并记录在首页、首行；

2.现金日记账必须使用订本式，不得跳页、缺号；

3.日常注意保管好账簿，除了企业查账、稽核等情况之外，现金日记账一律不得外借。

（五）进行现金的日清工作

出纳序时登记现金日记账不仅为了记录经济业务，还为了随时可以根据账簿余额核对库存现金，保证二者相符。若有误差，出纳应立即查找原因，是现金盘点错误还是登记日记账错误，抑或是工作失误造成的盘盈或盘亏，然后针对不同情况解决问题。

现金管理暂行条例

第十二条　开户单位应当建立健全现金账目、逐笔记载现金支付。账目应当日清月结，账款相符。

八、移交票据

情景简介

向飞飞下班前将现金日记账登记完毕，并核对库存现金，确认账实相符。

向飞飞直接将单据放在了会计的办公桌上。第二天会计做账时问她："小向，刘芳买办公用品的支出怎么只有报销单，没有发票？""不对呀，有发票，都在我昨天给你的那沓单子里。"向飞飞和会计因为这张发票起了争执，最后到了财务经理那边，因为没有交接记录，经理把他们都批评了一顿，向飞飞虽然觉得委屈但也无话可说。

对出纳来说,收款凭证和付款凭证就像现金一样,一旦丢失,就有可能要自己承担相应的赔偿责任。为了减少不必要的损失,出纳应当建立交接记录。

票 据 交 接 单

2018 年

时 间	出纳编号	摘　　要	金　　额	发票号	收件人

业务处理·银行篇

情景简介

这天,出纳向飞飞要去银行送存转账支票,会计对她说要把支票存进一般账户里。向飞飞随口答应了,填写了进账单。

回来之后会计发现向飞飞存错了账户,因为发现及时,没有影响正常业务,财务经理对向飞飞提出了批评。

一、认识银行结算账户

1.基本存款账户

是指存款人因办理日常转账结算和现金收付而开立的银行结算账户。是存款人在银行的主要存款账户。

该账户主要办理存款人日常经营活动的资金收付,以及存款人的工资、奖金和现金的支取。

2.一般存款账户

是指存款人因借款或其他结算需要,在基本存款账户开户银行以外的银行营业机构开立的银行结算账户。主要用于办理存款人借款转存、借款归还和其他结算的资金收付。一般存款账户可以办理现金缴存,但不得办理现金支取。

3.专用存款账户

适用于基本建设资金,更新改造资金,财政预算外资金,粮、棉、油收购资金,证券交易结算资金,期货交易保证金,信托基金,住房基金,社会保障基金,收入汇缴资金,业务支出资金等专项管理和使用的资金。

4.临时存款账户

是指存款人因临时需要并在规定期限内使用而开立的银行结算账户。

主要使用于设立临时机构,例如工程指挥部、筹备领导小组等;异地临时经营活动,例如建筑施工及安装单位等;注册验资。

企业可以开很多银行存款账户，其中一般户、临时户、专用户可以同时开几个，但是基本户只能有一个。

二、转账支票的相关业务

转账支票的左边是存根联，右边是支票联。填写的要求和方法与现金支票一样。

（一）认识转账支票

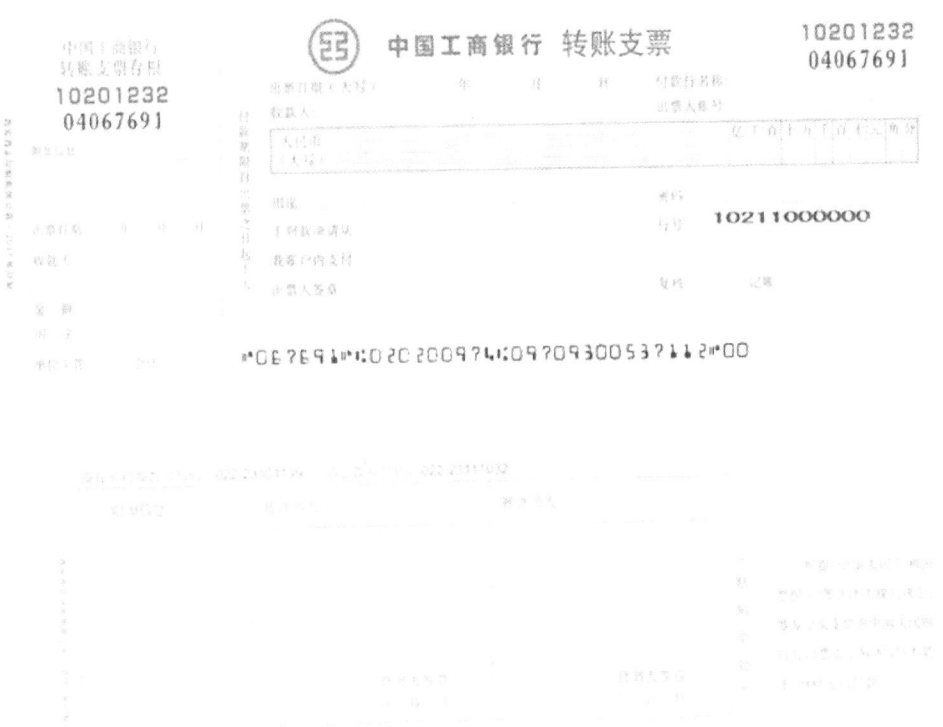

转账支票的背面有两栏，左边是附加信息，右边是背书人和被背书人的签章。说明支票可以转让。

（二）签发转账支票

签发支票必须记载确定的金额；付款人名称；出票日期；出票人签章，填写在支票的正面。其中，支票的"付款人"为支票上记载的出票人开户银行。

支票的金额、收款人名称，可以由出票人授权补记，未补记前不得背书转让和提示付款。

转账支票的开具流程如下：

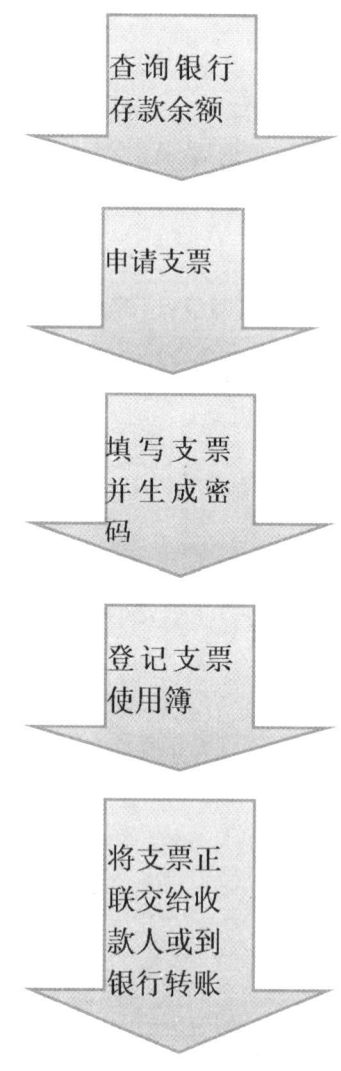

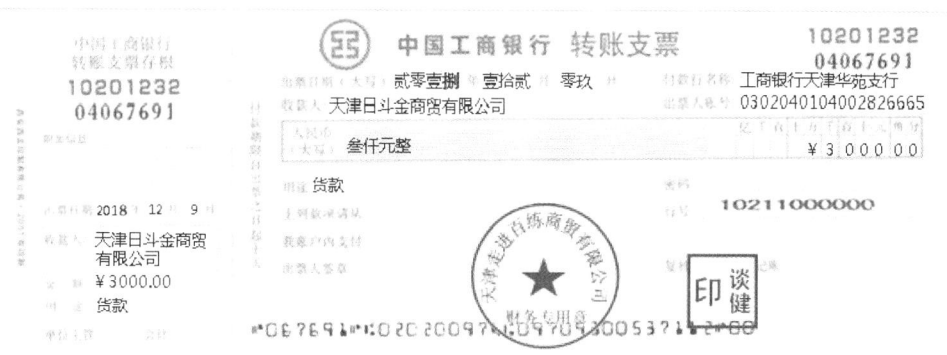

签发转账支票前,出票人首先要做的是查询银行存款余额。禁止签发空头支票。签发空头支票或者签发与其预留的签章不符的支票,不以骗取财物为目的的,由中国人民银行处以票面金额5%但不低于1000元的罚款;持票人有权要求出票人赔偿支票金额2%的赔偿金。

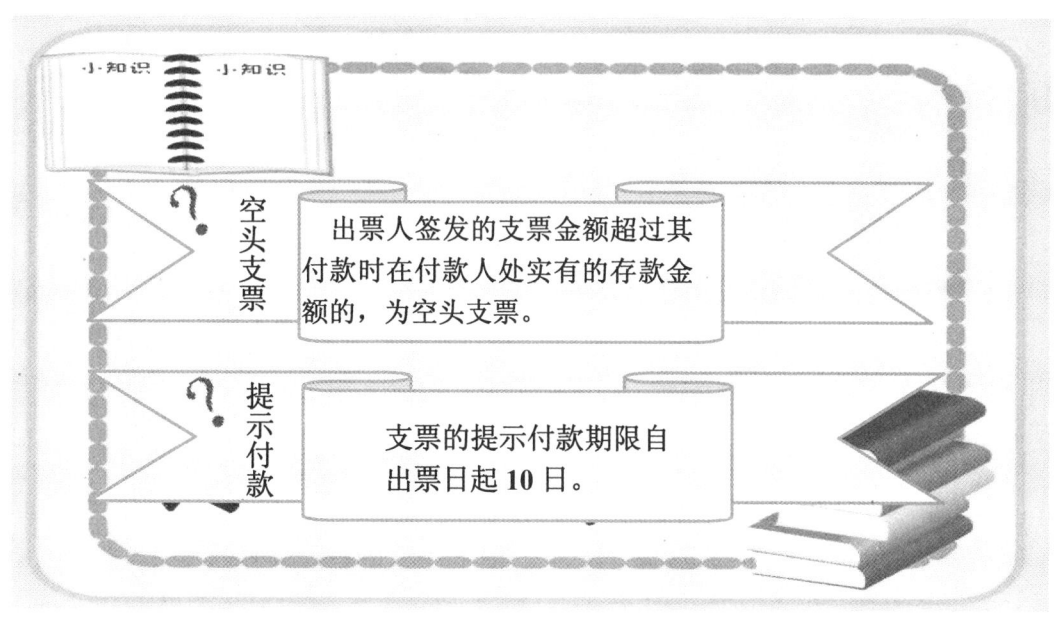

空头支票：出票人签发的支票金额超过其付款时在付款人处实有的存款金额的,为空头支票。

提示付款：支票的提示付款期限自出票日起10日。

（三）收到转账支票

企业收到转账支票时要核对支票的金额是否正确、签章是否清楚、出票日期是否在提示付款期限内,审核无误后就可以填写进账单。

1.进账单的填写内容

（1）日期；

（2）出票人和收款人的信息；

（3）金额：大小写都要填写完整、准确。

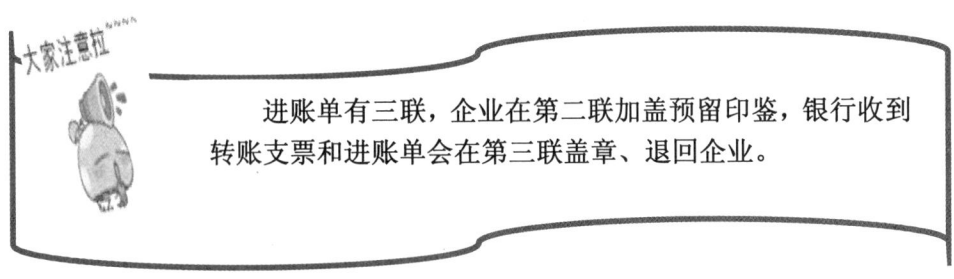

进账单有三联，企业在第二联加盖预留印鉴，银行收到转账支票和进账单会在第三联盖章、退回企业。

2.背书

背书是在票据背面或者粘单上记载有关事项并签章的行为。以背书的目的为标准，将背书分为转让背书和非转让背书。非转让背书有包括委托收款背书和质押背书。

企业收到转账支票直接存入开户银行所进行的背书是委托收款背书。

（四）转账汇款

企业在办理异地款项支付时经常使用汇兑结算方式。

汇兑是汇款人委托银行将其款项支付给收款人的结算方式。单位和个人的各种款项的结算，均可以使用汇兑结算。根据支付方式不同，汇兑可分为信汇、电汇两种。

1.登录网上银行

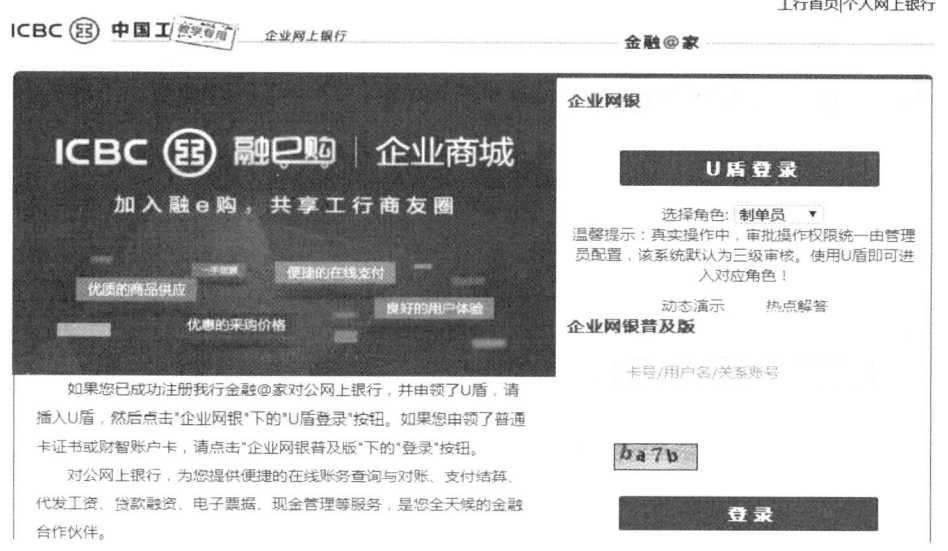

2.查询账户余额

3.录入汇款信息并提交审核

4.审核人员审核批准汇款业务

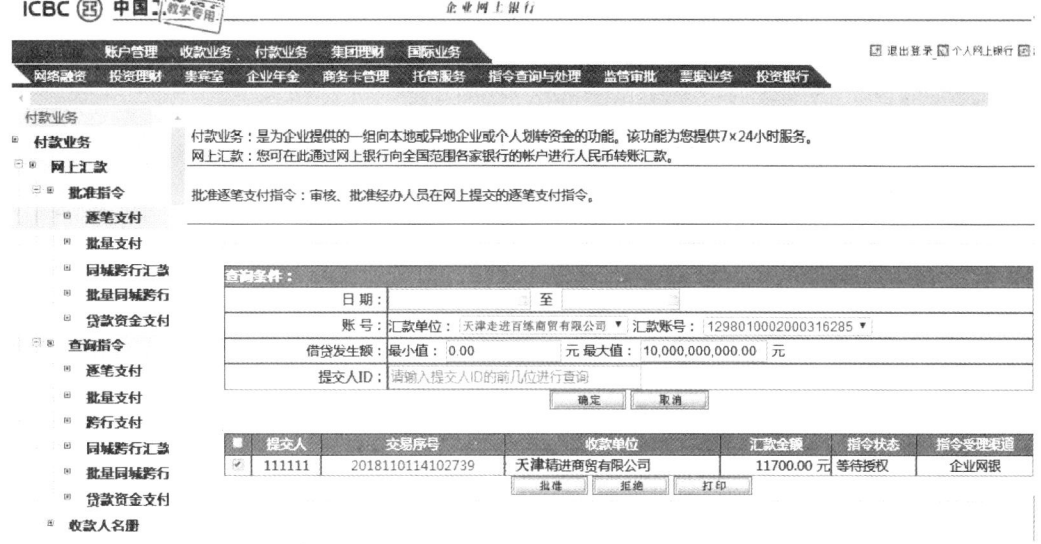

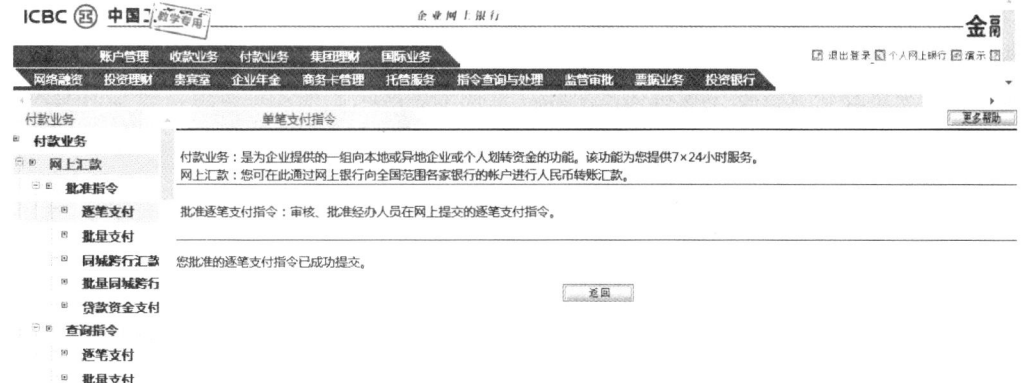

现在企业往往采用网上银行的方式进行款项的支付，这种方法可以减少银行往返时间，提高工作效率，而且网银支付的手续费也低。

但是要记住：使用网银支付前，一定要先查询银行余额。

5. 登记银行日记账

银行存款账
No. 0302040104002826665

2018		摘要	对方科目		借方	贷方	借或贷	余额
月	日							
		承前页					借	5065 15 23
12	8	7 收宏达商贸押金	其他应付款		6008 63		借	5125 23 86
12	9	10 支付日斗金公司货款	库存商品	7691#		3000 00	借	5095 23 86
12	18	21 存现	库存现金		32508 00			5420 31 86
12	20	25 付灰太狼文化用品货款	库存商品			36500 00	借	5055 31 86
12	23	28 收鑫xx货款	主营业务收入		4000 00			
12	23	29 收东方明珠商贸货款	主营业务收入		9006 67		借	5185 38 53
12	25	32 支付北京现代货款	应付账款			61407 05		
12	25	33 收星海商贸货款	主营业务收入		1680 32			
12	25	34 发工资	应付职工薪酬	3039#		61407 00	借	3974 04 80
12	28	38 收回海润欠款	应收账款		43680 00			
12	28	39 收到宏达预付款	预收账款		5000 00			
12	28	40 收到雅堂公司货款	应收账款		24000 00		借	4700 84 80
		本月合计			125883 62	162314 05		

6. 根据对账单及企业银行存款日记账对账，查找未达账项，编制银行存款余额调节表

假设：下列日记账所载内容是公司当月的银行收付业务

银行存款余额调节表

2018 年 12 月 31 日　　　　　　　　单位：元

项目	金额	项目	金额
企业银行存款日记账的余额	470084.80	银行对账单的余额	530208.60
加：银行已收，企业未收	512.57	加：企业已收，银行未收	1680.32
减：银行已付，企业未付	115.50	减：企业已付，银行未付	61407.05
调节后的余额	470481.87	调节后的余额	470481.87

为了更好地实行企业内控，由独立于银行出纳的财务人员每个月编制银行余额调节表，加强对未达账项的管理，使实存数和账存数相符。

业务处理·支付宝、微信篇

随着支付科技的进步,支付宝、微信都是日常生活的标配了,然而出纳向飞飞的问题来了,支付宝或微信收付款的账务如何处理?

1.收款业务(暂不考虑各种税费)

支付宝、微信收款时:

借:其他货币资金

贷:主营业务收入

资金转入公司账户时:

借:银行存款

销售费用——手续费

贷:其他货币资金

2.付款业务（暂不考虑各种税费）

  资金转入支付宝或微信时：

   借：其他货币资金

    贷：银行存款

  使用支付宝或微信付款时：

   借：库存商品等

    贷：其他货币资金

小贴士：可以将转账截图和相关的账单打印出来作为原始凭证，以证明相关业务的真实性。

知识普及·POS机篇

POS机越来越多地进入我们的工作,向飞飞所在的公司也想买几部POS机,方便日常收费,主管让向飞飞去了解各种POS机的性能。

一、金融类POS机含义

（一）什么是金融类POS机

金融类POS机是一种多功能终端,把它安装在信用卡的特约商户和受理网点中与计算机联成网络,就能实现电子资金自动转账,它具有支持消费、预授权、余额查询和转账等功能,使用起来安全、快捷、可靠。

（二）工作原理

POS机是通过读卡器读取银行卡上的持卡人磁条信息,由POS机操作人员输入交易金额,持卡人输入个人识别信息（即密码）,POS机把这些信息通过银联中心,上送发卡银行系统,完成联机交易,给出成功与否的信息,并打印相应的票据。POS机的应用实现了信用卡、借记卡等银行卡的联机消费,保证了交易的安全、快捷和准确,避免了手工查询黑名单和压单等繁杂劳动,提高了工作效率。

磁条卡模块的设计要求满足三磁道磁卡的需要,即此模块要能阅读1/2、2/3、1/2/3磁道的磁卡。

二、金融类 POS 机主要分类

（一）有线固定 POS 机

1.产品介绍

固定 POS 机是 POS 机的一种，又叫有线 POS 机，安装在商户固定的申请场所，固定 POS 终端通过电话线拨号的方式将信息首先发送到银联的平台，银联平台识别相关信息之后会将扣款信息发送到发卡银行，经发卡银行确认之后，再回发信息至银联平台，银联确认之后，会再将已处理的信息发送至前置终端，终端收到确认后的信息，然后打印单据。

2.特点和用途

固定 POS 机分为台式针打 POS 机和台式热敏 POS 机，二者主要区别在于打印机的不同，针打凭证清晰、保留时间长，本章主要指台式针打 POS 机，其特点主要有以下两点：

（1）优点：软件升级和维护比较容易；网络拨号方式，拨号速度快； POS 交易清算比较容易；

（2）缺点：需要连线操作，客人需要到收银台付账。适用一体化改造的项目的商户。

（二）无线移动 POS 机

1.产品介绍

移动 POS 机，又叫移动的销售点、手持 POS 机、无线 POS 机、批处理 POS 机，应用于各个行业的移动销售。移动 POS 机是一种 RF-SIM 卡终端阅读器，阅读器终端机通过 CDMA、GPRS、TCP/IP 等方式与数据服务器连接。

移动 POS 机应用于不同的行业有不同的分类，不同的叫法。在金融业，一般称为 POS 刷卡机、POS 终端结算、银联 POS 机。

由 POS 机将获得的信息通过各种网络送给数据服务器。服务器对数据进行相应处理后，向 POS 机返回处理结果并在机器上显示，从而完成一次金额交易及数据相关服务。是金融行业必不可少的服务终端。其可移动的特性大大加深其便携性。

2.特点和用途

移动 POS 机相比固定 POS 机具有以下特点：

（1）体积小，方便携带，不受场景限制，可满足多领域收款需要；

（2）使用先进的通讯模块，返回速度快，交易快；

（3）清晰显示，随时查询交易记录明细，方便财务管理。

银联 POS 网络可受理各联网银行发行的银联卡及部分非银联卡。目前工行、农行、中行、建行、交行、兴业银行、商业银行、光大、中信、招商、邮储、民生等百家发卡金融机构发行的所有银行卡均已入网。

（三）音频 POS 机

1.产品介绍

音频 POS 机又称为手机 POS 机，是一款基于智能手机等移动设备的创新型 POS 终端，结合手机 APP，为小微商户一站式解决刷卡收款需求，面向全国小微商户、中小商户及有移动收款需求的商户（如快递、物流、保险直销等）。与传统的 POS 机相比，这种带有便民服务功能的电话 POS 终端明显更适合中小型商户使用。

金融 POS 机业务：可布放在商场、超市、酒店以及各种连锁商店开展现场消费、预授权等各种金融 POS 机应用。

2.特点和用途

（1）产品特点

①携带方便：尺寸小，方便携带。

②入网快捷：一张身份证，当天下机。

③到账即时：转账汇款即时到账，信用卡 T+0 或 T+1 等到账模式。

④对私账户：任意绑定私人账户。

⑤刷卡额高：单笔 2 万元，单卡 20 万元/天等多种方式。

⑥封顶费率：POS 机收单按 0.78%，封顶 35 元/笔等不同费率。

⑦智能通用：移动智能客户端支持安卓系统和苹果系统。

⑧方便对账：与传统 POS 机一样带打印小票功能，方便收款对账。

⑨行业宽广：没有行业限制，除了高消费行业。

（2）用途

智能手机用户无须开通网银、无须开通手机银行，即可享受账户充值信用卡还款、转账汇款、个人还款、手机充值、订单支付、个人还贷、支付宝订单、支付宝充值、银行卡余额查询、彩票、公共缴费、信用卡助手、机票预订、酒店预订、火车票购买、租车、商品购物、高尔夫、游艇、公务机、直升机、高端旅游等。

3.操作流程及功能

（1）操作流程

①手机卡：用户的手机卡必须开通上网功能，手机须开启上网数据连接(步骤：菜单键→设置→SIM卡管理→数据连接→点击选择中国移动或中国联通或中国电信或点击自动选择。)

或者使用WiFi连接，手机无线网络步骤：菜单键→设置→无线和网络→WLAN勾选→WLAN设置→WLAN网络。如附近有无线网络,WLAN网络下方就有可用的无线网络，单击连接输入密码，连接成功后手机屏幕上方就出现扇形的图标,白色代表信号强弱。此连接一般在有无线路由的家中、单位、休闲场所、酒店等有无线网络服务的地方。

②新版本升级在操作功能的时候，如有提示新版本升级，请升级。步骤：提示发现新版本→点"确定"→弹出两个浏览器，选择第一个浏览器进入→自动下载新版本→下载完成单击下载文件→弹出替换应用程序→点"确定"→点"安装"→点"打开"。

③刷卡方式：刷卡方法用卡磁条面对着刷卡器厚的一面从一侧均匀刷过。如刷卡不成功请改变刷卡速度和平稳度。

（2）功能

①功能全面，扩展性强。除了普通刷卡收款核心功能外，未来还会陆续推出转账汇款、信用卡还款、话费充值、游戏充值、水电煤生活缴费等常规金融服务，集收款、付款、缴费、充值于一体。

②申请方便、开通快捷。商户按照规范提交足够的相关材料后，可得到快速审核、快速开通的高质量服务。（身份证、银行卡就可以）

③安全性极高。产品内置金融级安全芯片，采取多重加密措施，安全级别堪比移动POS机，甚至在某些方面有所超越。目前主要受理磁条卡，未来升级版可受理芯片卡和NFC。

④完善的风险管控机制。通过软硬件的无缝结合，智能手机的多媒体功能和产品自带的LBS功能形成有效互补，后台管理和风险控制水平因此得到极大提升。

⑤随时随地享受"云服务"。商户可以随时随地通过云管理平台在店面以外的任何地方查询每日交易流水、资金统计报告、客户CRM信息等。

（四）蓝牙 POS 机

1.产品介绍

MPOS 是具有蓝牙通讯模块的标准 POS 机终端，通过蓝牙信号和同样具有蓝牙通讯能力的移动终端连接，利用移动终端提交交易信息，将蓝牙技术应用到 POS 机上，摆脱传统 POS 机连线所带来的不便，通过蓝牙连接手机 APP 对消费的商品或服务进行账务支付的一种方式。

MPOS 可以与移动终端智能设备，通过蓝牙配对功能，进行数据传输，通过移动终端显示电子小票，进行现场确认、签名，实现支付的功能。

2.特点和用途

蓝牙 POS 机主要有蓝牙模块、液晶显示屏、数码键盘、存储器模块、电源等硬件，其工作原理有以下两方面。

（1）通讯原理

POS 终端启动蓝牙模块，蓝牙手机终端与蓝牙 POS 机终端建立蓝牙连接，形成一个闭合的网络，蓝牙 POS 终端向蓝牙手机终端发送支付请求，蓝牙手机终端通过公网向银行网络移动支付服务器发送支付指令，银行网络移动支付服务器根据所述支付指令处理相关账务信息，完成交易后，将会向蓝牙 POS 终端和手机发送完成支付信息。

（2）技术原理

蓝牙 POS 机采用分散式网络结构以及快跳频和短包技术，支持点对点，可以与移动智能设备对接，蓝牙配对完成后，从端蓝牙设备会记录主端设备的信任信息，此时主端即可向从端设备发起呼叫，已配对的设备在下次呼叫时，不再需要重新配对。已配对的设备，作为从端的蓝牙 POS 机可发起建链请求，但做数据通讯的蓝牙模块一般不发起呼叫。链路建立成功后，主从两端之间即可进行双向的数据通讯，从而实现近场支付的运用。

蓝牙 POS 机特点主要有以下几个方面：

①支付灵活便捷。通过蓝牙无线连接功能，摆脱线的束缚，实现支付功能的自在性。

②交易时间成本低，可以减少往返银行的交通时间和支付处理时间。

③利于调整价值链，优化产业资源布局。移动支付不仅可以为移动运营商带来增

值收益,也可以为金融系统带来中间业务收入。

④有效防范假钞,免去找零工作。

⑤保证资金安全,防范现金风险。

3.操作流程及功能

(1)操作流程

①手续下载 App 客户端,打开 App 客户端;

②点击个人中心——安全中心——实名认证(认证通过就可以刷卡付款);

③打开蓝牙机器,按住(配对键)5 秒钟(蓝牙机显示蓝牙匹配中);

④点击——当面付款——输入自己注册手机号码——下一步;

⑤点击蓝牙设备手机显示(设备连接成功),安卓手机需先点击蓝牙确认配对,然后再点击手机配对,即可刷卡。

(2)功能:蓝牙 POS 机用于账户充值信用卡还款、转账汇款、个人还款、手机充值、订单支付、个人还贷、支付宝订单、支付宝充值、银行卡余额查询、彩票、公共缴费、信用卡助手、机票预订、酒店预订、火车票购买、租车、商品购物、高尔夫、游艇、高端旅游等。 国内现有产品主要有友池蓝牙 POS 机和拉卡拉。

出纳的日常工作就为大家介绍到这里,我们一起交流,一起成长,百练永远和朋友们在一起。

第二部分 实训练习课堂

欢迎同学们来到百练实训练习课堂

出纳岗位职责实训练习流程图

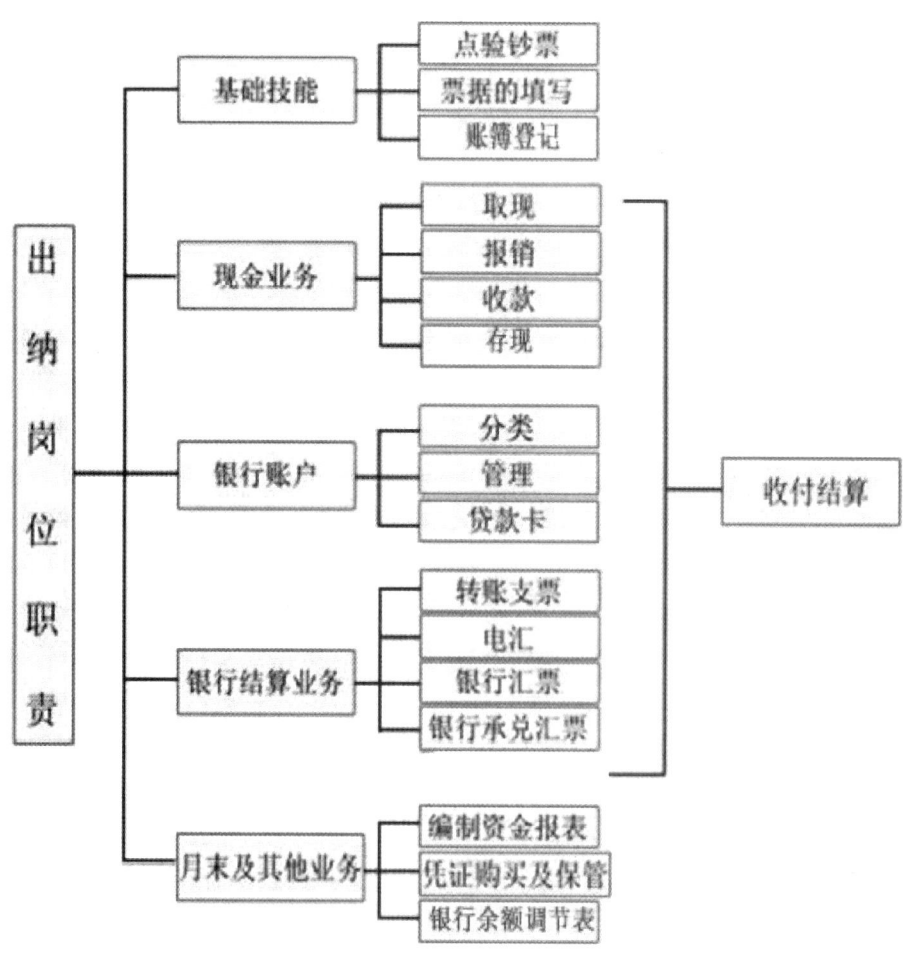

票据的填写

（一）现金业务

取现（现金支票的填写）

天津仕达信息咨询服务有限公司 2018 年 12 月 8 日提取现金 5000 元。

注意事项

填写时：出票日期必须大写，使用小写银行不受理，大写数字写法：零、壹、贰、叁、肆、伍、陆、柒、捌、玖、拾

（1）填写现金支票

现金支票背面的填写

背书栏加盖本单位在银行预留印鉴，经办人名称，身份证号和发证机关

（2）提取现金后，根据审核无误的原始凭证编制银行付款凭证

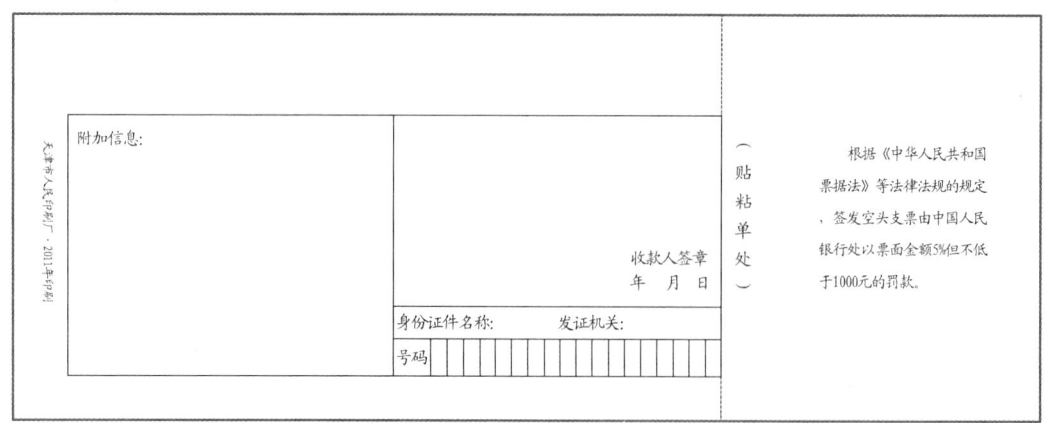

付 款 凭 证

贷方科目：　　　　　　　　　年　月　日　　　　　　付字第　　号

摘　要	借　方　科　目		金　额	记账
	总账科目	明细科目	亿千百十万千百十元角分	√
合　计				

财务主管：　　　　　　出纳：　　　　　审核：　　　　　制单：

中国工商银行
现金支票存根
10201214
01385633

(3) 取工资（现金支票的填写）

天津仕达信息咨询服务有限公司 2018 年 12 月 5 日提取工资 29400 元，待发放。

天津仕达信息咨询服务有限公司工资表
2018年12月

序号	部门	姓名	基本工资	加班费	伙食补贴	应发工资	个人所得税	实发工资	签名
1	经理部	张超	3000		100	3100		3100	
2	经理部	张越	3000		100	3100		3100	
3	行政部	徐国辉	2600		100	2700		2700	
4	业务部	张红	3400		100	3500		3500	
5	业务部	刘其东	3200		100	3300		3300	
6	业务部	陈华东	2800		100	2900		2900	
7	财务部	李然	3200		100	3300		3300	
8	财务部	李菲菲	3000		100	3100		3100	
9	财务部	罗哲成	2200		100	2300		2300	
10	行政部	欧阳枫	2000		100	2100		2100	
	合计		28400		1000	29400		29400	

（4）填写现金支票

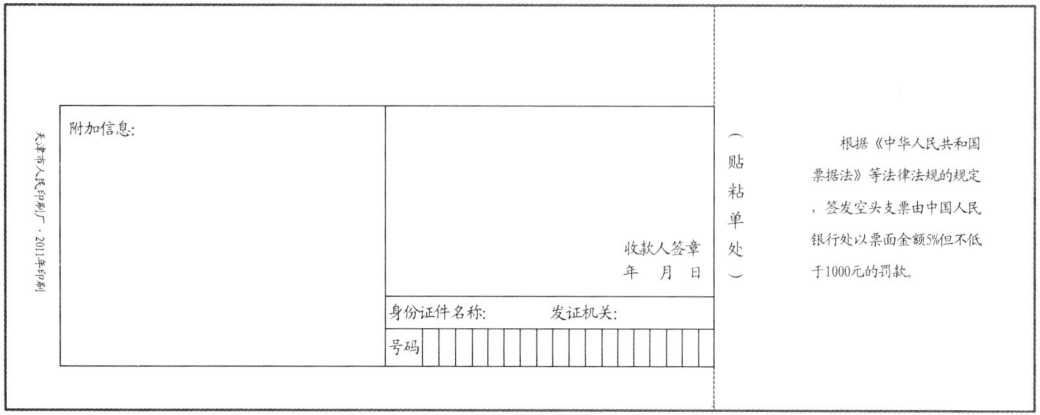

（5）提取现金后，根据审核无误的原始凭证编制银行付款凭证

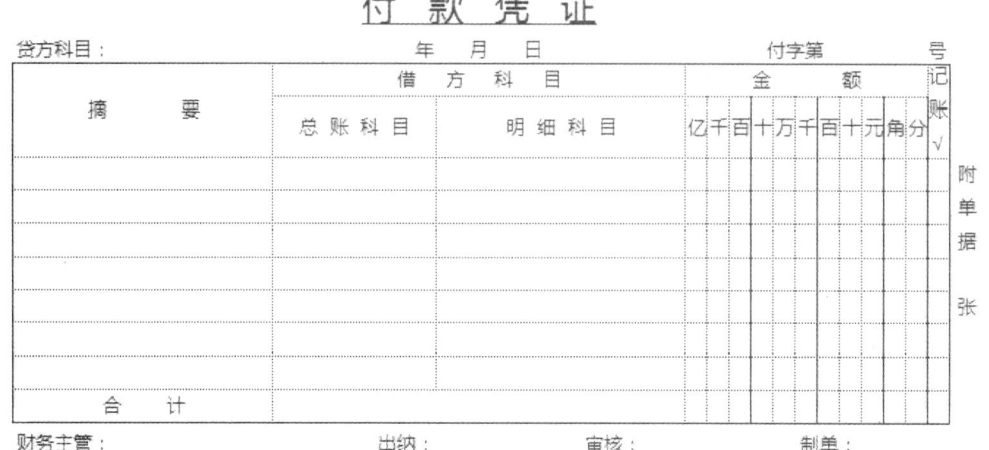

（6）现金收款业务（填写收款收据）

天津仕达信息咨询服务有限公司 2018 年 12 月 5 日收到天津明星汽车咨询费预付款 1000 元送存银行。

(7) 存现业务（现金存款单的填写）

中国工商银行 现金存款凭条

存款人	全称													
	账号							款项来源						
	开户行							交款人						
金额（大写）								金额（小写）	亿	千	百	十	万	千百十元角分

票面	张数	十万千百十元	票面	张数	千百十元角分	备注
壹佰元			伍角			
伍拾元			贰角			
贰拾元			壹角			
拾元			伍分			
伍元			贰分			
贰元			壹分			
壹元			其他			

(8) 存入银行现金后，根据审核无误的原始凭证编制现金付款凭证

付 款 凭 证

贷方科目： 　　　　　　　年 月 日 　　　　　付字第 　号

摘 要	借方科目		金 额	记账
	总账科目	明细科目	亿千百十万千百十元角分	√
合 计				

财务主管： 　　　　　出纳： 　　　　　审核： 　　　　　制单：

(9) 现金报销业务(填写和审核)

天津仕达信息咨询服务有限公司 2018 年 12 月 8 日行政管理部门报销购买办公用品一批 2350 元。

报 销 凭 单

年　月　日

部门名称		本人姓名								
大写金额	人民币：			十	万	千	百	十	元	角	分
用途：										
主管负责人签字		经手人签字								

会计：

天津增值税普通发票　No 17694671

1200162320
机器编号：929xxxxxx123

开票日期：2018 年 12 月 08 日

购买方	名称：天津仕达信息咨询服务有限公司
	纳税人识别号：9112011xxxxxx2345E
	地址、电话：xxxxxxxxxxxxx
	开户行及账号：xxxxxxxxxxxxx

货物或应税劳务、服务名称	规格型号	单位	数量	单价	金额	税率	税额
纸制品 A4纸		箱	8	144.83	1158.62	16%	185.38
纸制品 打印纸		盒	8	47.41	379.31	16%	60.69
绘图测量仪器 多功能计算器		个	10	25.862	258.62	16%	41.38
文具类 签字笔		支	50	2.59	129.31	16%	20.61
文具类 笔记本		本	20	5.00	100.00	16%	16.00
合　计					¥2025.86		¥324.14

价税合计（大写）　⊗ 贰仟叁佰伍拾元整　　（小写）¥2350.00

销售方	名称：天津通博办公用品有限公司
	纳税人识别号：xxxxxxxxxxxxx
	地址、电话：xxxxxxxxxxxxx
	开户行及账号：xxxxxxxxxxxxx

备注：天津通博办公用品有限公司　发票专用章

收款人：　　复核：　　开票人：　　销售方：（章）

(10)付款后,根据审核无误的原始凭证编制现金付款凭证

付 款 凭 证

贷方科目:　　　　　　　　　　　年　月　日　　　　　　　　　付字第　　号

摘　要	借方科目		金　额	记账√
	总账科目	明细科目	亿千百十万千百十元角分	
合　计				

财务主管:　　　　　　出纳:　　　　　审核:　　　　　制单:

附单据　　张

(11)现金借款业务(填写和审核)

天津仕达信息咨询服务有限公司2018年12月9日销售部张红预借差旅费3000元。

借款单

借款部门		姓名		事由	
借款金额(大写)				¥	
领导审批	财务审批		部门审批		出纳付款
借款人			备注		

(12)付款后，根据审核无误的原始凭证编制现金付款凭证

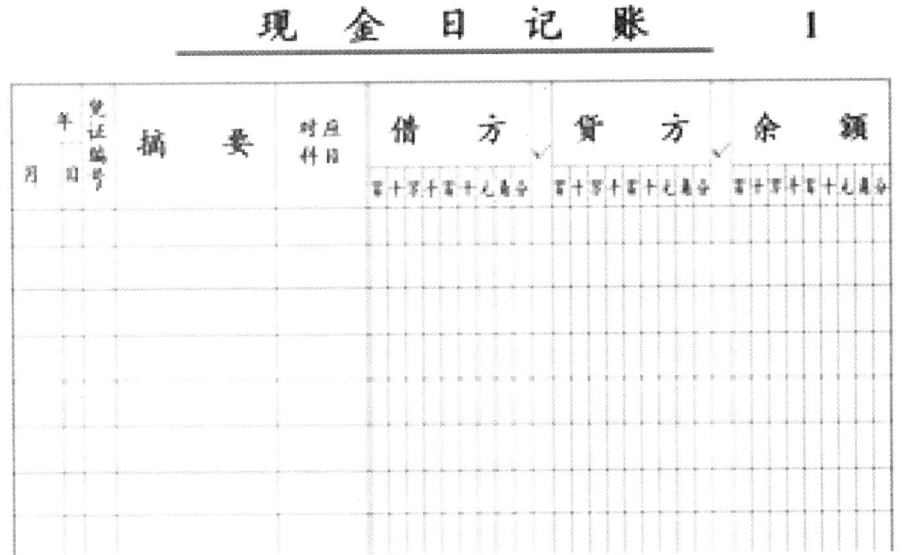

(13)通过审核的记账凭证登记现金日记账（做到日清月结，每天结出余额）

（二）银行业务

（1）银行转账支票的填写

天津仕达信息咨询服务有限公司2018年12月8日支付天津奥宇房地产租赁有限公司房租，开具转账支票一张，金额是8000元。

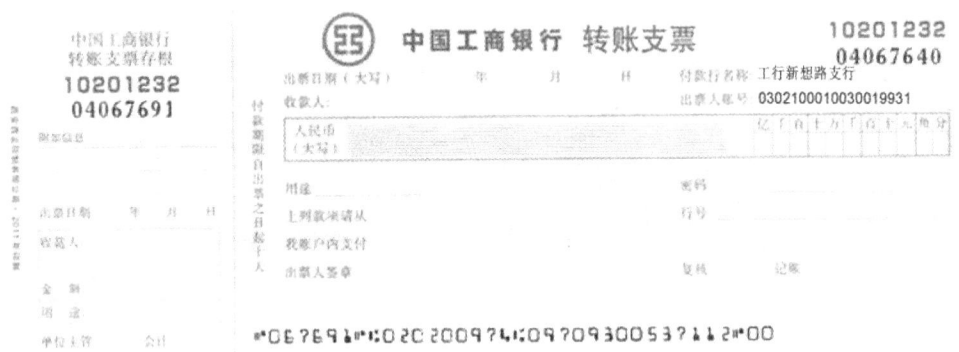

（2）转账支票填写完毕后，根据审核无误的原始凭证编制银行付款凭证

(3) 收到转账支票的审核和填写

　　天津仕达信息咨询服务有限公司收到天津新东方药业有限公司转账支票一张20000元送存银行。

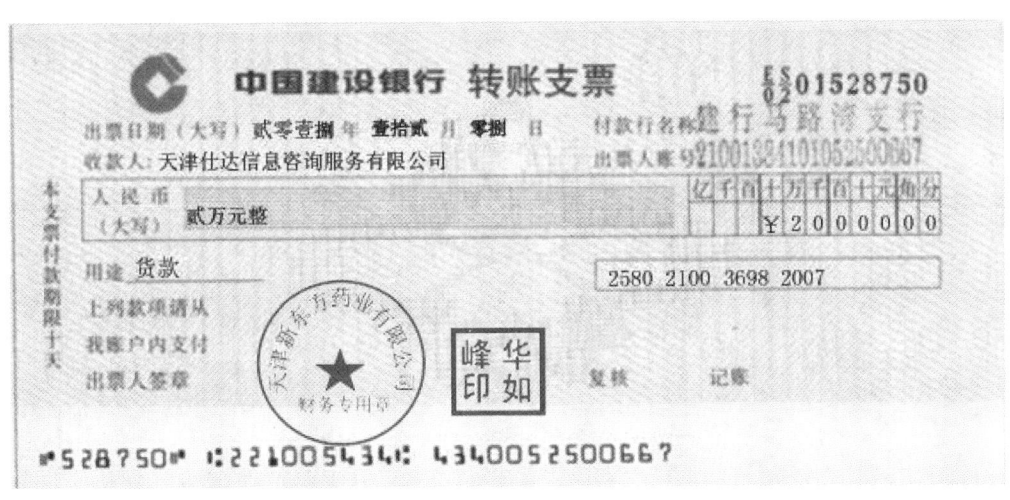

收款单位取得转账支票后

在支票背面被背书栏内加盖收款单位财务专用章和法人章，填写好进账单后连同该支票交给收款单位的开户银行收款

圈存密码器拨号号码：022-23301199　语音拨号号码：022-23111032			
附加信息：	被背书人 背书人签章 年　月　日	被背书人 背书人签章 年　月　日	（贴粘单处）　根据《中华人民共和国票据法》等法律法规的规定，签发空头支票由中国人民银行处以票面金额5%但不低于1000元的罚款。

进账单的填写

交款日期小写，是受理当日，账号及开户行要与全称一致

ICBC 中国工商银行　　进账单（贷方凭证）1

		年　月　日			
出票人	全　称		收款人	全　称	
	账　号			账　号	
	开户银行			开户银行	
金额	人民币 （大写）		亿千百十万千百十元角分		
	票据种类		票据张数		
	票据号码				
	备注：				
			复核：	记账：	

此联由收款人开户银行作贷方凭证

（4）存款后，根据审核无误的原始凭证填制收款凭证

收 款 凭 证

借方科目：		年 月 日		现收字第 号	
摘 要	贷方科目		金 额		记账√
	总账科目	明细科目	亿千百十万千百十元角分		
合 计					

财务主管：　　　　　出纳：　　　　　审核：　　　　　制单：

（5）天津仕达信息咨询服务有限公司给北京华贸贸易有限公司开出银行汇票一张金额50000元，购买大型复印机一台。

(6) 办理完银行汇票，根据审核无误的原始凭证编制付款凭证

付 款 凭 证

贷方科目：　　　　　　　　　　　年　月　日　　　　　　　付字第　　　号

摘　　要	借方科目		金　　额										记账√
	总账科目	明细科目	亿	千	百	十	万	千	百	十	元	角	分	
合　计														

财务主管：　　　　　出纳：　　　　　审核：　　　　　制单：

（7）天津仕达信息咨询服务有限公司收到百科电子有限公司银行承兑汇票一张

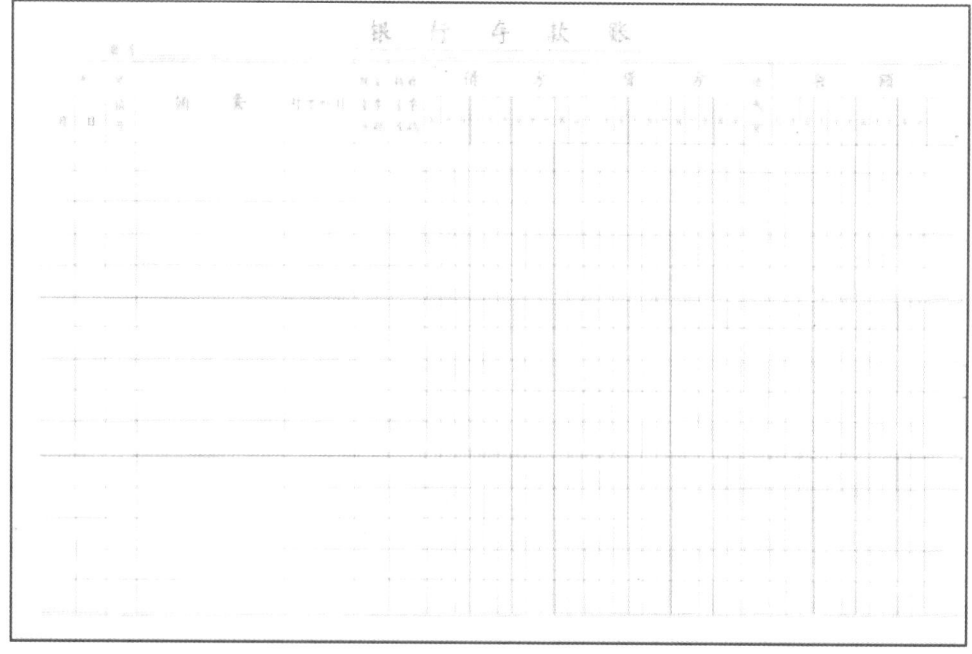

（8）根据审核的记账凭证登记银行存款日记账

中国工商银行客户存款对账单

网点号：4010　　币种：人民币　　2018 年 12 月　　页号：10　　单位：元

打印次数：1　　透支余额：0　　可用余额：450375.41

账号：0302040104002826665			户名：天津仕达信息咨询服务有限公司			上页余额：506,515.23 元	
日 期	业务产品种类	凭证号	对方户名	摘 要	借方发生额	贷方发生额	余 额
12-05	取现				5000.00		501515.23
12-05	存款					1000.00	502515.23
12-08	取现				29400		473115.23
12-08	转账		奥宇房地产	房租	8000.00		465115.23
12-08	转账		天津飞尼达	货款	50000.00		415115.23
12-25	转账		华硕商贸	货款		35275.18	450390.41
12-28	对公收费			手续费	15.00		450375.41

打印日期：2018 年 12 月 28 日

（9）企业银行日记账与银行对账单核对并编制银行余额调节表

银行存款余额调节表

年　　月　　日　　　　　　　　单位：元

项目	金额	项目	金额
企业银行存款日记账的余额		银行对账单的余额	
加：银行已收，企业未收		加：企业已收，银行未收	
减：银行已付，企业未付		减：企业已付，银行未付	
调节后的余额		调节后的余额	